周勛初文集

門弟子徐興無敬書

周勋初文集

撷英集

周勋初 著

凤凰出版社

图书在版编目（CIP）数据

撷英集 / 周勋初著. -- 南京 : 凤凰出版社, 2021.5
（周勋初文集）
ISBN 978-7-5506-3430-5

Ⅰ. ①撷… Ⅱ. ①周… Ⅲ. ①周勋初一自传 Ⅳ. ①K825.46

中国版本图书馆CIP数据核字(2021)第079309号

书　　名	撷英集
著　　者	周勋初
责任编辑	李相东
装帧设计	徐　慧
出版发行	凤凰出版社(原江苏古籍出版社) 发行部电话025-83223462
出版社地址	江苏省南京市中央路165号,邮编:210009
出版社网址	http://www.fhcbs.com
照　　排	南京凯建文化发展有限公司
印　　刷	苏州市越洋印刷有限公司 江苏省苏州市吴中区南官渡路20号,邮编:215104
开　　本	880毫米×1230毫米　1/32
印　　张	15.125
字　　数	365千字
版　　次	2021年5月第1版
印　　次	2021年5月第1次印刷
标准书号	ISBN 978-7-5506-3430-5
定　　价	88.00元

(本书凡印装错误可向承印厂调换,电话:0512-68180788)

周勋初简介：

周勋初，上海市南汇县人，1929 年生，副博士研究生肄业。

现为南京大学人文社会科学荣誉资深教授，历任南京大学研究生院副院长、古籍所所长、中国古代文学重点学科学术带头人，兼任江苏省文史研究馆馆长。

《江苏社科名家文库•周勋初卷》
江苏人民出版社 2015 年 6 月初版

周勋初自述：

古代文史研究牵涉面广，研究者应最大限度掌握相关知识，以文学为主体，进行理论上的综合研究。我的治学之道是：多方涉猎，独立思考；尽心尽责，坚韧不拔。

文献整理是国家文化建设的基础工程，古籍整理者应有一种使命感，以传承祖国的优秀文化为荣。

我是一名教师，教好书，培养人才，是首要任务。看到学生们事业有成，是我最大的满足。

–1

–2

–3

1、1990 年 11 月，主持南京大学主办的中国唐代文学学会第五届年会暨唐代文学国际学术讨论会。

2、1994 年 10 月，日本京都大学演讲结束后，参加该校兴膳宏教授与神户大学笕久美子教授等人的欢迎宴会。

3、1995 年 10 月，参加韩国成均馆大学举办的第五回东洋学国际学术会议。

1–

2–

3–

1、1996年4月，参加第一届中国大陆与台湾地区两岸古籍整理研讨会。

2、1997年12月，赴美国新墨西哥州阿尔伯克基郊外参观印第安人遗址。

3、2001年10月，在中央文史研究馆成立50周年纪念大会上，代表全国各省市文史馆致贺辞。

1-

2-

3-

1、2003 年 8 月，在比利时皇家科学院院士魏查理教授与北京大学顾歆艺副教授的陪同下，登眺望台凭吊滑铁卢战场遗址。

2、2008 年 4 月，在南京大学文学院举办的八十华诞庆典上讲演。

3、2015年1月,《全唐五代诗》初盛唐部出版新闻发布会在南京召开。

出版说明

2013 年,周勋初教授荣获“江苏省社科名家”称号。江苏省委宣传部、省社科联决定编纂出版“江苏社科名家文库”。2015 年,《江苏社科名家文库 · 周勋初卷》由江苏人民出版社出版。现将此书迻录入新版《周勋初文集》,定名《撷英集》。

目　录

学术小传——我与传统的文史之学

一　艰难困苦,终于进入高等学府深造 …………………………… 3
二　见缝插针,不断推出研究成果 ………………………………… 6
三　独立思考,力求在学术上有所创辟 …………………………… 10
四　部分成果综述 …………………………………………………… 23
五　教书育人 ………………………………………………………… 37
六　对外文化交流,传播中华文化 ………………………………… 39

代表性学术成果

第一篇　文史研究 …………………………………………………… 43
　东皇太一考 ………………………………………………………… 43
　战国时期的几起变乱佚史 ………………………………………… 69
　秦汉宗教一般 ……………………………………………………… 82
　魏氏“三世立贱”的分析 …………………………………………… 99
　“登高能赋”说的演变和刘勰创作论的形成 ……………………… 114
　“折衷”＝儒家谱系≠大乘空宗中道观
　　——读《文心雕龙·序志》篇札记 ……………………………… 128
　梁代文论三派述要 ………………………………………………… 151
　李白两次就婚相府所铸成的家庭悲剧 …………………………… 176
　柳珵《刘幽求传》钩沉 ……………………………………………… 195
　唐代笔记小说的校雠问题 ………………………………………… 208

从“唐人七律第一”之争看文学观念的演变 …………………… 246
叙《全唐诗》成书经过 …………………………………………… 256
文学“一代有一代之所胜”说的重要历史意义 ……………… 274
第二篇　序 …………………………………………………… 297
武秀成《〈旧唐书〉辨证》序 ………………………………… 297
王华宝《古文献问学丛稿》序 ……………………………… 302
第三篇　叙录 ………………………………………………… 307
《隋唐嘉话》叙录 ……………………………………………… 307
《次柳氏旧闻》叙录 …………………………………………… 312
第四篇　访谈录 ……………………………………………… 316
就《唐语林校证》事答客问 …………………………………… 316
第五篇　前言后记 …………………………………………… 324
《韩非子校注》导读 …………………………………………… 324
《唐钞〈文选集注〉汇存》前言 ……………………………… 328
《唐语林校证》前言 …………………………………………… 346
《宋人轶事汇编》前言 ………………………………………… 378
《当代学术研究思辨》增订本后记 ………………………… 411
第六篇　教学讲演 …………………………………………… 417
新材料的利用和旧学风的扬弃
——读王国维《殷卜辞中所见先公先王考》 ………………… 417
选龙二学　百年沉浮
——从教学工作之一角看世运变迁 ………………………… 437

学术年表 ……………………………………………………… 449

学术小传

——我与传统的文史之学

一 艰难困苦，终于进入高等学府深造

我于公元1929年生于上海郊区南汇县西周家宅的一个中小地主家庭。中、小学阶段，由国民党统治到沦陷于日本侵略者，抗战胜利后又恢复到国民党统治，兵荒马乱，生活极不稳定，学习极不正常。小学读了五年，换了四个学校，中间还从一位秀才读了半年私塾。高小五年级未读，跳级进入上海静园小学，突击记下英语二十六个字母，随后慢慢补课直到毕业。父亲周廷槐先生，毕业于光华大学中文系，曾在全校作文比赛中夺魁，得到校长张寿镛的赏识，留在本校当职员，兼任附中教师，但在日本发动太平洋战争后即告失业。我也在读了一年初中后失学回家。闲居一两年后，又跳级就读附近镇上的周浦中学，毕业之时正值日寇投降，父亲找到了工作，我又有了机会进入上海沪新中学读书。父亲深感文科学生求职困难，于是让我就读理科。该校只上半天课，化学、物理负担很重，但从未做过一次实验，纸上谈兵，学的都是空头理论。况且初中时未读小代数，高中二年级上大代数，一直处在似懂非懂的状态，仅能勉强应付。后来我才懂得，我的学习历程违反了循序渐进的原则，既学不好，还感到吃力。

高中三年级时，我突然大口吐血，始知患了严重的肺病，不得不回家修养。当时医药界采用静卧疗法，三年床褥，濒死者再，只是依仗父母的慈爱、兄妹的护侍，才能苟延一息。第二年时病情恶化，幸亏链霉素进入上海，才免于一死。但家庭经济日益陷于困境，只能不断变卖家产度日。

全国解放，家庭发生巨大变化，我遂勉力以同等学力考入南京大学中文系。以前学的数理化全已遗忘，不得不考文科。只是入学不到半年，发现肺病仍未痊愈，不知高考体检时因疏忽而让我漏网了呢，还

是其时适值有所好转，这时又告复发？万般无奈，只能转入疗养宿舍，直到三年级结束时才恢复健康，转入正常的学习生活。

国家新建，需要大量补充新干部，于是我们1950年入学的一届读了三年之后提前毕业，分配工作。这时我刚结束长达七年的肺病生涯，怕不能骤然投入繁剧的工作，而且觉得因病耽误了学习，也想补读一些书，于是我向系主任方光焘先生表白了这一想法。方先生向来爱护学生，他沉思了一番，说："下一学期胡小石先生要开文学史课，他已是六七十岁的人了，以后不可能再开这课。机会难得，你也不要再听其他什么课了，这一年你还是集中听胡先生的课，跟他学吧。"胡先生听到我要跟他再学一年，也很高兴。但开学第一天，慕名而来听课者甚多，主管人事的一位干部就来阻拦我入内，说是以前已学过不能再听。我据理力争，仍未如愿，不得已，只能转向方先生求助。方先生赫然震怒，由于他的干预，我才有机会再次跟胡先生学习。事后方先生还说，应该把我留下当助教，只是碍于他正当政，不便提出。总的说来，大学四年，只有这一年才利用这次难得的机会用功读了些书，奠定了我日后研究工作的基础。

大学毕业，胡小石、罗根泽两位老师向校领导推荐，希望把我留下任教，但终因出身不好、表现不合领导要求而不能留校。对此我并不怪怨任何人，根据当时的标准，我自然不能进入本校教师行列。

这时中国文字改革委员会新建，需要人，国内已无当届大学生供应，因此才有机会进入该会的汉字整理部。前后两年半工夫，主要做编制发布《汉字简化方案》的具体工作。1956年时，知识分子政策出台，胡小石先生开始招收副博士研究生，他希望我回去继续跟他学习，于是在年底又考了回去。

自此之后，我再也没有离开过南京大学。1959年改为助教，1961年升为讲师，1980年升为副教授，1984年国家教委特批为教授，1986

年被批准为博士生导师。直到1984年，我从未出任过任何行政职务，连小组长都没有当过，自此时起，才先后出任南京大学古典文献研究所所长、南京大学研究生院副院长，随后又在国家文教机关和省内的一些机构内担任了职务。

在政治标准第一的时代，我自然甘居人后，而在计划经济的形势下，自然服从组织安排工作。我的经历也就决定了我的身份，即政治条件很差，不能承担重要职务，但做事也还认真，因而可以干一些具体工作。政治条件宽松时，我总能作出一些成绩。1956年时，就因制订发布《汉字简化方案》工作成绩突出而当选为国务院直属机关青年社会主义建设积极分子。其后极左思潮开始抬头，处境也就日益艰险而永无受表扬的机会了。平时只能不断地做些具体工作。建国初的十七年，运动不停，突击不断，诸如大编教材，修订《辞海》，搞法家著作，等等，都得参加。教过的课中，中国文学批评史先后讲过两遍和两个学期的上半段，这已算是我教学时间最长的一门课了。任务不断改变，学习上缺少长期打算，不可能系统地积累某一方面的资料。因此我对学习情况的自我鉴定是：先天不足，后天失调，随波逐浪，力疲心劳。

可以说，直到80年代前期，我一直处在打杂的位置上，始终不知道自己有什么专业。由于我对家庭的那份感情、对师长的亲密关系，因而“地主阶级孝子贤孙”、“封建学者俘虏”等帽子一直悬在头上，“文化大革命”中终于公开蒙此恶名，为此发送农场劳动时也得加倍延长时间。只是天网恢恢，密而有漏，外恃若干领导的善意对待，内恃妻子的理解和支持，终于挨过政治上的重重高压，步入改革开放的新时期。

二　见缝插针，不断推出研究成果

我也有一些优点，做事还算认真，读书还算勤奋，而且自知条件不如别人，不能指望上级给你什么优惠条件，因此承担某一任务时，如有心得，总想及时记录下来，以免转向后遗忘。我早期所写的几本书，都是在任务改变前夕突击出来的。

大学阶段，跟胡小石师学《楚辞》，收获最大。研究生时，小石师本想让我作《山海经》的研究，后因急于接替重病在身的罗根泽师上中国文学批评史课，这才赶忙把学习《楚辞》时考虑过的一些问题写下，因为时间限制，只能就其中《九歌》方面的问题略抒己见，也就写成了后来正式出版时取名为《九歌新考》的第一本书。

改助教后，为五年级上中国文学批评史课。我在研究生阶段只上了一年多的甲骨、金文和《说文解字》部首，这时转向立即上高年级的新课，从孔夫子到王国维，全由我一人承担，吃力得很。但我集中精力备课，第三年时就发表了《梁代文论三派述要》一文。“文革”前夕，中华书局上海编辑所约我写作“中国古典文学基本知识丛书”中的《中国文学批评简史》一书。书稿完成后无法交出，直到 80 年代初期，经改写后才以《中国文学批评小史》一名问世。

“文革”十年，荒废年华，但由于我的特殊身份，即没有任何价值，却还有那么一点使用价值，故而后期被起用。先是参加江苏五所高校集体编写《马恩列斯文艺论著选读》的注释工作，同时参加《辞海》的修订，后又参加我校和南京化学工业公司师傅组成的法家著作《韩非子》注释组，还利用空隙时间写成了《韩非子札记》一书。“文革”结束，我又受命将注释稿改写成一本学术著作，增加校勘等方面的内容，以《韩非子校注》一名正式出版。

此前我曾奉命将家中“黑书”悉数上交，因而除了“雄文四卷”之外已无书可读，后因出现了郭沫若的《李白与杜甫》一书，工宣队开禁，允许教师读读唐诗。精力无处发泄，潜心阅读，随后写成《高適年谱》一书。“文革”结束，有事上北京查书。一个偶然的机会，得知故宫博物院图书馆中藏有胡震亨《唐音统签》和季振宜《全唐诗》二书，经请求蒙允准，花了半个多月精心阅读，随后写成《叙〈全唐诗〉成书经过》一文，由此进入了唐诗研究的行列。1990 年时，我主持了一次唐代文学国际会议，为了总结唐诗研究各方面的成就，我主编了一本《唐诗大辞典》，并写了《唐诗文献综述》一文作为附录。其后又为李白的一些奇特现象所吸引，试图作出新的解释，从而写下了《诗仙李白之谜》一书。也就在同一时期，我奉校方之命，协助匡亚明前校长主编《中国思想家评传丛书》，匡校长要求每位副主编都写上一本，于是我于本世纪初完成了《李白评传》一书。

1980 年前后，我应中华书局友人之约，整理笔记小说《唐语林》。

其成果即《唐语林校证》上、下两册。随后我就整理过程中发现的一些问题继续探讨，写成《唐人笔记小说考索》一书。与此同时，我主编了一本《唐人轶事汇编》，由我所内人员严杰、武秀成、姚松负责具体编纂。出版之后，颇获时誉，于是我在90年代后期又筹划重编《宋人轶事汇编》一书，具体工作由校外专家葛渭君、周子来、王华宝三人负责。此书已于2014年完成出版。

80年代，我花在唐代文学方面的精力较多，因此比较关注陈寅恪、岑仲勉等人的研究成果。其后接受程千帆先生的建议，为硕士生开设近代学者治学方法研究一课。到了90年代，我将这一方面的论文和讲义编成《当代学术研究思辨》一书，公开出版。

除了写书之外，我还先后写过一百几十篇论文，先是编了《文史探微》、《文史知新》、《魏晋南北朝文学论丛》三本论文集。所收文章，上起先秦，下至当代。文章内容，以文学为主，但又不囿于纯文学的范围，而与传统意义上的文史之学联系密切。这与我的师承有关，也与我个人的特殊境地有关。

除此之外，我还先后编了两本论文集——《无为集》与《馀波集》，把那些零散的文字又汇集起来，前者编入了《周勋初文集》，后者则于八十寿辰时编就出版。

全国高校古委会成立，我出任本校古籍所所长，于是又把很多精力投入古籍整理项目。其中规模较大者，一是与一些友人主持《全唐五代诗》的编纂，出任第一主编，希望总结唐诗文献整理方面的新成果，编成一本质量上超过清代康熙御定《全唐诗》的崭新总集。一是组织我古籍所与中文系古代文学教研组内同人，整理出一部《册府元龟》的校订本。这本书犹如一座未被开发的宝库。我们将宋本与明本互校，并与史书互核，后且附以人名索引。这就为文史学界的研究工作者提供了不少便利，出版后得到很高评价。

90年代，我还做了一件颇为惬意的事，将我国流散在外的珍贵古籍唐钞《文选集注》迎归故土，编辑加工出版。此书以日本《京都帝国大学文学部影印旧钞本丛书》内的二十三卷残帙为基础，加入台湾“中央图书馆”所藏的一卷，天津艺术博物馆藏的一卷残帙，北京图书馆所藏的两片残页，按一百二十卷本原来的顺序编排，命名为《唐钞文选集注汇存》。本世纪初，我又筹划出了一种增补本。各界朋友共襄盛举，我能为此稍尽绵薄，实属三生有幸。

三 独立思考，力求在学术上有所创辟

我是干一行，学一行，随之写下一些东西，留作人生记录。

我在大学本科和副博士研究生阶段，集中精力学习过《楚辞》。由于师承的缘故，我的治学道路有违时尚。1953 年时，世界和平理事会定屈原为世界文化名人，学术界掀起过一阵屈原热。当时发表的文章大都以"人民诗人屈原"、"爱国诗人屈原"为题，着重论证他爱祖国爱人民的一面。关于《离骚》等作品，则从积极浪漫主义写作方法等角度予以褒扬。我对这种研究方法不感兴趣，喜欢从神话学、宗教学、民俗学等方面进行探讨。当时这类书很少，图书馆中已把建国之前那些谈神说鬼之作束之高阁，境外新书又不能入内，但一次偶然的机缘，我从古籍书店中忽然看到一本香港饶宗颐先生的《楚辞书录》。此书后附论文索引，很多是发表在民国时期旧杂志上的论文。刚巧那时我新婚，妻子祁杰还在北京工作，假期中我都要去探亲，于是按照索引上的提示，到北京图书馆期刊室中借阅。在当时来说，我的阅读面要比别人广，上至王逸、朱熹等人的著作，下至苏雪林、何天行等人的论文，都曾钻研。这一时期的人强调观点，旧杂志上的文章，一般人已弃之如敝屣，而我却努力探讨他们提出的新见是否可以成立，与当时年轻人应该走的方向是不合拍的。

写作《九歌新考》时，我的操作过程比较规范，先是广泛占有材料，然后归纳成几种学说，分析他们的得失，然后提出自己的看法。"《九歌》异说综述"一章中，把古今有关解说《九歌》性质的学说分为"忠君爱国"、"民间祭歌"、"楚郊祀歌"、"汉人写作"四种学说，随后以《屈原创作说申述》为总结。这一结论，是在考察了先秦两汉神话、宗教、民俗的前提下，对《九歌》诸神一一进行分析研究，并与各家展开讨论，否

决了以上四说的基础上提出的，这里有我的新见。

这是我第一部完成的专著，留下了学生时代的痕迹，许多重要论点，发挥师说而成。小石师曾指出，东皇太一可能是齐国的神，楚人不能祭祀河伯，这都成了书中的重要章节。小石师学问博大，读书神悟，但他秉承前代学风，不轻易动笔，只在讲课时提出某种观点，而不作详细论证。我在学习《楚辞》时曾对各家之说一一比较，最后确信小石师的看法最有道理，从而服膺师说，并在他的提示下深入研究，证成此说。由此我就想到，师生之间的学术传承犹如接力赛跑一样。教师提出某种观点，学生得到启发，从而在这一点上进行开拓。从学术的发展来看，每一种学说都是在继承的基础上进行的。

小石师是清道人的学生，接触过清末的不少学者，他继承朴学传统，而又采择西洋新兴学术。我在他的指导下，也曾学过一些小学方面的著作，并对文史不分的传统表示认同。

所谓“文史不分”，从目下的情况来说，当然不能仅指文学、历史两门学科。我国古时所说的“文史”也不是这个意思。“文史”的内容是很广泛的，它包括了人文科学和社会科学的许多门类。哲学、宗教，等等，尤与历代文人的思想有关，研究文学，自不能不对此有所了解。

因此，我主张综合研究，为此我曾一再申述。《文史探微》的“后记”中说，我在学习文学作品时，往往连类而及，也相应地读一些史书或哲学著作，这样做，是希望对古代学术能有更完整的认识。因为在历史上，无论是一种风尚、一个流派、一部著作的形成、发展和变化，都是纷糅交错地呈现出来的，后人当然可以分别从文、史、哲等不同角度进行探讨，但若能作综合的研究，也就可以理解得更全面，更深入。这里我还可以补充一点，就是扩大知识面后，在探讨问题时往往可以取得触类旁通的良好效应。

古代文士大都信从“一物不知，儒者之耻”的古训，因此关注的事很多，写作的范围极其广泛。后人自可从事纯文学的研究，把他们的诗歌和部分散文从整个创作内容中分离出来，但这样做常是只见树木不见森林，难得把握整体。因此我们从事古代文学的研究，困难之一就在于合适地处理专与博的关系。从我本人来说，尽管个人资质驽钝，还是希望尽可能地多懂得一些。1995年我主持了一次魏晋南北朝文学国际学术研讨会，提交的论文是《魏晋南北朝时科技发展对文学的影响》。因为我注意到，其时文人大量写作《刻漏铭》、《相风赋》之类的作品，又喜用"玉辂胜于椎轮"之类的比喻，说明文学的今胜于古，这不是说明其时自然科学方面的进步推动了文学思想的发展么？每一个作家处在各种社会思潮的交叉影响之中，如果我们局限一隅地进行考察，怕难以掌握全貌。

如上所云，我因任务急需，做过各种各样的工作，诸如校勘、注释、翻译、汇编、辑佚、考订、阐发，等等，古代文学研究中的各种行当，大都尝试过。不过这样长期打杂似乎也有一些好处，观察问题和处理问题的适应性有所增强。发现问题后，随之就会想到用哪一种方法去处理最为合适，回旋的余地也就大些。例如我在整理《唐语林》时，发现内中一则刘幽求故事，当是柳珵《刘幽求传》的佚文，颇欲撰文介绍，但一时又难决定用何种方式表达为佳。后来我写了《柳珵〈刘幽求传〉钩沉》一文，共分三段，首先作资料介绍，中间作文字注释，最后作理论阐发，这或许也可说是多层次、多角度地进行研究吧。目下学界中人往往从事单项研究，或擅长注释，或擅长赏析，或擅长考证，或擅长发挥，或擅长搜集资料，犹如某一专业户，如遇不合自己脾胃的材料，往往视而不见。一个人若是具有多方面的兴趣，并有相应的驾驭能力，则可充分利用所得材料，制作成各种合适的成品。我在唐代笔记小说研究方面所以能不断开拓，当以接受的训练比较多样有关。

我总觉得，从事古代文学研究既要有深厚的功力，又要有敏锐的创辟能力。建国以后，研究工作中首先强调的是观点，又受苏联的影响，通史、通论性质的著作最为风行，高层领导屡屡斥责烦琐考证，以此作为资产阶级学者的标志，因此长期的流行方式是语录开道，然后据此演绎成文。这种学风的直接后果，是人们不必读多少书，不必大量积累资料，只要援引几段放之四海而皆准的经典，结合一些人所共知的材料，就可写出观点正确的文章。人们在学术的探索中不能有突破，否则有些专门挥舞棍子的人就会上纲上线，提高到政治立场上去。我在写作《梁代文论三派述要》时，讨论通变与新变的问题，以为萧纲等新变派也有不少贡献，当时就有一位“评论家”在《光明日报》的《文学遗产》副刊上用杂文的笔法阴阳怪气地说我是“欣赏宫体作家”的了。这样的文学批评，不必有什么论证，只凭若干先验的“原则”就可陷人于困境，试问处在这样的空气之下，人们又怎能探求真理？

做研究工作，总得有一定的学术规范。所喜者，目下人们的研究工作已渐趋规范，但我觉得还需对文献问题赋予更多关注。

我在从事法家著作的注释时，为了整理出一种《韩非子》的可信本子，曾到北京图书馆与国内其他图书馆去借阅过不少善本，随后写下了比较各种版本的论文《〈韩非子〉版本知见录》。因为这是专书研究的先行工作，所以我将该文置于《韩非子札记》中的首位。通过版本的考核，发现向被认为权威著作的《韩非子集释》一书，其校勘部分极不可信。著者陈奇猷先生撰写时尚在辅仁大学求学，无法看到多种善本，提及版本的地方，好多是转抄他人的。这种校勘上的重重转抄，以浙江书局本顶替吴鼒本，即王先慎的《韩非子集解》也不免此弊。为此我写下了《陈奇猷〈韩非子刻本源流考〉商兑》一文，希望引起读者的警觉：不要迷信权威，而要独立思考。

人处运动之中，无法掌握命运，但我逆来顺受，在注释法家著作时也学到了不少东西。按照现在的归类，《韩非子》已定为哲学著作，但先秦典籍综合一切，我也随之进行了多方面的研究。突击两年，书已很熟了，我就感到《韩非子》中的每一篇文章都有前人从未言及的新义可以阐发。当时有一奇想，可就全书五十五篇文章写成五十五篇读书笔记，每篇都要有新意，雪泥鸿爪，也可作为我这段奇特经历的学习记录。同时也可告诉大家，读书可有各种不同的读法，文章可有各种不同的写法。那时浮想联翩，一口气写成了很多笔记，后因前后笔记之中每多重复，于是又依主题归类，整理成《韩非子札记》一书。或许这类沟通文史的著作不太容易见到，此书出版后颇受各界欢迎，当时远在美国的日本东京大学长尾龙一教授、正任马来亚大学中文系主任的郑良树教授都谬加赞誉，随后也就成了亲密的文字之交。

段熙仲先生撰文介绍此书，认为"篇篇都是有根据、有心得的学术论文"，这是前辈学者对年轻一代的揄扬，愧不敢当。由于我知识结构方面的参差，自觉有关历史方面的几篇文章，如《战国时期的几起变乱佚史》、《韩非与"百国春秋"》等，还差强人意，有关哲学的几篇，就嫌空泛。我也明白，一个人不能门门精通，但我在《韩非子札记》中对许多问题作了阐述，总算是用上了平时积累的各种知识，感到快意。

我教过多年批评史，需要考察学术思潮，因此对中国哲学史也较关注，平时也读读这方面的著作和文章。虽然素养不足，但也有助于发现问题。陆机何时作《文赋》，向为学术界聚讼的焦点。我在读此文时突然感到，内如"伫中区以玄览，颐情志于典坟"等句，出于《老》《庄》等道家著作；"若夫随手之变，良难以辞逮"等句，明显地受到当时玄学领域中"言不尽意"论的影响。我又想到，唐长孺在分析《抱朴子》而推论南北学风异同的一篇文章中曾提到，吴国的学风比较保守，《易》主今文家说。陆机的从曾祖陆绩为江南的《易》学大师，世家大族以世传经学为门户的光荣，这就可以作出推断：陆机青年时期决不可能接受玄学，只在到达洛阳之后，才有这种可能。杜甫在《醉歌行》中曾说"陆机二十作《文赋》”，过去学界一直沿用此说，现在看来，此说已难成立。这番论证，自觉比逯钦立的《文赋撰出年代考》进了一步。逯氏此文自是杰作，他用排比的方法考察《文赋》的写作年代，但陆云与陆机通信时提及各种作品是否严格按时序排列，难以确说，而且“文赋”二字还可作文体解释，因而还留下一些不确定因素。我用陆机的哲学思想演变作出解释，结论似乎更为可信一些。刘跃进、韩晖等人都对此文予以高度评价。

我在该文中还曾引及刘敬叔《异苑》中记载的陆机夜遇王弼之鬼的传说，说明陆机思想的变化。这样征引材料，在老辈学者中是不多见的，但我对此很感兴趣，觉得考证文章中增加一些小说笔法的材料，能使气氛生动。当然，这类材料的使用得有限制，看用在什么地方。假如把这用来考察某一件事的背景，说明其时的社会风气，就很有说服力，应该发掘这类材料的深层含义。这种在考证文章中也喜欢用小说的脾性，可能与我毕竟出身于中文系有关。

我在研究李白时，反复阅读他的《上安州裴长史书》，内中叙及他的早年经历，对于了解李白的思想非常重要。其中说到他与蜀中友人吴指南同游于楚，指南死于洞庭之上，“遂权殡于湖侧，便之金陵。数年来观，筋肉尚在，白雪泣持刃，躬身洗削，裹骨徒步，负之而趋，寝兴携持，无辍身手，遂丐贷营葬于鄂城之东”。这就使我感到非常奇怪。中国向来以孝治天下。《孝经》上说：“身体发肤，受之父母，不敢毁伤，孝之始也。”李白却把友人尸体上的肉用刀子刮尽，这与古时的丧葬之礼差距太大了。因为我在研究《楚辞》时读过一些民俗学方面的著作，这时我又悟出，李白这里是在以剔骨葬法埋葬蜀中友人。为此我勤翻典籍，上至《墨子·节葬》篇中的材料，下至林耀华《凉山夷家》中的调查报告，终于证成李白曾受南蛮文化的影响。李白研究向为世界性的热门话题，但我相信此说自古至今从未有人说过。

就在《与安州裴长史书》中，李白还说“许相公家见招，妻以孙女”。许相公为高宗时的宰相许圉师。唐代前期，许家贵盛一时，故李白言下不无自得之意。按杜甫《哭王彭州抡》诗云：“北部初高选，东床早见招。”仇兆鳌《杜诗详注》引《杜臆》曰：“见招，是招王为婿。”李白入住女家达十年之久，可知李白其时实为赘婿的身份。中国古时一直贱视赘婿，李白却胸无芥蒂，说明其婚姻观念有异于他人，他在许家居住多时之后，又至梁国入赘于宗家。宗氏夫人为宗楚客的孙女，宗楚客在武后与中宗时三次拜相，李白亦以此为荣，可见他所承受的文化背景有异于常人。这也与他出身的家庭背景有关。因为西域地区突厥、铁勒等游牧民族保留着更多母系氏族社会的遗痕，男子结婚以后都会住到妻子家中去。唐代社会受西域文化的影响很大，这在李白身上反映尤为明显。

我读李白的《登峨眉山》诗，末尾有句云：“傥逢骑羊子，携手凌白日。”骑羊子是谁？传为刘向所撰的《列仙传》中说：“葛由者，羌人也。周成王时，好刻木羊卖之。一旦骑羊而入西蜀，蜀中王侯贵人追之，上绥山，在峨眉山西南，高无极也。随之者不复还，皆得仙道。”后来他到浙江金华去游赏，表示对皇初平与赤松子的仰慕，内中都有其脉络可循。这也是我在论证李白的多元文化背景中的一个重要方面，即羌族文化的影响。我把这一看法撰成《李白与羌族文化》一文，进一步充实我所提出李白为多元文化的结晶之说。或许此文有其明显的特点，也就为专门介绍中国古代优秀论文的刊物所选中，译成英语，发表在*Frontiers of Literary in China*（Volume2. Number. March 2008）上。

前人早已指出，读书要能发现问题，应在人们习焉不察的地方读出新意。我悟性不高，但有时还能略有所获，主要就靠触类旁通。陈寅恪告诫人们读书必求正解，如从汉学规范而言，也就是在训诂上要有深厚的修养。我就觉得，当代的人要对文献资料作出正确诠释，必须具备多方面的知识，读出字词中潜藏着的深层含义。知识越多越好，这样才能触处多悟。我对宗教问题缺乏知识，以前因研究《九歌》，对原始宗教方面的问题曾予关注，后因涉足《文心雕龙》，无法回避佛教与道教方面的问题，因而对二家教义也学习了一番。

有人认为我的文章选的角度一般都比较好，我想这与读书时注意发掘疑点有关。既有疑点，就得解疑。如我在阅读《三国志》时，发现内有曹氏"三世立贱"之说，这与历代帝王之家情况大异。何以如此？我从曹氏家世论及曹操的突出之处，说明他为改变社会风气作出的努力，从而对建安文学作出新的解释。又如文体论中常引"登高能赋"之说说明赋体的产生，我就觉得里面有个概念转换的问题，因而写作《"登高能赋"说的演变和刘勰创作论的形成》一文，对后人以经说立论，吸收山水诗等创作经验，用"登高必赋"说替代儒家诗论的过程作了考察。这种穿穴式的论证方式，在目下的《文心雕龙》研究中，似乎并不多见。

我在"文化大革命"前教过两个学期的《文心雕龙》，"文革"之后又教过三次，前后只有五个学期的教学经历。但我做事比较认真，每讲一门课，都有详细的备课笔记，讲《文心》时，也编有讲义，先发给学生预习，然后讲授。2000 年江苏古籍出版社为我出《周勋初文集》时，我就把讲义也印了进去，取名《文心雕龙解析（十三篇）》，也算是我涉足这一领域的一份学习心得。

因我一直在古代文论界活动，几次重要的《文心雕龙》国际会议也都有朋友邀请前往，为此我总是竭尽所能地提交高质量的论文。这样，我在这领域中虽非专业人员，却也占有一席之地。

近年来，其他研究工作陆续结项，与《文心》的缘分却又突然增加起来，一些学生与朋友认为，我在《解析》中呈现的思路和论文中提出的论点，自有其特色，应该把其他三十几篇文章也一起注出，可以全面展现我的研究心得。之前我也增注过两篇文章，只是现已年老，力不从心，于是许多学生帮我注完了其他几篇，实现了心愿。

对我来说，多一本书，少一本书，本已无所谓。环顾《文心》学界，著作如林，多一本书，少一本书，也已无所谓。那我又为什么还要勉力完成《文心雕龙解析》一书呢？

我对这一领域的现状作了审视，发现其间存在着很多问题，有待于提高，有待于纠正，因此尚有空间可以开拓。思路逐渐清晰，形势看得更清楚，于是决心发挥自己的长处，把《文心雕龙》一书放在学术史的长河中加以考察，这样既显示出了自己的研究心得，又可克服目下普遍存在的流弊，努力使学界走上一条更康庄的治学大道。

总的来说，目下这一领域中存在的问题，是由近百年来的学科发展越来越细化，研究工作者过趋专门而引起的。我看到，一些知名的学者，在基本文献和典章制度方面都存在着模糊的认识。况且“龙学”一名出现后，有些年轻学者往往一辈子只读这一本书，相关典籍多加忽视，这样研究工作又怎能深化？

自清代起，经学中的古文学派与今文学派即纷争不断，而自乾嘉时起，朴学趋于极盛，古文学派一直占有绝对上风。直到清末，章黄学派仍在学坛占有重要地位。学界认为，古文学派重训诂，通大义，强调无征不信，因此治学态度比较科学。建国之后，研究哲学首先得划清唯心论与唯物论的界线，这时古文学派自然会被认为唯物的成分为高，今文学派则与唯心主义难以区隔了。刘勰宗经，《文心》中引用到了许多儒家经典，当然会涉及学派之间的问题，这时为了抬高刘勰的地位，自然会被认为是古文学派的信从者了。但这与刘勰的自述不符。因为刘勰多次提出，他也推崇今文学派中的著作与人物，征引王弼《易》学，可知这种从意识形态出发为刘勰定性的做法并不可信。因为刘勰是六朝时人，其时风行玄学，玄学调和儒道，此时古文学派与今文学派的畛域早就不明显。因此，研究《文心雕龙》必须从玄学着眼而不能画地为牢，否则就有很多地方无法讲通。

与此情况相近，近代学术重视文化交流，大家观察前代学术时，也很注意国际间的文化交流问题。魏晋南北朝时，佛学大盛，学界普遍认为，佛学注重思辨，比之中土固有学术，在思想方法上有其优越之处，而刘勰又是一个佛教信徒，因此大家自然认为，《文心雕龙》所以能在中国学坛上大放异彩，应当也是得益于佛学思辨哲学的助益，而这又与刘勰的自白相违。我则仍从六朝时期的学术情况着眼，认为中国学术一系相承。魏晋之时，以儒家为主要成分。融合道家学说，形成玄学；时至齐梁，进一步与佛学融合，形成玄学化的佛学，因而在学术的一些新领域中又呈现异彩。《文心雕龙》的思想，就呈现出这一时期儒学的特有面貌。因此，刘勰其人可以说是一位中国文化本位论者。

我在《文心雕龙解析》中，纳入与此有关的一些论文，其中有对与前辈学者的商榷，也有与同辈朋友的商讨，而在每一篇文章的《解题》中，又逐一抒写我对这些文体的研究心得。因此，《解析》一书，综教学与研究为一体，而这正是我整个教学生涯的缩影。

由上可知，我在进行某一课题的研究时，往往锲而不舍，继续探讨，从而产生另一论文，甚而滚雪球似地发展成一部专著。例如写好《叙〈全唐诗〉成书经过》之后，为了弄清季振宜《唐诗》的来龙去脉，花了几年的时间，查阅资料，采访专家，进而写成《季振宜〈唐诗〉的编纂与传流》一文。其后又从康熙急于在文治上有所表现着眼，征用江南的十名在籍翰林，匆促编就此书。其时朴学未兴，时人都长于诗才而短于诗学，因而总集中留下了不少缺憾。这第三篇文章即名《御定〈全唐诗〉的时代印记与局限》。三文一系相承，对此问题作了比较全面的考察，这样也就奠定了我在《全唐诗》研究工作中的地位。

小石师的研究工作，具有“语不惊人死不休”的气概，我虽不才，但也追求创辟之功，写作论文时，总想发前人未发之覆。20世纪之末，年事日高，杂务日多，而学术活动又极纷繁，有时应邀写作各类论文，颇感应付为难。照理说，研究某一问题，必须先把有关文献搜集全备，读遍之后，再来动笔，但我后来已无此可能。差能自信者，觉得自己的思路还有一些特点，写出的东西不大可能与人家撞车。例如90年代一口气写了有关李白的十篇文章，从文化的角度阐发李白的特异之处，故以《诗仙李白之谜》一名问世。事后表明，我所谈的问题他人确是没有谈过，至少在观察问题和论证的方式上有不同，这是我敢于在学术界继续活动的一些自信。

大家从我介绍的成果中不难发现，不论是《楚辞》、《韩非子》或《文心雕龙》的研究，还是高適、李白或《全唐诗》的研究，抑或近代各种学术流派的研究，都可以说是热门话题。这样做，并不是想凑什么热闹。我的本性也不喜欢这样。但我总想在前人已说过的话之外，提出一些他人意想不到的见解，拓宽学术界的研究视野，如说王粲死于麻风病之类。大作家和重要著作中包含的内容更为丰富，可以从不同角度进行考察，挖掘出更多的深层含义，这样才能显出个人的独到见解和思辨能力。80年代中期之后，我又把注意力慢慢转到小问题上，为此写过《"芳林十哲"考》之类的一批论文，企图采用"小题大做"的手法，通过一些他人注意不够的社会现象，揭示历史上的一些重大问题，并依此形成个人的治学风格。

《因话录》的作者赵璘，《卢氏杂说》的作者卢言，以及其他一些唐人笔记小说的作者，两《唐书》上少有记载。我对他们的生平作了考证，对作品内容作了分析，通过他们的社会活动和作品中的某些记载，抉发其中蕴涵的重大社会问题。

总的说来，我在唐人笔记小说研究上所花的工夫并不太多，如果说有什么收获的话，那就是结合承担的职务，通过古籍整理，进行考证和理论并重的工作，说明唐人笔记小说的文献价值。这也是我一贯致力的方向：着眼于笔记与正史的结合，整理与研究的结合，企图为学术界提供一些例证，在文史研究的领域中闯出一条新路。

我在唐人笔记小说的整理与研究工作中，还曾有意识地注意培养功力。整理《唐语林》时，不厌其烦，一本书一本书地查对，一个字一个字地考核，这里用的全是笨功夫，但所积累的知识，却都是实打实的。整理文献，需要多种知识，除版本目录等专业知识外，还要对唐代社会的民情风俗、典章制度、国际交流等都有所了解，因此要想做好文献整理工作，也不是容易的事。目下学术界还有不少人轻视文献整理，可能他们还不太了解其中甘苦，也说明过去只重通史、通论的学风还在影响学坛。

整理文献时，我很注意体例问题，因此编写《唐语林校证》、《唐人轶事汇编》、《〈册府元龟〉校订本》时，都曾作过反复考虑，务使全书便用、可靠、科学性强。三书均曾获得国家新闻出版署的古籍整理图书奖，于是我在师友辈的督促下，又邀请了葛渭君、周子来、王华宝等三位专家，主编《宋人轶事汇编》一书。多年涉猎，略有所得，因此我在《唐人笔记小说考索》的通论部分，曾对文献整理中遇到的问题多方阐发，其中《唐代笔记小说的校雠问题》一文，或许能够体现我在这方面积累的功力。

不论写作创辟性的文章，还是依仗功力的文章，我都有意多作分析。读他人文章，也喜欢那种抽丝剥茧式的论文，而不看重那种铺陈排比纯以罗列材料为胜事的文字，更不喜欢那种侃侃而谈光讲大道理的文章。从《刘勰的主要研究方法——“折衷”说述评》、《从“唐人七律第一”之争看文学观念的演变》等文，都可看出我的努力方向。《阮籍〈咏怀诗〉其二十新解》一文，不过四五千字，却又敝帚自珍，自以为千古以来无人曾对这一组诗中的任何一首作出具体阐释，我则对此逐字逐句作了分析，将阮籍的心曲明白剖示。友人罗宗强、学生蒋寅等人都对此文表示欣赏，我一直引以为荣并许为知音。

做研究工作，与其趋同，不如立异。目下中国文学批评史类的著作日盛一日，大家都向篇幅长的方向发展，我则将自己所写的一本定为“小史”。这当然与我喜欢独立思考有关，这书也体现出了追求少而精的努力方向。

最后说说我对“文献”一词的理解。过去的人一般都以为指典籍而言，现在的人则扩及其他众多资料。我在《唐诗文献综述》中，就介绍到了碑志、壁记等多种实物，而在写作《高適年谱》时，就曾依靠墓志上的记载考察高適家世。这种做法与前此的文学研究者有异。而我之所以接受文献的广义用法，也与师承有关。

屈指算来，我在古代文史领域中工作已将近五六十个年头。前十七年，运动不断，突击不歇；后数十年，情况好转，社会活动却又剧增。自知天分不高，反应迟钝，体质又差，精力不敷，而又不得不随顺世故，写作各类文章。临文把笔，常是战战兢兢，生怕于此积累不足，出现不应有的错误。因此，总是想把文章多请一些专家看看，匡我不逮。为此先后得到过洪诚、孙望、程千帆等多位先生的帮助，在此谨向他们致以衷心的谢意。

四　部分成果综述

我的科研成果，可分为学术研究与古籍整理两大部分。

2000年，江苏古籍出版社为我出了一套七卷本的《周勋初文集》，内收十六种著作。其后我又出版学术研究著作多种，今将各书综合起来逐一作些介绍。

一、《九歌新考》。此书于1986年由上海古籍出版社出版。赵沛霖评曰："周勋初《九歌新考》一书正是根据古代宗教的发展规律和民俗背景，结合古代祭祀制度和有关礼制的特点，来考察和辨析各家之说，以及神话传说的性质和演变。""它证明了'《九歌》中的神祇来源不一'"，"证明了屈原创作《九歌》的广泛基础，从而使《九歌》性质研究不再受祭歌的束缚，为进一步正确认识《九歌》扫清了障碍"（《屈赋研究论衡》，天津教育出版社1993年版）。贾晋华在《道与德之宗教起源》一文中介绍说："继钱宝琮之后的又一出色研究是周勋初发表于上世纪八十年代的《东皇太一考》，文中援引丰富的先秦文献，突破钱宝琮的结论，考证太一在战国时期已经在齐楚等地被尊崇为星神和上帝。周勋初的结论不久即为出土文献和文物所证实。"（《中国文化研究》2012年夏之卷）

二、《韩非子札记》。此书由江苏人民出版社于1980年出版。1982年，日本学者东京大学法律系长尾龙一教授至美国国会图书馆看书："在那儿，我发现了研究韩非子的、具有敏锐智慧和渊博知识的大陆学者周勋初的著作。在'文革'的狂风暴雨中，居然有这样的智慧幸存下来，这使我深为感动。"（《古代中国思想ノート》，信山社1999年版）段熙仲《韩非子札记述评》曰："全书共收札记四十八篇，实质上是篇篇有根据、有心得的学术论文。"（载《南京大学学报》1982年第3期）

三、《韩非》。此书由江苏古籍出版社于1985年出版。傅杰遴选20世纪《韩非》研究著作中的精品，成《韩非子二十讲》，将此书列为首篇，于2008年由华夏出版社出版。随后南京大学出版社于2009年再次出版，列入孔子学院推介读物，用英、日两种文字译介，为此我又配上了很多精美的插图。

四、张骘《文士传辑本》。我对作者问题作了新的考索，认为此书由晋代的张隐和齐梁时人张骘先后编成。搜集的资料比之日本学者与中国大陆地区的学者都要完备。此文首先发表于南京大学古典文献研究所编《古典文献研究》(1989—1990)，南京大学出版社1992年版。

五、《文心雕龙解析》。这书原是我的一份讲义，收在《文集》中时标名《文心雕龙解析(十三篇)》，后又补写了两篇。友人以为应当以完整的形态问世，于是九位学生帮我补足了其他三十五篇文章的注释。我从学术史的角度研究《文心雕龙》，力破建国之后仅从古文论的角度考察此书之弊。一些专治此书的朋友与学生看过草稿之后认为有我本人的思路和特点。书中收入了我将近二十篇学术论文，内有《刘勰的主要研究方法——"折衷"说述评》《刘勰是站在汉代经学古文学派立场上的信徒么?》等有影响的论文。新书将于2015年由凤凰出版社出版。

六、《中国文学批评小史》。此书传播颇广，中国内地先后有长江文艺出版社、辽宁古籍出版社、《周勋初文集》本、复旦大学出版社等多种版本，台湾地区有台北嵩高书社、高雄丽文文化公司两种版本，香港有三联书店一种版本；韩国有全弘哲等人的译本(理论与实践出版社1998年版)，日本有高津孝译本(勉诚社2008年版)。日本国立奈良女子大学、韩国汉城大学(首尔大学前称)、香港大学等校都曾用作教材。国内外大学用作重要教学参考书者尤多。

七、《文史探微》。这是一本论文集，共收论文十四篇。其中一些文章产生过很大影响，如《梁代文论三派述要》，1964 年发表在《中华文史论丛》第五辑上，70 年代，台湾大学杨家骆教授选入《中国学术类编》内之“中古文学史等七书”（台北鼎文书局 1977 年版），誉为“探骊得珠，久称佳制”。罗联添进而又选入《中国文学史论文精选》（台北学海出版社 1983 年版）与《中国文学史论文选集续编》（台北学生书局 1985 年版），境外影响进一步扩大。罗宗强将此文选入总结 20 世纪学术成果的《古代文学理论研究》一书，湖北教育出版社 2002 年版。《魏氏三世立贱的分析》一文，日本学者甲斐胜二译为日语，刊于《福冈大学人文论丛》1995 年 27 卷 1 号。傅璇琮在《关于全唐诗的改编》一文中说：“周勋初同志曾撰有《叙〈全唐诗〉成书经过》一文，详细研究了清编《全唐诗》如何继承胡震亨《唐音统签》与季振宜《全唐诗》的成果，这是一篇很有分量的论文。”（载《文学遗产》1989 年第 4 期）其后我之出任《全唐五代诗》第一主编，也与此文有关。

八、《文史知新》。此书本拟于 2000 年前刊出，后以《文集》即出而作罢。2012 年始由凤凰出版社另出新版。书中收入论文二十四篇。莫砺锋指出：“周先生的学术研究更值得称道的优点是既能博通又能专精，前者主要体现在他能在不同的学科领域和时代断限之间做到融会贯通，触手生春；后者主要体现在他的研究都是解决问题的实证式研究，每本书、每篇文章都能落到实处。”（《贯通历代，弥纶群言——周勋初先生学术研究述评》，载《文学评论》2005 年第 4 期）其中如《谢灵运山水文学的创作经验》、《〈易〉学中的两大流派对〈文心雕龙〉的不同影响》，都曾选入一些总结 20 世纪学术成就的选本。《〈文选〉所载〈奏弹刘整〉一文诸注本之分析》、《韩愈的〈永贞行〉以及他同刘禹锡的交谊始末》等文均曾博得学术界的好评。

九、《高適年谱》。此谱之前，已有七八种发表，郁贤皓《评周勋初

〈高適年谱〉》中说，此谱“在高適的家世、行踪、信仰、交游以及诗文编年诸方面都有许多创见，内容翔实，贡献尤为显著”，“《周谱》所以能作出如此重要的贡献，主要有三个明显的特点：一是资料丰富……二是考订精审细密……三是注意知人论世……”(《文学评论》1984 年第 5 期)。1985 年获江苏省哲学社会科学优秀成果二等奖。

十、《诗仙李白之谜》。书中共收十篇文章，先后在各种杂志上发表，后由台湾商务印书馆于 1996 年 11 月集中印成一书。其中一些文章颇得好评，如《李白剔骨葬友的文化背景之考察》，1993 年发表在《中国文化》第八辑，胡晓明选入 20 世纪唐诗研究精品选的《唐诗二十讲》，华夏出版社 2009 年出版，评曰：“周勋初的李白的研究很有个性，将飘逸的李白放回地上，注意了别人不注意的历史与人生的极真实一面。这样的文章不多见。”罗宗强在书评《李白研究的一个更广阔的领域》中，认为此书“从一个全新的角度，提出了不少问题。这些问题，他并没有全解决，但把李白研究的视野大大地拓宽了，展现了李白研究的一个更为宽阔的领域”(《文学遗产》1998 年第 4 期)。

十一、《唐诗文献综述》。这书原是我为配合《唐诗大辞典》的编纂而撰写的附录，从 1 文集、2 史传、3 小说、4 谱牒、5 碑志、6 壁记、7 登科记、8 书目、9 诗话、10 艺术、11 地志、12、政典、13 释道书等不同方面介绍研究唐诗的基本文献，得到唐诗学界的一致好评。台湾政治大学罗宗涛教授评曰：“先生不是把这些资料作静态的排列，而是娓娓备述其原委，使这些资料活动起来。如此，这些资料的价值才可能充分而适当地发挥出来。”日本东北大学村上哲见教授评曰：“内容广泛无比，解说精密而很得要领。我看这篇《文献综述》，不只是研究唐诗的，凡是研究唐代文学文化的人都应该熟读，我相信从初涉唐诗的学生以至专家学者各自一定会多得补益。”(《社会科学辑刊》1992 年第 5 期)

十二、《唐人笔记小说考索》。此书分为上、下两部分，上一部分为《通论》，内收论文四篇，其中《唐代笔记小说的校雠问题》一文，傅杰选入《近百年来考据文录》，将由复旦大学出版社出版。《唐代笔记小说的整理心得——就〈唐语林校证〉事答客问》，初发表于《书品》1989年第2期，后于《书品》1998年第3期上以《旧文新赏》之名再次刊发。程毅中《读〈唐人笔记小说考索〉》以为此书有不少新的突破，一是"对比于比较寂寞的唐代笔记研究有了明显的开拓"。二是前人之作"没有像《考索》这样进行通盘的研究"，三是"贯彻了文与史沟通的观点"（《燕京学报》新4期）。杜晓勤《隋唐五代文学研究》中说此书是"20世纪唯一一部对唐代笔记小说进行深入探究的著作"（北京出版社2001年版）。

十三、《唐代笔记小说叙录》。此书原是将《唐语林校证》后面的附录《唐语林援据原书提要》扩大改写而成，后又作了调整，删去了一些遗佚而无所影响的书，增加了一些影响大的书，2008年凤凰出版社改出新版。蒋寅说："周勋初老师所撰唐代笔记小说提要，是我读到的大手笔。……唐人笔记，版本众多，流传改编情况极为复杂。周老师的提要不仅从史源学的角度弄清各书的材料来源和编纂经过，更通过具体考辨揭示一些普遍性的问题，为古籍校雠学提供了宝贵的经验。"（《〈清诗话考〉自序》，中华书局2005年版）

十四、《当代学术研究思辨》。此书首先由南京大学出版社于1993年出版。内收研究当代学者学术成就论文多篇，也有一些涉及重大问题的综论，后有阐述王国维、陈寅恪五篇著名论文的专论，受到学术界的普遍关注，很多学校指定为研究生重要参考书。《黄季刚先生〈文心雕龙札记〉的学术渊源》一文曾为陈平原编入《中国文学研究现代化进程二编》，北京大学出版社2002年版。上海古籍出版社编入《蓬莱阁丛书》即以此文为《札记》的导读，2000年出版。《罗根泽先生在三大学术领域中的开拓》一文，先后为六七种报章杂志专刊转载。

2013年，北京大学出版社又为此书出了一种增订本，收入了2000年之后我写的一些同类文章，内如《胡小石先生与书法》等文，也曾发生过很大影响。此文原是我为配合中央文史馆编的《中华书画家》杂志2012年2月号中胡小石书法专栏而撰写的，南京博物院为庆祝南京大学建校一百一十周年，编就《沙公墨妙——胡小石书法精品集》，南京大学出版社2012年5月出版，即将此文收入。

十五、《西学东渐和中国古代文学研究》。此文应属半成品，后以精力无法集中而未能完成预先构思。内分《文学观》、《发展观》、《思考》三部分，后者先以《中国文学研究现代化进程思考》为题发表于《中国政协报》1999年6月20日《学术家园》。其后我又以同样思路撰写《西学东渐下中国古代文学研究的艰难处境》(《社会科学论坛》2006/2[上半月刊]、《文学评论丛刊》9卷1期)、《重视中国古典文学特点的研究》(《文学遗产》2006年第2期)等文。

十六、《无为集》。这是《文集》中的最后一种。内容包括本人几种书的写作心得、为人写的序跋回忆录和没有编入其他文集中的一些论文。我所交往的人，师长一辈，多知名学者，学生一辈，也已崭露头角，因此相关文字应可供人参考。有的论文，产生过较大影响，如《御定〈全唐诗〉的疏误与〈全唐五代诗〉的编纂》一文，原是为参加大陆古委会和台湾地区汉学研究中心于1996年举行的第一届“古籍整理研讨会”而撰写的，收入《全唐五代诗》时置于前端，说明这一巨著的学术背景。《文献学与综合研究》一文原是庆祝《文学遗产》复刊五十周年而作，介绍南京大学古代文学专业的学术理念。

《周勋初文集》出版后，《文学遗产》编辑部特请程毅中先生撰写书评，题作《寻求新朴学发展的道路》，内云“文献学与综合研究，体现了一种具有朴学精神的治学方法，也许可以说是开拓了一条具有民族特色的文史研究的道路”(原载《文学遗产》2001年第4期)。江苏古籍出版社曾约请多位专家笔谈，从先秦两汉至现当代学术，分别进行评论。文章分为两组，第一组中有卞孝萱、孙昌武、汪涌豪、陈书录、朱刚、（台湾）王国良等六人，登载在《中国典籍与文化》第2期上，编者按语曰："由于周勋初先生的治学范围很广，单篇的书评很难涵盖其内容，所以本刊特邀请有关专家进行笔谈，分别对文集中的治学方法、《韩非子》研究、唐代文学研究、文学批评史研究和近代学术研究等内容予以评论。"第二组中有黄永年、罗宗强、董治安、郁贤皓、王青、蒋寅六人，登载在《中国诗学》第9辑上。

十七、《魏晋南北朝文学论丛》。我于1998年赴台湾讲学时，得知该处学者对我在此时段的研究工作颇多赞美，然无法读到多数论文。大陆学界也有这种情况。我遂请江苏古籍出版社把我这一阶段的论文集中刊布了一下，于1999年11月出版。王华宝为之撰写书评《创新的精神，实证的方法》，载《书品》2000年第4期。

十八、《李白研究》。这是我应陈平原教授之邀，总结20世纪李白研究的成果，2003年由湖北教育出版社出版。全书首列《李白研究百年回眸》一文，长达五万字，分从"研究鸟瞰"、"族系之争"与"重要问题之分析"三个方面展开，内多个人独特看法。全书选文三十三篇，詹锳、郁贤皓、罗宗强与我各选入两篇。我的两篇文章为《李白剔骨葬友的文化背景之考察》、《李白两次就婚相府所铸成的家庭悲剧》。

十九、《李白评传》。本书为《中国思想家评传丛书》中之一种。我任该丛书副主编，乃应主编匡亚明之请，撰写此书。薛天纬、孟祥光评曰："《李白评传》的研究思路及某些观点，与作者1996年由台湾商务印书馆出版的《诗仙李白之谜》有着明显的承继关系。作为'评传'，作者不取此类常见的以传主生平经历为线索展开评述的写法，而是着意对李白研究中一些重大的、有疑义或者有争议的问题，作出自己的独特解说，作者所持的学术观念，是既严格尊重、广采博取史料，又积极探索，不惮出新。所持研究视角和研究方法，则是以多元文化的影响来解读李白其人及其诗。”文载《中国古代文学研究年鉴2005》，陕西师大出版社2007年版。童强在《俱怀逸兴壮思飞》的书评中说：“李白研究的成果已经非常多了，相关的材料基本被完全掌握，一时很难有改变人们基本评价的新材料出现。……对于一项研究而言，提出新的观点很难，但能够运用丰富的材料对新的观点加以论证更难。《李白评传》给人留下深刻印象之处，不仅在于其中大力的开拓，新颖的创见，而且也在于作者能够运用考证的方法对新论点加以实证。这是这部著作的魅力所在。”（《中国图书评论》2005年第9期）

二十、《馀波集》。该书于2008年由南京大学出版社出版。内为我在《文集》出版之后发表的文字，内容广泛，有杂志社的约稿，学术单位中的讲演稿，为友人与学生写的书序，也有不少纪念文字。其间我也写了不少有关李白的研究文字，如《李白的晋代情结》、《李白诗原貌之考索》等，《唐代文学研究年鉴》中负责李白部分与综述的学者均曾给予好评，这也说明我对李白的研究持续很久。2006年，我在《中华文史论丛》第一册上又发表了《李白与羌族文化》一文，进一步充实我提出的“多元文化结晶”说，后译成英语，发表在 *Frontiers of Literary Studies in China*（Volume2, No. 1, March 2008）上。李德辉在《周勋初先生〈馀波集〉读后》中说：“五组文章表面上看似乎显得有些庞杂，实则既显示出周先生学术的独特风貌，也体现出该著的独特个性。本文将这种个性特点概括为以下六大方面”：“一是强烈的还原意识和求真意识”；“二是探颐索隐的强烈兴趣”；“三是能于常见材料中发掘出有意义的问题，言论富于启发性和思辨性”；“四是对历史文化问题和现当代学术的高度关注”；“五是非常讲究治学方法”；“六是长于以三言两语概括一个复杂问题”（《透入到历史和文学的深处》，载《文学评论丛刊》11卷第1期，2008年11月）。

我在古典文献整理方面投入了不少精力，取得了不少成绩。好几种著作曾在全国评比中得奖。2013 年，国家新闻出版广电总局、全国古籍整理出版规划领导小组首届向全国推荐优秀整理图书九十一种，我所整理或主持整理的著作共列入三种，有人誉为“入选数量之多，独一无二”。每一种大型的文献图书前端，我都写有深入研究的前言。

一、《韩非子校注》（修订本）。这是“文革”中唯一留存下来的一种较大型的学术著作。彭鸿程在《近百年韩非研究综述》中说：“1976 年南京大学《韩非子》校注组编写完成的《韩非子校注》，‘利用各大图书馆珍藏的韩子善本，吸收前人的研究成果，对《韩非子》加以全面整理’，力求达到‘科学性与通俗性相结合’。在当时产生的法家著作整理本中，惟有这本书‘坚持实事求是的治学方针，后又作了反复的修改’，受到了读者的欢迎和专家的好评。”（《古籍整理研究学刊》2012 年第 2 期）我任该书的统稿工作。2008 年又负责修订，作了大量增补，质量续有提高。2013 年荣获首届江苏省新闻出版政府奖。

二、《唐语林校证》。此书于 1987 年由中华书局出版，列入《唐宋史料笔记丛刊》，“丛刊”策划者中华书局副总编赵守俨在介绍《丛书》时说：“这里应该特别提到的是周勋初先生所作《唐语林校证》。《唐语林》是一部不注出处的唐代笔记类编，体例略仿《世说新语》，由于编纂和流传中的问题，残缺、错乱不一而足，文字上误讹更是指不胜屈。……从事古籍整理的人常常说，要在研究的基础上进行整理，认为这样才能保证品质，这部书可以说是当之无愧的。”（《随笔和〈唐宋史料笔记丛刊〉》，《书品》1988 年第 4 期）胡戟等人主编的《二十世纪唐研究》“文化卷”中说：“周勋初《唐语林校证》通过清理《唐语林》的资料来源，推究其取材范围和编纂、流传情况，对唐代若干小说集的原貌及在宋代的流传情况作了令人信服的考证，这一番正本清源的工作，将唐代小说研究整理的水准提升到一个新的高度，同时在文献上为唐代小说研究奠定了基础。”（中国社会科学出版社2002年版）此书于1993年获第一届国家古籍整理图书二等奖，2013年荣列首批国家推荐优秀古籍整理图书。

三、《唐人轶事汇编》。我任主编，严杰、武秀成、姚松负责具体工作，花了三四年的工夫始成。1995年上海古籍出版社出版。全书一百七十多万字，引用有关典籍近三百种，所收人物二千七百多名，体例上有很多新创。社长李国章为纪念该社创办而撰写的《四十载辛勤耕耘结硕果》中称此书为“专题性古籍整理的集成性作品”。尚古轩在向境外学者介绍《唐人轶事汇编》时说：“本书汇编的不经见于正史的唐人轶事，足以拓展视野，更深层次地了解其时的民俗风情、时代风尚和各阶层人众的社会心态，善于利用其中的珍贵史料，会大有助于突破前人成说，对一些史实作出更准确的解释和判断。”（香港《大公报》1997年4月15日）此书1999年获新闻出版总署第二届古籍整理图书一等奖。

四、《宋人轶事汇编》。我任主编，葛渭君、周子来、王华宝负责具体工作。严杰加工审订。前后花了十六年的功夫始成。此书体例与《唐人轶事汇编》类同，乃姊妹篇，唯篇幅更长，所收的书与收入人数更多，全书有二百四十万字，所收人物二千三百多人，引用书籍五百四十多种。上海古籍出版社于2014年10月出版。他们把《前言》中的第二部分《唐宋人物轶事的不同风貌》先行在《中华文史论丛》2011年第3期（总第103期）上发表。王水照、侯体健《评〈宋人轶事汇编〉》曰：“俗话说‘一人劳而万人逸’，周勋初先生早年主编《唐人轶事汇编》，秉着精选精校的态度，荟萃三百多种笔记、杂史、传记之中的唐代人物，为我们提供了一部翔实可靠、便于阅读的唐史资料库。而今新辑《宋人轶事汇编》，传续《唐人轶事汇编》的编撰精神，不但注重材料的丰富性，也兼顾可靠性，在广搜博采的基础上精挑细选，由博返约，展现了一幅姿态万千、骨肉饱满的宋代人物书卷。如果要欣赏宋人风度，体味宋人情怀，感受宋人的雅致生活与书卷气息，此书恐怕比《宋史》更为合适。”(《中华读书报》2015 年 1 月 5 日)

五、《唐钞文选集注汇存》。此间前时因闭关锁国之故，学界不知有唐钞《文选》之事，我在日本讲学之时带回了此书的二十三卷残佚材料的影本，再请日本、中国台湾地区与国内朋友帮助，搜集残佚，将目下存世的二十四卷于 2000 年交由上海古籍出版社影印出版。2011 年又出了增补本。《文选》学界的学人均有好评，学会会长许逸民在《“〈文选〉学”史上的一座里程碑》中说:“它标志着‘新《选》学’研究在资料的占有上，达到了一个前所未有的新高度。对于今后的中国文学史研究，特别是‘新《选》学’研究来说，《唐钞文选集注汇存》必将永远是弥足珍贵、取之不竭的史料宝藏，其影响之巨大和深远，想来不会在李善注、五臣注、六臣注等各类版本以下。”此书于 2013 年亦获列国家 91 种推荐优秀古籍整理图书。

六、《册府元龟(校订本)》。这是一部大型类书，宋真宗时编纂，内分“帝王”“闰位”等三十一部，一千一百多门，部有总序，门有小序，大都从历史演变着眼，阐发部门政制的原则。所采以史籍为主，间及经、子，前人常是以为其中史料多常见书，不予重视，近代学者陈垣等人研究后方知，其中纳入的史籍均为宋以前的正史与各种经、子古本，可以纠正或补充目下流传者之缺憾，因而认识上有了根本改变。南京大学古典文献研究所乃组织人力花了十三年的功夫，整理出一种崭新的校订本。前人每以此书引文不注出处为憾，我们为绝大多数的条文找到了出处。我任该书主编，在《前言》中对此书的价值、内容与工作过程作了介绍。由于此书在史料学、校雠学、学术史上有巨大价值，出版后广获好评。学界认为，这是一部校勘精审、体例完善、使用便利的整理本。《光明日报》(2007 年 9 月 15 日)、《中华读书报》(2007 年 8

月 8 日）、《文汇读书周报》（2007 年 9 月 15 日）、《古典文献研究》第 11 辑等报刊，发表了傅璇琮、安平秋、程毅中、卞孝萱、郁贤皓、陶敏、陈尚君、刘跃进、李德辉等十多名著名专家的书评，有的书评即以“整理中国古典文献的范例”、“近百年来古籍整理图书史上的典范”为题。先后获得多种奖励：2007 年获首届出版政府奖，2013 年又被列入国家 91 种推荐优秀古籍整理图书，还曾获得江苏省第十一届科学研究成果一等奖。

七、《全唐五代诗》。这是中国唐诗学界整理唐诗的集成之作。主编五人：周勋初、傅璇琮、郁贤皓、吴企明、佟培基。苏州大学与河南大学的唐诗研究室完成承担的任务后，由南京大学古典文献研究所负责全书的补写、校订、出版事宜。为此，南京大学文学院成立了工作委员会，动员各种力量完成任务。我作为第一主编，进行策划、组织与撰写各种相关文字。初盛唐部分已于 2014 年 10 月出版，全书将于 2021 年左右完成。这是中国传统文化中最重要的一项基本建设，出版后全国各大网站均有报道，《中华读书报》于 2015 年 2 月 4 日在头版头条上发表了记者吴菲的专文《〈全唐五代诗〉全面超越〈全唐诗〉》，副标题为“集三百年研究成果之大成，为数千诗人立传”。

我还编过工具书，其中以《唐诗大辞典》的影响为最大。

《唐诗大辞典》。全书约一百五十万字，内分诗人、体类、著作、名篇、格律、典故、成语、胜迹八个部分，共收辞条约六千条。附录有《唐诗文献综述》与《唐诗大事年表》。书前有按笔画编排的分类目录，后有四角号码综合索引，便于检索。这是一部兼具知识性与学术性的大型工具书，江苏古籍出版社于 1990 年出版后，学界予以高度评价。《社会科学辑刊》1992 年 5 期以《创新 · 完备 · 精到》为题，向外宣示，刊载了中国内地程千帆、王运熙，台湾地区罗宗涛和日本学者松浦友久、村上哲见等多位知名学者的评语，备致赞誉。

教学实录

南京大学古代文学专业的导师教学时，总是先让学生提出问题，教师随方解答，或是由教师提出问题，由学生回答。这种方式，继承了中国书院制度教学时积累的一些经验，学生从中受益很多。

《师门问学录》。这是马来西亚籍学生余历雄自 2001 年 2 月至 2003 年 8 月止的一份听课记录，两周一次，用问答的方式探讨问题，全书即以记录稿为基础整理而成。此书可说是人文学科内独特的一种著作。内涵可称丰富，式样独特，至今未见第二种著作问世。探讨的问题，自先秦至近代，都能作出较深入的分析。这书很能反映我的个人特点。眼光不停留于某一时段或某一人物，力求帮助学生奔向广阔的治学道路。此书问世后，广受赞誉，评论甚多，增订本中即附入了五篇访谈录与九篇书评，帮助读者分从不同角度阅读此书。2010 年马来西亚文化事业有限公司也出了该书的增订本。

发扬师门学术

发扬师门学术，自是学生义不容辞之事。我除了撰有介绍胡小石师与其他老师的论文多篇外，还编有两种专著，尽到了学生的责任。

一、《胡小石文史论丛》。2008 年，南京大学建校一百一十周年，出版社乃策划了一种“学术大家经典”丛书，我受命编写介绍小石师在文史领域中贡献的著作一种。小石师建树多端，而在文学史、诗学、楚辞、杜诗方面的贡献尤为突出。我从《胡小石论文集》与《续编》中遴选诸文，且撰写了长篇提要，内附小石师书法多幅，还有徐悲鸿等人的评语多篇，后附谢建华编写的《胡小石学术年表》。

二、《罗根泽说诸子》。建国初期，罗先生应人民出版社之约，编了一种《诸子考索》，收入他研究先秦诸子的论文多篇。由于其时正处于批判胡适的历史阶段，罗先生把所有违禁的文字作了精简或改动。2001 年，上海古籍出版社编《蓬莱阁丛书》，邀我为根泽师编一本《罗根泽说诸子》，我乃遴选其中精品多篇编成，且将改动过的地方一一恢复原貌，前面增加了一篇前言，作为导读。

五　教书育人

我是一名教师，教好书，培养人才，是首要任务，必须努力完成。

2008年校方为我举办八十寿辰庆典，南京大学古代文学重点学科学术带头人莫砺锋教授在开幕式上致词时说："尽管他社会工作十分繁忙，周勋初先生仍把最主要的精力投入到南京大学的教学活动和学术活动中去。作为一位教师，他既呕心沥血地辛勤笔耕从而著作等身，也循循善诱地培养学生，从而桃李满天下。"看到学生们事业有成，感到欣慰，这是我最大的满足。

回顾前尘，这段道路并不好走，可以说是历尽艰辛。以学校而言，则与南京大学这所老大学的具体情况有关。

自南京高等师范学堂经东南大学至中央大学，南京大学的前身一直是中国古代文学界的一座重镇，与北方的北京大学遥遥相对。只是越到后来情况越不妙，到了"文化大革命"结束之时已经跌到谷底，外界对我们的评语是"嗤之以鼻"。

自建国初期起，南京大学古代文学专业就被一些阶级观点鲜明的人视作"封建堡垒"，历经反复清理，"封建堡垒"已荡然无存。截至1978年时，教研组内四十岁到五十岁的年轻教师都只有"讲师"职衔，五十岁至七十多岁的老年教师，全部是副教授。只有一位教授陈中凡先生，已年届九十，无法外出活动。因此，南京大学古代文学已无一个代表性的人物可以对外撑撑场面。

程千帆先生于1978年回母校工作，担负起了振兴这个学科的重任，吾等在他的率领下，经过十年奋斗，终于改变了局面。2013年我在纪念程千帆先生百年冥寿的纪念会上致词时，引用了越王勾践的故事，"卧薪尝胆"，"十年生聚，十年教训"，到了1988年全国第一次评比全国重点学科时，与北京大学的古代文学学科均被批准为首建重点学科，开始摆脱困境。嗣后，我们继续努力，后三次评比均膺此美名，成为国内外公认的学术重镇。我曾长期担任这一学科的学术带头人，竭尽绵薄，作出了贡献。

傅杰教授在《书林漫游录》中论及我的教学活动时说："他与程千帆先生共同培养出一批杰出的学生，成为国内古典文学研究人才培养的成功范例，已是当之无愧的教授之教授，博导之博导。"（原载《文景》2005 年第 4 期）这一美誉，虽觉受之有愧，却也为教学工作能得到他人首肯而高兴。

学校与本省领导给了我很大荣誉。1989 年、1991 年两次被江苏省教育厅授予"江苏省优秀研究生导师"称号，1995 年被评为"江苏省普通高等学校优秀学科带头人"称号，1994 年被南京大学评为"优秀学科带头人"，2014 年则又被评为"南京大学荣誉资深教授"。

六　对外文化交流，传播中华文化

我们认识到，改革开放之后，中国业已进入一个新的时期，必须走出国门，积极从事对外文化交流。中国本是一个文明古国，古代文化向为世界各地人民所推崇，所仰慕，我们就应该尽其所能把我们掌握的材料和自己的成果向外宣扬。同样，国外汉学也已取得巨大成就，我们就应该广泛地吸收他们的研究成果。千百年来，中国的很多优秀文物流散世界各地，我们应该迎回流散他地的文献，弥补自身的不足。多年努力，成效颇著，现将我们的工作分为两项陈述。

一、举办大型会议，邀约国外及中国港澳台学者前来交流成果。20 世纪 90 年代以后，我们举办了多次大型的国际国内学术会议，上至先秦的经术，下至近代的小说。其中几次会议收效巨大。

1990 年举办的唐代文学会议，台湾学术界经彼处“行政院”批准，组成了一个十多人的高级代表团，包括台湾大学、政治大学、东海大学、东吴大学等处的许多知名教授。日本京都大学、早稻田大学等校的名教授，如兴膳宏、松浦友久；韩国汉城大学的车柱环；美国的倪豪士；香港的邝建行、陈志诚等教授，都热情参与。台湾“中央研究院”文哲研究所筹备处主任吴宏一教授认为此会把大陆学术会议的层次提高了一大步。

1995 年举办的魏晋南北朝国际会议，来者有香港中文大学系主任邓仕樑，浸会大学系主任陈永明，香港大学教授何沛雄，台湾资深教授杨承祖、洪顺隆、胡楚生以及李立信、王国良，澳门大学邓国光；日本来者有清水凯夫、佐藤正光等人；内地学人，如袁行霈、罗宗强、张少康、穆克宏等，均为一时人选。

1998 年举办的辞赋国际会议，与会者有日本学者清水茂、美国学者康达维、中国台湾学者简宗梧等人，均为最负人望的国际知名学者。

我也屡获邀请赴外参加各种会议，港台及其他地区的会议不下数十次。其中规模盛大的有 1991 年新加坡国立大学举办的"国际汉学的回顾与前瞻会议"，1995 年马来亚大学举办的"传统思想与社会变迁国际学术研讨会"和韩国成均馆大学举办的"第五回东洋学会议"等。

二、招收国外学生，出国或至港台地区讲学。我前后招收过日本高级进修生多名，韩国博士生多名，马来西亚博士生一名，这最后一名博士生还把我的讲学内容记录了下来，整理成一本《师门问学录》。我还多次赴日本、美国和中国台湾、香港等地作学术讲演。1994 年、1998 年、2002 年还分别至日本国立奈良女子大学和台湾清华大学、东海大学任教，与彼处学者进行了更广泛的交流。

我到各地访学时，喜欢参观各地的博物馆和图书馆，看到了不少珍贵的文物典籍，例如在东京东洋文库内，看到了《永乐大典》的几册原件；在大东急纪念文库中，看到了一种疑为宋本的《高常侍集》；在京都大学中央图书馆善本书室内，看到隋代刘炫的《孝经述义》残卷。其中最值得纪念的是，还从日本天理图书馆中复印了二十三卷《唐钞文选集注》残本，其后我又请日本、台湾地区以及国内的各界朋友援手，征集残佚，共得二十四卷，由上海古籍出版社先后出了两版，博得学术界的一致赞誉。闭关锁国阶段，大家对此一无所知，如今平添了一种保存大量唐代之前古注的善本，也就为《选学》的发展增添了活力。为此我花了很长时间，写了一篇很长的《前言》，作了详细介绍，也博得了大家赞誉。

附言

2016 年 5 月，复旦大学出版社为我出版一本《锺山愚公拾金行踪》，内容与本书相近，只是该书纯收有关学术史方面的单篇论文，从先秦到晚清，各方面均有代表作，计二十六篇。读者如有兴趣，可将本书与该书并读。

代表性学术成果

第一篇　文史研究

东皇太一考

原载《九歌新考》，上海古籍出版社 1986 年版。

《九歌》中的许多神，性质最难确定的，大约要数东皇太一为最了。旧的文献中对此几乎没有什么记载，近代学者作过很多新的探讨，但议论纷纭，似乎还未得出共同的结论。以往曾有两篇水平很高的文章专门讨论到他，虽然作了详密的论证，但都没有得出什么结论。

> 钱宝琮《太一考》："据歌辞看来，东皇太一是一位天神，是毫无疑义的。但是他的地位权威种种却无从推测。秦以后的书籍里虽然常见'太一'的名词，但是从来没有和'东皇'两个字联在一起的。……东皇太一的祠祀究竟是那一国的风俗，也很难查考了。"①
>
> 程憬《泰一考》："今传《楚辞》名此曲为'东皇太一'，其名当系编辑者所加(大约是刘向)。且'太一'而称'东皇'，不知何据。'东皇'之名，汉以前的古籍仅此一见。"②

"东皇太一"一名出现于战国之时。由于先秦典籍散佚特甚，有关宗教方面的记载更为简略，因而想要彻底搞清东皇太一的性质，存在

---

① 钱宝琮：《太一考》，载《燕京学报》第十二期。

② 程憬：《泰一考》，载中央大学《文史哲季刊》二卷一期。

着一系列的障碍。但这也不是什么无法措手的事。时至今日，学术研究工作中出现了新的局面，依据马克思主义有关宗教和民俗的学说，再来分析那些片断零散而又杂乱繁复的材料，就可披荆斩棘，把那些扑朔迷离的问题放到现实的基础上加以探究，从而开辟出一条新路来。我们在研讨了各种有关太一的材料之后，初步勾出如下的线索，或许还能说明"东皇太一"的性质及其得名之由来。

"太一"的出现

开头还得先从"太一"二字说起。

"太一"一词，起初是道家专用的名词。它是宇宙本根的代称。《老子》中称道，称大一，内容相同。

> 有物混成，先天地生。寂兮寥兮。独立而不改，周行而不殆，可以为天下母。吾不知其名，字之曰道；强为之名，曰大一。[①]（二十五章）

这个"道"，是"先天地生"的万物之母，它恍恍惚惚，窈窈冥冥，独立自在而永不改变，循环运行而永不停息。《老子》中形容它的伟大和微妙，说是"视之不见名曰夷，听之不闻名曰希，搏之不得名曰微。此三者不可致诘，故混而为一"（十四章）。"一"就寓有至高无上的万物始祖的意思。

《老子》中曾多次提到"一"的创造万物。

---

① "一"字原夺，据郭沫若说补，见其《先秦天道观之进展》，载《青铜时代》，科学出版社1957年新一版。郭氏此说虽然缺乏版本学上的根据，但是按照《老子》的思想体系而言，此说可以成立，故从研究思想史与宗教学的角度予以采录。

道生一，一生二，二生三，三生万物。（四十二章）

从首句来看，“道”、“一”似为二物，但从《老子》全书的体系来看，此“一”似仍指“道”，不过“道”为处于混沌状态的“一”，“一”乃趋于具体化之“道”罢了。这里的“一”，衍化孳生万物，具有宇宙创始者的意义。

《老子》中还说：

昔之得一者，天得一以清，地得一以宁，神得一以灵，谷得一以盈，万物得一以生，侯王得一以为天下贞。（三十九章）

先秦学术的最后一位大师韩非“其归本于黄老”，对老聃的学说钻研有素，他在《扬权》中说：“道无双，故曰一。”则是认为此“道”不同于一般的道，而他所说的道也具有宇宙创始者的意思。

韩非曾著文论述“道”的化生万物。

道者，万物之所然也，万理之所稽也。……天得之以高，地得之以藏，维斗得之以成其威，日月得之以恒其光，五常得之以常其位，列星得之以端其行，四时得之以御其变气，轩辕得之以擅四方，赤松得之与天地统，圣人得之以成文章。……

《解老》中的这一段文字，看来就是解释《老子》三十九章的。可见《韩非子》中“道”的学说，是从《老子》中有关“一”的学说中生发出来的。从韩非对“道”的阐释中，更可看出“一”有宇宙本根的意思。

《楚辞》之中也有类同的文字出现。《远游》曰：“奇傅说之托辰星兮，羡韩众之得一。”此“一”亦指神妙的宇宙之祖。这项例证也就表明了南方的楚辞学者已经受到道家学说的影响。

如此尊贵的"一"，光靠它自身还难于表达其不同寻常的内涵，按照我国语言的习惯构词法，势必要在上面加上一个形容词，这个形容词也应当具有不同寻常的含义，才能显示出"一"的非同一般。先秦时期已经出现了"太"这一个形容词，"太""一"结合，也就是顺理成章的事了。

按"太一"或作"大一"，或作"泰一"。"大"乃本字，"太"、"泰"乃后起通假字。段玉裁于《说文解字·水部》古文"泰"字下注曰："后世凡言大而以为形容未尽则作太，如大宰俗作太宰，大子俗作太子，周大王俗作太王是也。谓太即《说文》夳字，夳即泰，则又用泰为太。"这里说明了古籍上三字通用的情况，也说明了古人着意"形容未尽"而采用"太"字的情况。古籍常见用"太"形容之词，曾国藩释《淮南子·泰族》之"泰"字曰："泰族者，聚而又聚者也。始之又始曰泰始，一之又一曰泰一，伯之前有伯曰泰伯，极之上有极曰泰极；以及泰山、泰庙、泰坛、泰折，皆尊之之词。"[①]这里的"泰一"，并非并列结构的词组，而是偏正结构。"太"形容"一"，乃"尊之"之意。

战国之前早有天道之说。道家为了区别新创的"道"与前此一般的天道之说，需要借用这个"一"字来强调此"道"的不同寻常，而当他们用文字来记叙时，还要用"太"字来形容此"一"的非同一般。继《老子》之后，《庄子》中也出现了组合而成的"太一"。

> 以本为精，以物为粗，以有积为不足，澹然独与神明居。古之道术有在于是者，关尹、老聃闻其风而悦之，建之以常无有，主之以太一。(《庄子·天下》)

① 曾国藩：《求阙斋读书录》卷五。

道家用"道"或"太一"来代替上帝，在古代思想史上是一大创举。世代相传的神统世界，至此发生了动摇。这是社会发展的结果。春秋、战国时，生产力有了迅速的提高，生产关系也在急剧地发生变化，科学文化的进步，更为建立先进的宇宙观准备下条件。当时的有识之士，都在努力摆脱鬼神的束缚，道家提出"太一"来代替上帝，适应时代思潮的要求，所以能为其他学派承认接受。《吕氏春秋》、《礼记》等书中都曾提到这点。

> 太一出两仪，两仪出阴阳。阴阳变化，一上一下，合而成章；浑浑沌沌，离则复合，合则复离，是谓天常。（《吕氏春秋·仲夏纪·大乐》）
>
> 万物所出，造于太一，化于阴阳。（同上）
>
> 道也者，至精也。不可为形，不可为名，强为之，谓之太一。（同上）
>
> 是故夫礼必本于大一，分而为天地，转而为阴阳，变而为四时，列而为鬼神。（《礼记·礼运》）

但是道家的这种学说还有其缺点。因为这种"先天地生"的"道"或"太一"，乃是天地万物的创造主，仍是玄妙的自然之神，而这种最原始的宇宙始祖，因有无边的创造之功，也就容易变为上帝的代名。这也是很自然的事，因为这种无所不在的"太一"，本身还没有蜕尽泛神论的旧痕，所以一经方士利用，便又以上帝的姿态降生于世了。

《淮南子》中就有这方面的记载。

太一者，[1]牢笼天地，弹压山川，含吐阴阳，伸曳四时，纪纲八极，经纬六合，覆露照导，普泛无私，蠉飞蠕动，莫不仰德而生。(《本经》)

太微者，太一之庭也。紫宫者，太一之居也。轩辕者，帝妃之舍也。咸池者，水鱼之囿也。天阿者，群神之阙也。(《天文》)

显然，这里所说的“太一”，已经经过方士的改作，高高升入天庭，成了上帝的代名了。

一个齐地新兴的至上神

既然太一是道家的创造，而它的转化为神又是方士的伎俩，那么这种情况最有可能在何处发生？

从天文、地理、人事等各方面的材料来看，这种情况应当发生在齐国。

战国之时，文化最繁荣的国家，首推齐、楚。《文心雕龙·时序》篇上说：“春秋以后，角战英雄，六经泥蟠，百家飙骇。方是时也，韩、魏力政，燕、赵任权，五蠹、六虱，严于秦令，唯齐、楚两国，颇有文学。齐开庄衢之第，楚广兰台之宫，孟轲宾馆，荀卿宰邑，故稷下扇其清风，兰陵郁其茂俗，邹子以谈天飞誉，驺奭以雕龙驰响，屈平联藻于日月，宋玉交彩于风云。观其艳说，则笼罩雅颂，故知暐烨之奇意，出乎纵横之诡俗也。”当时楚国集中了许多著名的文人，如屈原、宋玉、唐勒、景差，等等；齐国则集中了许多著名的哲人，如驺衍、驺奭、荀卿、淳于髡，等等。著名的道家也都集中在齐国，如宋钘、尹文、慎到、田骈、接子、环渊等人，都是备受崇敬的稷下学者。他们议论终日，广泛交换意见，关于

---

① 各本“太”上有“秉”字，据王念孙《读书杂志》卷一三删。

“太一”，定然是个重要的题目。

战国之时的方士集中在燕、齐两地，而尤以齐国为盛。方士与阴阳家有关，其活动有相通处。韩非在《饰邪》中指出：“龟策鬼神不足举胜，左右背乡不足以专战。”批判的就是阴阳家，也就是那些要弄迷信手腕的方士。文中还提到“邹衍之事燕，无功而国道绝”。指责邹衍用阴阳家的理论败坏燕国的政治。邹衍有“谈天衍”之称，说明他也重视天文，在星占上有新的说法，曾经起过深远的影响。

韩非用事实驳斥了星占的无稽。他说：

> 初时者，魏数年东乡攻尽陶、卫，数年西乡以失其国，此非丰隆、五行、太一、王相、摄提、六神、五括、天河、殷抢、岁星数年在西也，又非天缺、弧逆、刑星、荧惑、奎台数年在东也。[①]

按照《史记·天官书》上“〔岁星〕所在国不可伐”的说法，可以了解到，韩非是在证明魏国不顾岁星在东的忌讳出兵攻掠，照样出师得利。太一与太岁并列，可见在韩非的眼中，太一位于东方。韩非的活动地区不出当时中国的中、西部，他的观察星象是以所在地区为基准的，太一位于魏国东方，即齐国的上空。

顾炎武在《日知录·星名》中说：“今天官家所传星名，皆起于甘、石。”大家知道，古代的天文学和神学有很长一段时间是控制在方士手中的。甘、石属于古代所谓燕齐方士系统内的人物。《史记·天官书》上说：“昔之传天数者……在齐，甘公；……魏，石申。”同《书》又曰：“近世十二诸侯七国相王，言从衡者继踵，而皋、唐、甘、石因时务论其书传，故其占验凌杂米盐。”张守节《正义》曰：“言皋、唐、甘、石等因时务

① 各本后两句“数年”上均有“非”字，据王先慎《韩非子集解》卷五删。

论其书传中灾异所记录者，故其占验交乱细碎。其语在《汉书·五行志》中也。”又《汉书·艺文志》载《甘德长柳占梦》二十卷，列于“数术略·杂占”类，凡此均可说明甘、石确是方士的身份，但又是这一系统中最有科学精神而对星象作过系统整理的人物。

甘德、石申的原始著作已经失传了。由于他们生活的年代久远，而且文献记载不详备，因而关于他们的生平异说很多。有的学者认为应该把他们归入汉代，但更多的人则仍然认为应该遵从《史记》、《汉书》中的记载，这不但是因为司马迁等人距古未远，掌握了丰富的天文科学知识，而且依据残存下来的一些文献来看，也可确定他们生活在战国中期。日本学者上田穰、能田忠亮和新城新藏等人曾在本世纪 20 年代至 30 年代，从《开元占经》、甘石《星经》和《汉书》等古籍的天文记录和记事，推论甘氏和石氏的年代为战国中期，约公元前三百五六十年前后。[①] 中国科学院自然科学史研究所的席泽宗在研究《开元占经》时，根据里面有关甘德对木星位置的记载，用现代星历表对发现的年代进行了推算，认为这一发现应在公元前 400 年至公元前 360 年之间，而最可能的时间是在公元前 364 年夏天。[②] 这就再次证明了甘德确是战国中期的一位天文学家。

甘、石所取的星名，往往借用神名，如丰隆、玄冥、王相、轩辕等均是。太一之称与此相同，这些都是燕齐方士惯用的手法。由此可以推断，太一作为神而出现，为时甚早。因为这里经历着一段演变的过程，首先要有某种神的出现，然后经过方士的利用，把他升到天上，这样的

---

① 参见上田穰《石氏星经の研究》，载《东洋文库论丛》东京第 12 期，1929 年日文版。能田忠亮《甘石星经考》，载《东方学报》京都第 1 号，1931 年日文版。新城新藏《中国上古天文》八《战国时代之天文》，沈濬译，中华学艺社 1936 年出版，商务印书馆发行。

② 参见《光明日报》1981 年 4 月 7 日。席氏论文《伽利略前二千年甘德对木卫的发现》，载《天体物理学报》第一卷第二期。

过程，非一蹴可就。燕齐方士利用道家的思想资料而构拟成太一神，然后由甘、石等人拟为星名，再经过广泛流传，为文士所采用，写入文章。处在历史脉搏跳动缓慢的古代，不言可知，定然需要经历相当长的年代，才能完成其全过程。据此可知，“太一”星的出现固然远在韩非之前，“太一”神的出现也应当远在屈原之前。

古代把天上的星分为“五宫”，其居中者为“中宫”。《史记·天官书》上说：“中宫天极星，其一明者，太一常居也。”[①]这个“太一常居”之星应当就是《韩非子·饰邪》中的“太一”星了。尽管韩非用以记载星占的文字过嫌简略，有关这些星的性质很难一一确说，但因“太一”的地位极为尊崇，天上不可能有两个太一星出现，因而二者应当同指一物。

《淮南子·天文》上说：“太微者，太一之庭也；紫宫者，太一之居也。”《春秋元命苞》上说：“天生大列为中宫太极星，其一明者，大一常居。傍两星巨辰子位，故为北辰以起节度，亦为紫微宫。‘紫’之言此也，‘宫’之言中也。此宫之中，天神图法，阴阳开闭，皆在此中也。”[②]二说与《史记》所言基本内容是一致的。这些学说应当同出一源，均承前代的星象学说而来，曾受甘、石的影响。

韩非在《饰邪》篇中对星占之说作了尖锐的批判，他所提到的星名，出于甘、石或这一系统的人物，应该是不成问题的。司马迁的天文学说，也出自这一系统，《史记·太史公自序》曰：“太史公学天官于唐都。”此人就是一个方士。《史记·历书》曰：“至今上即位，招致方士唐都，分其天部。”而《天官书》则曰：“夫自汉之为天数者，星则唐都，气则王朔，占岁则魏鲜。故甘、石历五星法，唯独荧惑有反逆行；逆行所守，

① 《汉书·天文志》作“泰一之常居也”。

② 《玉函山房辑佚书》本。

及他星逆行，日月薄蚀，皆以为占。”《史记会注考证》引猪饲彦博曰：“言甘、石历法，五星唯火星有逆行。至汉为天数者，其法详备，于是火星逆行所守，及土、木、金、水逆行，日月薄蚀，皆有占也。”可知先秦时期和汉代有关星象的记叙，一系相承，可以综合起来考察。

这个“太一常居”之星，唐代之后称为帝星，现代天文学上则称之为小熊座β。现在这个星离开北极已经较远了，只是地球绕日运动有岁差的关系，两千年以前的北极并不在现在的地方，那时小熊座β离开北极确是很近的。帝星（小熊座β）虽是二等星，但在北极附近却是最亮的明星，周人也就把它看作当时的北极星了。这个位于“天中”的极星并不位于周王室的上空，而是位于齐国的上空，则已经过燕齐方士的改作，他们基于当时的政治地域观念而把极星命名为“太一常居”了。

早在周代初期，齐、鲁之地的文化水平一直占全国的首位，春秋、战国之时，鲁国的国力急遽下降，而齐国的国力则一直保持强盛。战国中期，稷下之学繁荣昌盛，成了全国文化的中心，齐国的地位更见超越了。天下四分五裂，周天子的声威已经扫地以尽，于是齐之自以为天下中心，更是觉得当之无愧了。就在这样的形势下，形成了齐居天下之中的说法。《尔雅·释言》：“齐，中也”，《释地》：“岠齐州以南戴日为丹穴”，郭璞注：“齐，中也。”《列子·黄帝》篇：“不知斯齐国几千万里”，《汤问》篇：“犹齐州也”，张湛注并曰：“齐，中也。”可知齐地确有地中之谓。

与此相应，齐地上空的部位也居天顶之中。《史记·封禅书》：“齐所以为齐，以天齐也”，裴骃《集解》引苏林曰：“当天中央齐。”又《封禅书》“天齐渊水，居临菑南郊山下者”句下，司马贞《索隐》转引解道彪《齐记》云：“临菑城南有天齐泉，五泉并出，有异于常，言如天之腹齐也。”可见天之中心与齐之都城保持着对应的关系。

按“齐”之训“中”，古籍屡见，《庄子·达生》篇：“与齐俱入”，陆德明《释文》引司马彪曰：“齐，回水如磨齐也。”则是物之中央亦称为齐。腹部之脐居人身的中央，《仪礼·既夕礼》“齐三采无贝”，郑玄注：“齐居柳之中央。”贾公彦疏：“以其言齐，若人之齐（脐），亦居身之中央也。”后来的人也常是以腹脐之脐来解释齐国之得名的。刘熙《释名》卷二《释州国》曰：“齐，齐（脐）也。地在勃海之南，如齐（脐）之中也。”于是地之腹脐正当天之腹脐，天中、地中正相对应。由天中最为尊显的“太一常居”之星，又可以反证地中的齐地必有最为尊显的太一神。

韩非把“太一”看作位于齐国上空，齐人则认为此星正在他们的天顶之上。燕齐方士把占有文化高峰地位的齐国作为活动基地，承袭了齐居天下之中的共通观念，提出了齐国都城位处地之腹脐的学说，并且构拟了齐地正对天之腹脐的学说。他们又构拟出新兴的至上神太一，并把他的影子投掷到天上。这就是“太一”在方士中流传的经过。

但这位至上神毕竟是种新的产物，所以流传不广，也没有得到统治者的正式承认。他既没有资格与原有的八神并列，爱好神仙的秦始皇东巡时也不予理睬，可见他的影响还很有限，不足以与其他大神抗衡。由此可知，太一神的活动范围在很长的一段时间内停留在方士影响所及的民间。

各诸侯国中纷纷涌现出带有地方色彩的上帝

这样一个性质特殊的上帝又是在何种政治条件之下产生的呢？

解答这个问题时，需要简单回顾一下有关“上帝”发展的历史。

正像近代宗教学所证明的那样，神界的一切，都是人世间活动情况的曲折反映。人类处在氏族社会的时候，生活的地区非常狭小，他们所尊奉的氏族神，所能发生影响的范围也很有限。其后随着社会组织的不断扩大，神的辖区和活动范围也随之不断变更，氏族神转变为部落神，部落神转变为部族神，随着阶级社会的产生，大一统帝国的形成，统率群神的上帝也就出现了。恩格斯指出："没有统一的君主就决不会出现统一的神，至于神的统一性不过是统一的东方专制君主的反映，无非那个神支配着形形色色的自然现象，联合着各种互相对抗的自然力，而这个君主在表面上或实际上联合着利益冲突、彼此敌对的人。"①我国古代出现上帝的历史与此完全相合。

按照信史记载，殷商是我国历史上建立起第一个具有较完整的政权形式的国家。它的社会支柱则是残酷的奴隶制度。为了配合肉体上的奴役，在精神领域内也出现了与之相应的宗教。作为商王影子的上帝高高升到天上去了，天上上帝的威严保证了下界商王的不可侵犯。这位具有政治作用的上帝就被殷商王室虔诚地尊奉着。

商人的上帝是有意志的一位人格神，他能主宰风云雷雨，并能降祸施福。我们从卜辞中可以看到，人们是怎样小心地在向上帝求教；为了讨好上帝，人们奉献出大量的牺牲。掌握人间一切大权的商王，也表现出诚惶诚恐的样子，假借上帝的威灵来行事。《尚书·盘庚下》："肆上帝将复我高祖之德。"说明统治者的一切行动都是遵照上帝的意志来办理的。

周初的上帝尚能保持应有的威风，我们只要读读铜器铭文或《周颂》、周《诰》，就能看到人们仍以虔诚的心情尊奉着上帝。《诗经·大雅·皇矣》上说："皇矣上帝，临下有赫！"这就把上帝的声势充分表达出来了。

但时至西周末年，情况却起了变化。王室政治上的混乱反映到天上，上帝的威灵随之也发生了动摇。作为周天子象征的上帝，变成了

---

① 《恩格斯致马克思》(布鲁塞尔，1846 年 10 月 18 日于巴黎)，《马克思恩格斯全集》第二十七卷，人民出版社 1972 年版。

人们诅咒的对象。《诗经》上面就曾记载下这样的字句：

> 上帝板板，下民卒瘅。……天之方难……天之方蹶……天之方虐……天之方懠……（《大雅·板》）
>
> 荡荡上帝，下民之辟。疾威上帝，其命多辟。天生烝民，其命匪谌。靡不有初，鲜克有终。（《大雅·荡》）

天上的动静与地下的动静，可谓肸蚃相应。平王东迁之后，天子地位下降，只顶一个天下共主的名号罢了。社会的动乱，颠倒了周人倚为性命的礼制，原来规定得非常严格的祭祀制度，至此也发生了变化，一些本该由王室祭祀的尊神，此时竟由实际代行天子职责的霸主来祭祀了。祭祀大权的转移正好表现出政权的转移。春秋时期最懂道理的子产都曾说过如下的话：

> 郑简公使公孙成子来聘。平公有疾，韩宣子赞授客馆。客问君疾，对曰："寡君之疾久矣。上下神祇，无不遍谕也，而无除。今梦黄能入于寝门，不知人杀乎，抑厉鬼邪？"子产曰："以君之明，子为大政，其何厉之有？侨闻之：昔者鲧违帝命，殛之于羽山，化为黄能，以入于羽渊，实为夏郊，三代举之。夫鬼神之所及，非其族类，则绍其同位。是故天子祀上帝，公侯祀百辟，自卿以下，不过其族。今周室少卑，晋实继之，其或者未举夏郊邪？"宣子以告，祀夏郊，董伯为尸。五日，公见子产，赐之莒鼎。（《国语·晋语八》）

于此可见晋人实际上已在代行周天子的职务，把本不该由他们担当的郊祭大典占了过来。从子产的话中并可看出，当时的人认为这样做是完全应该的。王室威权的下移影响到大神地位的下移。不但如此，在中央政权削弱的情况下，君临全国的上帝也为之减色，而分处各地的诸侯国中却产生出富有地方色彩的“上帝”来。这些“上帝”不再寓有君临华夏的全国意义，只是局限于地方一隅，这是因为地方诸侯已经变成了事实上的一国之主，象征王室威权的上帝也就无所凭借，只能衍化为带有地方保护神性质的各国上帝了。这是封建割据在宗教上的反映，下面可以举出些这方面的例子来。

> （鲁）〔子服景伯〕谓太宰曰：“鲁将以十月上辛有事于上帝、先王，季辛而毕。何世有职焉，自襄以来，未之改也。”（《左传》哀公十三年）
>
> 鲁人将有事于上帝，必先有事于頖宫。（《礼记·礼器》）
>
> （秦） 缪公虏晋君以归，令于国，“齐宿，吾将以晋君祠上帝。”（《史记·秦本纪》）
>
> 文公梦黄蛇自天下属地，其口止于鄜衍。文公问史敦，敦曰：“此上帝之征，君其祠之。”于是作鄜畤，用三牲郊祭白帝焉。（《史记·封禅书》）
>
> （楚） 昔楚灵王骄逸轻下，简贤务鬼，信巫祝之道，斋戒洁鲜，以祀上帝，礼群神。躬执羽绂，起舞坛前。吴人来攻，其国人告急，而灵王鼓舞自若，顾应之曰：“寡人方祭上帝，乐明神，当蒙福祐焉。”不敢赴救，而吴兵遂至，俘获其太子及后姬以下，甚可伤。（《太平御览》卷五百二十六引桓谭《新论》）

周代的政权组织本来就很松懈，封建诸侯在其境内掌握着巨大的权力，因此一些位于边鄙地区由其他部族组织起来的国家，一直保持着他们原有的上帝，而作为东方诸侯之长的鲁国，也有特权可以祭祀上帝。这些上帝应该正称之为秦国上帝、楚国上帝和鲁国上帝。

《史记·十二诸侯年表》上记载，秦襄公八年“初立西畤，祠白帝”。是年正值平王东徙，王室声势急遽下坠之时。《史记·六国年表》：“太史公读《秦记》，至犬戎败幽王，周东徙洛邑，秦襄公始封为诸侯，作西畤用事上帝，僭端见矣。《礼》曰：‘天子祭天地，诸侯祭其域内名山大川。’今秦杂戎翟之俗，先暴戾，后仁义，位在藩臣而胪于郊祀，君子惧焉。”此亦可见，处在原始宗教信仰笼罩下的古代，政治形势上的变化，会在宗教问题上突出地反映出来。

以上还只是文献上明白记载的几则，其他叙及各国君主与上帝发生关系的事件，那就更多了。

(晋) 梁山崩，以传召伯宗，遇大车当道而覆，立而辟之，曰：“避传！”对曰：“传为速也，若俟吾避，则加迟矣，不如捷而行。”伯宗喜，问其居，曰：“绛人也。”伯宗曰：“何闻？”曰：“梁山崩，而以传召伯宗。”伯宗问曰：“乃将若何？”对曰：“山有朽壤而崩，将若何？夫国主山川，故川涸山崩，君为之降伏出次，乘缦不举，策于上帝，国三日哭，以礼焉。虽伯宗，亦如是而已，其若之何？”问其名，不告；请以见，不许。伯宗及绛，以告，而从之。(《国语·晋语五》)

(赵) 〔赵简子〕语大夫曰：“我之帝所甚乐，与百神游于钧天，广乐九奏万舞，不类三代之乐，其声动人心。有一熊欲来援我，帝命我射之，中熊，熊死。又有一罴来，我又射之，中罴，罴死。帝甚喜，赐我二笥，皆有副。吾见儿在帝侧，帝属我一翟犬，曰：‘及而子之壮也，以赐之。’帝告我：晋国且世衰，七世而亡，嬴姓将大败周人于范魁之西，而亦不能有也。”(《史记·赵世家》，并见同书《扁鹊仓公列传》)

(齐) 〔齐庄公祀神〕于上天子用璧玉一辞。(《洹子孟姜壶》)

景公疥且痁，期年不已，召会谴、梁丘据、晏子而问焉，曰："寡人之病病矣。使史固与祝佗巡山川，宗庙牺牲珪璧莫不备具，其数常多于先君桓公。桓公一则寡人再。病不已，滋甚。予欲杀二子者，以说于上帝，其可乎？"（《晏子春秋·内篇·谏上》）

景公问晏子曰："寡人意气衰，身病甚，今吾欲具珪璧牺牲，令祝宗荐之乎上帝宗庙，意者祀可以干福乎？"（《晏子春秋·内篇·问上》）

（吴） 吴王还自伐齐，乃讯申胥曰："昔吾先王体德明圣，达于上帝，譬如农夫作耦，以刈杀四方之蓬蒿，以立名于荆，此则大夫之力也。……"（《国语·吴语》）

这些混乱的上帝到底说明什么问题呢？还是上面说的那个上下相应的道理，中央政权的削弱，导致地方势力的抬头，各国自成体系的政权要求产生维护自身利益的至上神，于是作为各国首脑影子的上帝纷纷出现。但是这些地方性质的上帝仍然沿用旧名词，或是说利用旧材料改装而成，所以不能令人产生新鲜的感觉。前人于此大都不能觉察"上帝"的性质已有改变，原因就在这里。

上帝处在衍化之中。各地新兴的上帝一时都还不能正式列入国家的祀典，他们随着政治形势的发展而不断酝酿，燕齐方士的构成太一，大约就是在这种情况之下，适应客观形势的要求，即齐地需要一个具有特色的上帝，而自然产生的。况且时至战国中期，全国复归一统的趋向已很明显，根据时势的发展，也要准备一个能够君临全国的上帝，"先天地生"的太一符合这种要求，于是他就自然而然地降生于世了。

上面介绍的是春秋、战国时期各国上帝的一般情况。值得注意的是：战国中期，秦国的上帝还有"西皇"的称号。

朝发轫于天津兮，夕余至乎西极。凤皇翼其承旗兮，高翱翔之翼翼。忽吾行此流沙兮，遵赤水而容与；麾蛟龙使梁津兮，诏西皇使涉予。（《离骚》）王逸注："西皇，帝少皞也。"

凤凰翼其承旗兮，遇蓐收乎西皇。（《远游》）王逸注："西皇，即少昊也。"

《史记·封禅书》上说："秦襄公既侯，居西垂，自以为主少皞之神，作西畤，祠白帝，其牲用骝驹、黄牛、羝羊各一云。其后十六年，秦文公东猎汧、渭之间，卜居之而吉。文公梦黄蛇自天下属地，其口止于鄜衍。文公问史敦，敦曰：'此上帝之征，君其祠之。'于是作鄜畤，用三牲郊祭白帝焉。"可见西皇即少皞，即白帝，亦即秦国上帝。

"西皇"之称还见于史书。

〔伍被说淮南王曰：秦始皇〕又使徐福入海求神异物，还为伪辞曰："臣见海中大神，言曰：'汝西皇之使邪？'臣答曰：'然。''汝何求？'曰：'愿请延年益寿药。'神曰：'汝秦王之礼薄，得观而不得取。'"（《史记·淮南衡山列传》）

秦王是西皇在地面上的代理人，照例可以借用西皇的称号。《吕氏春秋·恃君览·行论》载纣"欲杀文王而灭周。文王曰：'父虽无道，子敢不事父乎？君虽不惠，臣敢不事君乎？孰王而可畔也？'纣乃赦之。天下闻之，以文王为畏上而哀下也。《诗》曰：'惟此文王，小心翼翼，昭事上帝，聿怀多福'"。这里也是借用上帝指称人王，与《淮南列传》中的手法相同。汉代文献中不乏类似的例证。此亦可证秦王而称西皇，秦国上帝确有西皇的称号。

我们还应注意这样一件事实。战国之时，习惯上用"东"、"西"两个方位名词专指齐、秦两国。《荀子·王制》:“东海则有紫紶鱼盐焉,然而中国得而衣食之;西海则有皮革、文旄焉,然而中国得而用之。”《吕氏春秋·孝行览·必己》:“〔鄙人〕谓野人曰:‘子不耕于东海,吾不耕于西海也。’”《史记·春申君列传》记春申君说秦昭王,以为从其谋则“王之地”可“一经两海”,《索隐》、《正义》都认为指以齐、秦为两极的全国疆域。《尔雅·释山》:“泰山为东岳,华山为西岳。”亦以东、西分指齐、秦。《山海经·西山经》上还有“西皇之山”一名,此经所记的山川,其可考者大都位于秦国疆域之内。《山海经》是原始宗教和神话的宝库。据后人考证,“五藏山经”应当产生于战国之时。这与《楚辞》、《史记》等书中记载的“东皇”、“西皇”出现的年代相一致。

地域既明,我们也就可以了解到“东皇”、“西皇”得名的由来:秦国上帝一称“西皇”,则齐国上帝也可称为“东皇”;而齐国上帝原名“太一”,至是乃重床叠屋复称“东皇太一”。这样的构名方式,与其他宗教名词有类似处,如“土地菩萨”、“玉皇大帝”、“耶稣基督”、“佛陀毗湿纽”等均是,这种名称在宗教上是并不罕见的。

带有浓郁地方色彩的齐国上帝“东皇太一”一名就此产生了。

东帝在天上的投影——东皇

这里还可以再简单地谈一下“霸”、“王”、“帝”、“皇”等词的含义和演变。

商、周两代,一般都用“王”字称人王,“帝”字称上帝,二者之间大体有轨辙可循。但到周末,许多强大的诸侯都自封为“王”,因而这个极为尊严的名词也就显得平常了。为了另找一个适当的词汇来表达霸主的烜赫,原来专门用以代表天神的“帝”字就被移用到人间,而原来专门用为形容词的“皇”字却被移用去代表上帝了。

《管子》中有一段文字,恰切地反映了战国时期社会观念的变迁。

明一者皇，察道者帝，通德者王，谋得兵胜者霸。（《兵法》）

列入这四种类型中的统治者，都有很高的声望和威力，但其间还有上下之分。“明一者”高于“察道者”，可知此“一”即至高无上的“道”，它有别于一般人所说的天道；“察道者”高于“通德者”，因为“德者，道之功”，德只是道在某一方面的具体体现；“通德者”高于“谋得兵胜者”，因为后者只是以武力逞能，所得更为狭小了。这种“皇”、“帝”、“王”、“霸”之间不同等级观念的出现，乃是时代发展的结果。春秋五霸之“霸”，已经居于末品，战国时人不再满足于称霸主盟；这时称“王”的人多了，因而也已不显得突出；有能力的君主，应该更上一层，称“帝”于天下。至于说到发扬光大那至高无上的“一”，则只能是天神的事，非人世间的统治者所能担当的了。《管子》一书中包含有很多齐国稷下学派的原始资料，《兵法》中的这些观点，正好反映了“东皇太一”之所以得名的社会观念。“东皇”是东方的“明一者”，即东方的天神；“东皇太一”是东方的上帝太一，也就是齐国的上帝太一。

秦始皇统一六国之后，不满足于称“帝”而改称“皇帝”，也可从这种观念中窥见其消息。因为前此各国事实上已经纷纷称帝，只用一个“帝”字不足以显示尊严，必须再加上“明一者”的“皇”字，才能显示其至高无上、无与伦比，于是他就明令采用“皇帝”这一称呼了。

战国群雄由霸主发展到皇帝的历史，还经历着一段曲折的过程。

战国初期，魏国曾崛起称雄，但在齐、秦两国的一再打击下，历时不久，国势即告削弱，于是在群雄并立的情况下，长期存在着齐、秦对峙的局面。齐国自齐威王起，秦国自惠文王起，各自雄峙一方而成各不相下之势。楚国地方广大，兵力众多，也是一支举足轻重的力量，但从楚怀王中期起，不断遭到以秦为首的各国的打击，国势不断遭到削弱。而且楚人与北方中原各国属于不同的文化系统，周人之后的诸侯国从不把它作为政治文化中心而尊奉，这是与齐有所不同的。

早在春秋之时，楚国即已称王，到了战国之时，中原各国也陆续称起王来了。自公元前334年齐、魏“徐州相王”之后，秦国也在公元前325年称王，而在公元前323年，魏、赵、韩、燕、中山又相继“五国相王”。即使像宋国这样的小国，灭亡之前也要称王一番。可见这时的“王”，已经显得很平常，不再具有天子之尊的突出意义了。于是秦国便处心积虑想与齐国一起称帝，以示超越于其他各国。

《韩非子·内储说下(六微)》中说：“穰侯相秦而齐强。穰侯欲立秦为帝而齐不听，因请立齐为东帝，而不能成也。”按魏冉自秦昭襄王十二年起即任秦相，他的谋求秦称西帝而推尊齐为东帝，非一朝一夕之谋。果然，历史上出现了东、西帝并峙的局面。

> 〔齐湣王〕三十六年，齐王为东帝，秦昭王为西帝。[①]（《史记·田敬仲完世家》）
>
> 〔昭襄王〕十九年，王为西帝，齐为东帝。（《史记·秦本纪》）

以上表明，秦的独立称帝蓄谋已久，而在意识形态方面为齐王起参谋作用的稷下学者也早在纷纷议论称帝之事了。《管子》中的《乘马》、《玄宫》[②]、《玄宫图》、《兵法》等文中把统治者分为“帝”、“王”、“霸”等几个层次，并且大力论证超越“王”、“霸”之上“帝”者之尊贵，说明稷下学者认为齐称东“帝”之事已经成熟，所以在舆论上早作准备了。

这种两国同时称帝的局面，虽因苏秦的计谋而遭到破坏，但齐、秦

---

① 此事并见《战国策·齐策四》及《史记·六国年表》、《魏世家》、《穰侯列传》、《范雎蔡泽列传》等文。又按《竹书纪年》，齐称东帝时在湣王十三年。

② 原书作“幼官”，今从何如璋、闻一多、郭沫若说改，见《管子集校》中之《幼官篇》第八，科学出版社1956年版。《玄宫图》原书亦作《幼官图》，今亦据改。玄宫即明堂。

具有东、西二帝身份却是早就存在的事实，大家一直用这种眼光看待他们，后来的人一而再地企图恢复东、西帝的局面。

两年之后，齐湣王灭宋，声势更见烜赫，《史记·田敬仲完世家》还说："齐南割楚之淮北，西侵三晋，欲以并周室，为天子。……诸侯恐惧。"苏代便劝燕昭王以穷齐之说说秦王，有云：

> 秦为西帝，赵为中帝，燕为北帝，立为三帝而以令诸侯。韩、魏不听则秦伐之，齐不听则燕、赵伐之，天下孰敢不听？（《战国策·燕策一》）①

这项三帝并立的计划最后也没有实现，但从中可以发现很多问题。从西帝、中帝、北帝的地理位置来看，齐王若要称帝，那是当之无愧的东帝身份，这里所以不称他为东帝，目的就在排斥他称东帝罢了。这里也不尊楚为"南帝"，说明在北方各国人的心目中，楚国是不能成为政治文化中心而凌驾于其他国家之上的。

齐湣王是事实上的"东帝"，在他在位时，情况一直如此。

> 齐湣王亡居卫，谓公王丹曰："我何如主也？"王丹对曰："王贤主也。臣闻古人有辞天下而无恨色者，臣闻其声，于王而见其实。王名称东帝，实辨天下。去国居卫，容貌充满，颜色发扬，无重国之意。"王曰："甚善！丹知寡人。寡人自去国居卫也，带益三副矣。"（《吕氏春秋·贵直论·过理》）

① 此事并见《史记·苏秦列传》、《战国纵横家书》二十"谓燕王章"，后书由文物出版社于 1976 年出版。

齐湣王一直享有“东帝”的身份。直到他的晚年，遭到燕、秦等国的打击，国力大为削弱之时，情况仍然如此。其后齐襄王即位，起用田单等名将，国势又有恢复。可见上下数十年间，齐国一直是东方独一无二的大国，齐国君主始终具有“东帝”身份。

“东皇太一”一名就是在这样的历史条件下产生的。既然地上的秦王、齐王称为西帝、东帝，那反映在天上的两国上帝当然也会称为西皇、东皇了。燕齐方士在构拟的“太一”头上再安上这么一个新名词，这就是“东皇太一”得名的由来。这样的历史演变过程完全符合马克思主义宗教学说的原理。

“东皇太一”一名，汉以前的古籍仅此一见。这是一件非常有趣的事。幸亏《楚辞》中保留下这个名词，从而使得后人能以掌握“太一”的性质，进而了解到战国中后期的一些宗教情况。

“东皇”、“西皇”之名同时出现在屈原的笔下，从时间方面来说，也完全合适。齐、秦并立的局面，楚威王时已经形成；二者正式打出东、西帝的旗号，正当顷襄王时。在这中间的一段时间内，齐、秦两国的君主事实上一直享有东、西二帝的身份。这种微妙的政治形势，迟早会曲折地反映到宗教领域中去。当然，这种上下相应的关系并不一定会像影之随形那样截然同步，“东皇”、“西皇”之称，有可能在“东帝”、“西帝”二名出现之前就已形成，也有可能会在这种政治局面明朗之后才告出现，但依宗教上的一般规律而言，二者之间有其内在的紧密联系，则是必然无疑的。

屈原的写作《九歌》，看来已在顷襄王时，那时他在政治斗争上已经失败，但创作才能正极旺盛，因而最有可能写出文采斐然而又带有惆怅失意情调的《九歌》。《九歌》应当是屈原后期的作品。

最后还可附带讨论一个与此有关的问题。《文选》五臣注于《九歌·东皇太一》题下注曰：“太一，星名，天之尊神。祠在楚东，以配东帝，故云东皇。”后来许多著名的《楚辞》学者经常把这看作王逸的注释，作为第一手资料而援用，证明楚国确有祭祀东皇太一的典礼。他们大约是把洪兴祖《补注》中引用的五臣注错看成是王逸的注释了。查涵芬楼影印宋本六臣注《文选》（即四部丛刊本），就可知道这些话原是吕向的注释，说明这种误解本来是很容易避免的。怎么可以把后起的一些水平不太高的学者那种望文生义的注释作为立论的有力根据呢？若说东皇太一是楚人奉祀的尊神，那为什么不在京城筑祠，而要安置到楚东？“楚东”只是泛指，不知具体指的是什么地方？用以奉配的“东帝”，又指的是什么？……这些都是吕向无法作出明确解释而使用的敷衍搪塞之词。后人不加细察而信从这样的浮说，未免过于轻信。不过吕向也看到了“东皇”该与“东帝”相配，“东皇太一”不能在中原地区之南的楚国京城祀享，只能放到楚国的东边去，则又说明他在这些问题上还是具有一定的敏感性。

燕齐方士谬忌把太一引入汉朝宫廷

也许有人会问：那么汉代的太一为什么又不称“东皇”了呢？

为了说明问题，我们还得先从汉初的宗教制度说起。

刘邦入据关中，建立刘汉皇朝，在宗教制度方面大都沿袭秦人，只在个别地方有所增损，这在前面已经作了介绍。《史记·封禅书》上说：

> 二年，东击项籍而还。入关，问：“故秦时上帝祠何帝也？”对曰：“四帝，有白、青、黄、赤帝之祠。”高祖曰：“吾闻天有五帝，而有四，何也？”莫知其说。于是高祖曰：“吾知之矣，乃待吾而具五也。”乃立黑帝祠，命曰北畤。有司进祠，上不亲往，悉召故秦祝官，复置太祝、太宰，如其故仪礼。因令县为公社。下诏曰：“吾甚

重祠而敬祭。今上帝之祭及山川诸神当祠者，各以其时礼祠之如故。”

秦国旧有白、青、黄、赤四个上帝，其中除了白帝本属秦地原始信仰之外，其他青、黄、赤帝则是依据五行的道理陆续构成的。这当然也是方士的杰作。白、青、黄、赤四帝的产生与方位有关。因为秦国长期株守西陲，疆域比较固定，因此陆续产生了相应的方位神。有人以为秦国祀青帝之时年代较早，五行学说尚未完全构成，因此秦国的青、黄、赤帝不可能与五行学说有关。这是一种倒果为因的看法。因为五行之起，原先也是初民在日常生活中观察到外界景物的变化，联系到方位与景物的色彩，才陆续构拟成的。就在甲骨卜辞和《山海经》等原始资料中，就已记载着四时与四方的配置。一些学者起而把它组织成系统完整的学说，那是比较后起的，但也可以看到，周代产生原始的五行学说则是完全可能的了。[1] 秦国君主依据原始信仰而崇祀方位神，但因秦地北接匈奴，疆界最不固定，其间又杂有匈奴杂祠，故而难于产生出相应的方位神——黑帝。《史记·秦始皇本纪》记始皇三十三年，“又使蒙恬渡河，取高阙、阳山、北假中，筑亭障，以逐戎人。徙谪，实之初县。禁不得祠。”可见秦人五帝之中独缺黑帝完全有其客观原因。刘邦有见于此，他本想利用迷信来蒙蔽人民，张皇神异，所以径自补入黑帝，凑足五帝数目。五帝是汉初的至上神，集体起了上帝的作用。文帝、景帝时都尊奉五帝，武帝初年也还如此。

〔文帝十六年〕作渭阳五帝庙，同宇，帝一殿，面各五门，各如

① 参看郑文光《中国古代的自然哲学与天文学思想》，载《中国哲学》第二辑，三联书店1980年版。

其帝色。祠所用及仪亦如雍五畤。夏四月，文帝亲拜霸、渭之会，以郊见渭阳五帝。五帝庙南临渭，北穿蒲池沟水，权火举而祠，若光辉然属天焉。……文帝出长门，若见五人于道北，遂因其直北立五帝坛，祠以五牢具。（《史记·封禅书》）

数年而孝景即位。十六年，祠官各以岁时祠如故，无有所兴，至今天子。（《史记·封禅书》）

五仪（?）元年，儒术奏施行董仲舒请雨事，〔武帝〕始令丞相以下求雨雪，曝城南舞童女，祷天神五帝。（《汉旧仪》，《太平御览》卷五二六引）

但这种情况毕竟是不正常的。大汉帝国统一天下已将百年，皇帝的威权早已稳定巩固，而上帝的威权却始终未能相应地建立。天上缺少一个统率群神的上帝，这与地下早已归于一统的政局不合。显然，五帝分立的局面不足以应付新的形势了。这种情况本来早就应该有所改变，但高祖、吕后事属草创，文、景之世政主因循，对于宗教上的混乱局面未能有所改变。武帝即位，国力更盛，客观形势要求他有较大的变动，而他本人又是一个好大喜功的人，西汉初年的政制至此遂发生了根本性的改变。宗教上的许多问题也就提到日程表上来了。

客观形势迫切需要代兴一个全能的上帝，方士谬忌也就应运而来，介绍进原属齐地的上帝“太一”。

亳人谬忌奏祠太一方，曰：“天神贵者太一，太一佐曰五帝。古者天子以春秋祭太一东南郊，用太牢，七日。为坛，开八通之鬼道。”于是天子令太祝立其祠长安东南郊，常奉祠如忌方。（《史记·封禅书》）

按古代称亳之地甚多，中有所谓西亳、南亳、北亳等处。《汉书·地理志》记山阳郡有薄县，臣瓒曰“汤所都”，其地即古北亳，战国时所谓齐济西地，在今山东曹县境内。《汉书·郊祀志上》说：“亳人谬忌，奏祠泰一方。”颜师古引如淳曰：“亳亦薄也。”又引晋灼曰：“济阴薄县人也。”由此可知谬忌确为“海上燕齐怪迂方士”之一。上面的分析已经表明，“太一”为燕齐方士利用道家本体论中的已成材料改作而成者，至是乃由后辈方士谬忌挟入京师，取五帝而代之。从谬忌的籍贯和身份上，也可以了解到“太一”原是齐国的上帝。

太一位居群神之首，只能由天子祀之于京畿。除长安东南郊外，西北甘泉宫中亦祀太一，《汉书·礼乐志》曰：“至武帝定郊祀之礼，祠太一于甘泉，就乾位也。”因为甘泉原是方士活动的主要场所，而汉武帝又常去那里与鬼神通的缘故。

一般来说，至上神应该在京师受享。太一之神，其他地方没有资格设坛奉祭，但有一个地方可以例外，那就是位处东方的齐地。《汉书·郊祀志下》说：“初，天子封泰山，泰山东北址古时有明堂处，处险不敞。上欲治明堂奉高旁，未晓其制度。济南人公玉带上黄帝时明堂图。明堂中有一殿，四面无壁，以茅盖，通水，水圜宫垣，为复道，上有楼，从西南入，名曰昆仑，天子从之入，以拜祀上帝焉。于是上令奉高作明堂汶上，如带图。及是岁修封，则祠泰一、五帝于明堂上坐，合高皇帝祠坐对之。……”颜师古注：“汶，水名也。出琅邪朱虚。”或许因为太一原产于齐地，故而可以进入汶上明堂中去的吧。班固在《汉书·地理志》琅邪郡不其县下自注曰：“有太一、仙人祠九所，及明堂，武帝所起。”不其地处今之胶东半岛，左右邻海，正是古代酝酿神异事迹的温床，也是燕齐方士出没的场所。此地享有建置太一祠的特权，说明它与太一神的产生密切相关，武帝于京城、泰山之外特地在这里建祠，大约也是追本溯源不忘厥初的意思吧。

"东皇太一"之所以重新改名为"太一",也就不难了解。因为这时全国早已统一,"东皇"、"西皇"之称已经失去凭借,因而原属秦地的上帝仍旧称为白帝,齐地的上帝仍旧称为"太一"了。

太一虽然高踞群神之首,但他毕竟缺乏原始信仰做基础,产生的时代又已远离人类童年,所以不能达到深入人心的结果。他之所以能够始终保持尊显,只是由于历代统治者在政治上加以支持的缘故。后代各个皇朝的宫廷内都奉祠太一。关于太一在道教中的地位和发展,顾颉刚和杨向奎合著的《三皇考》一书论叙甚明,[①]这里就不作介绍了。

齐国文化的影响

由上可知,汉代初年的政治制度,继承秦、楚两国的地方最多,但在天文和宗教方面,则受齐国的影响至巨。刘汉王室先接受了燕齐方士的天文体系,后来又尊燕齐方士所构拟的太一为至上神,至是天上的星辰与地上的尊神乃告相应。天上的星辰与地上的尊神结合成一道轴心,由东方的齐地先后移植到了西方,并且一直在我国古代的天文和宗教领域内占着重要的位置。齐国的宗教和天文学在我国古代文化中曾经产生过非常巨大的影响。

战国时期的几起变乱佚史

原载《〈韩非子〉札记》,江苏人民出版社 1980 年版。

《说疑》一文,给注释家增加麻烦,给历史家增添资料。因为文中记载的历史事实很多已经失传,注释家阅尽陈编也已无法一一注出,

① 《三皇考》,载《燕京学报》专号之八,哈佛燕京学社 1936 年版。后又收入《古史辨》第七册中编,开明书店 1941 年版。

但从某些残存的史实之中，却也可以发现许多与其他学派不同的记载，其中关于战国时期的几起变乱佚史，更把当时天下大乱的形势具体化了。这对研究我国古代的历史有很大的帮助。今先摘引其中几条重要的史料，然后分国予以介绍。

> 若夫齐田恒，宋子罕，鲁季孙意如，晋侨如，卫子南劲，郑太宰欣，楚白公，周单荼，燕子之，此九人者之为其臣也，皆朋党比周以事其君，隐正道而行私曲，上逼君，下乱治，援外以挠内，亲下以谋上，不难为也。……
>
> 若夫周滑之，郑公孙申，陈公孙宁、仪行父，荆芋尹申亥，随少师，越种干，吴王孙颔，晋阳成泄，齐竖刁、易牙，此十二人者之为其臣也，皆思小利而忘法义，进则掩蔽贤良以阴暗其主，退则挠乱百官而为祸难；皆辅其君，共其欲，苟得一说于主，虽破国杀众，不难为也。……
>
> 故周威公身杀，国分为二；郑子阳身杀，国分为三；陈灵公身死于夏征舒氏；荆灵王死于乾溪之上；随亡于荆；吴并于越；知伯灭于晋阳之下；桓公身死七日不收。
>
> 又曰："以今时之所闻，田成子取齐，司城子罕取宋，太宰欣取郑，单氏取周，易牙之取卫，韩、魏、赵三子分晋：此八人者，臣之弒其君者也。"

据文义，周滑之等人即所谓奸邪之臣，齐田恒等人即所谓劫主之臣。这些人中，很多是新兴地主阶级的政治代表，他们起来推翻旧政治制度的代表，顺乎历史发展潮流，是当时的先进人物。韩非生活在战国末期，为了防止贵重之臣篡夺君主的权位，反对奸邪之臣和劫主之臣，因而极力强调君权，不论过去现在，凡是篡夺君位的一律否定，这样也就不分青红皂白，把历史上有些曾经起过进步作用的人物也一起骂倒了。对于这样的复杂情况，只有掌握了历史唯物主义观点的无产阶级，才能分清上述历史人物的进步性和局限性，给他们以正确的历史评价。

关于"田成子取齐"等历史，记载比较详备，兹不具论。下面分别陈述卫、周、郑、宋等国的变乱佚史。

卫子南劲"援外以挠内"而得国

卫国自春秋起，内乱连绵不断，国势严重削弱。入战国后，更是寄人篱下，衰落不堪。《史记·卫康叔世家》上说："是时三晋强，卫如小侯，属之。"国家沦落到这样的地步，自然不再引起人们注意，国史也得不到很好的保存。因此，卫国后一阶段的历史记载显得残缺零乱极了。

子南劲是篡夺君位而称侯的人，可是《史记·卫康叔世家》上连他的名字都没有出现过。

> 李贤注引臣瓒曰："汲冢古文谓卫将军文子为子南弥牟，其后有子南固、子南劲。《纪年》：'劲朝于魏。后惠成王如卫，命子南为侯。'"(《汉书·武帝纪》)

子南劲不是卫国君主嫡长子一系的后裔，按理没有接任诸侯的可能。大约他在"朝于魏"时，就和魏惠王勾结上了，所以后来能够依靠大国的力量夺得君位。这就是《说疑》中骂他"援外以挠内"的原因。

子南弥牟其人，在韩非书中也有记载。

> 卫将军文子见曾子，曾子不起而延于坐席，正身于奥。文子

谓其御曰："曾子，愚人也哉！以我为君子也，君子安可毋敬也？以我为暴人也，暴人安可侮也？曾子不僇，命也。"(《说林下》)

陈奇猷以为卫将军文子当即北宫文子，[①]大误。《左传》襄公三十一年载北宫文子相卫，是时孔丘年方十岁，而曾参小孔丘四十六岁，怎能发生曾参轻侮北宫文子之事？卫将军文子即子南弥牟。《礼记·檀弓上》"司寇惠子之丧"章叙子游吊丧，文子应接，自名"弥牟"，孔颖达《正义》："案《世本》：灵公生昭子郢，郢生文子木及惠叔兰。兰生虎，为司寇氏；文子生简子瑕，瑕生卫将军文氏。然则弥牟是木之字。"而据《左传》哀公二年杜预注，知郢字子南。其子以此为氏，故称子南弥牟。子南弥牟为灵公之孙，故《左传》哀公二十五年上又称之为公孙弥牟。

孔颖达的说法恐怕还有问题，因为《左传》哀公十二年杜预注明言公孙弥牟字子之。黄侃《春秋名字解诂补谊》引章炳麟说，以为"弥牟者，蠛蠓之声转。《尔雅·释虫》：'蠓，蠛蠓。'注：'小虫，似蜹，喜乱飞。'之读为翍，《说文》：'翍，飞盛貌。'名蠛蠓，字翍，以其能为字也。"然则弥牟是名非字。文子木一名弥牟，盖急读为木，缓读则为弥牟也。

由上可知：子南弥牟字子之，谥文子，曾为卫国将军，所以也称卫将军文子。《大戴礼记·卫将军文子》叙述他和子贡等人交往事，和《檀弓》上的记载一致，和《韩非子》上的记载年代也一致，可证卫将军文子即子南弥牟。这些都可纠正《韩非子》注释工作中的错误，补充史书上的缺佚。

周威公举"贤"而身死

关于周威公不得善终的事，不见其他记载，只在《吕氏春秋·先识

---

① 见《韩非子集释》第八卷《说林下》第二十三中本条注〔一〕，上海人民出版社 1974 年新一版。

览》和《说苑·权谋》篇中透露了一些消息。

晋太史屠黍，见晋之乱也，见晋公之骄而无德义也，以其图法归周。周威公见而问焉，曰："天下之国孰先亡?"对曰："晋先亡。"……居三年，晋果亡。威公又见屠黍而问焉，曰："孰次之?"对曰："中山次之。"……居二年，中山果亡。威公又见屠黍而问焉，曰："孰次之?"屠黍不对。威公固问焉，对曰："君次之。"威公乃惧，求国之长者，得义莳、田邑而礼之，得史驎、赵骈以为谏臣，去苛令三十九物，以告屠黍。对曰："其尚终君之身乎?"曰："臣闻之：国之兴也，天遗之贤人与极言之士；国之亡也，天遗之乱人与善谀之士。"威公薨，肂九月不得葬，周乃分为二。(《吕氏春秋·先识览》)

周威公死后九月不得葬，正像齐桓公"身死三月不收"(《十过》)，"李兑之用赵也，饿主父百日而死"(《奸劫弑臣》)。说明他"身杀"之后，国家陷于混乱，所以九个月不得安葬。至于他的死因，恐怕也像齐简公之任用田成子，宋桓侯之任用司城子罕，自以为举用贤人而受制于臣下，导致杀身覆国的。

关于"国分为二"的历史，《韩非子》中也有记载。

公子宰，周太子也，公子根有宠，遂以东州(周)反，分而为两国。(《难三》)

公子朝，周太子也，弟公子根甚有宠于君。君死，遂以东周叛，分为两国。(《内储说下(六微)·说五》)

这两条史料讲的就是周威公死后分裂为东、西周的事，前人所以缴绕不清，主要原因是史书上记载有错误。

> 考王封其弟于河南，是为桓公，以续周公之官职。桓公卒，子威公代立。威公卒，子惠公代立。乃封其少子于巩以奉王，号东周惠公。……王赧时，东、西周分治。(《史记·周本纪》)

裴骃《集解》引徐广、张守节《正义》引郭缘生《述征记》都认为东周惠公乃西周惠公之子，这就令人费解，为什么父子两人要用同一谥号？实则“封其少子”者应当是周威公，《汉书·古今人表》于东周惠公名下注曰：“威公子”，足见东周惠公乃威公之子，西周惠公之弟。这种记载与《韩非子》中的记载是一致的。

《史记·六国年表》周显王九年下裴骃《集解》引徐广曰：“《纪年》，东周惠公傑薨。”傑即《韩非子》中的公子根。古者名字相应，“傑”、“根”都有开始的意思。《诗·周颂·载芟》：“有厌其傑”，郑玄笺：“傑，先长者。”《广雅·释诂》卷一上：“根，始也。”“傑”、“根”双声，音义相通。“宰”、“朝”义相联属：宰为职官之属，有位者必于朝，名字亦相应。

由上可知，诸侯国周的世系是：周桓公名揭，见《史记·周本纪》司马贞《索隐》引《世本》，生子威公。威公名竈，见《经典释文》卷二七《庄子·达生》篇引崔譔注。威公长子名宰，字朝；少子名傑[1]，字根。长子居王城，故称西周惠公；少子封于巩，巩为封地，自身则常驻成周洛阳“以奉王”，故称东周惠公。

东、西周分治的年代，《史记·周本纪》上的记载有错误。《史记·

① 《史记·周本纪》司马贞《索隐》引《世本》：“西周桓公名揭，居河南；东周惠公名班，居洛阳。”“班”通“般”，楚斗班一作斗般，可证。而“般”字又通“槃”，所谓槃根错节，与“根”字也能相应。据此可知东周惠公姬傑或一名姬班。《史记·赵世家》张守节《正义》引《括地志》云：“史记周显二年，西周惠公封少子子班于巩，为东周。”

赵世家》记“〔赵成侯七年,〕与韩攻周。八年,与韩分周以为两”,《史记·周本纪》张守节《正义》引郭缘生《述征记》、《太平御览》卷八五引《帝王世纪》记东、西周之分在周显王二年,这两种说法是一致的,也是可信的。《春秋》昭公二十六年,敬王入居成周;昭公三十二年,诸侯城成周,敬王遂定都于此。《史记·周本纪》上说:“王赧徙都西周。”从敬王到赧王初立,一直定都东周。

《说疑》篇中说是“单氏取周”,单氏当即劫主之臣单荼,这人曾有“援外以挠内”的事,大约在谋杀周威公时曾经援引过国外的力量。周王朝以“亲亲”为立国之本,任用的朝臣定然也是世袭的贵族,成王幼子姬臻始封于单,单氏世代执掌朝政,单荼当是这一族的后裔。

从地理形势来看,西周紧靠秦国,东周则为韩国所包裹。从《战国策》中的记载来看,东、西周发生纠纷时,韩国常是偏袒西周,这是因为韩国支援西周之后,可以阻止秦国的东进;而秦国的战略则与此相反,他首先要削弱三晋所支持的西周,因此常与东周交好。《史记·周本纪》裴骃《集解》引徐广曰:“周比亡之时,凡七县:河南、洛阳、谷城、平阴、偃师、巩、缑氏。”其中河南、缑氏、谷城三邑属西周,洛阳、平阴、偃师、巩四邑属东周。东周占地较多,周天子又位在它的境内,看来东周的力量较强,政治上很占优势。或许当年周威公偏爱少子,在立长子宰为太子之后,又想把位子传给幼子傑,因而酿成了内乱。韩非一再拿主父饿死的事例告诫君主,他是极力维护封建主义的嫡长子继承制度的。《说疑》篇中说:“孽有拟適(嫡)之子,配有拟妻之妾,廷有拟相之臣,臣有拟主之宠,此四者国之所危也。”所以他称东周为“反”“叛”。或许当年单氏勾引秦国,杀了威公,引起了姬宰、姬傑的内哄,秦国支援东周,赵、韩乃出兵助西周攻灭单氏,这样才正式分裂成了东、西周两小国。

西周惠公和东周惠公同谥的现象也就可以解释了。两国互争正统，各不相下，因而亦步亦趋，都称周惠公。传世西周与东周铸造的环币，形制无异，[①]也是同样的道理。

郑子阳“好严有过”而国分

到了战国，郑已沦为小国，而且很早就被韩国灭掉了。史籍缺佚，亡国的详细情况也已无从了解。《史记·郑世家》说：“〔郑繻公〕二十五年，郑君杀其相子阳。二十七年，子阳之党共杀繻公骀，而立幽公弟乙为君，是为郑君。”对照韩非所说，则可判断记载有误。

《说疑》中记载的几起变乱事件，都指君主被杀，国家易手。就是智伯其人，韩非在许多文章中提到他时也是作为一国之主看待的。子阳身杀而国分，说明他是君主的身份。

> 子列子穷，容貌有饥色，客有言之于郑子阳者，曰：“列御寇，盖有道之士也。居君之国而穷，君无乃为不好士乎？”郑子阳即令官遗之粟。子列子见使者，再拜而辞。使者去，子列子入，其妻望之而拊心，曰：“妾闻为有道者之妻子，皆得佚乐。今有饥色，君过而遗先生食，先生不受，岂不命邪！”子列子笑谓之曰：“君非自知我也。以人之言而遗我粟，至其罪我也，又且以人之言，此吾所以不受也。”其卒，民果作难而杀子阳。（《庄子·让王》）

这里称子阳为“君”，就是把他作为郑国君主对待的。看来这符合历史事实。关于子阳身死的事，《吕氏春秋》中有更详细的记载。

---

① 二周环币图片见李佐贤《古泉汇》利集卷一、彭信威《中国货币史》（上海人民出版社）、郑家相《中国古代货币发展史》（三联书店）、王毓铨《我国古代货币的起源和发展》（科学出版社）等书。

子阳[1]好严，有过而折弓者恐必死，遂应猘狗而弑子阳。(《吕氏春秋·离俗览·适威》)高诱注："子阳，郑君也；一曰郑相也。好严猛，于罪刑无所赦，家人有折弓者恐诛，因国人有逐狡狗之扰而杀子阳，极于刑之故也。"

《吕氏春秋·孝行览·首时》也说："郑子阳之难，猘狗溃之。"高诱注："〔子阳〕好行严猛，人家有猘狗者诛之。人畏诛，国人皆逐猘狗也。"古代字书无"猘"字。《广韵》去声十三祭释"猘"为"狂犬"，文义难通；高诱则解作"狡狗"，《说文》卷一〇上："狡，少狗也。从犬，交声。匈奴地有狡犬，巨口而黑身。"说明猘狗是一种名贵的小猎狗。剥削阶级无不追求享乐，战国时期的贵族喜好"音声狗马"，郑国的贵族则喜欢畜养这种北方出产的小猎狗。子阳好严，折弓者死，"于罪刑无所赦"，当是一个严厉推行法治的君主。"人家有猘狗者诛之"，看来他想纠正一下统治阶级内部过度的骄奢淫逸之风，因而禁止游猎、畜养猘狗。这项法令涉及的问题虽小，但却触动了许多贵族的利益，结果各种触犯法令的人乘机作乱，把子阳杀掉了。

谋杀子阳的首犯，应当就是公孙申了。公孙是郑公室的家属，正是子阳的"家人"。或许此人有"折弓"的过失，因而作乱。这人确是"思小利而忘法义"、"破国杀众不难为"的歹徒。

郑国是奴隶主贵族势力特别强大的诸侯国。春秋一代，公族递相执政，"七穆"当国，政争迭见。在这样的国家，要想进行政治改革，阻力确是极大。郑子阳推行法治失败，说明这个国家已经糜烂得不可收拾，随之也就亡国了。

---

① 原文有"极也"二字，据陈昌齐《吕氏春秋正误》、俞樾《诸子平议》卷二四、陶鸿庆《读诸子札记》卷五删。

《史记·郑世家》于“立幽公弟乙为君,是为郑君”下裴骃《集解》引徐广曰:“一本云:立幽公弟乙阳为君,是为康公。”“乙”字殊奇,郑人无此命名之习。“乙”字当是“子”字之误,金文子作,乙作,形近易误。“乙阳”当即“子阳”。这样许多史料都能贯通了。郑国末年,政争特别激烈。韩国伐郑,杀郑幽公,郑人立幽公弟骀,是为繻公。隔二十七年,郑人杀郑繻公,立幽公弟子阳,是为郑康公。《史记·郑世家》:“郑君乙(子阳)立二年,郑负黍反,复归韩。十一年,韩伐郑,取阳城。二十一年,韩哀侯灭郑,并其国。”大约子阳立国不久即遭杀害,政权为权臣太宰欣之流所篡夺,国家随之陷于分裂。以往韩、郑两国国力相当,战争互有胜负,至是韩国占了上风,遂于公元前375年(哀侯二年)灭郑。负黍、阳城、郑三地,或许就是子阳身杀后分裂成的三小块割据地区。

《墨子·鲁问》篇载鲁阳文君之语曰:“郑人三世杀其父,天加诛焉,使三年不全。”过去史家都以为指郑哀公、郑幽公、郑繻公。实则幽公为韩人所杀,与《墨子》中所说的情况不合。今知三世杀掉的君父指郑哀公、郑繻公、郑康公(子阳),这样才合拍。

宋司城子罕专擅“刑杀”而得国

《史记·宋微子世家》记载宋国濒临灭亡之前的历史时说:

> ……休公田二十三年卒,子辟公辟兵立。辟公三年卒,子剔成立。剔成四十一年,剔成弟偃攻袭剔成,剔成败奔齐,偃自立为宋君。

这几个君主之间的继承关系,似乎一脉相承,只是兄弟之间有所冲突就是了。但是先秦时期的若干典籍却有不同的记载,“辟公辟兵”

和“剔成”之间并不是父子关系；“剔成”戴氏，篡夺了“辟公辟兵”子氏的天下，因而这里也是一场战国时期君臣易位的戏剧。关于这事，苏时学的考证很翔实，可以介绍：

> 戴氏篡宋之说，则杂见于《韩诗》、《淮南》、《说苑》诸书，而莫始于《韩非子》。《韩非子》曰：“戴氏夺子氏于宋”，又曰：“司城子罕取宋”，又曰：“戴欢为宋太宰，皇喜重于君，二人者争事而相害也，皇喜遂杀宋君而夺之政。”韩非于此事固屡言之，而必与齐之田氏并言，明田氏与戴氏皆篡国之臣也。而《吕氏春秋》于宋偃之亡，亦曰“此戴氏所以绝也”。不言子氏而独言戴氏，则战国之宋为戴氏之宋，而非前日子氏之宋固明甚。然韩非既言戴氏，又曰皇喜、曰子罕者何也？则戴其氏，而喜其名，子罕乃其字也。……或曰：戴氏之篡宋固然矣，然则其篡宋当以何时欤？按《纪年》云：“宋易成肝废其君璧而自立。”璧者，宋桓侯也，而易城肝殆即司城子罕欤？（《爻山笔话》卷三“戴氏篡宋”）

《史记·宋微子世家》司马贞《索隐》引《竹书纪年》曰：“宋剔成肝废其君璧而自立。”剔成肝是司城子罕的误写。所以致误，一般都用声转来假设。严格说来，“司”、“剔”古音悬隔，无法相通。看来这里当用字形的变化作解释。司字古文有作𤔲形者，罕字⺳旁有作风形者，写成篆体，容易讹为“剔”、“肝”；再经隶变，则司城罕写成剔成肝，就是可以理解的了。

《史记·魏世家》司马贞《索隐》引《竹书纪年》记鲁恭侯、宋桓侯、卫成侯、郑厘侯于魏惠王十四年朝魏，则是司城子罕杀宋桓侯璧而自立，当在公元前356年之后。

司城子罕谓宋君曰："庆赏赐与，民之所喜也，君自行之；杀戮诛罚，民之所恶也，臣请当之。"宋君曰："诺。"于是出威令，诛大臣，君曰"问子罕"也。于是大臣畏之，细民归之。处期年，子罕杀宋君而夺政。（《外储说右下·说一》）

宋桓侯是一个荒淫的君主。《太平御览》卷四八八引《庄子》记其建苏宫事，可见一斑。司城子罕运用权术杀掉这么一个代表腐朽政权的君主，才使宋国一度强盛起来。

比较起来，《竹书纪年》上所记载的宋国灭亡之前的这一段历史比《史记》更为可信，然而还有错误，应当用《韩非子》来纠正和补充。

馀 论

由上可见，《韩非子》一书不但有政治理论上的价值，而且还有史学上的价值。韩非搜集了许多有关变乱的历史事实，阐明他的法治思想。晋、齐、楚、燕等大国政治变乱的历史，《韩非子》中有详尽的记载；鲁、越、陈、随等小国政权更迭的历史，也没有疏忽而不予注意。这里介绍的卫、周、郑、宋四个"千乘之国"的变乱佚史，就是很宝贵的资料。它纠正了《史记》等书上的错误记载，反映了这一时期各诸侯国内政权兴替更迭的动乱情况，这些都是当时阶级斗争的生动画面，可以补充战国历史上的多页空白。

战国上下两百多年，在我国历史上具有非常重要的地位。这时处在封建制取代奴隶制的转变阶段，不论在政治上还是在思想上，阶级斗争都很复杂，值得探讨和总结。但是这一阶段的历史记载却残缺不全。《史记·六国年表》上说："秦既得意，烧天下诗书，诸侯史记尤甚，为其有所刺讥也。诗书所以复见者，多藏人家，而史记独藏周室，以故灭。惜哉，惜哉！"说明司马迁著书时就因看不到各国的基本史料而深感苦恼。《史记》中有关战国一段历史的记载也就必然会出现混乱和缺佚。

看来司马迁对当时有些历史事实确是搞不大清楚了。《史记·秦本纪》上说:“昭襄王八年,魏公子劲、韩公子长为诸侯。”这时上距魏惠王时已有半个世纪之久,对照《竹书纪年》上的记载,应该说,《秦本纪》上关于子南劲的即位年代怕有错误。《史记·李斯列传》载李斯上二世书内有云:“昔者司城子罕相宋,身行刑罚,以威行之。期年,遂劫其君。”显然,司马迁已不知道这个司城子罕就是剔成,因而一任《宋微子世家》中保留着错误的世系。

《后汉书·班彪传》中记载着班彪对司马迁的评语:“若迁之著作,采获古今,贯穿经传,至广博也。一人之精,文重思烦,故其书刊落不尽,尚有盈辞,多不齐一。”这话说得还是中肯的。我们充分肯定司马迁的史学成就,特别是他先进的政治观点以及他在史书体例上的创造,但也毋庸讳言,《史记》中确有很多错误、矛盾和缺佚的地方,特别是在战国一代的记述上面。这也不能怪罪他,因为材料限制了他,他所能掌握的,只有《秦纪》和《战国策》前身的那些记载“战国之权变”的零碎材料,就是1973年长沙马王堆三号汉墓中出土的那本类似于《战国策》的帛书,他也没有能够看到。但我们可以提出的是,他有一项可以做而没有做好的事,那就是对先秦时期一些学术著作中的史料未能充分注意,而这些史料本来是可以大大丰富当时的历史记载的。《韩非子》里面有丰富的历史资料,值得重视,值得发掘。这篇读《说疑》的札记,就想起个抛砖引玉的作用。

秦汉宗教一般

原载《九歌新考》，上海古籍出版社 1986 年版。

《九歌》的内容既是偏于阴阳人鬼之间，那么针对其特点而进行研究，就得对先秦时期的宗教和民俗作一番探索。也只有在掌握其背景材料的基础上，才能看清《九歌》的实质。只是先秦古籍却缺乏这方面的完整记载，幸而司马迁著《史记·封禅书》，弥补了这方面的缺憾。

《史记·封禅书》是记载先秦至汉初宗教情况的一篇重要著作，内容既详赡，又可信。司马迁是掌握古代史料最丰富的一个人，而宗教一项，更是他家族中世代相传的本职。因为“太史”之官，除了负责编写史书掌管图籍之外，还兼管天文历算和宗教典礼，司马迁继前人之遗绪，在这些问题上积累下了丰富的知识，他在这样深厚的基础上写成《封禅书》一文，后人自然可以根据其中的记载探讨先秦时期的宗教情况和秦、汉两代的宗教方针。

《史记·封禅书》的分析

历史是有继承性的。汉承秦制，秦又采择六国礼仪，因此我们可以按照历史发展的顺序，研究宗教制度的继承和演变，从而探讨《史记·封禅书》中所反映的各地宗教情况。

秦始皇的宗教方针是：对于战国末期遗留下来的各国宗教现状，予以事实上的承认。汉初仍然采取同样的方针。

《史记·礼书》上说：

> 至秦有天下，悉内六国礼仪，采择其善，虽不合圣制，其尊君抑臣，朝廷济济，依古以来。至于高祖，光有四海，叔孙通颇有所

增益减损，大抵皆袭秦故。自天子称号下至佐僚及宫室官名，少所变改。

这是相当恰切的概括，在文献上也可以找到多方面的证明。下面举齐、秦两国的宗教情况为例，作些比较，说明这个复杂的问题。

(齐) 〔秦〕始皇遂东游海上，行礼祠名山大川及八神，求仙人羡门之属。八神将自古而有之，或曰太公以来作之。……八神：一曰天主，祠天齐；天齐渊水，居临菑南郊山下者。二曰地主，祠泰山梁父。——盖天好阴，祠之必于高山之下，小山之上，命曰“畤”；地贵阳，祭之必于泽中圜丘云。三曰兵主，祠蚩尤；蚩尤在东平陆监乡，齐之西境也。四曰阴主，祠三山。五曰阳主，祠之罘。六曰月主，祠之莱山。——皆在齐北，并勃海。七曰日主，祠成山；成山斗入海，最居齐东北隅，以迎日出云。八曰四时主，祠琅邪；琅邪在齐东方，盖岁之所始。皆各用一牢具祠，而巫祝所损益，珪币杂异焉。(《史记·封禅书》)

(秦) 雍有日、月、参、辰、南北斗、荧惑、太白、岁星、填星、二十八宿、风伯、雨师、四海、九臣、十四臣、诸布、诸严、诸逑之属，百有馀庙。(同上)

齐、秦二国都有日、月之神。本来先秦之时早有“天无二日，民无二王”(《孟子·万章上》)的议论，礼书上也曾多次申述过这项原则，《礼记·曾子问》曰：“天无二日，土无二王，尝禘郊社，尊无二上。”同书《丧服四制》曰：“天无二日，土无二王，国无二君，家无二尊，以一治之也。”《大戴礼记·本命》也说：“天无二日，国无二君，家无二尊，以治之也。”上述文献有的还说这是孔子的言论。孔、孟申述的这种看法，反映的是封建社会中统治阶级共有的意识。《礼记·坊记》也说："子云：'天无二日，土无二王，家无二主，尊无二上。'示民有君臣之别也。《春秋》不称楚、越之王。"按今《春秋》书楚、越之王曰"子"，《坊记》作者认为鲁史《春秋》旧文如此，说明春秋之时早就确立了"天无二日，土无二王"的重要观念。日、月向被视作帝、后的象征，一个中央集权的封建国家，作为至高无上的权威，君临天下的帝王，犹如光照四海的太阳一样，天上的太阳正好和世上的帝王相呼应，光彩熠耀的日神衬托着帝王的无比尊严，可见这种说法符合宗教心理上的原理。但秦王对这种天有二日的现象却熟视无睹，不予统一，于此可见其宗教方针之一斑。

新政权建立之后，对过去的情况自然也不可能不有所触动。秦代在宗教上的措施，除了维持现状之外，还把本地神祇的地位提高，把过于混乱的祭祀情况略作整顿。这在《史记·封禅书》上也有记载。为了说明问题，下面详细录引这项宝贵的材料。

> 及秦并天下，令祠官所常奉天地名山大川鬼神可得而序也。于是自殽以东，名山五，大川祠二。曰：太室——太室、嵩高也，恒山，泰山，会稽，湘山；水曰济，曰淮。春以脯酒为岁祠，因泮冻，秋涸冻，冬塞祷祠，其牲用牛犊各一，牢具珪币各异。自华以西，名山七，名川四。曰：华山；薄山——薄山者，衰山也；岳山；岐山；吴岳；鸿冢；渎山——渎山，蜀之汶山；水曰河，祠临晋；沔，祠汉中；湫渊，祠朝那；江水，祠蜀：亦春秋泮涸祷塞，如东方名山川，而牲牛犊牢具珪币各异，而四大冢：鸿、岐、吴、岳，皆有尝禾。陈宝节来祠，其河加有尝醪，此皆在雍州之域，近天子之都，故加车一乘，骝驹四。霸、产、长水、沣、涝、泾、渭，皆非大川，以近咸阳，尽得比山川祠，而无诸加。汧、洛二渊，鸣泽、蒲山、岳嵋山之属，为小山川，亦皆岁祷塞泮涸祠，礼不必同。而雍有日、月、参、辰、南北斗、

荧惑、太白、岁星、填星、二十八宿、风伯、雨师、四海、九臣、十四臣、诸布、诸严、诸逑之属，百有馀庙；西亦有数十祠；于湖有周天子祠；于下邽有天神；沣、滈有昭明、天子辟池；于杜、亳有三社主之祠、寿星祠；而雍菅庙亦有杜主——杜主，故周之右将军；其在秦中，最小鬼之神者：各以岁时奉祠。唯雍四畤上帝为尊，其光景动人民唯陈宝。故雍四畤，春以为岁祷，因泮冻，秋涸冻，冬塞祠，五月尝驹，及四仲之月月祠，若陈宝节来一祠。春夏用骍，秋冬用駵。畤驹四匹，木禺龙栾车一驷，木禺车马一驷，各如其帝色；黄犊羔各四，珪币各有数，皆生瘗埋，无俎豆之具。三年一郊。

这里说明了很多宗教祭祀上的问题，应该作些分析。

诸如长江、黄河之类源远流长而又受到各地人民广泛崇祀的大水，秦王朝为之规定了固定的祭祀地点。河伯是地方性很强的地祇，《左传》等先秦古籍上常有晋人祀河的记载，《礼记·礼器》上说：“晋人将有事于河，必先有事于恶池。”郑玄注：“恶当为呼，声之误也。呼池：沤夷，并州川。”孔颖达疏：“有事于河，谓祭河也。必先告恶池小川，从小而祭也。先告从祀者，然后祭河也。”说明晋人早就把祭祀黄河列入祀典。他们一直把河伯看作本地区的尊神。南方各国则与长江有关。古人都以为江水出自岷山，而自岷山至三峡一段，《水经注》上屡记江神之事，《华阳国志》卷三叙蜀守李冰于天彭阙祀江神，曰：“遂从水上立祀三所。所祭用三牲，珪璧沈濆。汉兴，数使使者祭之。”可以想见蜀人祭江之风特盛。秦王之所以把祀河地点固定在临晋，把祀江地点固定在蜀，看来正是因为晋人、蜀人祭祀最勤的缘故。

秦都在雍州之地。秦国原有的上帝——四帝，这时也都提升了地位。这种情况合乎宗教发展的一般规律。在原始社会里，随着公社联合为部落，部落联合为部族，各地原有的神也逐渐统一起来，它们之间反映着联合起来的各部落所占不同地位而出现的身份差别。进入阶级社会之后，从不同来源的神中又逐渐形成了地位高下不等的等级，政治上占优势的地区原有的神往往成为高踞众神之上的主神，例如在古代巴比伦帝国产生的时候，巴比伦城的主神——太阳神就成了巴比伦帝国的主神，而其他诸神则处于从属的地位。秦王朝建立时的情况也有类于此，原有的四帝正向全国主神的地位转变。

刘汉王朝代兴之后，采取的措施，执行的方针，大体承袭秦人，少有变动。因为刘邦以马上得天下，礼乐之类非其所谙，王侯将相大都起于草莽，文化水平不高，缺乏大力兴革政制的经验和能力。因此，刘汉新朝只能起用叔孙通、张苍等秦代旧臣，在礼制方面也只能大体维持前朝旧制。这在史书上屡见记载。

> ……是时天下初定，方纲纪大基，高后女主，皆未遑，故袭秦正朔服色。（《史记·历书》）
>
> 高祖时，叔孙通因秦乐人制宗庙乐。（《汉书·礼乐志二》）
>
> 汉初，天下创定，朝制无文，叔孙通颇采经礼，参酌秦法，虽适物观时，有救崩敝，然先王之容典盖多阙矣。（《后汉书·曹褒传论》）

由此可见，汉初的宗教情况与秦代相去不远。二者对待遗产的态度也正相似：基本上维持原状，只在个别地方有所损益。

关于维持原状，即承认各地的神祇，高祖曾有明言。

> 〔高祖〕下诏曰："吾甚重祠而敬祭。今上帝之祭及山川诸神当祠者，各以其时礼祠之如故。"（《史记·封禅书》）

汉代仍旧建都关中，袭秦故地，所以仍奉秦人原有的四帝为至上神，令“有司进祠，上不亲往。悉召故秦祝官，复置太祝、太宰，如其故仪礼”。

其后天下大定，高祖复于长安置祠祝官、女巫，这在《史记·封禅书》上也有详细记载：

> 长安置祠祝官、女巫。其梁巫，祠天、地、天社、天水、房中、堂上之属；晋巫，祠五帝、东君、云中[①]、司命、巫社、巫祠、族人、先炊之属；秦巫，祠社主、巫保、族累之属；荆巫，祠堂下、巫先、司命、施糜之属；九天巫，祠九天：皆以岁时祠宫中。其河巫祠河于临晋，而南山巫祠南山、秦中——秦中者，二世皇帝：各有时日。

这就步入正题来了，因为它上面记载的东君、云中君、司命、河等神，均与《九歌》有关。《史记·封禅书》提供了丰富的材料，说明上述诸神的性质和活动地区，后人就可以根据这些神祇的地方色彩，援用宗教、民俗方面的其他一些材料，证明如下论断：这些神祇非楚巫所祀，因此《九歌》不可能是楚国的民间祭歌或郊祀歌。

祭祀典礼中的地方色彩

汉代建国伊始，宫廷中就供养着许多不同地区的巫祝，《汉书·高帝纪赞》曰：“及高祖接位，置祠祀官，则有秦、晋、梁、荆之巫。”颜师古注引应劭曰：“先人所在之国，悉致祠巫祝，博求神灵之意也。”又引文颖曰：“巫，掌神之位次者也。范氏世仕于晋，故祠祀有晋巫；范会支庶留秦为刘氏，故有秦巫；刘氏随魏都大梁，故有梁巫；后徙丰，丰属荆，

① 《汉书·郊祀志》作“云中君”。

故有荆巫也。”说明这时仍然保持着战国时期的局面。刘氏先人之在不同国土者，还是要用该一地区的巫祝负责祭祀，这就可以用来证明祀典具有强烈的地方色彩。

这里首先要问：为什么某些神祇需要特别指定某一地方上的巫祝去祭祀？

原来祭祀典礼中还包含着许多严格的戒律，对巫祝有严格的要求。

> 古者民神不杂。民之精爽不携贰者，而又能齐肃衷正，其智能上下比义，其圣能光远宣朗，其明能光照之，其聪能听彻之，如是则明神降之，在男曰觋，在女曰巫。是使制神之处位次主，而为之牲器时服，而后使先圣之后之有光烈，而能知山川之号，高祖之主，宗庙之事，昭穆之世，齐敬之勤，礼节之宜，威仪之则，容貌之崇，忠信之质，禋絜之服，而敬恭明神者，以为之祝。使名姓之后，能知四时之生，牺牲之物，玉帛之类，采服之仪，彝器之量，次主之度，屏摄之位，坛场之所，上下之神，氏姓之出，而心率旧典者，为之宗。（《国语·楚语下》）

原来当巫祝的条件也不简单，他们要知道神的活动地区和祭祀地点，要能够分别神祇之间的尊卑先后，要了解神统的由来，要有能力执行祭祀仪式和布置祭品……在原始信仰尚占支配地位的情况下，当然只有当地的巫祝才能祭祀当地的神祇了。《史记·封禅书》上提到的河巫祀河和南山巫祀南山，最能说明问题。

恩格斯指出："在以前的一切宗教中，仪式是一件主要的事情。"[①]这是因为：祭祀某一地区的神，需要用什么品种的牲牢？数量多少？毛色如何？如何处置？祭者的服色又怎样？在什么时候举行？……这些在祀典上都有明确的规定，而且严格执行。我们从上面引用的《史记·封禅书》中的一些材料里，已经看到不少实例，在这之外，《周礼·春官》中也有一段记载。

〔大宗伯〕以吉礼事邦国之鬼神示，以禋祀祀昊天上帝，以实柴祀日、月、星、辰，以槱燎祀司中、司命、风师、雨师，以血祭祭社稷、五祀、五岳，以貍沈祭山林川泽，以疈辜祭四方万物。

可能有人会提出，这些文献上的记载已经经过后人整理，不足据为典要，那我们还可以拿更原始的祭祀典礼来作例证。这在《山海经》等书中有大量的记载，下面择要摘录几条材料，引证于下：

自钱来之山至于䝄山，凡十九山，二千九百五十七里。华山，冢也，其祠之礼：太牢。羭山，神也，祠之用烛，斋百日以百牺，瘗用百瑜，汤其酒百樽，婴以百珪百璧。其馀十七山之属，皆毛牷用一羊祠之。烛者百草之未灰，白席采等纯之。(《西山经》)

自太行之山以至于无逢之山，凡四十六山，万二千三百五十里。其神状皆马身而人面者廿神。其祠之，皆用一藻茝瘗之。其十四神状皆彘身而载玉。其祠之，皆玉，不瘗。其十神状皆彘身而八足蛇尾。其祠之，皆用一璧瘗之。大凡四十四神，皆用稌糈

① 恩格斯《布鲁诺·鲍威尔和早期基督教》，《马克思恩格斯全集》第十九卷，人民出版社1963年版。

米祠之，此皆不火食。(《北次三经》)

自樕螽之山以至于竹山，凡十二山，三千六百里。其神状皆人身龙首。祠：毛用一犬祈，聃用鱼。(《东山经》)

自甘枣之山至于鼓镫之山，凡十五山，六千六百七十里。历儿，冢也，其祠礼：毛，太牢之具；县以吉玉。其馀十三山者，毛用一羊，县婴用桑封，瘗而不糈。桑封者，桑主也，方其下而锐其上，而中穿之加金。(《中山经》)

自敖岸之山至于和山，凡五山，四百四十里。其祠泰逢、熏池、武罗皆一牡羊副，婴用吉玉。其二神用一雄鸡瘗之，糈用稌。(《中次三经》)

自苟林之山至于阳虚之山，凡十六山，二千九百八十二里。升山，冢也，其祠礼：太牢，婴用吉玉。首山，魋也，其祠用稌、黑牺、太牢之具，蘖酿，干儛，置鼓，婴用一璧。尸水，合天也，肥牲祠之，用一黑犬于上，用一雌鸡于下，刉一牝羊，献血。婴用吉玉，采之，飨之。(《中次五经》)

自首山至于丙山，凡九山，二百六十七里。其神状皆龙身而人面。其祠之：毛用一雄鸡瘗，糈用五种之糈。堵山，冢也，其祠之：少牢具，羞酒祠，婴毛一璧瘗。騩山，帝也，其祠羞酒，太牢其(具)；合巫祝二人舞，婴一璧。(《中次十经》)

各地的神祇不同，所用的祀典也就不同。由此可见，凡带有原始宗教意味的祀典，确有其地方性。所谓“越人美羸蚌而简太牢，鄙夫乐咋唶而怪《韶》《濩》”(《盐铁论·论灾》)。某一地区的祀典，作这样复杂的规定，当然只能由本地区的巫祝来掌握。由此也可明白，若能了解到哪一地区的巫祝在执行祭祀，就可推断这些神祇属于哪个地区。

但这里应作补充说明的是，上述情况主要是对以原始信仰为背景的宗教而言的，后代也有不同的情况出现，那就是经历了时代的演变，文化的发展，原始信仰的意味渐渐消失，后起的巫祝带有更多的方士色彩，崇祀的神带有人为构拟的内容，这样的巫祝所主持的祀典，也就难于看出神的地方色彩来了。例如《晏子春秋·内篇·谏上》记有“景公欲使楚巫致五帝以明德”之章，姑不论《晏子春秋》中的这一节文字到底出之于战国还是出之于汉代，就以五帝来说，显然已是方士色彩的人构拟成的东西了。这里说的“五帝”，带有构拟神统的意思，预示着全国统一局面的即将出现，或者就是全国已告统一之后产生的东西。这样的神，不论哪一个地方的巫祝都可以祭祀，不论哪一个地方的神坛都可以设祭。这与晋巫祀东君、云中君等神的情况是大不相同的。

从汉代宫廷中巫祝的身份推断东君、云中君是晋地之神

先秦典籍上叙及某些神人感应之事，涉及巫祝之时，往往提示该人的籍贯，这是因为春秋、战国时的社会中原始宗教信仰还很占优势，人们祈求神祇福佑，预示吉凶，需要用当地的巫祝来沟通。况且我国疆域辽阔，各地方言不同，人们在交往时有一个语言的问题；人神交往时也要有共通的语言作为媒介。这样，当然只能用当地的巫祝去沟通当地的神祇了。

下面引用一些这方面的例子。

> 僖公十年：“秋，狐突适下国，遇大子。大子使登，仆，而告之曰：‘夷吾无礼，余得请于帝矣。将以晋畀秦，秦将祀余。’对曰：‘臣闻之：“神不歆非类，民不祀非族。”君祀无乃殄乎？且民何罪？失刑乏祀，君其图之。’君曰：‘诺。吾将复请。七日，新城西偏将有巫者而见我焉。’许之，遂不见。”（《左传》）

文公十年："初，楚范巫矞似谓成王与子玉、子西曰：'三君皆将强死。'"杜预注："矞似，范邑之巫。"(《左传》)

成公十年："晋侯梦大厉，被发及地，搏膺而踊，曰：'杀余孙，不义。余得请于帝矣！'坏大门及寝门而入。公惧，入于室。又坏户。公觉，召桑田巫。巫言如梦。"(《左传》)

成公十七年："晋范文子反自鄢陵，使其祝宗祈死，曰：'君骄侈而克敌，是天益其疾也，难将作矣。爱我者唯祝我，使我速死，无及于难，范氏之福也。'六月戊辰，士燮卒。"(《左传》)

襄公十八年："秋，齐侯伐我北鄙。中行献子将伐齐，梦与厉公讼，弗胜。公以戈击之，首坠于前，跪而戴之，奉之以走，见梗阳之巫皋。他日，见诸道，与之言，同。"(《左传》)

〔馀杭城蛇门〕近门外栖溪椟中连乡大丘者，吴故神巫所葬也。(《越绝书·外传记吴地传》)

江东中巫葬者，越神巫无杜子孙也。死，句践于中江而葬之。巫神，欲使覆祸吴人船。(《越绝书·外传记〔越〕地传》)

鲁祝以一豚祭，而求百福于鬼神。(《墨子·鲁问》)

管仲有疾，桓公往问之曰："仲父之疾病矣，将何以教寡人？"……管仲对曰："愿君之远易牙、竖刁、常之巫、卫公子启方。"……公又曰："常之巫审于死生，能去苛病，犹尚可疑邪？"管仲对曰："死生，命也；苛病，失也。君不任其命，守其本，而恃常之巫，彼将以此无不为也。"[①](《吕氏春秋·先识览·知接》)

这种风气汉代一直保持着。下面引用一些这方面的例子。

① 常之巫，《管子·小称》作"堂巫"，《史记·齐太公世家》司马贞《索隐》作"棠巫"。常、堂、棠通，乃齐地名。

〔武帝〕既灭两越，越人勇之乃言“越人俗鬼，而其祠皆见鬼，数有效。昔东瓯王敬鬼，寿百六十岁。后世怠慢，故衰耗。”乃令越巫立越祝祠，安台无坛，亦祠天神上帝百鬼，而以鸡卜。（《史记·封禅书》）

〔江都王建〕与其后成光共使越婢下神，祝诅上。（《汉书·景十三王传》）

始昭帝时，〔广陵厉王〕胥见上年少无子，有觊欲心。而楚地巫鬼，胥迎女巫李女须，使下神祝诅。女须泣曰：“孝武帝下我。”左右皆伏。言“吾必令胥为天子。”胥多赐女须钱，使祷巫山。会昭帝崩，胥曰：“女须，良巫也。”杀牛塞祷。及昌邑王徵，复使巫祝诅之。复王废，胥寖信女须等，数赐予钱物。宣帝即位，胥曰：“太子孙何以反得立？”复令女须祝诅如前。（《汉书·武五子传》）

军中常有齐巫鼓舞祠城阳景王，以求福助。[1]（《后汉书·刘盆子传》）

总结上述例证，再来考察《史记·封禅书》中的记载，可以进一步证实祭祀典礼之具有地方性。

这就可以回到《九歌》的本题上来了。《史记·封禅书》上说是晋巫祀东君、云中，河巫祀河，也就说明东君、云中君是晋地之神，河伯也是北方的神祇。《九歌》中的东君、云中君和河伯都不是楚地原有的神祇，不该由楚人来祭祀。

这个问题还可以从另一种角度进行论证。

① 城阳景王即朱虚侯刘章。刘有功汉室，封于城阳，薨后，齐人奉之为神，祀之甚盛。曹操为济南相时仍然。参看《风俗通义》卷九《城阳景王祠》和《三国志·魏书·武帝纪》裴松之注引《魏书》。

首先,我们也要考虑到其他可能存在的情况,或许楚地原来也有东君、云中君等神,只是《史记·封禅书》中缺载,这有没有可能呢?

先秦之时确曾出现过各地普遍崇祀某一个神的事实,这里可以以司命为例,略作探讨。

古籍上面有关司命的记载很多,其国籍可考者如下:

(齐) 齐侯拜嘉命……于大无嗣折于大嗣命,用璧两壶八鼎。(《洹子孟姜壶》)

(晋) 晋巫……祀司命。(《史记·封禅书》)

(楚) 荆巫……祀司命。(《史记·封禅书》)

其国籍不能确指者如下:

髑髅曰:"死无君于上,无臣于下,亦无四时之事,从然以天地为春秋,虽南面王乐不能过也。"庄子不信,曰:"吾使司命复生子形,为子骨肉肌肤,反子父母妻子、闾里知识,子欲之乎?"髑髅深嚬蹙頞曰:"吾安能弃南面王乐,而复为人间之劳乎。"(《庄子·至乐》)

扁鹊曰:"病在腠理,汤熨之所及也;在肌肤,针石之所及也;在肠胃,火齐之所及也;在骨髓,司命之所属,无奈何也。"(《韩非子·喻老》)

故知兵之将,民之司命,国家安危之主也。(《孙子·作战》)

一曰:凡人君之德行威严,非独能尽贤于人也;曰"人君"也,故从而贵之,不敢论其德行之高卑。有故,为其杀生,急于司命也。(《管子·法法》)

五谷食米,民之司命也。(《管子·国蓄》)

〔管子曰：〕谷者，民之司命也。(《管子·山权数》)

五谷粟米者，民之司命也。(《管子·轻重乙》)

昔三苗大乱，天命夏禹于玄宫。有大神，人面鸟身，降而福之。司禄益富而国家实，司命益年而民不夭。四方归之。禹乃克三苗，而神民不违。(《隋巢子》，《艺文类聚》卷一〇引)

〔大宗伯之职〕以槱燎祀司中、司命、风师、雨师。(《周礼·春官》)

〔孟冬〕是月也，命有司祭司中、司命、司人、司禄。(《礼记·月令》，《太平御览》卷五二四引)

从上面的这些记载中可以看到，春秋、战国之时各地都曾祭祀司命神。这种情况的出现，当与时代背景有关。因为春秋、战国之时经历着绵延几百年的大乱，人们无法掌握自己的命运，只能仰求神灵保佑，这样司命神就应运而生，并且深入人心了。《礼记·祭法》上说："王为群姓立七祀：曰司命，曰中雷，曰国门，曰国行，曰泰厉，曰户，曰灶；王自为立七祀。诸侯为国立五祀：曰司命，曰中霤，曰国门，曰国行，曰公厉；诸侯自为立五祀。"这话应当有其真实性，即统治者曾在各地倡导过祭祀司命神。

司命之神如此混乱，而又得不到统一的机会。时至汉代，高祖只在其中选择了两个司命，可见宫廷之中崇祀的神，都是具有代表性的。晋巫、荆巫均祀司命，这又是秦汉宗教方针的一贯表现，犹如秦初保留两个日神一样，有代表性的神不妨并存。但这只是开国时的情况，其后随着国家政权的统一，各地交通的发展，文化交流的频繁，性质相同的神也就慢慢统一起来。这在文献上也有反映。

……今民间独祀司命耳。刻木长尺二寸，为人像。行者檐箧

中，居者别作小屋。齐地大尊重之，[1]汝南馀郡亦多有，皆祠以腊，率以春秋之月。（《风俗通义·司命》）

“腊”是“豬”的误写，“豬”是“猪”的异体。《说文解字·示部》：“祉：以豚祠司命也。从示，比声。汉律曰：‘祠祉司命。’”可见汉代司命之神的祭典后来确是趋于统一了。

民俗的变迁，宗教的兴废，在宫廷中必然也会有所反映。值得注意的是：《史记·封禅书》上明白记载的晋巫、荆巫均祀司命，到了《汉书·郊祀志》中时，就只剩下荆巫祀司命了。大家知道，《汉书·郊祀志》的前半部分全袭《史记·封禅书》，二者之间发生差异决非偶然，而是客观实际情况的反映。武帝之后祭祀典礼经过整理，两个司命汰去重复，因而只剩下一个荆巫祀的司命了。这也是很自然的事，因为刘家天子原是楚人，当然保留与自己关系较深的楚地司命。

古代帝王虽然号称以四海为家，但地方观念却也未能尽免，封建时代的人大都不免此弊，刘邦就是一个家乡观念特别重的人。史书上留下了他不少有趣的故事。

高祖还归，过沛，留。置酒沛宫，悉召故人父老子弟纵酒，发沛中儿得百二十人，教之歌。酒酣，高祖击筑，自为歌诗曰：“大风起兮云飞扬，威加海内兮归故乡，安得猛士兮守四方！”令儿皆和习之。高祖乃起舞，慷慨伤怀，泣数行下。谓沛父兄曰：“游子悲故乡。吾虽都关中，万岁后吾魂魄犹乐思沛。且朕自沛公以诛暴逆，遂有天下，其以沛为朕汤沐邑，复其民，世世无有所与。”沛父兄诸母故人日乐饮极欢，道旧故为笑乐。（《史记·高祖本纪》）

---

① “齐”下原有“天”字，《后汉书·祭祀志中》刘昭注引文无，今据删。

四人（东园公、甪里先生、绮里季、夏黄公）为寿已毕，趋去。上目送之，召戚夫人指示四人者曰："我欲易之，彼四人辅之，羽翼已成，难动矣。吕后真而主矣！"戚夫人泣，上曰："为我楚舞，吾为若楚歌。"（《史记·留侯世家》）

叔孙通儒服，汉王憎之。乃变其服，服短衣，楚制。汉王喜。（《史记·叔孙通列传》）

有《房中祠乐》，高祖唐山夫人所作也。周有《房中乐》，至秦名曰《寿人》。凡乐，乐其所生，礼不忘本。高祖乐楚声，故《房中乐》楚声也。（《汉书·礼乐志》）

可见刘邦对故乡的一切都有感情。他把楚歌楚舞带进了京城，还把家乡的神也带进了长安。

《史记·高祖本纪》记刘邦初起，立为沛公，"祠黄帝，祭蚩尤于沛庭，而衅鼓旗，帜皆赤"。这就显出刘邦宗教观念上的特殊之处来了。先秦之时，早就广泛流传黄帝擒杀蚩尤的故事。蚩尤是一个凶神，因而后人少有祭祀他的。传说黄帝与蚩尤战于涿鹿之野，其地在今河北，秦末张耳、陈馀于此起兵，但却从无祭祀蚩尤的记载；田氏起于齐地，也无祭祀之举；只有刘邦才对蚩尤表示崇信。《史记·五帝本纪》裴骃《集解》引《皇览》曰："蚩尤冢在东平郡寿张县阚乡城中，高七丈，民常十月祀之。有赤气出，如匹绛帛，民名为蚩尤旗。肩髀冢在山阳郡巨野县重聚，大小与阚冢等。传言黄帝与蚩尤战于涿鹿之野，黄帝杀之，身体异处，故别葬之。"这与《史记·封禅书》上有关齐地八神的记载完全一致。

东平地当今鲁西南，刘邦起于丰沛，地当今江苏北部，二地正相紧邻。刘邦生长在蚩尤威灵所及的地域之内，感染极深，所以自始至终崇祀弗衰。《史记·郦生列传》记郦食其说齐王，言刘邦兵锋不可当，云“此蚩尤之兵也，非人之力也，天之福也”。也可用以说明刘邦极度崇信家乡之神的兵主，所以他人才有可能称其兵为“蚩尤之兵”。

其后刘邦贵为天子，定都关中，随即也就把蚩尤迎入长安。《史记·封禅书》云：“令祝官立蚩尤之祠于长安。”这些地方也就表现出了他在宗教上家乡观念之强烈。

由上可知，楚地的神，只要具有某种代表性的，刘汉王朝无不乐于引入长安。东君、云中君、河伯等神要用外地巫祝来祭祀，说明楚地缺少这类重要的神。否则的话，家乡观念这么强的刘邦是不会不把他们奉上宝座的。

通过以上的具体分析，可以进一步地确定：东君、云中君、河伯等神不是楚国的神祇，沅、湘之间的楚国百姓无缘祭祀，因此《九歌》中的这些篇章不可能是楚国的民间祭歌；同时又因这些神祇不用荆巫来祭祀，故而无缘列入楚郊祀歌。

《东君》、《云中君》、《河伯》中的北方景象

最后还可根据作品内容发掘内证，再提供两项证据。

一是从篇名上判断该神的地方性。

先秦时期，由于各诸侯国长时期的分裂割据，每一个地区所产生的神，尽管性质相同，名称可也有不同。以云神而言，《左传》昭公十七年上称之为“云师”，《庄子·在宥》篇上称之为“云将”，而晋地则称之为“云中君”……说明云神之在各地，有着不同的称呼。屈原在《离骚》中说：“吾令丰隆乘云兮。”则是以为云神的名字叫作丰隆。可见楚国云神本无云中君之称，云中君是晋国对云神的称呼。

二是从作品的景象中考察这些神祇的区域性。

《九歌》中有句云：

览冀州兮有馀[①]，横四海兮焉穷。（《云中君》）

暾将出兮东方，照吾槛兮扶桑。（《东君》）

青云衣兮白霓裳，举长矢兮射天狼。（同上）

与女游兮九河，冲风起兮横波。（《河伯》）

登昆仑兮四望，心飞扬兮浩荡。（同上）

描述的景象，涉及的地域，都与楚地关系较浅，与北方各国关系较深。这些都可用以证明上述结论之不误。

魏氏“三世立贱”的分析

原载《南京大学学报》1985 年第 1 期

《三国志》卷五《魏书·后妃传》裴松之注引孙盛曰：“魏自武王（曹操），暨于烈祖（曹叡），三后之升，起自幽贱。”这在古代帝王的婚配问题上确属罕见的现象，可以就此作些分析。

曹操的妻妾

大家都称曹操是英雄。按照我国的传统观念，才子始爱佳人，而英雄是不好女色的，但曹操却是例外，他非常喜好美色。《三国志》卷二〇《魏书·武文世王公传》记武皇帝二十五男，生有子嗣的后妃姬妾就有十四人之多。[②] 这种情况当然不足用以证明上述论点，因为它只能算作古代多妻制度下的一般情况，是为腐朽的封建制度所认可了的，不能苛求于一人。地位显赫如曹操，必然拥有众多姬妾，通例如

① 《国语·晋语四》“冀州之土”，韦昭注：晋在“冀州”。

② 曹幹本陈妾子，母死，曹操令王夫人养之，见裴松之注引《魏略》。

此,也不必多所责怪。只是从这些女子的出身来看,却是颇有其特点。

> 《三国志》卷三《魏书·明帝纪》裴松之注引《献帝传》:"〔秦〕朗父名宜禄,为吕布使诣袁术,术妻以汉宗室女。其前妻杜氏留下邳。布之被围,关羽屡请于太祖,求以杜氏为妻,太祖疑其有色,及城陷,太祖见之,乃自纳之。……朗随母氏畜于公宫,太祖甚爱之,每坐席,谓宾客曰:'世有人爱假子如孤者乎?'"
>
> 《三国志》卷九《魏书·何晏传》裴松之注引《魏略》:"太祖为司空时,纳晏母并收养晏,其时秦宜禄儿阿苏亦随母在公家,并见宠如公子。苏即朗也。苏性谨慎,而晏无所顾惮,服饰拟于太子,故文帝特憎之,每不呼其姓字,尝谓之为'假子'。"

杜、尹二氏,在曹操的姬妾中是记叙得较为明白的二人,她们都以有色而被掠入宫,这就反映出了曹操喜好女色的特点。

杜、尹二氏都是有夫之妇。两汉之时,对于女人的贞操观念虽然不像宋学大兴之后那么趋于极端,但自元、成之后,随着儒家思想的定于一尊,这方面的伦理观念却也逐渐严格起来了。曹操对此无所拘忌,并且以此作为侠气的表现,《世说新语》卷六《假谲》:"魏武少时,尝与袁绍好为游侠。观人新婚,因潜入主人园中,夜叫呼云:'有偷儿贼!'青庐中人皆出观,魏武乃入,抽刃劫新妇,与绍还出。"等到他拥有很大的权势之后,仍然乐此不疲,为此还曾闹出过很大的乱子。《三国志》卷八《魏书·张绣传》:"太祖南征,军淯水,绣等举众降。太祖纳〔张〕济妻,绣恨之。太祖闻其不悦,密有杀绣之计。计漏,绣掩袭太祖。太祖军败,二子没。"这是因为剽悍的张绣非秦宜禄之流可比,而曹操常掠夺已经婚配之妇,从不计及后果,确能予人很深的印象。杜牧《赤壁》诗曰:"东风不与周郎便,铜雀春深锁二乔。"《三国演义》第四十四回《孔明用智激周瑜》中谈到诸葛亮游说东吴时，曾以“揽二乔于东南兮，乐朝夕之与共”来激怒孙权与周瑜，虽然出之于诗人的想象与小说家的编造，但却是抓住了曹操的性格特征，故尔后人常是信以为真。

曹操的礼法观念很淡薄，大约他把男女好合只是看作一种正常的生理现象，因此并不追求什么“妇德”。同样，他也并不要求人家为他守节。就是为了强求张济之妻，激起张绣的叛变，长子曹昂在兵乱中被杀。《三国志》卷五《魏书·武宣卞皇后传》裴松之注引《魏略》曰：“太祖始有丁夫人，又刘夫人生子脩及清河长公主。刘早终，丁养子脩。子脩亡于穰，丁常言：‘将我儿杀之，都不复念！’遂哭泣无节。太祖忿之，遣归家，欲其意折。后太祖就见之……夫人不顾……遂与绝，欲其家嫁之，其家不敢。”这就不免使人想起齐桓公的事情来了。蔡人嫁了他所出之妇，则又愤而兴兵讨伐。时隔几百年后，曹操能够不以出妻忤旨为嫌，并且希望对方嫁出去，确是难能可贵的“豁达大度”。《让县自明本志令》中还曾提到他常语众妾，“顾我万年之后，汝曹皆当出嫁”，更是不同寻常的思想境界。在这个问题上，曹丕也秉有父风，《三国志》卷二《魏书·文帝纪》言其疾笃时，“遣后宫淑媛、昭仪已下归其家”。大约他们能够审己度人，尊重对方正常的生活之欲，故而有此措施的吧。

曹操的与众不同之处，还在其视假子如己出，何晏因此遭到忌恨。尽管曹丕等人对此不满，曹操本人却是胸无芥蒂，没有什么世俗之见。《世说新语》卷四《夙惠》：“何晏七岁，明惠若神，魏武奇爱之。因晏在宫内，欲以为子，晏乃画地令方，自处其中。人问其故，答曰：‘何氏之庐也。’魏武知之，即遣还。”说明何晏的得宠，不下于秦朗，亦不下于己出诸子。

曹丕、曹植的生母卞氏，出身也很“微贱”。《三国志》卷五《魏书·

武宣卞皇后传》曰:"本倡家。年二十,太祖于谯纳后为妾。……二十四年,拜为王后。"这时的所谓倡家,当然不能理解为后世那种操皮肉生涯的贱业者,但就在当时来说,也不能算是出身清白。倡乃俳优之俦,专以歌舞美色娱人,曹操就是一个特别喜欢这类享受的人。《三国志》卷一《魏书·武帝纪》裴松之注引《曹瞒传》曰:"太祖为人佻易无威重,好音乐,倡优在侧,常以日达夕。"看来卞后就是因为具有这方面的特长,所以得到曹操赏识的吧。陆机《吊魏武帝文序》引曹氏《遗令》曰:"吾婕好妓人皆著铜爵台。于台堂上施八尺床,繐帐,朝晡上脯糒之属,月朝十五日,辄向帐作妓。"可见他在这方面的爱好真是生死不渝。卞后的得宠,也就不足为怪了。

曹氏兄弟与甄氏

作为魏文帝的曹丕,在男女问题上也有不少轶事流传下来。《艺文类聚》卷四三引魏文帝《答繁钦书》曰:"守土[1]孙世有女曰琐。……于今十五。近者督将具以状闻。是日博延众贤,遂奏名倡,曲极数弹,欢情未逞,乃令从官引内世女,须臾而至。厥状甚美,素颜玄发,皓齿丹唇。详而问之,云善歌舞。于是提袂徐进,扬蛾微眺,芳声清激,逸足横集。然后循容饰妆,改曲变度,斯可谓声协钟石,气应风律。……吾练色知声,雅应此选。谨卜良日,纳之闲房。"说明他的爱好声色,酷似乃父。但他后宫中最为著称者,则是他始乱终弃后被明帝曹叡追谥为文昭皇后的甄氏。

《三国志》卷五《魏书·文昭甄皇后传》裴松之注引《魏略》:"〔袁〕熙出在幽州,后留侍姑。及邺城破,绍妻及后共坐皇堂上。

① 当依严可均《全三国文》改作"守宫士"。

文帝入绍舍，见绍妻及后，后怖，以头伏姑膝上，绍妻两手自搏。文帝谓曰：'刘夫人云何如此？令新妇举头！'姑乃捧后令仰，文帝就视，见其颜色非凡，称叹之。太祖闻其意，遂为迎取。"

这位甄氏，尽管是仇敌的妻孥，却以其美色吸引了曹氏父子，从而激发了错综复杂的矛盾和纷争。曹操曾经垂涎于她，传说曹植也曾倾倒于她。

曹植《洛神赋》李善注引"记曰：魏东阿王汉末求甄逸女，既不遂，太祖回与五官中郎将，植殊不平，昼思夜想，废寝与食。黄初中入朝，帝示植甄后玉镂金带枕，植见之，不觉泣。时已为郭后谗死，帝意亦寻悟，因令太子留宴饮，仍以枕赍植。植还，度轘辕。少许时，将息洛水上，思甄后，忽见女来，自云：'我本托心君王，其心不遂。此枕是我在家时从嫁，前与五官中郎将，今与君王，遂用荐枕席。欢情交集，岂常辞能具。为郭后以糠塞口，今被发，羞将此形貌重睹君王尔。'言讫，遂不复见所在。遣人献珠于王，王答以玉珮。悲喜不能自胜，遂作《感甄赋》。后明帝见之，改为《洛神赋》"。(《文选》卷一九)

这也就是李商隐《无题》诗中所说的"宓妃留枕魏王才"了。《东阿王》诗中还说："君王不得为天子，半为当时赋洛神。"看来唐人以为此事是实有的，所以文人学士以此为口实。《太平广记》卷三一一引《传奇》记萧旷于洛水遇甄后事，又把这件事情神乎其神地发挥了一番，足见这件轶事流传之久且广。

但是李善的这个注释却引起了后人的尖锐抨击。张溥编《汉魏六朝百三家集》，于《陈思王集》的题辞中说："黄初二令，省愆悔过，诗文拂郁，音成于心。当此时，而犹泣金枕，赋《感甄》，必非人情。”丁晏编《曹集诠评》引何义门说，以为“甄后三岁失父，后袁绍纳为中子熙妻。曹操平冀州，丕纳之于邺，安有子建求为妻之事？”又引方伯海说，以为“甄逸女，袁谭[①]妻，操以赐丕，生叡，即魏明帝也。以名份论，亲则叔嫂，义则君臣，岂敢以‘感甄’二字显形笔札？且篇中赠以明珰，期以潜渊，将置丕于何地乎？”丁晏引用各家之说大加挞伐之后又说：“注引‘记曰’云云，盖当时记事媒蘖之词。……小说短书，善本书簏，无识而妄引之耳。”

上述诸家的言论，虽然振振有词，实则未中肯綮，未必切合当时的实际。他们大都用名教中人的眼光来分析事理，无奈曹氏父子对此观念甚为淡薄，并不像论者所想象的那样，一切按照封建礼教行事。《世说新语》卷五《贤媛》曰：“魏武帝崩，文帝悉取武帝宫人自侍，及帝病困，卞后出看疾。太后入户，见值侍并是昔日所爱幸者。太后问：‘何时来邪？’云：‘正伏魄时过。’因不复前而叹曰：‘狗鼠不食汝馀，死故应尔。’至山陵，亦竟不临。”说明曹氏门中男女关系杂乱放纵，曹丕还干出了逆伦的丑事。那位“性简易”的曹植，在这些问题上也不会比乃兄更懂规矩，他在感情激动的情况下写出《感甄赋》，也并非不可思议的事。何况这赋只是宣泄自己的感情，并不是存心写就呈献给曹丕或曹叡过目的。卢弼《三国志集解》从甄后与曹植年岁的差距上来否定此事，但曹氏兄弟都早熟，因而根据这点也还不能断言二人必无发生恋情的可能。

按常理说，曹丕似乎也不应把亡妻遗物转送给兄弟，但这也是后代人的意识，曹丕的情况不一定这样。他爱好美色，还喜欢以此炫耀，《三国志》卷二一《魏书·吴质传》裴松之注引《〔吴〕质别传》：“帝尝召

---

① 当作“袁熙”。

质及曹休欢会，命郭后出见质等。帝曰：'卿仰谛视之。'"说明他作风放诞，没有设置什么男女大防的界线。甄氏生前，曹丕也不把她深藏内庭，而是让她在众人面前亮相，让大家共餐美色。《世说新语》卷一《言语》刘孝标注引《典略》曰："建安十六年，世子为五官中郎将。妙选文学，使〔刘〕桢随侍太子。酒酣坐欢，乃使夫人甄氏出拜。坐上客多伏，而桢独平视。"曹丕本人并不以此为忤，可见他在这些问题上态度是很随便的。

据上可知，"记"中所载的轶事，曹氏门中完全有可能出现，曹植有感而赋《感甄》，也就有其可能。

这里还可参考另一起事件。《三国志》卷一二《魏书·崔琰传》裴松之注引《魏氏春秋》曰："袁绍之败也，〔孔〕融与太祖书曰：'武王伐纣，以妲己赐周公。'太祖以融学博，谓书传所纪。后见，问之，对曰：'以今度之，想其当然耳！'"后人大都以为孔融是在讽刺曹操、曹丕之间争夺美女。《世说新语》卷六《惑溺》曰："魏甄后惠而有色，先为袁熙妻，甚获宠。曹公之屠邺也，令疾召甄。左右曰：'五官中郎已将去。'公曰：'今年破贼正为奴！'"于此可见他的愤懑之情了。这次他本想重演故伎，霸占甄氏，却被曹丕抢先一步，造成既成事实，于是曹操只能把她让出。孔融编造妲己的故事来挖苦一番，确是刺痛了曹操的心，但按孔融的这个故事本身来看，却并非针对《世说新语》上所记的这件事情而发，很难把曹操本人联系进去。因为周公是武王的弟弟，这里只能说是兄弟二人在争夺妖姬，而与父子问题无关。看来孔融这里说的是反话：这个妖姬（甄氏）本该赐给周公（曹植），然而却被武王（曹丕）占去了。这样说来，曹植与甄氏之间确是早有恋情的了。

李善引此事曰"记"，"记"乃古史，非小说之谓，古人以为这类事情是实有的。吕思勉《燕石札记》内有《传说记》一篇，释之曰："记之本义，盖谓史籍。《公羊》僖公二年，宫之奇谏曰：'记曰：唇亡而齿寒。'

《解诂》:‘记,史记也。’史记二字,为汉时史籍之通称,犹今言历史也。”[①]李善引此感甄之事而曰出于“记”,说明这件轶闻原出古史。从这些地方来看,后人对于李善的这条注释,是与其信其无,毋宁信其有的。

魏晋之间有关曹氏父子的故事很多,《三国志注》和《世说新语》及其注释中就引用了不少材料,如同李善注中引用的古“记”一样,有些传说也不能说是绝对可靠,但它们从各种不同角度反映了曹氏父子的特有风貌,却也真实地反映了当时的社会风气,作为一种史料来看,仍有其不容忽视的价值。

曹叡与毛后

甄氏嫁给曹丕之后,虽以美色得宠一时,然而不能白头到老,结果遭到谗毁而惨死。按甄氏生于汉灵帝光和五年十二月,死于魏文帝黄初二年六月,四十之年,韶华已过,大约总是由于年老色衰,故而失去宠幸的吧。

> 《三国志》卷五《魏书·文德郭皇后传》裴松之注引《魏略》曰:“明帝既嗣立,追痛甄后之薨,故太后以忧暴崩。甄后临没,以帝属李夫人。及太后崩,夫人乃说甄后见谮之祸,不获大敛,被发覆面,帝哀恨流涕,命殡葬太后,皆如甄后故事。”

曹植于黄初四年朝京师,其时甄后已遭谮死,曹丕与之恩情已绝,这时他把甄氏的遗物赐予乃弟,或许也是一种恶意的刺激手段吧。

君王既好色,宫廷内部必然出现争风吃醋的卑污事件。文德郭后

---

① 《燕石札记》列入光华大学丛书,商务印书馆1937年版。

用手腕除掉了甄后，篡夺了正宫的宝座，但她的身份仍然为人所鄙视。中郎栈潜上疏说她“因爱登后，使贱人暴贵”。但曹氏门中并不计较这些，因而还是演出了“二次立贱”的悲喜剧。这些事件曾给曹叡带来巨大的痛苦，只是他也没有从中汲取教训，以致后来重蹈其父之覆辙。当他宠幸郭氏之后，也就杀掉了原先得宠的毛皇后。这位毛氏，和她上两代的婆母一样，也是出身于下层。文帝郭后原为铜鞮侯家女奴。明帝毛后之父“嘉本典虞车工，卒暴富贵，明帝令朝臣会其家饮宴，其容止举动甚蚩呆，语辄自谓‘侯身’，时人以为笑”。所以《后妃传》载曹叡的另一妃子虞氏说：“曹氏自好立贱，未有能以义举者也。”《魏书·三少帝纪》裴松之注引《魏书》载齐王芳语曰：“魏家前后立皇后，皆从所爱耳。”这种作风可谓贯彻终始的了。

曹氏家风和建安风骨

《三国志》卷五《魏书·后妃传》裴松之注引孙盛曰：“古之王者，必求令淑以对扬至德。恢王化于《关雎》，致淳风于《麟趾》。及臻三季，并乱兹绪，义以情溺，位由宠昏。贵贱无章，下陵上替，兴衰隆废，皆是物也。”这是一种正统见解，以为王者的婚姻定要慎择佳偶，因为封建社会中贵族之间的婚姻原是政治势力的结合，王者必须结婚于名门望族，才能得到贵族阶层的广泛支持。而且那些“大姓”人家的女儿，熟悉封建礼法，可以协助王者进行统治。曹氏三世违反了这项通例，明帝之后政权就衰落了，所以孙盛慨叹地说：“本既卑矣，何以长世？”

但陈寿对此却有不同的看法，他在《后妃传》的“评”语中说：“魏后妃之家，虽云富贵，未有若衰汉乘非其据，宰割朝政者也。鉴往易轨，于斯为美。”这里陈氏是用总结历史经验的眼光观察问题的。东汉之时经常出现母后临朝的局面，而这些后家大都出自著名的“大姓”，“大姓”中人利用婚姻关系参与统治，结果多次出现了外戚专政的局面。

陈寿认为曹氏父子的“立贱”目的就在避免重蹈东汉王朝之覆辙，防止政权旁落于外家。

曹氏“三世立贱”，看来确是带有政治用意，《三国志》卷二《魏书·文帝纪》黄初三年诏曰：“夫妇人与政，乱之本也。自今以后，群臣不得奏事太后，后族之家不得当辅政之任，又不得横受茅土之爵。”说明曹魏政权接受历史教训，正在克服两汉政治上的一些弊端。汉魏之际政治上的一些变化，却又导致了某些时代新风尚的形成。

汉代的统治阶级倡导儒学，以此作为人们行动的准则，士人接受的是经学的训练，以此猎取功名利禄，由是社会上充溢着众多的礼法之士。他们的特点，或表现为迂拙无能，或表现为虚伪矫激。这样的人，处在社会发生剧烈动乱之时，自然不能担当大事。曹操在争夺天下的斗争中，亟需搜求一批奇才异能之士，这样他就势必想要扫除过去的陈腐风气，而代之以新的思想作风了。曹操鄙弃礼法，大胆争取那些“士有偏短”者。《敕有司取士毋废偏短令》曰：“夫有行之士，未必能进取；进取之士，未必能有行也。陈平岂笃行，苏秦岂守信邪？而陈平定汉业，苏秦济弱燕。”在《求贤令》中更明确地说：“今天下得无有被褐怀玉而钓于渭滨者乎？又得无有盗嫂受金而未遇无知者乎？”这里一而再地提到“盗嫂”的陈平，足见他对伦理道德并不重视。

曹氏父子四出掠夺美色，当然也是统治阶级腐朽生活的一个方面，但以秦宜禄妻、张济之妻和甄氏等人的身份来看，却是属于战争中的俘虏，战胜者视之若奴隶，任意加以占有，这在当时也是常有的事，于此可见封建社会中妇女地位的悲惨了。曹氏父子的与众不同，就在不以她们的地位卑贱为嫌，甚至可以立为皇后，这却是其他的人所做不到的。

曹操的族弟曹洪也好女乐，曹洪的女婿荀粲也好美色。《世说新语》卷六《惑溺》篇载荀粲之言曰：“妇人德不足称，当以色为主。”这是魏晋之间兴起的一种新观念，具有摆脱两汉礼法的新内容。曹氏父子的情况有类于此。卞氏、甄氏、毛氏并不是在礼法修养上有什么突出之处，而是以其美色受到宠爱。

曹操被人诋为“赘阉遗丑”。他出身于一个宦官的家庭，并非东汉那种礼法传家的门阀世族，而在时代的演变过程中，却又成了一名转变汉代社会风气的先行者。曹氏集团中人不再追求什么奇节异行的高名，而是重视那种世俗的享乐生活了；他们不再峨冠博带规行矩步，而是洒脱不拘行为放荡；他们不再重视那些烦琐无用的经学儒术，而是竞相写作抒写胸怀的文学作品了。这样的行为，在汉末出现，包含着复杂的内容。这里固然也包含着新统治者自身的消极面，但也是对汉代虚假迂腐的道德观念的唾弃与背叛。曹氏父子的思想和行为，破坏了汉代正统的社会准则，开启了魏晋南北朝的一代新风。

《三国志》卷一《魏书·武帝纪》裴松之注引《魏书》上说，曹操“创造大业，文武并施。御军三十余年，手不舍书，昼则讲武策，夜则思经传。登高必赋，及造新诗，被之管弦，皆成乐章”。作为一个创业霸主，曹操的主要精力一直放在建功立业上，然而戎马倥偬之际，仍不废吟咏，他的诗作也开启了一代新风。裴注引《曹瞒传》上说他：“被服轻绡，身自佩小鞶囊，以盛手巾细物，时或冠帢帽以见宾客。每与人谈论，戏弄言诵，尽无所隐，及欢悦大笑，至以头没杯案中，肴膳皆沾污巾帻，其轻易如此。”这些生动的描写，反映出曹操的新面貌，他与两汉士大夫矜重虚矫的习气多么不同。

就在曹操生前，就已形成了一个邺下文人集团，曹丕和曹植以其地位和文才，自然成了这一集团的领袖。他们兄弟二人少长军旅，经历过兵荒马乱，也有强烈的用世之志。但以时代不同，因而不像创业之主曹操那样具有喑呜叱咤的英雄气概，他们身上，文人的气息更浓了。

《文心雕龙·明诗》篇中说："暨建安之初，五言腾踊。文帝、陈思，纵辔以骋节；王、徐、应、刘，望路而争驱。并怜风月，狎池苑，述恩荣，叙酣宴。慷慨以任气，磊落以使才。"于此可见邺下文人生活之一斑。曹氏兄弟和众文士的交往堪称融洽，因为他们不受礼法的拘束，生活放诞，意气豪迈，能够共享游猎之乐，声色之欢，形成感情上的交流，从而体现出建安文人的某些共同特点。

《三国志》卷二《魏书·文帝纪》裴松之注引《典论·自叙》，言初平元年，"余时年五岁，上以世方扰乱，教余学射，六岁而知射；又教余骑马，八岁而能骑射矣。以时之多故，每征，余常从"。其后历叙骑射之能，剑术之精，弹棋之妙，说明他在时代的考验中锻炼出了多方面的才能。《三国志》卷二一《魏书·王粲传》裴松之注引《魏略》言邯郸淳事，"太祖素闻其名，召与相见，甚敬异之。时五官将博延英儒，亦宿闻淳名，因启淳欲使在文学官属中。会临淄侯植亦求淳，太祖遣淳诣植。植初得淳甚喜，延入坐，不先与谈。时天暑热，植因呼常从取水自澡讫，傅粉。遂科头拍袒，胡舞五锥锻，跳丸击剑，诵俳优小说数千言讫，谓淳曰：'邯郸生何如邪？'于是乃更著衣帻，整仪容，与淳评说混元造化之端，品物区别之意，然后论羲皇以来贤圣、名臣、烈士优劣之差，次颂古今文章赋诔及当官政事宜所先后，又论用武行兵倚伏之势。乃命厨宰，酒炙交至，坐席默然，无与伉者。及暮，淳归，对其所知叹植之材，谓之'天人'。"——多才，爱美；英武，游乐。说明在时代的孕育下，曹氏父子的风貌已与过去的文人有了根本的不同。

曹丕《与吴质书》中说："昔日游处，行则连舆，止则接席，何曾须臾相失。每至觞酌流行，丝竹并奏，酒酣耳热，仰而赋诗。"作为这一文学集团的领袖，他还时常组织大家集体进行创作。《初学记》卷一〇引《魏文帝集》曰："为太子时，北园及东阁讲堂并赋诗，命王粲、刘桢、阮瑀、应玚等同作。"这一批文人前后共赋的作品，还有不少流传下来。

如曹植、王粲、刘桢、阮瑀、应玚都作有《公宴》诗，其他的人应当也有同一题材的诗篇，或因水平欠佳而未见著录。曹植有《三良》诗一首，王粲、阮瑀作有《咏史》诗，亦咏“秦穆杀三良”事。

按曹氏兄弟和建安七子的作品中多有《玛瑙勒赋》、《车渠碗赋》、《迷迭赋》等描写珍玩的小赋，均为同一时期共赋一物的作品。《太平御览》卷三五八引魏文帝《玛瑙勒赋序》曰：“玛瑙，玉属也，出自西域。文理交错，有似马脑，故其方人因以名之。或以系颈，或以饰勒。余有斯勒，美而赋之，命陈琳、王粲并作。”而曹植、应玚、陈琳、王粲、阮瑀都作有《鹦鹉赋》。鹦鹉这种鸣禽，当时也是作为珍玩看待的。又《艺文类聚》卷八八引魏文帝《槐赋序》曰：“文昌殿中槐树，盛暑之时，余数游其下，美而赋之。王粲直登贤门，小阁外亦有槐树，乃就使赋焉。”而曹丕写有《柳赋》，王粲、应玚、陈琳、繁钦也有同一题材的作品，说明王粲等人也是应教而作的。

曹丕、曹植、应玚都作有《愁霖赋》。曹植、杨脩、王粲、陈琳、繁钦还都作有《大暑赋》，《文选》卷四〇杨脩《答临淄侯笺》曰：“是以对《鹖》而辞，作《暑赋》弥日而不献。”李善注：“植为《鹖鸟赋》，亦命脩为之，而脩辞让。植又作《大暑赋》，而脩亦作之，竟日不敢献。”说明王、刘等人之赋也是应教而作的。

《古文苑》卷七章樵注引挚虞《文章流别论》曰：“建安中，魏文帝从武帝出猎。赋，命陈琳、王粲、应玚、刘桢并作。琳为《武猎》，粲为《羽猎》，玚为《西狩》，桢为《大阅》。凡此各有所长，粲其最也。”与此同一类型的作品，如陈琳有《神武赋》，应玚有《撰征赋》；又如王粲有《初征赋》，徐幹有《序征赋》，阮瑀有《纪征赋》；而曹丕有《浮淮赋》，王粲亦有《浮淮赋》；徐幹有《西征赋》，应玚亦有《西征赋》。这些作品产生于一时，应当也是奉教而作的。

他们还一起写作有关妇女的作品。曹丕、王粲都有《出妇赋》，曹丕、丁廙都有《蔡伯喈女赋》，王粲、陈琳、应玚、杨脩都作有《神女赋》，产生的背景应该也是相同的。阮瑀死后，曹丕悼念文友，同情其亡妻，并揣摩她凄婉的心理，组织大家共同写作《寡妇赋》；《文选》卷一六潘岳《寡妇赋》李善注引曹丕《寡妇赋序》曰："陈留阮元瑜与余有旧，薄命早亡，每感存其遗孤，未尝不怆然伤心，故作斯赋，以叙其妻子悲苦之情。命王粲等并作之。"《艺文类聚》卷三四载丕、粲与丁廙妻《寡妇赋》各一篇，后者不知是否同一时期之作？

《太平御览》卷五九六引《文章流别传》曰："建安中，文帝、临淄侯各失稚子，命徐幹、刘桢等为之哀辞。"今存曹植的文集中有《仲雍哀辞》、《金瓠哀辞》、《行女哀辞》三篇。仲雍为曹丕之子，金瓠、行女为曹植之女，都在降生数月后即夭亡。

曹植《七启序》曰："昔枚乘作《七发》，傅毅作《七激》，张衡作《七辩》，崔骃作《七依》，辞各美丽，余有慕之焉，遂作《七启》，并命王粲作焉。"唐钞《文选集注》引陆善经曰："王粲作《七释》，徐幹作《七喻》，杨脩作《七训》。"此亦一时先后同作。《七释》见《艺文类聚》卷五七。

综观这一时期作品的题材，一般属于征戍、游猎、公宴、艳情、哀伤的范围，因为邺下集团的文人过的就是这样的生活，他们感慨时世，哀乐过人，渴望建功立业，而又不废声色之乐，追求物质上的享受，突出地表现为喜好美色。建安文人的这一特点，是由那个时代的生活环境所决定的。所谓建安风骨，乃是这种时代精神的升华。也只有从当时文人的新风貌上去考察，才能理解建安风骨的成因。

《文心雕龙·时序》篇中说："自献帝播迁，文学蓬转，建安之末，区宇方辑。魏武以相王之尊，雅爱诗章；文帝以副君之重，妙善辞赋；陈思以公子之豪，下笔琳琅：并体貌英逸，故俊才云蒸。仲宣委质于汉南，孔璋归命于河北，伟长从宦于青土，公幹徇质于海隅，德琏综其斐然之思，元瑜展其翩翩之乐。文蔚、休伯之俦，于叔、德祖之侣。傲雅觞豆之前，雍容衽席之上，洒笔以成酣歌，和墨以藉谈笑。观其时文，雅好慷慨，良由世积乱离，风衰俗怨，并志深而笔长，故梗概而多气也。”这一段文字，对于后人理解建安风骨的实质，有很大的帮助。而刘勰论及诗歌的另一段文字，也很重要，不容忽视，应该联系起来考察。《乐府》篇曰：“至于魏之三祖，气爽才丽，宰割辞调，音靡节平。观其《北上》众引，《秋风》列篇，或述酣宴，或伤羁戍，志不出于滔荡，辞不离于哀思，虽三调之正声，实《韶》、《夏》之郑曲也。”这里刘勰站在正统的立场上加以批判，但他介绍的时代背景，举出的代表作品，却正点明了建安文学的特点。当时文人努力摆脱儒家的束缚，在文学上开拓新的领域，突出地表现在抒写军旅之苦和男女之情方面，而这正是建安风骨的重要内容。

曹丕的表现，正像他生活的历史年代一样，介于曹操与曹叡之间。自曹叡起，曹操身上那种创业霸主的英雄气概，已经消失殆尽；那种功业与美色兼顾的情景，也就一去不复返了。《三国志》卷三《魏书·明帝纪》青龙三年裴松之注引《魏略》曰：“是年起太极诸殿，筑总章观，高十余丈，建翔凤于其上；又于芳林园中起陂池，楫棹越歌；又于列殿之北，立八坊，诸才人以次序处其中，贵人夫人以上，转南附焉，其秩石拟百官之数。帝常游宴在内，乃选女子知书可付信者六人，以为女尚书，使典省外奏事，处当画可，自贵人以下至尚保，及给掖庭洒扫，习伎歌者，各有千数。”《三国志》卷二五《魏书·杨阜传》上也记明帝治宫室，“发美女以充后庭”。这样的生活，就是和历代荒于酒色的帝王一般行径了，它对魏晋南北朝时期文人的纵欲之风起了推波助澜的作用。

曹操的父亲曹嵩，不言而喻，并非曹腾的嫡子，所以《武帝纪》上说他“莫能审其生出本末”。曹操生长在这样的一种家庭，也就在思想上增加了新的因素，那就是血统观念淡薄，所以能视假子如己出。其中的假子之一何晏，自小生长在宫廷之中，亲蒙熏沐，成了摆脱两汉传统观念束缚、开创新学风的一位创始者。他的学说的许多特点，正应该从曹氏父子的思想作风中去寻找。

“登高能赋”说的演变和刘勰创作论的形成

原载《文心雕龙研究》第 2 辑，1996 年 9 月。

刘勰在《文心雕龙·诠赋》篇中曾叙及“登高能赋”之说对形成赋体的作用，而《韩诗外传》中也有“登高必赋”之说。近代以来，不少学者根据《韩诗外传》中的记载叙述赋体的形成，而论证颇不充分。今特再作考释，说明“登高能赋”说与刘勰文学理论之间曲折的传承关系。

这里先从近代学者的论述说起。

章炳麟在《检论》卷二《六诗说》中说：“《艺文志》曰：‘不歌而诵谓之赋。’《韩诗外传》说孔子游景山上，曰‘君子登高必赋’，子路、子贡、颜渊各为谐语，其句读参差不齐；次有屈原、荀卿诸赋，篇章闳肆：此则赋之为名，文繁而不可被管弦也。”章氏是把《韩诗外传》中的这段文字作为后世辞赋之祖看待的。“登高必赋”之说中有一个“赋”字，孔门弟子的豪言壮语颇有铺张扬厉之势，章氏以此作为后世辞赋之祖看待，论证尚嫌不足。

彭仲铎撰《汉赋探源》一文，援引章炳麟之说，以为“此论赋名之由来与赋诗之分界，皆不可易”。[①] 随后他又摘录了《论语》中的两段文字，与《韩诗外传》中的记载作比较，说：“由此而推论，《论语》的《公冶长》、《先进》二篇所载圣贤述志之言，与《外传》七所载三子登高之赋实无二致。”这样论证的目的，是在章氏的基础上作进一步的申述，说明《论语》“所载圣贤述志之言，即赋之开体”。

---

① 载《国文月刊》第 22 期，1943 年 7 月出版。

鉴于“登高能赋”之说对后代文论发生过很大的影响，对此首先得作些论证。

《诗经·定之方中》毛《传》“登高能赋”说正解

《汉书·艺文志》“诗赋略序”曰：

> 《传》曰：“不歌而诵谓之赋，登高能赋，可以为大夫。”言感物造耑，材知深美，可与图事，故可以为列大夫也。古者诸侯卿大夫交接邻国，以微言相感。当揖让之时，必称诗以谕其志，盖以别贤不肖而观盛衰焉。故孔子曰“不学诗，无以言”也。

这里提到的《传》，即《诗经》毛《传》。《诗经·鄘风·定之方中》曰：“定之方中，作于楚宫，揆之以日，作于楚室。树之榛栗，椅桐梓漆，爰伐琴瑟。升彼虚矣，以望楚矣。望楚与堂，景山与京。降观于桑，卜云其吉，终然允臧。”毛《传》：

> 建国必卜之，故建邦能命龟，田能施命，作器能铭，使能造命，升高能赋，师旅能誓，山川能说，丧纪能诔，祭祀能语。君子能此九者，可谓有德音，可以为大夫。

《传》中提到大夫应当具备的九种修养：“命龟”、“施命”、“能铭”、“造命”、“能赋”、“能誓”、“能说”、“能诔”、“能语”，这个“赋”字，只能用春秋之时的赋诗风气来作解释。正如班固所说的：“古者诸侯卿大夫交接邻国，以微言相感。当揖让之时，必称诗以谕其志。”因为古代诸侯卿大夫的宫室中以位居正中的堂为最主要的活动场所，“古者诸侯卿大夫交接邻国”，当然是在堂上进行的了。《礼记·礼器》曰：“〔礼〕

有以高为贵者，天子之堂九尺，诸侯七尺，大夫五尺，士三尺。天子、诸侯台门，此以高为贵也。”可证登“高”而赋，也就是登“堂”而赋。

诸侯卿大夫在堂上赋诗的事，屡见记载。《国语·晋语四》：

> 秦伯将享公子，公子使子犯从。子犯曰：“吾不如衰之文也，请使衰从。”乃使子馀从。秦伯享公子如享国君之礼。子馀相如宾。……明日宴，秦伯赋《采菽》，子馀使公子降拜（韦昭注：“降，下堂也。”），秦伯降辞。子馀曰：“君以天子之命服命重耳，重耳敢有安志？敢不降拜。”成拜卒，登。子馀使公子赋《黍苗》。子馀曰：“重耳之仰君也，若黍苗之仰阴雨也。”……秦伯赋《鸠飞》，公子赋《河水》，秦伯赋《六月》，子馀使公子降拜，秦伯降辞。子馀曰：“君称所以佐天子、匡王国者以命重耳，重耳敢有惰心？敢不从德。”

这是诸侯之间登堂（高）赋诗的佳例。登堂、降阶的礼仪叙述得很清楚。赋诗之事是在诸侯七尺高的堂上进行的。《左传》襄公二十八年：

> 〔庆封〕来奔，献车于季武子，美泽可以鉴。展庄叔见之，曰：“车甚泽，人必瘁，宜其亡也。”叔孙穆子食庆封，庆封汜祭。穆子不悦，使工为之诵《茅鸱》，亦不知。既而齐人来让，奔。

叔孙穆子食庆封，使工为之赋《茅鸱》，当然是在私家五尺高的堂上进行的。

检阅史籍，可知赋诗之事有时并不在堂上进行，但也有“登高”之举。这也可以举出例子。《左传》文公三年：

晋人惧其无礼于公也，请改盟。〔文〕公如晋，及晋侯盟。晋侯飨公，赋《菁菁者莪》，庄叔以公降拜，曰："小国受命于大国，敢不慎仪？君贶之以大礼，何乐如之。抑小国之乐，大国之惠也。"晋侯降辞（杜预注："降阶辞让公。"），登，成拜。（杜预注："俱还上，成拜礼。"）公赋《嘉乐》。

盟会之时，按照当时的制度，定要辟土为场，筑土为坛。《左传》昭公十三年曰："〔八月〕甲戌，同盟于平丘，齐服也。令诸侯日中造于除。"杜预注："除地为坛，盟会处。"因为坛也具有一定的高度，必须由阶上下，所以盟会之时随着礼仪的开展还有上阶、下阶的举止。《公羊传》庄公十三年"庄公升坛"，何休注："土基三尺、土阶三等曰坛。会必有坛者，为升降揖让。"上阶则登坛，亦即登高。

这项制度，子书中也有记载。《韩非子・外储说下（六微）》曰："郑桓公将欲袭郐，先问郐之豪杰、良臣、辨智果敢之士，尽与姓名，择郐之良田赂之，为官爵之名而书之。因为设坛场郭门之外而埋之，衅之以鸡猳，若盟状。郐君以为内难也而尽杀其良臣。桓公袭郐，遂取之。"

由上可知，"升高能赋"的"升高"一词包含着两方面的内容，一是登堂，二是登坛。不论诸侯、卿、大夫参与的是堂上的酬酢或坛上的盟会，都要具有赋诗的能力，才能应付裕如。

《韩诗外传》"登高必赋"说中的疑点

《韩诗外传》卷七第二十五章中有"登高必赋"之说，今将全文征引如下：

孔子游于景山之上，子路、子贡、颜渊从。孔子曰："君子登高必赋。小子愿者，何言其愿。丘将启汝。"子路曰："由愿奋长戟，荡三军，乳虎在后，仇敌在前，蠡跃蛟奋，进救两国之患。”孔子曰：“勇士哉！”子贡曰：“两国构难，壮士列阵，尘埃涨天，赐不持一尺之兵，一斗之粮，解两国之难。用赐者存，不用赐者亡。”孔子曰：“辩士哉！”颜回不愿。孔子曰：“回何不愿？”颜渊曰：“二子已愿，故不敢愿。”孔子曰：“不同，意各有事焉。回其愿，丘将启汝。”颜渊曰：“愿得小国而相之。主以道制，臣以德化，君臣同心，外内相应。列国诸侯莫不从义响风，壮者趋而进，老者扶而至，教行乎百姓，德施乎四蛮，莫不释兵，辐辏乎四门。天下咸获永宁，蝖飞蠕动，各乐其性。进贤使能，各任其事。于是君绥于上，臣和于下，垂拱无为，动作中道，从容得礼。言仁义者赏，言战斗者死，则由何进而救，赐何难之解？”孔子曰：“圣士哉！大人出，小子匿。圣者起，贤者伏。回与执政，则由、赐焉施其能哉！”

章炳麟等人认为孔子诱导学生自抒怀抱即是赋诗言志，从而依据上述文字断言赋这种文体出于孔子诸弟子的言志，这既无其他文献可作旁证，而且与有关孔子的一些真实记录也不合。

众所周知，记录孔子言行的文字，最为可信的文献，首推《论语》。《论语》的《公冶长》和《先进》中各有一段文字与《韩诗外传》中的上述文字类同，而后者尤为相似，今不嫌烦絮，征引于下：

子路、曾皙、冉有、公西华侍坐。子曰：“以吾一日长乎尔，毋吾以也。居则曰不吾知也。如或知尔，则何以哉？”子路率尔而对曰：“千乘之国，摄乎大国之间，加之以师旅，因之以饥馑，由也为之，比及三年，可使有勇，且知方也。”夫子哂之。“求！尔何如？”对曰：“方六七十，如五六十，求也为之，比及三年，可使足民。如其礼乐，以俟君子。”“赤！尔何如？”对曰：“非曰能之，愿学焉。宗庙之事，如会同，端章甫，愿为小相焉。”“点！尔何如？”鼓瑟希，铿尔，舍瑟而作，对曰：“异乎三子者之撰。”子曰：“何伤乎！亦各言其志也。”曰：“暮春者，春服既成，冠者五六人，童子六七人，浴乎沂，风乎舞雩，咏而归。”夫子喟然叹曰：“吾与点也。”三子者出，曾皙后。曾皙曰：“夫三子者之言何如？”子曰：“亦各言其志也已矣。”曰：“夫子何哂由也？”曰：“为国以礼，其言不让，是故哂之。”“唯求则非邦也与？”“安见方六七十，如五六十，而非邦也者？”“唯赤则非邦也与？”“宗庙会同，非诸侯而何？赤也为之小，孰能为之大？”

两相比较，可觇古今文风之不同。《韩诗外传》中的上述文字铺张扬厉，已似战国纵横家的说词，近于汉初辞赋家《七发》一类的文风，章炳麟、彭仲铎等人或许就是据此将其作为辞赋之祖看待的。但《韩诗外传》中的文字规仿《论语・先进》而成，产生的年代较后，这是稍有文学知识的人不难看出的。

《韩诗外传》的主旨不在阐发《诗经》的微言奥义，学术界已有共识。即如上面这一段文字，引《诗》“雨雪瀌瀌，见晛聿消”为证，颇为不伦。而文中颜渊自述生平志趣的这番话，也与他的本来面目不合。颜渊为人安雅静穆，不像《韩诗外传》中描写的那样锋芒毕露，但孔子听他发言后，再三称赞道：“圣士哉！”这与孔子对“圣”字的理解也不合。“圣”是一种近于理想化的至高无上的道德规范，《论语・雍也》：“子贡曰：‘如有博施于民而能济众，何如？可谓仁乎？’子曰：‘何事于仁，必也圣乎！尧、舜其犹病诸！’”可见尧、舜也还不能完全达到“圣”的标准。《论语・述而》：“子曰：‘若圣与仁，则吾岂敢！’”说明孔子自己也不敢担当“圣”的高名。那他又怎能一而再地称赞颜渊为圣者呢？

《韩诗外传》的内容很复杂，其中已经夹杂进一些后代才能出现的观念。

此书卷九第十三章叙孔子出游少源之野，有妇人刈蓍薪而亡蓍簪，因而哭于中泽，《外传》末引“《诗》曰：‘代马依北风，飞鸟扬故巢。’皆不忘故之谓也”。此十九字原脱，许维遹《韩诗外传集释》引许瀚说，据宋薛据《孔子集语》引文补。许瀚还引用了《文选·古诗十九首》李善注与《盐铁论》十五《未通》篇文，《宣德皇后令》李善注，《后汉书·班超传》李贤注，证明《韩诗外传》中确有此十九字，援据详明，可证《韩诗外传》中确有这两句与《古诗十九首》中文字类似的五言诗。[①] 赵善诒《韩诗外传补正》则考之曰：“此诗非经文，后人妄增也。……盖《外传》诗辞早佚，唐前有人以古诗妄补之，迄宋尚存，洎后有知其误者，复删之也。”[②]

根据近代学者的研究，《古诗十九首》当是东汉后期的作品，梁启超说：“我据此中消息以估定十九首之年代，大约在西纪一二〇至一七〇约五十年间，比建安、黄初略先一期而紧相衔接，所以风格和建安体格相近，而其中一部分钟仲伟且疑为曹、王所制也。”[③]

上述事实说明：《韩诗外传》卷九第十三章末引用的“代马依北风，飞鸟扬故巢”两句古诗，应当出现于东汉之末或稍后；《韩诗外传》该章之末原来引用的《诗经》中句偶脱，所以魏晋南北朝时有人援用这两句古诗作替代。

中华书局编辑部在为许维遹《韩诗外传集释》写的“出版说明”中也说：“《汉书·儒林传》说，‘婴推诗人之意而作内外传数万言’，《内

① 参见〔汉〕韩婴撰、许维遹校释《韩诗外传集释》，中华书局1980年版。

② 赵善诒：《韩诗外传补正》，商务印书馆1938年版。

③ 载《中国之美文及其历史》内《汉魏时代之美文》第一章“建安以前汉诗”，中华书局1936年版。

传》在两宋之间就亡失了。只有《外传》还留存着。但现在我们所看到的《韩诗外传》，据考证已不是原书之旧，非但卷数不同(《汉志》作六卷，今本及隋唐《志》均作十卷)，即内容可能也有一部分经过后人的修改了。”

上述《韩诗外传》卷七第二十五章中的文字，可能即为后人所羼入者。

按《韩诗外传》卷七中的这条文字，其他地方也有类似文字出现。卷九第十五章首云：“孔子与子路、子贡、颜渊游于戎山之上。孔子喟然叹曰：‘二三子各言尔志，予将览焉。’”随后子路、子贡、颜渊即顺次各言其志。比之上述卷七中的一段，文字较为质朴，更为切合三人面貌，而且其中没有出现什么与孔门观念不合的词汇。比较起来，卷九中的这条文字出现的年代早些，而卷七中的这条文字出现的年代显然较后。

先秦两汉的典籍中，在同一篇文章内往往会出现许多类同的文字，尤其是一些故事，往往杂然并存，例如《韩非子》的内外储说中就集合了许多同一故事的诸多异说。[①]《韩诗外传》的情况也一样。卷七云孔子与子路、子贡、颜渊游于景山，卷九则云游于戎山。《说苑·指武》篇与《孔子家语·致思》篇也有类似文字，则云游于农山。“农”、“戎”一声之转，可知二者与《韩诗外传》卷九中的文字同源，而与卷七中的文字无涉，此亦可证卷七中的文字后出。且卷七云孔子与三徒游于景山，《商颂·殷武》中有“陟彼景山”之说，许瀚等人即依此立说，然景山在卫地，故又疑为传闻异辞。实则“景山”云云即因《鄘风·定之方中》中有“景山与京”一语而起，诸家诗说均言此处乃泛指大山，《韩诗外传》卷七中为附会《定之方中》文字而改称“景山”，也就透露出了此文着意牵合的迹象。

---

① 参看拙著《〈韩非子〉札记》中的《禅让与儒法之争》一文，江苏人民出版社 1980 年版。

《定之方中》毛《传》中有“升高能赋”之说,《韩诗外传》卷七中也就着意附会而增加了“登高必赋”之说。

魏晋南北朝人对“登高必赋”说的继承与发展

《三国志·魏书·武帝纪》裴松之注引《魏书》曰:

> 创造大业,文武并施。御军三十馀年,手不舍书,昼则讲武策,夜则思经传。登高必赋,及造新诗,被之管弦,皆成乐章。

王沈《魏书》上说曹操“登高必赋”,可用他的创作实践来证明。例如《苦寒行》中有句云:“北上太行山,艰哉何巍巍。羊肠坂诘屈,车轮为之摧。”《秋胡行》中有句云:“晨上散关山,此道当何难。晨上散关山,此道当何难。牛顿不起,车堕谷间。坐磐石之山,弹五弦之琴,作为青角韵。意中迷烦,歌以言志。”《步出夏门行》中有句云:“东临碣石,以观沧海。水何澹澹,山岛竦峙,树木丛生,百草丰茂。秋风萧瑟,洪波涌起。日月之行,若出其中;星汉灿烂,若出其里。幸甚至哉,歌以咏志。”

《韩诗外传》与王沈《魏书》同时提出了“登高必赋”之说,是一种含义丰富而有趣的文学现象。此说出现在东汉时期,则又预示着文学的自觉时代即将到来。

大家知道,魏晋南北朝时学风起了巨大的变化。汉末大乱之后,接着又是五胡十六国的大乱,南北朝时,政权更迭频繁,直到唐代,始告稳定。这一时期社会秩序混乱,儒学随之衰落,道家思想也就风行一时。文士在政治动乱中惨遭不幸者甚多,于是他们往往在事功之外寻求寄托,或退隐于山林,或寄情于山水,由是兴起了山水文学这一思潮。如上所云,儒家人物热衷于从政与教育,他们登高眺览外物时,大都联想起国家的兴衰与道德的感悟。道家人物则异于是,他们往往着眼于个人心情与大自然的融合。《庄子·知北游》曰:“山林与,皋壤与,使我欣欣然而乐与。”这里就内含着审美的自然情趣。

观赏外景的人,如果站于高处,则视野更加开阔,对大自然的美好风光更能饱览无遗。《老子》二十章中形容道:“众人熙熙,如享太牢,如登春台。”可见登高亦为人生快事。

就是这样地,“登高”一词于汉末进入了文学领域,魏晋之后更成了社会上的一种习俗,宗懔《荆楚岁时记》于“正月七日”下曰:

> 《老子》云:“众人熙熙,如登春台。”《楚词》曰:“目极千里伤春心。”则春日登临,自古为适,但不知七日竟起何代?晋代桓温参军张望亦有《正月七日登高》诗。近代以来,南北同耳。

又于“九月九日”下引《续齐谐记》曰:

> 汝南桓景随费长房游学,长房谓之曰:“九月九日,汝南当有大灾厄,急令家人缝囊,盛茱萸,系臂上,登山饮菊花酒,此祸可消。”桓景如言,举家登山。夕还,见鸡犬牛羊一时暴死。长房闻之,曰:“此可代也。”今世人九日登高饮酒,妇人带茱萸囊,盖始于此。

文人笔下,则常用“登高”一词说明个人之创作意愿何以萌生。陶渊明《移居》之二曰:

> 春秋多佳日,登高赋新诗。

萧子显《自序》曰：

若乃登高目极，临水送归，风动春朝，月明秋夜，早雁初莺，开花落叶，有来斯应，每不能已也。

萧统《答湘东王求文集及〈诗苑英华〉书》曰：

或日因春阳，其物韶丽，树花发，莺鸣和，春泉生，暄风至，陶嘉月而嬉游，藉芳草而眺瞩；或朱炎受谢，白藏纪时，玉露夕流，金风多扇，悟秋山之心，登高而远托；或夏条可结，倦于邑而属词；冬雪千里，睹纷霏而兴咏。

由此可见，“登高”之说反映了文士个人情趣与自然景观的结合，创作欲望的冲动与灵感的萌生，因此受到众多文士的青睐，不断出现于他们的笔下，并赋予理论意味。《南齐书·文学传论》曰：

卿、云巨丽，升堂冠冕；张、左恢廓，登高不继。赋贵披陈，未或加矣。

萧子显的这一番话，正可用以说明后起的“登高赋新诗”之说与春秋时期赋诗风气之间的紧密关系。看来萧氏已经不太了解“登高”一词原出春秋时期的“登高能赋，可以为大夫”之说，“登高”一词已经成了文学创作的代名词。

由于时代隔得太远，萧子显已不太了解这一名词先后之间的联系和差别，就是唐代的经学家孔颖达也已不太清楚“登高”之说内涵的演变。他为《毛诗·定之方中》作疏时说：“升高能赋者，谓升高有所见，能为诗，赋其形状，铺陈其事势也。”这也就是说：作为一种文体的赋，作为一种手法的赋，以及登高“赋”新诗之赋，与《定之方中》毛《传》中的“升高能赋”之说一致。这种不顾各种学说之间质的不同而强行组合成文的说法，与刘勰在《文心雕龙·诠赋》中“原始以表末”的手法一致。

按孔颖达对“升高能赋”说的解释，实际上是沿用了魏晋南北朝文士的赋说。左思《三都赋序》曰：“余既思慕《二京》而赋《三都》，其山川城邑，则稽之地图；鸟兽草木，则验之方志；风谣歌舞，各附其俗；魁梧长者，莫非其旧。何则？发言为诗者，咏其所志也；升高能赋者，颂其所见也。美物者，贵依其本；赞事者，宜本其实，匪本匪实，览者奚信？”可见自魏晋南北朝起，到唐初《毛诗正义》的制订，已用后起的赋说替代了汉初的经说。

《文心雕龙·诠赋》篇在开端就引用了毛《传》中的“登高能赋，可〔以〕为大夫”之说，而并不深究其原意。这样做，也是他在《宗经》篇中提出的“禀经以制式”的具体实践。我国学术领域中向来具有“信而好古”的传统，任何事情都喜欢在儒家经典中找到立论根据，于是在有关“赋”体的阐述中，在“登高赋新诗”的创作中，都要依傍春秋时期的“赋诗言志”之说而立论了。因为经学中曾有“登高能赋，可以为大夫”之说，因而这也就是最好的立论根据。

“登高”之说符合作家观赏外景时心物交融的实际，古时像《乐记》等典籍中就曾提出了这一现象。《乐记》中说：“乐者，音之所由生也，其本在人心之感于物也。”这种学说，似与魏晋南北朝时文学理论中的“感物吟志”之说一致。但《乐记》后出，是传非经，其地位非《诗经》可比，所以魏晋南北朝的文学理论家言及诗人感物时，无人言及《乐记》，大都直接归之于“登高”之说。《诠赋》篇曰：“原夫登高之旨，盖睹物兴情。情以物兴，故义必明雅；物以情观，故词必巧丽。丽词雅义，符采相胜，如组织之品朱紫，画绘之著玄黄，文虽新而有质，色虽糅而有本，此立赋之大体也。”刘勰的这一赋论，与上述萧子显、萧统等人之说类同，实际上是六朝时期最有代表意义的一种创作论。

刘勰在《物色》篇中还说：“若乃山林皋壤，实文思之奥府，略语则阙，详说则繁。然则屈平所以能洞监风骚之情者，抑亦江山之助乎！”从中可见《庄子》学说所发生的影响，其中也总结了《楚辞》作者屈原等人的创作经验。

刘勰在《神思》篇中描述创作时的思维活动时说：

> 夫神思方运，万涂竞萌，规矩虚位，刻镂无形。登山则情满于山，观海则意溢于海，我才之多少，将与风云而并驱矣。

这种理论，也是对曹操以来创作实践的总结。《魏书》中曾说曹操“登高必赋”，这在《苦寒行》等诗篇的创作中可以找到佐证。刘勰对于曹操的这些乐府诗歌，印象甚为深刻，《乐府》篇中说：“至于魏之三祖，气爽才丽，宰割辞调，音靡节平。观其《北上》众引，《秋风》列篇，或述酣宴，或伤羁戍，志不出于滔荡，辞不离于哀思，虽三调之正声，实韶夏之郑曲也。”这里虽以“韶响难追”而出以感慨，然举此作为乐府的代表，则也表示出了欣赏之意。

南朝士风，大都柔弱，因此他们的“登高”之作，难得称为“与风云而并驱矣”。尤其是这一时期的诗人少有观海之作，因而难以说有“意溢于海”的情致。只有曹操的《步出夏门行》中“东临碣石，以观沧海”等诗，谢灵运《游赤石进帆海》中“溟涨无端倪，虚舟有超越”等句，才称得上“观海则意溢于海”的评语。因此，刘勰的“感物吟志”之说，直承“登高必赋”之说而来。用刘勰的话来说，“登高之时义大矣哉”！

结　论

《汉书·艺文志》“登高能赋，可以为大夫”之说，对后世文学影响甚大。此说乃承《诗经·定之方中》毛《传》而来。由于《诗经》这一儒家经典向为古时学者所宗奉，而前人又有依傍儒家经典立论的作风，所以刘勰在《文心雕龙·诠赋》篇中引此作为赋论的根据。

《韩诗外传》中有“登高必赋”之说，乃仿《论语·先进》写成。此说假托孔子而立论，实则与“登高能赋”之说有很大的不同：毛《传》中说的“登高”，乃指“登堂”或“登坛”，《韩诗外传》中说的“登高”，则指“登山”。登“山”必赋，如依春秋时期贵族的活动而言，于理亦不合。章炳麟等人以为这一条文字乃后世辞赋之祖，不可信从。

《三国志·魏书·武帝纪》裴松之注引《魏书》中提到曹操“登高必赋”，可与《苦寒行》、《秋胡行》、《步出夏门行》等诗中的内容相印证。刘勰在《神思》篇中提出“登山则情满于山，观海则意溢于海”，总结了曹操等人的创作经验，可与《魏书》中的“登高必赋”之说呼应。因此《诠赋》中援引“登高能赋”之说，只是作为理论本源而受重视，实质上已为东汉时期产生的“登高必赋”之说所替代。

近人大都以为魏晋南北朝的“感物吟志”之说受到《乐记》的影响。实则《乐记》后出，刘勰等人从未在文章中有所征引。他们所援引的，主要是“登高能赋”之说，而他们所阐发的理论，已经总结进了山水文学的创作经验，与先秦时期的情况大不相同。

吾人若作横向比较，则可发现“登高能赋”说与“登高必赋”说之间并无实质关系，前者为一种经说，后者为一种创作经验的表述；若作纵向比较，则又可见“登高必赋”之说实为附会先秦经说而下开魏晋南北朝时创作理论的一个重要环节。魏晋南北朝时文人普遍采用“登高”之说，远承东汉后期的“登高必赋”之说，但理论家们大都晦其所出，而以"登高能赋"说为理论根源。刘勰宗经，在《诠赋》、《物色》、《神思》诸文中对"登高能赋"（实为"登高必赋）之说多方阐发，成了六朝时期最有代表意义的一种创作理论。

"折衷"＝儒家谱系≠大乘空宗中道观

——读《文心雕龙·序志》篇札记

原载《中国文化》第二十九期（2009年春季号）

《序志》篇是刘勰为《文心雕龙》所作的自序。他在文中阐明了书名寓意、撰述动机、全书体例和所使用的研究方法，于此可见这一篇文章在全书中的位置。由于学术界对刘勰的思想与学术成就颇多争议，我为表明自己的看法，先后曾撰《〈文心雕龙〉书名辨》、《刘勰的两个梦》、《〈易〉学中的两大流派对〈文心雕龙〉的不同影响》、《刘勰的主要研究方法——"折衷"说述评》等文阐发《序志》篇中的思想。今为探讨刘勰研究方法方面的一些不同意见，特作进一步申述如下：

"折衷"一词在《序志》中之本义

上一世纪80年代，学术界普遍关注方法论的研究，所谓系统论、控制论、信息论的新三论之说正风行一时，前后也已产生过好几篇用系统论的观点分析刘勰文学思想的论文。我在1984年11月复旦大学举办的中日学者《文心雕龙》讨论会上，提交了一篇《刘勰的主要研究方法——"折衷"说述评》的论文，其后发表在《古代文学理论研究丛刊》第十一辑上，还曾得到学术界一些好评。这篇文章也属于方法论研究的范畴，但与学术界的风气显然有异。处在那种既注重苏联文艺理论旧模式又正推重欧美文艺理论新模式的形势下，我就感到自己的论证方式不太可能满足大家的期望。何况中国学术界早就存在着一种根深柢固的看法，以为儒家所关注的，只是一些政治教化方面的道理，而从方法论的角度来说，既无系统的理论可称，又无精妙的说法可言，大家一定会认为，像《文心雕龙》这么一种“体大虑周”的著作，不能依靠儒家的理论资源就能完成。

实则我在考虑刘勰服膺儒术时也已注意到了情况的复杂性。儒家向来处于传统文化的中心位置，但其思想也在不断变化之中。我从分析孔子“叩其两端”的方法始，进行过一些具体的论证，且顺流而下，叙及后世的衍变。汉末社会发生剧烈震荡，老庄思想逐渐上升至重要地位，玄学应运而生，内中可也并不排斥儒家思想要素的存在。即以正始玄风的代表人物何晏、王弼而言，即曾致力于沟通儒道两家的学理。据《隋书·经籍志》记载，何晏有《集解论语》十卷，王弼有《论语释疑》三卷，后者虽已散佚，然仍可知何、王都在利用老庄的思想诠释孔子的学说。南朝有关《论语》的类似著作甚多，而皇侃的《论语义疏》十卷则流传至今，业已成为研究玄学的一部重要著作。

南朝玄风固然风靡朝野，而礼学亦大盛。一些沐浴玄风的人，同时关注儒家礼教方面的一些原则。《梁书·刘勰传》上说：“时七庙飨荐已用蔬果，而二郊农社犹有牺牲，勰乃表言二郊宜与七庙同改，诏付尚书议，依刘勰所陈。”可见他对朝廷礼制的关切。此举固可看出刘勰受佛家的影响很深，故有以蔬果替代牺牲的建议，然亦可见其维护儒家礼制的根本立场。刘勰与萧梁王朝调和儒释的祈向是一致的。

关于玄学的兴起与发展，以及它与佛教的关系，学术界论之者已多，今不再重述。刘勰对玄风之影响创作，时而表示异议，然而在《论说》篇中，则又列举名篇一一予以好评，文曰：

> 魏之初霸，术兼名法；傅嘏、王粲，校练名理。迄至正始，务欲守文；何晏之徒，始盛玄论，于是聃、周当路，与尼父争途矣。详观

> 兰石之《才性》，仲宣之《去伐》，叔夜之《辨声》，太初之《本无》，辅嗣之两《例》，平叔之二《论》：并师心独见，锋颖精密，盖论之英也。至如李康《运命》，同《论衡》而过之；陆机《辨亡》，效《过秦》而不及，然亦其美矣。次及宋岱、郭象，锐思于几神之区；夷甫、裴頠，交辨于有无之域，并独步当时，流声后代。然滞“有”者全系于形用，贵“无”者专守于寂寥，徒锐偏解，莫诣正理；动极神源，其般若之绝境乎？

这一段话，引起了学术界的关注，因为刘勰写作这么一部篇幅巨大的著作，几乎没有应用什么佛家词汇，范文澜先生说刘勰“严格保持儒家的立场，拒绝佛教思想混进来，就是文字上也避免用佛书中语（全书只有《论说》篇偶用‘般若’‘圆通’二词，是佛书中语），可以看出刘勰著书态度的严肃”①。范氏此说虽似过于绝对，却是符合事实的。后人虽想尽量多找一些反例来破此说，却也只能说是“圆通”一词不止用过一次而已。

刘勰使用“圆通”等词，到底是严格按佛家之说应用的呢，还是作为一般词汇使用的？似难截然判断。他使用的“般若”一词，却是佛教用语无疑。刘勰用此压倒玄学中的“有”“无”二说，故称之为“般若绝境”，在这一点上，表明了他信从佛学的立场，那是明白无误的。后人自不必将此释作“智慧”的同义词而视为普通语词。

“有无”之辨，是玄学中最受人关注的一个命题。自王弼提出以“无”为本以“有”为末，遭到裴頠挑战起，其后一直争论不歇。许多佛教中人也卷了进来。

---

① 《中国通史简编》修订本第二编第五章《长江流域经济文化发展时期——东晋和南朝》，人民出版社 1964 年 8 月第 4 版。

佛教传入中国之后，僧人为了适应中国的国情，每取附和玄学中人的做法。他们采取“格义”手段，讨论本体论中的问题时，也取“有”“无”等说。因为佛学中的“空”，与玄学中的“无”，内有相通之处，因而自东晋时起，一些持不同观点的僧人根据个人的理解，对“有”“无”之说作出了不同的解释，于是佛学中有所谓“六家七宗”之说。又因其时全面阐明“空”观的《大智度论》等经典还未完美地译出，各家却也难于依据原典明确地进行阐说，于是这些佛教中的不同流派与玄学之间都还未能作出明确的切割，学术界一般也就称南朝初期的人所总结的“六家七宗”为玄学化的佛学。

这里可举一时影响颇巨的“心无义”来加以考察。《世说新语·假谲》篇曰：

> 愍度道人始欲过江，与一伧道人为侣。谋曰：“用旧义在江东，恐不办得食。”便共立“心无义”。既而此道人不成渡，愍度果讲义积年。后有伧人来，先道人寄语云：“为我致意愍度，无义那可立？治此计，权救饥尔，无为遂负如来也！”

支愍度为了谋生，不得不向风行南土的玄学中的显学靠拢，创“心无义”，但这与佛家性空之说实际上是不合的，因此后来伧道人带信给支愍度，提醒他不能为了衣食而违背佛家的基本教义。可知他们当初创立“心无义”时，就在有意识地利用《老子》、《庄子》与《易·系辞》中的成说，原因就在“空”“无”之间存在着相通之处。[1]

南方皇朝的一些人士，往往保持这么一种态度，他们在学术的层面上承认佛家中说理论上有很高的成就，但在现实面前，他们还得经

---

① 参看陈寅恪《支愍度学说考》，载《金明馆丛稿初编》，上海古籍出版社 1980 年版。

营事业，借此谋生或在政治上求得发展。刘勰的事主，萧梁王室中人莫不如此。他们一方面热诚地皈依佛教，一方面仍然依仗儒家的教义经营帝国。刘勰的态度也一样，一方面称颂“般若”“绝境”，一方面仍不忘情于仕进，渴望建功立业。《文心雕龙·程器》篇曰：“摛文必在纬军国，负重必在任栋梁。穷则独善以垂文，达则奉时以骋绩。”他还想通过著作子书扬名于后。《序志》篇中慷慨陈言：“是以君子处世，树德立言。岂好辩哉，不得已也。”援用孟子之说自明心志，在人生态度上不见一丝“空”观的踪影，可见他在现实生活中，也是偏于“有”而拒绝“无”的。

这里我们可以明白地看到，刘勰在《文心雕龙》中信从儒家学说以立论，与他当时的人生态度完全一致。《序志》篇中，可谓一以贯之。他在第一段中宣称将走“树德立言”之路以后，第二段中假托梦境表明将随孔子之后宣扬儒家教义于南土，第三段中说到前代文论各家“并未能振叶以寻根，观澜而索源。不述先哲之诰，无益后生之虑”。强调其自家的“根”“源”就是儒家的“先哲之诰”，其后也就亮出他的著述宗旨，介绍全书的结构，说明也是依据大《易》之数而设计的。到了最后一段，提到自己的治学态度与研究方法，当然也会紧紧扣住儒家之说而立论了。

综观《序志》，细察行文的脉络，探求刘勰的宗旨，正像范文澜所说的，《序志》篇中也“严格保持了儒家的主场，拒绝佛教思想混进来”。

我们阅读《文心雕龙》时，还得注意骈文的写作特点。即以“擘肌分理，唯务折衷”二语而言，二者就在使用典故成语表达宗旨。“擘肌分理”，语出张衡《西京赋》；“唯务折衷”，当然用的是《史记·孔子世家》中所说的“中国言六艺者折衷于夫子”的成说了。前者用张衡语，后者用司马迁语，可称用典精当，文意通顺畅达。而且“中国言六艺者折衷于夫子”之说代表的是汉儒的普遍看法。《汉书·贡禹传》曰：“孔子，匹夫之人耳，以乐道正身不解之故，四海之内，天下之君，微孔子之言亡所折中。”颜师古注：“折，断也。非孔子之言，则无以为中也。”又《盐铁论·相刺》曰：“〔孔子〕退而修王道，作《春秋》，垂之万载之后，天下折中焉。”贡禹为经学博士，《盐铁论》中的文学为儒生，均为儒家中的代表人物，故有申述“折衷以圣道”的言词。刘勰用“折衷”之说表示自己论文的基本态度，借与前此欲随马、郑诸儒注经的素愿呼应，也与“本乎道、师乎圣、体乎经”的宗旨密切一致。可知刘勰的“折衷”之说，应该从他恪遵儒家宗旨的基本态度去理解，不能用其他学派的观念去调换这一概念。因此，我在《刘勰的主要研究方法——“折衷”说述评》中说：“折衷（中）之说，自然是他研究工作中的基本态度和主要方法。”其中基本态度一点，读者自不应忽视。

近年来，学术界已有不少人注意对儒家的研究方法进行探讨。由于玄学的基本著作中就有《易经》一书，《易》为儒家经典，内含丰富的辩证法，六朝时人喜言《易》，因此其时的一些论者对儒学的理论成就均无异议。因为儒家中人也有“剖析毫厘，擘肌分理”的能力。

刘勰在《定势》篇中引曹植之语，以为有“好离言辨句，分毫析厘者”，足见时人受名理学的影响，颇为重视思辨水平的提高。颜之推在《颜氏家训·勉学》篇中说：“洎于梁世，兹风复阐。《庄》、《老》、《周易》，总谓三玄。武皇、简文，躬自讲论。”而前此玄学中的一些代表人物，已是“辞锋理窟，剖玄析微，妙得入微，宾主往复”，说明魏晋南北朝人沐浴玄风的结果，思辨能力已达很高的水平。

刘勰为齐梁时人，自然会受到这种风气的影响，因此他的学术成就，应该放在上述氛围中加以考察。他的特点是突出强调儒家的主导作用，以之作为论文的准则。信从某一学派的学者，每举该学派中的首创者为代表，也是常见的做法。

《文心雕龙》研究者对佛学的关注

目下一些《文心雕龙》研究者在论及刘勰与儒家的关系时，每对儒家学说的发展存而不论，仅对孔子的学说进行考察，以为刘勰据此无法形成撰述这一伟大著作的研究能力。因此他们总想扩展刘勰思想的源头，强调儒、释、道三家对他的影响；他们尤其看重刘勰最后遁入空门的这一特殊身份，从而强调佛家之说所起的决定性作用。

就在拙作发表后不久，张少康先生就发表了《擘肌分理，唯务折衷——刘勰论〈文心雕龙〉的研究方法》一文[①]，以为"刘勰的'折衷'论与儒家的'折中'论是有很大差别的，其丰富内容远非儒家传统的'折中'论所能包括"。为此他多方寻找源头，就在儒家人物中，又发掘出荀子《解蔽》篇中的一段论述，因为"刘勰批评前代文学批评家'各照隅隙，鲜观衢路'，和荀子批评先秦诸子'蔽于一曲，而暗于大理'，是完全一致的"。这样分析问题，似乎流于比附，想要借此证实"刘勰的'折衷'论和荀子《解蔽》篇中这种认识方法有着深刻的历史渊源关系"，则还显得不够，因为《序志》篇中的"唯务折衷"明示其基本态度是要折衷于夫子，不能将其含义视作要以荀子的见解为指归。

少康先生还从"中"字着眼，扩展到"环中"等词，从而与道家联系起来。这样做，能不能一一将之归入"唯务折衷"中去？这种论证方式，与上述有关荀子的情况相同，刘勰在《序志》篇中从头到尾申述宗尚儒家之说时，是否会把《庄子·齐物论》中"枢始得其环中，以应无穷"之说包容进去？

"中"与"圆"密切相关，"圆通"之说早就引起一些专从佛学方面观

---

① 载《学术月刊》1986年第2期。此外他在《文心雕龙新探》一书的《二、〈《文心雕龙》的文学理论体系及其思想渊源〉(十四)"折衷论——论〈文心雕龙〉的研究方法"》中发表了同样的见解，齐鲁书社1987年版。

察《文心雕龙》内涵的学者的关注，马宏山先生也是其中有代表性的一员，就很关注“圆通”一词的出现。只是根据专攻佛学的孔繁先生的研究，“圆通”等词实际上是当时思想界通用的一个词汇，他说：“《刘勰传》说他长于佛理，其实他亦精通玄学，他所笃信的佛理就是玄学化的佛学。当时佛学与玄学都属本体之学，注重体用、本末之辨，其理论体系和思维方法是一致的。”他还说：

> 在《文心雕龙》中，只在《论说》篇中提到“般若”和“圆通”一次，刘勰说，“动极神源，其般若之绝境乎？”又说，“故其义贵圆通，辞忌枝碎”。前者是指关于本末、有无之义理以般若学最为精深；后者则指作文之要领应当圆满通达，防止支离破碎。在《文心雕龙》一部洋洋大书中只出现这样两个佛学名词，值不得惊奇。可是马宏山同志却加以发挥，说“圆通”就是“觉慧周圆，通入法性之意。”其实刘勰这里引用“圆通”，主要是说作文要领，并非宣传佛法。至于这里是否像马宏山同志所说刘勰将“圆通”一词只作佛学术语也很难说，因为“圆通”一词是佛家由道家演义而来，并非佛家专用，玄学家亦不乏用者，如东晋玄学家张湛即曾说：“神心独运，不假形器，圆通玄照，寂然凝虚。”（《列子·周穆王》注）在张湛那时候，虽有名僧与名士互相标榜，然而那时名士懂佛学的却很少，张湛所说的“圆通”乃玄学语言，而非佛理。①

《文心雕龙·练字》篇中说：“是以缀字属篇，必须练择：一避诡异，二省联边，三权重出，四调单复。”其中“联边”一说，刘勰下定义曰：“联

---

① 《刘勰与佛学》，载《中国社会科学》1983 年第 4 期。文中提到的马宏山之说，见《论〈文心雕龙〉的纲》一文，载《中国社会科学》1980 年第 4 期；后收入其《文心雕龙散论》一书，新疆人民出版社 1982 年版。

边者，半字同文者也。状貌山川，古今咸用，施于常文，则龃龉为瑕。”这里所说的，也就是偏旁相同的字累累出现，如司马相如在《上林赋》中形容山之高峻，则曰“巃嵸崔巍”；描述水中之物，则曰“鰅鳙鰬魠”，可知这里所说的“半字”，就是指那些用作偏旁的“山”字与“鱼”字，含义本是很清楚的。后人不必转弯抹角地另作解释。但王利器先生在《文心雕龙新书·序录》[1]、饶宗颐先生在《刘勰文艺思想与佛教》[2]、兴膳宏先生在《〈文心雕龙〉与〈出三藏记〉》中说这里的“半字”一词亦可认为“佛教中语”，然而后者随之也指出，刘向的《战国策书录》中就曾提到“本字多脱误为半字，以趙为肖，以齐为立”，“可知此语的来历直可追溯到佛教传入中国之前”。[3]

由此可知，学术界想要说明《文心雕龙》之成书，乃受佛学的巨大影响，光从一些两可的词汇着眼进行论证，看来开拓的空间还是很有限的。

刘勰“长于佛理”，他在写作《文心雕龙》时，必然会受到佛学的影响，这是不言而喻的事。只是刘勰在《文心雕龙》一书中没有留下什么明显的踪迹，这就给人带来很大的困惑。大家一直在为此努力，例如上述饶宗颐先生和兴膳宏先生就曾作过多方面的探索，颇能给人以启发，我们期待着有人继此作出既具体又可信的论述。

《文心雕龙》思绪细密，而佛学中有因明一派，大家自然会想起这层关系。王元化先生在《文心雕龙创作论》的《后记》中说：

> 需要说明的是本书上篇在阐述刘勰的思想体系时，没有涉及佛家的因明学对于《文心雕龙》的一定影响。这种影响并不表现

---

① 《巴黎大学北京汉学研究所通检丛刊》之十五，1951 年出版。

② 载《香港中文大学学会年刊·〈文心雕龙〉研究专号》，1962 年 12 月出版。

③ 载彭恩华编译《兴膳宏〈文心雕龙〉论文集》，齐鲁书社 1984 年版。

在刘勰的具体文学观点上。就刘勰的文学观来说，我认为他是恪守儒学的立场风范的。有些论者用刘勰后来站在佛学立场所写的《灭惑论》中的某些概念和观点来诠释《文心雕龙》，我至今仍认为是牵强的。可是，如果说作为当时儒释道三家并衡的时代思潮对刘勰撰《文心雕龙》竟未产生过任何影响，那也未免太偏颇。……佛家的重逻辑精神，特别是在理论的体系化或系统化方面，不能不对他起着潜移默化的作用。六朝前，我国的理论著作，只有散篇，没有一部系统完整的专著。直到刘勰的《文心雕龙》问世，才出现了第一部有着完整周密体系的理论著作。因此，章学诚称之为“勒为成书之初祖”。这一情况，倘撇开佛家的因明学对刘勰所产生的一定影响，那就很难加以解释。然而我在本书上篇中并未说明《文心雕龙》的结撰方法是在一定程度上吸取了佛家因明学的某些成分。今后我希望在这方面能作出一点研究成果，以弥补本书上篇中的不足。①

其后黄广华先生就此问题作了深入的研究，提出了一些新的看法，如云“‘体大而虑周’结构宏伟而严谨的《文心雕龙》，就是仿照因明学五分作法的结构形式，把各篇有机地联结起来，成为一部有论旨，有论证，有论据，层次井然、主次分明又结构完整的著作”。然而这种研究方法，也只是将二者作了一些形式上的比对，中间找不到一点可以直接作为实证的材料，因而说服力还是很有限的。何况据黄氏考证：“刘勰的时代还没有因明学专著的翻译，更没有新因明的传入，他是从佛经间接受到因明学的影响的。尤其是古因明的影响。”②可知这也是

① 《文心雕龙创作论·后记》，上海古籍出版社 1979 年版。

② 《〈文心雕龙〉与因明学》，载《学术月刊》1984 年第 7 期。

一种推论。或许有此可能，然无法作为定论。

于是研究《文心雕龙》的专家们只能把目光投向“折衷”之说。他们把《序志》篇中的“折衷”之说与《论说》篇中的“般若”之说联系起来，以之作为一种内证，再与“般若”学中有关“中”的学说联系起来，这样“中观”学派便受到了特别重视。

《中论》又称《中观论》，为古印度龙树所著，后人据此演绎而发展成中观派。自后秦鸠摩罗什译出这部经典后，中国学人对此学派的论点始有完整的理解。龙树一系所阐明的“诸法因缘生，故无自性，无自性故空”的理论是大乘性空般若学说的思想基础。僧肇在鸠摩罗什众多弟子中被称为“解空第一”，他写下了《不真空论》、《物不迁论》、《般若无知论》等许多文字，阐述中道学说，而在《不真空论》中对“六家七宗”中的“心无”、“即色”、“本无”等说作了批判，从而对“有”“无”之辨重新作了解说。僧肇运用“缘起”说分析“有”“无”之辨，以为有非真实之有，无非绝对空无，因为外界事物既已呈现于前，那就不能断然言其无；但外界事物虽然呈现在前，却只是随缘而起，本身并无实性，故可名之曰“不真空”。由此可见，僧肇此说比之前此的“有”“无”之辨，从佛徒的眼光来看，确是前进了一步，体系要完美得多。僧祐编《出三藏记集》时就收入了这一著名论文。刘勰曾经帮助僧祐整理过佛典，应当读到过僧肇的著作，但也无法肯定刘勰在《论说》篇中赞颂的“般若绝境”就是指僧肇的这一著作。

阅读《文心雕龙》时，应该尊重刘勰本人的自述。他在书中明确表示执著于现世的事业，这里看不到一丝“不真空”的踪迹。《序志》篇中自首至尾反复申明崇奉儒家学说以立论，那在自述其基本态度与基本方法时，怎能说是他暗地里说的却是佛家之说？“唯务折衷”中的“折衷”一词，怎能暗用“中道”去替换？

自从上一世纪 80 年代起，从佛学中发掘“不落双边”之说去阐释

"折衷"之说的文章不断出现，其中具有代表性的学术论文，如陶礼天先生在《试论〈文心雕龙〉"折中"精神的主要体现》[①]、《儒道释尚"中"论与〈文心雕龙〉之折"中"精神——刘勰"折中"方法论新探》[②]等文中又增加了诸如"圆机""辨正""玄中""不二"等学说，汪春泓先生在《佛教的顿悟和渐悟之争与刘勰的"唯务折衷"》中增加了"顿渐"之说，这里都有很多精彩的分析；而在 2003 年 12 月，张少康先生于香港浸会大学"汉魏六朝文学与宗教"第五次会议所作的主题讲演《南朝的佛教和文艺理论——从宗炳、谢灵运和刘勰说起》中又进一步介绍了《龙树的〈中论〉和刘勰的"折衷论"》，把他以前提出的观点作了更全面的申述，对"中道"说的重要作用作了特别提示。少康先生说：

> 刘勰毫无疑问是非常熟悉龙树的《中论》的，他协助僧祐编撰的《出三藏记集》卷一一中曾收入僧叡的《中论序》和昙影法师的《中论序》，在卷一四的《鸠摩罗什传》中也说他曾翻译《中论》等龙树的著作。我认为龙树《中论》中的"中道观"对刘勰《文心雕龙》中的文学批评方法论有着十分深刻的影响。
>
> 刘勰之所以能写出这部伟大的著作，能够提出那么多深刻而有价值的见解，是和他所采取的科学的批评方法有直接关系的。他的批评方法就是他自己在《文心雕龙·序志》篇中所说的"折衷"论。他的这种方法论自然也和儒家、道家、玄学的方法论有关，但更为重要的是，他所接受的以龙树《中论》为代表的佛学方法论的影响。[③]

---

① 载中国文心雕龙学会编《论刘勰及其〈文心雕龙〉》，学苑出版社 2002 年版。

② 载中国文心雕龙学会编《文心雕龙研究》第五辑，2002 年 1 月出版。

③ 载葛晓音主编《汉魏六朝文学与宗教》，上海古籍出版社 2005 年版。

应该说，上述文章都对佛家中含有辩证观点的文字作了广泛的发掘和深入的阐发，可惜的是，因为他们不注意《序志》篇中“折衷”一词的特定含义，因此他们想把中道之说与之联系，甚至合为一说，不免显得牵强。刘勰的学说本来是很实在的，但阅读上述文字，反而会让人感到“折衷”一词倒像一个大箩筐，凡与“中”“二”“圆”等有关的说法都可以尽量装进去，只是持新说者不去注意这箩筐上却是明白地盖有“儒家谱系”的标记，这样也就难免使人产生一种凭“空”立论的感受（此指大乘空宗之“空”）。

应该说，上述各家的文章如果不要生硬地与“折衷”一词挂钩，只是视作儒、释、道中的学说对刘勰可能发生过影响，那说服力就要强得多。只是这么做，也很容易流为一种比附与推论，在征实方面尚需再下功夫。

读《文心雕龙·序志》篇，应该综括全文，体会刘勰一以贯之的精神。对其行文遣辞，应该注意骈文的特点，对其中的典实求得正解，不能为了个人行文之需而不顾文字的原义，也不能将之从全文中孤立出来另作新解。

般若学中的复杂情况

魏晋南北朝时期，玄学在思想界一直占有重要位置，就是那些佛教中的高僧，各个流派所倡导的教义，无不与玄学有关，因此自汤用彤先生等人始，一直把六朝的佛学称作佛教玄学或玄学化了的佛学。

许抗生先生在论述东晋十六国时期有关大乘般若学的内部纷争时说：

> 其时不论在南方东晋朝，还是在北方十六国，皆掀起了佛教般若学的热潮。在这一佛学热潮中，由于这些般若学者，各自对

> 《般若经》的理解不一，而形成了众多的般若学说，使得当时“众论竞作”，学派林立，有所谓“长安本有三家义”之说，亦有所谓“六家七宗，爰及十二”之说，在般若学内部展开了“百家争鸣”。但不论是“三家”，还是“六家七宗，爰及十二”，大都是试图用老庄玄学思想来对般若空观的解释，由于解释不同而产生的分歧而已。[①]

考察其时佛学界，可知其情况之复杂，例如名僧道安立本无宗，按照许抗生的分析，认为“道安的本无思想和他关于有无问题的辩论，显然是糅合了从老子到何晏、王弼的玄学贵无论、郭象的崇有论和传统哲学的元气论三者思想的产物。然而这样的本无论，显然是中国传统的玄学哲学，而不是印度的佛学”[②]。

大乘般若的独树一帜，要到鸠摩罗什引入大乘中观佛学思想之后，才告成功。中观佛学以为一切诸法皆是因缘和合而成，是假非真故空。空又不是什么都没有的断灭空，仍有其假有之名的存在。鸠摩罗什用这种所谓不落两边“非有非无”的中观思想来解释般若学的性空幻有说，比之前此般若学者，思辨水平要高上一筹。

大乘空宗的般若学固然风靡一时，鸠摩罗什及其弟子僧肇等人对中观学派又有很多精密的阐发，只是佛教界并未全然统一于这一佛学流派，例如名僧慧远就曾与鸠摩罗什就般若学中的若干问题反复商讨。二人之间既相互尊重，又反复诘难。他们在佛学上的交往，在宗教史上传下了很多嘉话。

鸠摩罗什译出《大智度论》一百卷之后，后秦君主姚兴命人送往庐山，请慧远撰写序文。这样做，当然是看重慧远在佛学界的地位。慧

---

① 《僧肇评传》第二章“僧肇所处时代的社会环境与文化思想氛围”第三节“东晋十六国时期大乘般若学的勃兴”，南京大学出版社 1998 年版。

② 同上。

远对此甚为重视，反复披寻后，认为此论全文过繁，故加以压缩，抄集为二十卷，然后为之作序。可知慧远对于龙树的学说曾下很大的功夫加以钻研。他在佛学上的修养，鸠摩罗什等人也是尊重的。

但慧远在通读《大智度论》之后，提出了不少疑问，向鸠摩罗什讨教，后者一一作了解答，此即所谓《慧远问大乘中深义十八科合三卷并罗什答》，后人又称之为《大乘大义章》。二人商讨的问题很多，今仅就有关有无之辨的问题略作征引。

慧远在《问实法有》中首先就“《大智论》以色、香、味、触为实法有，乳酪为因缘有”提出了疑问，以为世上万事万物固为变幻不定的“因缘有”，但支持这种“因缘有”，使事物得以发生的本体却是真实不变的“实法有”。慧远随后又以氎为喻，讨论了“分破空”与“极微”的问题，氎应属“因缘有”，“极微”应属“实法有”。《次问分破空》中云：

> 推氎求本，以至毛分。推毛分以求原，是极微。极微即色香味触是也。此四于体有之，色香味触则不得，谓之假名。然则极微之说，将何所据？为有也，为无也？（《大智论》）

按照慧远的理解，《大智度论》中说“极微”仍属“色法”，也须有“色香味触”这些色法的共性，“极微”也要由“四法”构成，这样岂不反而成了假名无实的东西？慧远认为这些说法矛盾太多，说“有”说“无”都不圆满，因而说是“不有不无，义可明矣”。

鸠摩罗什的答复甚为干脆，认为“色等为实有，乳等为因缘有”，本是“小乘论意，非甚深论法”。但为宣传佛法计，小乘的这种说法仍可允许。佛教“或时说有，或时说无”，全看具体情况而定，不可执著。至于“微尘”（极微）之说，鸠摩罗什以为佛法中都无此名，只是外道中某些派别的概念，佛弟子中也有人使用，不能认以为实。他最后指出：

> 佛意欲令(众生)出有无故,说非有非无,更无有法。不知佛意者,便著非有非无。是故佛复破非有非无。若非有非无能破有无见,更不贪非有非无者,不须破非有非无也。若非有非无虽破有无,还戏论非有非无者,尔时佛言,舍非有非无,亦如舍有无。一切法不受不贪,是我佛法。如人药以治病,药若为患,复以药治药,若无患则止。佛法中智慧药亦如是。以此药故,破所贪著。若于智慧中,复生贪著者,当行治法。若智慧中,无所贪著者,不须重治也。

由上可见,慧远与鸠摩罗什之间在研讨《大智度论》时所以会发生这么大的分歧,原因很多。印度宗教哲学采用不断正反双边否定的思辨方式,破除人们认识上的执著,不能以“非有非无”的思辨为极致,还要“复破非有非无”,即进一步还要有非非有非无的思辨能力。这种“是遮非表”(不断指摘论敌所说的矛盾性,从而否定一切实有自性)的论证方式,中土学人往往难于领会,所以任继愈先生等人在分析了二人的辩难后总结道:

> 慧远一直想在“有、无”之间找出一条界限来,说明他还是以“有”、“无”为实的,所以始终未出“有”境。这条路走不通了,又想在“不有不无”中找条出路;实际上“非有非无”也只有否定的意义,而不是肯定另有“非有非无”的实在性存在。“一切法不受不贪,是我佛法”,这算是鸠摩罗什对慧远的“执著”的无可奈何的忠告。[①]

---

① 载任继愈主编《中国佛学史》第二卷第三章“东晋时期南方的佛教”第六节“慧远的佛教思想体系”四“同鸠摩罗什僧团的佛学交流及其分歧”,中国社会科学出版社 1985 年版。

慧远与鸠摩罗什的这段交往，还可以用来说明中土佛教学者常见的一些特点，梁释慧皎《高僧传》卷六《晋庐山释慧远传》上说："少为诸生，博综六经，尤善《庄》《老》。"这与刘勰的情况甚为相似。研究慧远佛学思想的学者都认为：慧远在接受鸠摩罗什的开导之后，思想上没有起多大变化，这"是因为他更立足于中国土地的社会基础，自觉或不自觉地从传统文化的角度去考察外来的思想。中国的传统文化，特别是魏晋玄学的本体论是慧远的佛教宗教哲学的思想基础，使他不同于印度中观派那种怀疑一切，否定一切的虚无教义。也还要看到，魏晋玄学并不是出世主义，它对中国传统的封建宗法制度是拥护、支持的，对忠、孝等封建伦理观念是支持的。在这一点上，慧远也有类似的地方。出家人对礼法丧服关心研究，这也是他不同于印度僧人的地方"①。

荷兰的佛教学者许理和从另一种角度总结两位高僧之间的问难时说：

> 有趣的是，这两位法师彼此不断地误解对方。鸠摩罗什并不能抓住慧远问题的关键，在回答时总是大量地引经据典，还罗列了相互冲突的理论和学术观点，这益发让人糊涂。而慧远对这些抽象的解释并不满意，总是追问：法身最终应由某种"要素"(stuff)构成，尽管这种要素可能非常精微；由于人们能看见、听见，所以法身一定具有感觉能力，等等。追求某种具体的东西，这是慧远及其倡导的教义的典型风格。②

---

① 载任继愈主编《中国佛学史》第二卷第三章"东晋时期南方的佛教"第六节"慧远的佛教思想体系"四"同鸠摩罗什僧团的佛学交流及其分歧"，中国社会科学出版社 1985 年版。

② 许理和著，李四龙、裴勇等译《佛教征服中国——佛教在中国中古早期的传播与适应》第四章"襄阳、江陵和庐山的佛教中心及北方佛教的影响"，江苏人民出版社 2003 年版。

我们如以慧远为参照进而考察刘勰的思想，那或许可以认为，刘勰未必就能无所疑滞地全然接受龙树的“中观”学说。因为慧远的身份为僧徒，表示他早就皈依佛门，而刘勰虽寄身佛寺，然仍保持俗家身份，在《文心雕龙》中秉承儒家宗旨，再三强调欲垂声名于后的抱负。他的思路，比之慧远更为执著于世俗的一切，那他对龙树的佛学思想是否会比慧远更完整地把握？刘勰在佛学上固然修养很高，但未必就能高过慧远，慧远对龙树的学说还难于全然领会，那刘勰是否就能迅速而透彻地加以把握？这些都是疑莫能明之事。

实际说来，后人考察《文心雕龙·论说》篇中有关有无之辨“般若”之说时，似乎不能这么急促地就下结论，不作任何论证，就断言刘勰信奉的是龙树的中观学说。作为佛家基本教义中的二谛说，研究佛学义理者无不首先触及，而当年佛徒即依魏晋玄学的思想和范畴加以比附，用以探讨“有”“无（空）”问题。人们如果联系这种说法而对刘勰的有无之辨进行考察，似乎更要合乎常情。

昭明太子萧统与刘勰关系深切，即以阐发二谛义而享盛誉。《梁书》卷八本传中说“于宫内别立慧义殿，专为法集之所。招引名僧，谈论不绝。太子自立二谛、法身义，并有新意”。其《解二谛义令旨》一文收录在《广弘明集》卷二一《法义篇》中，中云：

> 真谛离有离无，俗谛即有即无。即有即无，斯是假名；离有离无，此为中道。真是中道，以不生为体；俗即假名，以生法为体。

萧统以为真谛超越“有”“无”二者，与刘勰在《论说》篇中的阐述似乎更为接近。萧统又云“此为中道”，佛家各种宗派均有其中道观，这里说的“中道”，也未必就是指龙树的中道观。[①]

自陈、隋入唐的三论宗大师释吉藏在《二谛义》等著作中指出，萧统的这种学说属于“成实”师说。[②] 佛教教派林立，教义纷繁，吾人虽然难以穷究上述学说的深义，但从吉藏的指陈中，却是可以发现南朝佛教学说的递嬗。

东晋至宋初，佛教界经历着“六家七宗”的纷争，中观学说亦于其时兴起，《中论》、《百论》、《十二门论》以及《大智度论》等重要经典均于其时译出，并且得到庐山僧团的关注。只是这一教派的学说在都城建康的具体情况如何，是否已经扎根于学界？仍有探讨的必要。

按照研习中国佛教史者的考证，自南齐起，至梁武帝时，都城建康的佛学界一直风行“成实”学的教义。《成实论》为鸠摩罗什应后秦尚书令姚显之命而译出，然并不为译者所重视，只是以之作为小乘空宗的论典。这一流派到了南朝齐永明时，经文宣王萧子良大力倡导后，却风行于佛学界。梁武帝一门也一直崇信《成实》。这种情况，要到僧朗自北入南驻锡摄山栖霞寺，梁武帝于天监十一年遣中寺释僧怀、灵根寺释慧令等十人诣山咨受中观大义后，“三论”教义才慢慢取代了“成实”学的地位。

唐代天台宗的湛然在《法华玄义释签》卷一九中说：

> 自宋朝以来，“三论”相承，其师非一，并宗罗什。但年代淹久，文疏零落，至齐朝以来，玄纲殆绝。江南咸弘《成实》，河北偏

---

① 参看姚卫群《佛教般若思想发展源流》第三章“般若思想的形成——《般若经》及其思想”第三节“般若经中的‘中道’思想”、第五章“般若思想在中后期佛教中的影响”，北京大学出版社 1996 年版。

② 参看任继愈主编《中国佛学史》第三卷第三章“南北朝时期的佛教学派”第四节“三论学与二谛义”，中国社会科学出版社 1988 年版。

尚《毗昙》。于是高丽朗公，至齐建武来至江南，难《成实》师，结舌无对。因兹朗公自弘“三论”。至梁武帝，敕十人止观诠等令学“三论”。

上云僧朗为高丽人，实指籍贯辽东。他早年在凉地出家。北凉沮渠氏信奉佛法，本是鸠摩罗什早期于此传教之区，因而僧朗早年即谙“中观”大义。北魏攻灭北凉时，僧朗曾被迫登城防御，随之被俘，几遭不测。魏军东还，僧朗与同学中道共叛，事见唐释道宣所撰《续高僧传》卷二五《魏凉州释僧朗传》。其后僧朗自北南下，辗转进入建康，得到梁武帝的器重，派遣众多僧人前去学习，“三论”义学于是风行南土，逐渐取代了成实一派的地位。有关此事，江总《摄山栖霞寺碑》中亦有记叙，不难考查。

齐梁之时，成实学大师众多，今仅征引与刘勰关系深切者数人以说明之。僧祐撰《出三藏记集》卷一一新撰《略成实论记》曰：“齐永明七年十月，文宣王招集京师硕学名僧五百馀人，请定林僧柔法师、谢寺慧次法师于普弘寺迭讲；欲使研核幽微，学通疑执。即座仍请祐及安乐智称法师，更集尼众二部名德七百馀人，续讲《十诵律》……故即于律座，令柔、次等诸论师抄比《成实》，简繁存要，略为九卷，使辞约理举，易以研寻。”僧柔后即栖止定林寺中，殁后葬于山南。慧皎《高僧传》卷八《齐上定林寺释僧柔传》曰：“沙门释僧祐与柔少长山栖，同止岁久。亟挹道心，预闻法味，为立碑墓所，东莞刘勰制文。”又道宣《续高僧传》卷五《梁杨都庄严寺沙门释僧旻传》曰：“永明十年，始于兴福寺讲《成实论》。先辈法师高视当世，排竞下筵，其会如市。山栖邑寺，莫不掩扉毕集；衣冠士子，四衢辐摫。坐皆重膝，不谓为迮。言虽竟日，无起疲倦，皆仰之如日月矣。……〔梁武帝〕仍选才学道俗释僧智、僧晃、临川王记室东莞刘勰等三十人，同集上定林寺，抄一切经论，以类相从，凡八十〔八〕卷，皆令取衷于旻。”凡此均足表明刘勰栖身的上定林寺中先后屡有成实义学大师驻锡。而据考证，刘勰参与抄经时在天监七年至八年，[①]其时《文心雕龙》应已完成。这也就是说，刘勰写作《文心雕龙》之日，正值成实学风行朝野之时。由于刘勰与成实师关系深切，本人也参加了抄集经论包括成实经论且为其义学大师撰碑等工作，吾人研究刘勰的佛学思想时，固然应该扩大视野，注意他与其他派别的关系，但对他与成实学的关系，似尤应注意。

进一步说，刘勰固然推崇“般若绝境”，然而这里说的“般若”只是一个泛指的概念，他究竟受到哪些宗派的影响，史未明言，也难以究诘。《梁书》本传上说他“博通经论”，这里当然有此可能仅通过阅读《中论》而掌握其要领，然按古时宗教界的一般情况而言，一种教派的风行朝野，往往由于若干高僧大德的宣讲与传播，才使各界信众宗从此说。刘勰著书的年代，“三论”义学尚未风行；因此，刘勰是否能够超越时代，只是依靠自行阅读其中个别经卷而领会、掌握并且娴熟地运用这种教理，也属未明之事。

再进一步说，《文心雕龙·论说》篇中所说的“夷甫、裴頠，交辨于有无之域。……然滞‘有’者全系于形用，贵‘无’者专守于寂寥，徒锐偏解，莫诣正理，动极神源，其般若之绝境乎？逮江左群谈，惟玄是务。虽有日新，而多抽前绪矣”。自首至尾，讨论的是有无本末之辨，从现在的学科分类来说，属于本体论方面的探讨，少康先生等则为之另立界限，认为刘勰只是作为方法论运用，由此发挥出了巨大的力量，完成了《文心雕龙》这部巨著。这种论证方式，似乎流为越俎代庖，是在代替刘勰另作处理，不涉义理而只取其方法供使用。然而考察当时学术界，似乎还没有看到过有哪一个人在学习某一佛教宗派时，可以撇开

① 参看牟世金《刘勰年谱汇考》，巴蜀书社 1988 年版。

思想体系而不论，仅从其经典中汲取一点作为方法而应用者。因此，这种处理问题的方式，未必切合刘勰讨论有无本末之辨的初衷。

上一世纪 50 年代，吕澂先生在讲中国佛学源流时，于《三论宗——隋代佛家两宗学说略述之一》中扼要地介绍了“成实宗”至“三论宗”的发展过程，中云：“三论宗以证得中道为标准，建立‘中观’法门，而入手处便采取《中论》篇首缘起颂所说的‘八不’看法。这是要从不生、不灭、不断、不常、不一、不异、不来、不出的八方面去体会缘起的意义，从而认清诸缘起法的实际，在离染趋净的过程里能正确地运用它们，以达到究竟。‘八不’的看法可以有种种安排，扼要地说，不外于五句、三式，也就是联系着二谛、中道来作区别。”①可知彼时的高僧都是在探讨“八不”、“二谛”、“中道”等基本教义的过程中求得佛学发展的。而据少康先生的观察，刘勰正是在学习《中论》第一偈中的“八不”时受到启发，用作观察事物的方法论，从而取得成功的。只是每一位学者都在特定的社会环境中生活，很难脱离共同的思维轨迹。一些重要派别的基本范畴，宗教界都是有共识的，刘勰也是一位佛教学者，难道就能做到与众截然有异？他在学习《中论》时，可以彻底摆脱当时语境，剥离“八不”的宗教内容，将印度宗教哲学中纷纭复杂的多组概念提炼后注入一个土生土长含义固定的名词——折衷，用之于文学批评，结果开辟了一条新路？这与当时的佛学环境似颇扞格，且嫌突兀。② 何况刘勰的思想是否处在从“成实”发展至“三论”的过程中，亦属未明之事。

---

① 《中国佛学源流略讲》附录，中华书局 1988 年版。

② 有关“八不中道”“八不缘起”等命题，可参考吴汝钧编著《佛教思想大辞典》中的解释，台湾商务印书馆 1994 年 5 月初版第二次印刷。

小　结

刘勰在《文心雕龙·序志》篇中介绍自己治学时，云是“擘肌分理，唯务折衷”，本与《论说》篇中所说的“般若绝境”无关。因为前者指的是态度与方法，后者指的是本体论的探讨。后人研究刘勰的研究态度与研究方法，自应尊重他本人的自述，深入探讨“折衷”说的内涵。读者自应通读《序志》全文，从他的自述中探讨其与儒家的渊源关系，由此把握其思想的实质，而不能自作主张，以今人的观点帮他与“低层次的儒家思想”拉开距离。这里固然表现出当代《文心雕龙》研究者的爱护之心，以为这样的文学理论大家一定要用上齐梁时期宗教思辨哲学内的顶尖理论《中论》，才不致埋没刘勰的英名，然而这里使用的论证方法，却是流于比附，尚还缺乏细致的论证。他们先对“折衷”一词进行加工，不顾其本义，将之无限扩大，纳入儒（荀子）、释、道等说；再将《论说》篇中的“有”“无”之辨注入，不顾这种学说的复杂内容，说成定然是龙树之说。这样做，主观的成分嫌多，说服力就很不够。“折衷”说与“中道”观均重辨析，然而二者的论证方式和追求的结果完全不同，前者用以解决具体问题，后者破而不立，一切归于空无。如果仅视其字面上的相似而无视其实质上的相异，也就只能强行捏合，勉为疏通。因此，后人对之如欲继续进行研究，尚需进行更为深入的剖析，如对刘勰所处时代佛学界的情况，刘勰的佛学思想特点何在，刘勰使用的“方法”究竟如何操作？均需作出具体的说明。

我在重读《序志》篇时的想法，仍与前此一样。研究刘勰的学说，首先应该注意他与儒家的关系；生当玄风大盛之时，还得注意他与玄学的关系。当然，刘勰信奉佛教，后且出家而成为一名正式的僧徒，因此也得注意他与佛学的关系，但得从《文心雕龙》阅读出发，尊重刘勰本人的自白，分清主次，不能只是根据现代人的认识，代之构拟一种新的体系。

梁代文论三派述要

原载《中华文史论丛》第5辑，1964年6月。

南朝梁代，在我国文学史上占有极为重要的地位。古体五言诗发展至此，逐渐变化为律诗；两汉魏晋大赋、宋齐俳赋发展至此，逐渐变化为律赋；魏晋骈文发展至此，逐渐变化为原始的四六体。声律、对偶、用事的讲求，增加了文学的形式美。文、笔的辨析，表明人们对文学特征的认识愈来愈深入了。

萧子显与刘勰

处在这样的一段前后交替时期，创作界自然会出现各种不同的倾向：有的守旧，有的趋新。

裴子野、刘之遴等可以作为守旧派的代表。

> 子野为文典而速，不尚丽靡之词。其制作多法古，与今文体异。当时或有诋诃者，及其末皆翕然重之。（《梁书·裴子野传》）
>
> 之遴好属文，多学古体。与河东裴子野、沛国刘显常共讨论书籍，因为交好。（《梁书·刘之遴传》）

徐摛父子和庾肩吾父子可以作为趋新派的代表。

> 属文好为新变，不拘旧体。……摛文体既别，春坊尽学之，宫体之号，自斯而起。（《梁书·徐摛传》）
>
> 初，太宗在藩，雅好文章士，时肩吾与东海徐摛，吴郡陆杲，彭城刘遵、刘孝仪，弟孝威，同被赏接。及居东宫，又开文德省，置学

士，肩吾子信、摛子陵、吴郡张长公、北地傅弘、东海鲍至等充其选。齐永明中，文士王融、谢朓、沈约文章始用四声，以为新变；至是转拘声韵，弥尚丽靡，复逾于往时。（《梁书·庾於陵（附弟肩吾）传》）

其文颇变旧体，缉裁巧密，多有新意。每一文出手，好事者已传写成诵，遂被之华夷，家藏其本。（《陈书·徐陵传》）

起家湘东国常侍，转安南府参军。时肩吾为梁太子中庶子，掌管记；东海徐摛为左卫率；摛子陵及信并为抄撰学士。父子在东宫，出入禁闼，恩礼莫与比隆。既有盛才，文并绮艳，故世号为徐庾体焉。当时后进竞相模范，每有一文，京都莫不传诵。（《周书·庾信传》）

可见上述两大流派的势力都很可观，然总以后者的气焰为盛。在此文学转变时期，趋新派比守旧派自然更具吸引力。趋新派的写作特点在于追求形式华美，讲究声律、对偶，注意篇章结构；他们还喜欢摆脱常规，自出“新意”。只是这些“意”的内涵主要是些淫靡的男女欢爱之情。这样的作品就是常为后代所诟病的“宫体”。

产生宫体的原因很复杂。当时的贵族阶层生活极度糜烂，这是产生宫体的社会基础；六朝诗文一直沿着华丽的道路前进，至此乃变本加厉而更趋浮艳。在宫体作家看来，这样的发展是自然的，合乎情理的。时代在变，文学在变，写作对象和写作技巧也应该随着变。因此，对待这样一种文坛新物，应该用另一种眼光来看待，另一种理论来评价。宫体作家萧绎就曾发表过这样的意见。

夫世代亟改，论文之理非一；时事推移，属词之体或异。（《内典碑铭集林序》）

于是从这一流派之中产生出了所谓“新变”的理论。萧子显在《南齐书·文学传论》中系统地阐发了这种理论。

> 习玩为理，事久则渎，在乎文章，弥患凡旧，若无新变，不能代雄。建安一体，《典论》短长互出；潘、陆齐名，机、岳之文永异。江左风味，盛道家之言，郭璞举其灵变，许询极其名理。仲文玄气，犹不尽除；谢混情新，得名未盛。颜、谢并起，乃各擅奇；休、鲍后出，咸亦摽世：朱蓝共妍，不相祖述。

总的说来，趋新派在发展文学形式技巧方面作了许多努力，其间不无可取之处，对后代文学也曾发生过某些良好的影响，只是他们在文学的内容部分却灌输进了许多不健康的因素。尽管他们也曾写出过一些较好的作品，但总的倾向却是把创作界导入题材狭隘而又充满着色情气氛的歧路。这种情况与守旧派大异其趣，自然会引起后者的严重不满。

裴子野写下了著名的《雕虫论》，攻击当时的不良文风。他从宋明帝叙起，认为上之所好，下必有甚焉者。

> 自是闾阎少年，贵游总角，罔不摈落六艺，吟咏情性。学者以博依为急务，谓章句为专鲁。淫文破典，斐尔为功。无被于管弦，非止乎礼义。深心主卉木，远致极风云。其兴浮，其志弱。巧而不要，隐而不深。讨其宗途，亦有宋之遗风也。

显然，裴文重点并不在于责难前人；他所指斥的“闾阎少年，贵游总角”，实际上当是指趋新派一类作家。只是他所攻击的对象中有萧纲等王子在内，使他不得不采取指桑骂槐的方法。

趋新派对守旧派的作风自然也是看不入眼的。萧纲就曾公然提出批评。他在《与湘东王书》中说：

> 又时有效谢康乐（灵运）、裴鸿胪（子野）文者，亦颇有惑焉。何者？谢客吐言天拔，出于自然，时有不拘，是其糟粕；裴氏乃是良史之才，了无篇什之美。是为学谢则不届其精华，但得其冗长；师裴则蔑绝其所长，惟得其所短。谢故巧不可阶，裴亦质不宜慕。

两大流派之间的冲突可说是尖锐的。一派是“淫文破典”，内容方面太过污秽；一派是“质不宜慕”，形式方面过于苍白。二者相互指责，却把彼此的优缺点都暴露无遗。这些不同文风的形成当然不是一朝一夕之事，而是自刘宋以来文学演变的结果。这些复杂现象，自然会有人加以注意，特别是处在这样一个社会上颇为注意研究文学理论的齐梁时代，自然会有人想到：应该撷取两派之长，避免两派之短，写出既“典”且“华”的作品来。

这派理论可以刘勰为代表。

刘勰在《文心雕龙·序志》篇中曾介绍过自己的论文要旨：“擘肌分理，唯务折衷。”所谓折衷，就是分析同一事物矛盾着的两端，较其得失，然后取其所长，弃其所短，融合成为一种较全面、平稳的理论。这种做法虽然有时不免流于调和，但若处理得当，则其中确可包含若干辩证法的因素。他在处理当前文坛上各种不同流派的矛盾冲突时就采取着折衷的态度。

首先，他对创作界各种不同的文风作了归纳：“若总其归涂，则数穷八体。”这八体是：“一曰典雅，二曰远奥，三曰精约，四曰显附，五曰繁缛，六曰壮丽，七曰新奇，八曰轻靡。”“典雅者，熔式经诰，方轨儒门者也”；“壮丽者，高论宏裁，卓烁异采者也”；“新奇者，摈古竞今，危侧趣诡者也”；“轻靡者，浮文弱植，缥缈附俗者也。”“雅与奇反”，“壮与轻乖”，二者作风正相对立。可以看到，守旧派的作风近于“典雅”一类，其文之高者并可得“壮丽”之长；[1]趋新派的作风近于“新奇”一类，其文之卑者皆陷诸“轻靡”之失。《体性》篇中扼要地指出了不同文派的差异之处，明确了他们的优缺点所在。

刘勰认为趋新派的弊病在于抛弃了古代学术中的优良传统，“不相祖述”，流为师心自用。《风骨》篇中说：“若骨采未圆，风辞未练，而跨略旧规，驰骛新作，虽获巧意，危败亦多。”因此他提出了向古代经典学习的问题，认为这样可以保证思想内容的正确：

> 若夫熔铸经典之范，翔集子史之术，洞晓情变，曲昭文体，然后能孚甲新意，雕画奇辞。昭体故意新而不乱，晓变故辞奇而不黩。……《周书》云：“辞尚体要，弗惟好异。”盖防文滥也。(《风骨》)

为此折衷派特别注意习染问题。《体性》篇中说：“夫才有天资，学慎始习。斫梓染丝，功在初化，器成彩定，难可翻移。故童子雕琢，必先雅制，沿根讨叶，思转自圆。”认为只有从童年时代起就注意树立正确的思想，才能避免日后的误入歧途。这种说法显与趋新派不同，当为防弊救偏而发。

折衷派与守旧派也有不同。一味继承，缺乏新创，那也会走入另一极端，出现另一偏向。《定势》篇中说：“渊乎文者，并总群势。奇正虽反，必兼解以俱通；刚柔虽殊，必随时而适用。若爱典而恶华，则兼

---

① 守旧派中多史家。史家每以识见著称，故善作论说文。《南史·裴松之(附曾孙子野)传》：“子野更撰为《宋略》二十卷，其叙事评论多善。……兰陵萧琛言其评论可与《过秦》、《王命》分路扬镳。”《史通·论赞》亦曰：“〔论〕必择其善者，则干宝、范晔、裴子野是其最也。”

通之理偏，似夏人争弓矢，执一不可以独射也。”可见作品缺乏文采，会由“典”而不“华”流为“质不宜慕”。

如上所述，为了避免重蹈两派覆辙，能使文章既“典”且“华”，刘勰提出了著名的“通变”说：

文律运周，日新其业。变则其久，通则不乏。趋时必果，乘机无怯。望今制奇，参古定法。（《通变·赞》）

萧纲与萧统

一种文学流派的兴起，必定有它的社会背景，而在中国文学批评史上，还有一些值得注意的现象。唐代以前，基本上是大地主贵族专政的时代，那时一切文学流派的形成与风行，都与最高统治集团的支持或倡导有关，例如建安七子之依附于曹氏父子即是。梁代守旧派、趋新派与折衷派的产生与风行，也与当时最高统治集团即萧氏王室密切有关。

守旧派中人物年事较长，他们所依附的对象，行辈也高，即“高祖”萧衍。这批人物都兼有学者、文士的双重身份。他们缘饰经术，潜心释典，与萧衍作风一致。《梁书·沈约传》载约撰《四声谱》：“高祖雅不好焉。帝问周捨曰：‘何谓四声？’捨曰：‘“天子圣哲”是也。’然帝竟不遵用。”①可见他对当时文坛上讲求声律的新风气持反对态度。这些地

① 《文镜秘府论》天卷《四声论》曰：“〔刘善〕经数闻江表人士说：梁王萧衍不知四声，尝从容谓中领军朱异曰：‘何者名为四声？’异答曰：‘“天子万福”即是四声。’衍谓异：‘“天子寿考”岂不是四声也？’以萧主之博洽通识，而竟不能辨之。时人咸美朱异之能言，叹萧主之不悟。”又《天中记》卷二六引《谈薮》：“沙门重公尝谒梁高祖。问曰：‘闻在外有四声，何者为是？’答曰：‘“天保寺刹”。’既出逢刘焯，说以为能，焯曰：‘何如道“天子万福”。’”此皆一事之异传，然可证萧衍确是不懂声律。

方表明萧衍也是一个旧学风的代表者，无怪乎守旧派的活动会获得他的赞赏与支持。

子野与沛国刘显、南阳刘之遴、陈郡殷芸、陈留阮孝绪、吴郡顾协、京兆韦棱皆博极群书，深相赏好，显尤推重之。时吴平侯萧劢、范阳张缵每讨论坟籍，咸折中于子野焉。普通七年，王师北伐，敕子野为喻魏文，受诏立成。高祖以其事体大，召尚书仆射徐勉、太子詹事周捨、鸿胪卿刘之遴、中书侍郎朱异集寿光殿以观之，时并叹服。高祖目子野而言曰："其形虽弱，其文甚壮。"俄又敕为书喻魏相元乂，其夜受旨，子野谓可待旦方奏，未之为也；及五鼓，敕催令开斋速上，子野徐起操笔，昧爽便就。既奏，高祖深嘉焉。自是凡诸符檄皆令草创。……中大通二年卒官，年六十二。……高祖悼惜，为之流涕。诏曰："鸿胪卿领步兵校尉知著作郎兼中书通事舍人裴子野，文史足用，廉白自居，劬劳通事，多历年所。奄致丧逝，恻怆空怀。可赠散骑常侍，赙钱五万，布五十匹。"即日举哀，谥曰贞子。(《梁书·裴子野传》)

徵与河东裴子野、沛国刘显同官友善。子野尝为《寒夜直宿赋》以赠徵，徵为《感友赋》以酬之。时魏中山王元略还北，高祖饯于武德殿，赋诗三十韵，限三刻成；徵二刻便就，其辞甚美。高祖再览焉。(《梁书·谢徵传》)

溉素谨厚，特被高祖赏接，每与对棋，从夕达旦。溉第山池有奇石，高祖戏与赌之，并《礼记》一部，溉并输焉。未进，高祖谓朱异曰："卿谓到溉，所输可以送未？"溉敛板对曰："臣既事君，安敢失礼。"高祖大笑，其见亲爱如此。……性又不好交游，惟与朱异、刘之遴、张绾同志友密。(《梁书·到溉传》)

是时天渊池新制鳊鱼舟,形阔而短,高祖暇日常泛此舟。在朝唯引太常刘之遴、国子祭酒到溉、右卫朱异。云公时年位尚轻,亦预焉。其恩遇如此。(《梁书·陆云公传》)

可见这一流派的中坚分子有裴子野、刘之遴、刘显、谢徵等人,依附对象为武帝萧衍。

趋新派的成员大都是些"风流人物",依附对象为晋安王萧纲(后为简文帝)和湘东王萧绎(后为梁元帝)。其首领为萧纲。

这一流派的中坚人物,与萧纲关系密切的,有徐摛、庾肩吾、徐陵、庾信、陆杲、刘遵、刘孝仪、刘孝威等人。关于他们的活动,详见上引《梁书·庾於陵(附弟肩吾)传》和《周书·庾信传》,此处不再重述。和萧绎关系密切的,有徐君蒨、刘缓等人。

〔君蒨〕善弦歌,为梁湘东王镇西咨议参军,颇好声色。侍妾数十,皆佩金翠,曳罗绮,服玩悉以金银。……君蒨辩于辞令。湘东王尝出军,有人将妇从者,王曰:"才愧李陵,未能先诛女子;将非孙武,遂欲驱战妇人。"君蒨应声曰:"项籍壮士,犹有虞兮之爱;纪信成功,亦资姬人之力。"君蒨文冠一府,特有轻艳之才,新声巧变,人多讽习。(《南史·徐羡之(附孝嗣孙君蒨)传》)

缓,字含度,为湘东王中录事。性虚远,有气调,风流跌宕,名高一府。常云:"不须名位,所须衣食;不用身后之誉,唯重目前知见。"(《南史·刘昭(附子缓)传》)

这一流派中人都是著名的宫体作家。萧纲本人就是宫体诗的首创者,《梁书》本纪上说他:"雅好题诗。其序云:'余七岁有诗癖,长而不倦。'然伤于轻艳，当时号曰宫体。"萧绎作风与此仿佛。[①] 两人关系特别深切，《南史·梁武帝诸子·庐陵威王续传》："始元帝母阮脩容得幸，由丁贵嫔之力，故元帝与简文相得。"二人合力提倡宫体。萧纲对萧绎期望很高，《与湘东王书》中说："文章未坠，必有英绝，领袖之者，非弟而谁？每欲论之，无可与语，思吾子建，一共商榷。辨兹清浊，使如泾渭；论兹月旦，类彼汝南。朱丹既定，雌黄有别。"可见二人对创作活动与批评工作极为热衷，意见甚为一致。

关于《南齐书》的作者萧子显，一般都只知道他是个史家，而不了解他还是一个著名的宫体作家。其实他在趋新派中的地位甚为突出，这可从以下几件事中看出。

宫体诗集中收集在《玉台新咏》中，上列徐、庾等人的作品占有很大的比重。萧子显的作品数量也很可观，计共有十一首之多。此外吴均有《和萧洗马子显古意》六首，费昶有《和萧洗马画屏风》二首。特别值得注意的是：皇太子（简文）有《和萧侍中子显春别》四首，湘东王有《春别应令》四首，于此可见萧子显的作品在宫体作家中曾受到高度的重视。

《南史·陆杲（附子罩）传》："初，简文在雍州，撰《法宝联璧》，罩与群贤并抄掇区分者数岁。中大通六年而书成，命湘东王为序。其作者有侍中国子祭酒南兰陵萧子显等三十人，以比王象、刘邵之《皇览》焉。"按萧绎《法宝联璧序》全文尚存，载《广弘明集》第二十卷，萧子显的大名高居于学士三十余人之首，于此可见萧子显的学术文章在宫体作家中也占有优越的地位。

《梁书·萧子恪（附弟子显）传》："太宗数重其为人。在东宫时，每

① 萧绎与守旧、折衷两派人物都有交往，某些议论与折衷派相似，但其实际活动则与萧纲相近。《南史·梁本纪》上说他"性好矫饰"，因此他更多地采用一些仁义道德的话装饰门面，这是与萧纲不同的地方。

引与促宴。子显尝起更衣，太宗谓坐客曰：‘尝闻异人间出，今日始知是萧尚书。’其见重如此。”于此可见萧子显的为人在宫体领袖的心目中占有特殊的位置。

这些事实都有力地说明了萧子显的宫体作家身份，因此我们完全可以把他作为趋新派的理论家来看待。“新变”说是趋新派的理论。

折衷派是否也有统治集团中的领袖人物？有。此人即昭明太子萧统。

萧统服膺儒术，事亲至孝，有仁政爱民思想，史称其“仁德素著”。——思想作风与二弟不同。

萧统爱好陶渊明文，尝为之编集立传。《梁书》本传上说他“性爱山水，于玄圃穿筑，更立亭馆，与朝士名素者游其中。尝泛舟后池，番禺侯轨盛称此中宜奏女乐，太子不答，咏左思《招隐诗》曰：‘何必丝与竹，山水有清音。’侯惭而止。出宫二十余年，不蓄声乐。少时敕赐大乐女妓一部，略非所好”。——美学趣味与二弟有别。

萧统《答湘东王求文集及〈诗苑英华〉书》：“夫文典则累野，丽亦伤浮，能丽而不浮，典而不野，文质彬彬，有君子之致，吾尝欲为之，但恨未逮耳！”刘孝绰奉命纂录《昭明太子集》，序中有言：“窃以属文之体，鲜能周备：长卿徒善，既累为迟；少孺虽疾，俳优而已。子渊淫靡，若女工之蠹；子云侈靡，异诗人之则。孔璋词赋，曹祖劝其修今；伯喈答赠，挚虞知其颇古。孟坚之颂，尚有似赞之讥；士衡之碑，犹闻类赋之贬。深乎文者，兼而善之，能使典而不野，远而不放，丽而不淫，约而不俭，独善众美，斯文在斯。”——文学见解也与简文、湘东异趣。

不难看出，昭明系统的文人提出的艺术标准与刘勰提出的折衷说是一致的。萧统在《文选序》中也提出了类似“通变”的学说。

若夫椎轮为大辂之始，大辂宁有椎轮之质？增冰为积水所成，积水曾微增冰之凛。何哉？盖踵其事而增华，变其本而加厉。物既有之，文亦宜然。随时变改，难可详悉。

这是说艺术形式与艺术手法是随着时代发展的，向美的方向发展的，于此不能有保守观点。这等于刘勰说的“文律远周，日新其业”，“变则其久”，“望今制奇”。

萧统还说过：

若夫姬公之籍，孔父之书，与日月俱悬，鬼神争奥。孝敬之准式，人伦之师友，岂可重以芟夷，加之剪裁？

这段文字向来被人认为是礼请儒家经典退出文学领域的客套话，实则并不尽然。这里固然表现出萧统对文学的特点已有较明确的认识，开始把不属文学范围之内的儒家经典排除于外，但他还是强调这些经典能起“准式”、“师友”的作用，这就意味着后代文士仍然应该向它学习，这样才能保证思想内容方面的完善。这种态度近于刘勰所强调的“宗经”、“徵圣”，也就是《通变》篇中所说的“通则不乏”，“参古定法”。

萧统与刘勰的私人关系也是很密切的。《梁书·刘勰传》记载他在天监时，“除仁威南康王记室，兼东宫通事舍人，……迁步兵校尉，兼舍人如故。昭明太子好文学，深爱接之”。二人相处既久，感情又很融洽，当与文学见解上的相合有关。

于此可见，折衷派的势力亦复不弱，其首领为萧统，其理论家为刘勰。

这一流派之中又有哪些人物呢？

时昭明太子尚幼，武帝敕锡与秘书郎张缵使入宫，不限日数，与太子游狎，情兼师友。又敕陆倕、张率、谢举、王规、王筠、刘孝绰、到洽、张缅为学士十人，尽一时之选。(《南史·王彧(附锡)传》)

昭明太子好士爱文，孝绰与陈郡殷芸、吴郡陆倕、琅邪王筠、彭城到洽等同见宾礼。(《梁书·刘孝绰传》)

昭明太子爱文学士，常与筠及刘孝绰、陆倕、到洽、殷芸等游宴玄圃，太子独执筠袖抚孝绰肩而言曰："所谓'左把浮丘袖，右拍洪崖肩'。"其见重如此。筠又与殷芸以方雅见礼焉。(《梁书·王筠传》)

可见这一流派的中坚分子有刘孝绰、陆倕、王筠、到洽等人。

以上叙述的是三大流派的一般情况。尽管各派人物之间交往上有些交错，同派人物之间年代上或有前后，不像后代一些文学流派那样壁垒分明，但从上述材料来看，这些由志趣相投或仕宦遇合而结成的集团，各有其首领与基本成员，作风相同，宗旨相合，它们具备了文学史上组成各种流派的基本条件。因此我们完全可以说，这是在文学转变时期涌现出来的三大文学流派。

萧氏兄弟有养士之风，昭明、简文尤其著称。

引纳才学之士，赏爱无倦。恒自讨论篇籍，或与学士商榷古今，间则继以文章著述，率以为常。于时东宫有书几三万卷，名才并集，文学之盛，晋宋以来，未之有也。(《梁书·昭明太子传》)

引纳文学之士，赏接无倦。恒讨论篇籍，继以文章。(《梁书·简文帝本纪》)

兄弟二人均以文学为天下倡，周围都聚集有一批文人，形成两个作风不同的文学流派。尽管兄弟二人私人感情不错，但文学见解有别，对后代的影响也就不一样。

《玉台新咏》与《文选》

这是中国文学批评史的特点：一种文学流派，除了发表理论主张之外，往往同时编选一部总集，通过具体作品的去取，表明宗旨。趋新派与折衷派的活动也有类于此。

趋新派编选了一部《玉台新咏》，他们的理论“新变”说具体体现在这书中。

> 梁简文帝为太子，好作艳诗，境内化之，浸以成俗，谓之宫体。晚年改作，追之不及，乃令徐陵撰《玉台集》，以大其体。（《大唐新语》卷三）

可见徐陵编书时目标很明确，纯为推广宫体诗服务，因此词非有关“绮罗脂粉”者不收，这是《玉台新咏》反映新变观点的具体表现。

折衷派编选了一部《文选》，他们的理论“通变”说也具体体现在这书中。

> 《文选》，昭明太子萧统集子夏、屈原、宋玉、李斯及汉迄梁文人才士所著赋、诗、骚、七、诏、册、令、教、表、书、启，笺、记、檄、难、问、议、论、序、颂、赞、铭、诔、碑、志、行状等为三十卷。原注：“与何逊、刘孝绰等选集。”（《中兴书目》，《玉海》卷五四引）

可知《文选》一书的编选实出众手。除何、刘外，刘勰极有可能曾对编选工作提供过意见，[1]王筠等人也极有可能参加过工作。[2]《梁书·王筠传》载沈约称筠诗"实为丽则"，"古情拙目，每伫新奇"。《梁书·何逊传》则载范云与逊结忘年交好，"自是一文一咏，云辄嗟赏，谓所亲曰：'顷观文人，质则过儒，丽则伤俗，其能含清浊，中今古，见之何生矣。'"萧统集合这么一批"丽则"、"今古"并重的文人编集《文选》，书中自然也会反映出"通变"的观点。

这主要表现在编选的态度上。

折衷派讲求继承传统，凡是曾在历史上占一地位，可以代表某一阶段或某一流派的成功之作，即可考虑采纳。孙梅《四六丛话》卷一小序上说："自昔文家，尤多派别。《文志》表江左之盛，《典论》诠邺下之贤。《选》之所收，或人登一二首，或集载数十篇，诗笔不必兼长，淄渑不必尽合。《咏怀》、《拟古》，以富有争奇；元虚、简栖，以单行示贵。"说《文选》有"博综"之长，这也是讲通变的人的一种特点。

二者原则不同，彼此有排斥现象。在《玉台新咏》中，除王筠、刘孝绰曾与简文、湘东有过较密切的关系，因而留下艳诗数首之外，折衷派中的其他作家无一作品入选。《玉台新咏》中也不收昭明只字，其原因或如纪容舒在《玉台新咏考异》中所说的，为新旧太子避嫌而起，但兄弟二人作风不同，当是主要原因之一吧。

返观《文选》，绝对排斥淫秽的作品，因此趋新派或作风与此相近者的作品，一概受到摒弃。萧统注意"风教"，陶渊明作《闲情赋》，尚且引起他"白璧微瑕"的指责，"惜哉！亡是可也"的慨叹，宫体一类的作品自然更不在话下了。

不同流派的作家具有不同的作风，这从上面一些记载中可以看

---

① 参看骆鸿凯《文选学》内《纂集》第一，中华书局 1937 年版。

② 参看何融《文选编撰时期及编者考略》，载《国文月刊》第七十六期，1949 年 2 月出版。

到，下面还可再引用几条有关的史料。

太清三年侯景上启陈梁武帝十失，且曰："皇太子珠玉是好，酒色是耽，吐言止于轻薄，赋咏不出《桑中》。"（《资治通鉴》）

湘东王爱奇重异。（《南史·始兴忠武王憺（附亮弟暎）传》）

昭明太子与晋安王纲令曰："明北兖（山宾）、到长史（洽）遂相系凋落，伤怛悲惋，不能已已。去岁陆太常（倕）殂殁，今兹二贤长谢。陆生资忠履真，冰清玉洁，文该四始，学遍九流，高情胜气，贞然直上；明公儒学稽古，淳厚笃诚，立身行道，始终如一，傥值夫子，必升孔堂；到子风神开爽，文义可观，当官莅事，介然无私：皆海内之俊乂，东序之秘宝。此之嗟惜，更复何论！"（《梁书·到洽传》）

萧纲、萧绎、徐君蒨、刘缓等人的举止风度和作品风貌是一种类型，萧统、明山宾、到洽、陆倕等人的为人和作品又是一种类型。趋新派的成员与折衷派的人员之间，按其行为和修养来说，确是各具特点。这些反映在作品之中，也就形成了趋新派与折衷派的根本差别。

综上所言，可以概括如下：梁代的文学创作，正处在新旧交替时期，随着时代潮流的激荡，在文人之间形成了三个不同倾向的流派：守旧派以裴子野、刘之遴等为代表，依附在梁武帝萧衍的周围。趋新派以徐摛父子和庾肩吾父子为代表，依附在简文帝萧纲的周围；萧子显为代表这一流派的理论家，提出了"新变"说；他们的宗旨还具体体现在《玉台新咏》一书中。折衷派以王筠、陆倕等人为代表，依附在昭明太子萧统的周围；刘勰为这一流派的理论家，提出了"通变"说；他们的宗旨还具体体现在《文选》一书中。

贡献与影响

由上所述,可知梁代的文学创作甚为繁荣,文学思想甚为活跃。现在要问:各种不同流派曾经分别作出过哪些贡献,发生过哪些影响?

守旧派的文学见解很保守,违背历史发展潮流,虽然对趋新派的批判还有某些可取之处,但在理论建设工作中却不可能取得什么成就。这一流派的特点是注意学古,熟悉前言往行,多识古文奇字,因此他们的贡献在史学、考古、校雠等方面,如裴子野著《宋略》二十卷,刘之遴校《汉书》真本,刘显识《尚书》所删逸篇等是。

趋新派与折衷派的创作实践与理论批评则均有可观。由"新变"与"通变"所引起的问题牵涉到创作的各个方面,其中颇有可资后代借鉴之处。今将二者的活动作些分析,考察他们的得失。

陆机在《文赋》中说:"遵四时以叹逝,瞻万物而思纷;悲落叶于劲秋,喜柔条于芳春。"诗人感物,联类不穷,摇荡性情,形诸舞咏;六朝文人都有这种认识,他们常是强调自然景物的作用。萧子显在自序中说:"若乃登高目极,临水送归,风动春朝,月明秋夜,早雁初莺,开花落叶,有来斯应,每不能已也。"(《梁书·萧子恪(附弟子显)传》)萧纲除了提到自然景物的影响之外,也提到了社会人事的激动人心。"伊昔三边,久留四战。胡雾连天,征旗拂日,时闻坞笛,遥听塞笳,或乡思凄然,或雄心愤薄,是以沉吟短翰,补缀庸音,寓目写心,因事而作。"(《答张缵谢示集书》)这种认识与刘勰在《明诗》、《物色》等篇中提出的"感物吟志"说是一致的。不过更为可贵的是:刘勰在《时序》篇中还论述了时代、政治与文学的关系,"故知歌谣文理,与世推移,风动于上,而波震于下者","故知文变染乎世情,兴废系乎时序",说明一代文风之形成,每由时代风气及政治形势之激荡。这种见解在新变说中是没有认识到,至少是没有论述到的。

作家临文之际，又要做好哪些准备工作呢？萧子显在《南齐书·文学传论》中说："若夫委自天机，参之史传，应思悱来，勿先构聚。"他在自序中自述写作经验时也说："每有制作，特寡思功，须其自来，不以力构。"这些说法，除强调灵感的萌发之外，还相对地否定了逻辑思维的作用。刘勰则在《神思》篇中全面地探讨了形象思维过程中的许多问题。他非但提出了"无务苦虑"、"不必劳情"的劝告，并且正面提出了"秉心养术"、"含章司契"的主张。因为灵感的出现是飘忽而不可捉摸的，形象思维有时会遭到各种障碍而难于顺畅地展开，如果仰恃于此，则行文的成败就难操胜算。因此刘勰在指出写作中有难于控制的精微部分之外，着重强调了人所能及的修养问题。他提出了"虚静"和"博练"的问题，要求"积学以储宝，酌理以富才，研阅以穷照，驯致以绎辞"，这就把难于捉摸的玄虚问题化为可以致力的现实问题了。应该说，通变说的这种见解更见高明。

趋新派强调"寓目写心"、"吟咏情性"，偏重主观方面的表达，不大考虑到文章体式的约束作用。萧子显在自序中也谈到了这一点："少来所为诗赋，则《鸿序》一作，体兼众制，文备多方，颇为好事所传，故虚声易远。"这种作风与折衷派不同。刘勰就曾提出"曲昭文体"的要求，"昭体故意新而不乱"(《文心雕龙·风骨》)。本来哪一方面的题材适合于用哪一种文体去表现，这是古人在长期的写作过程中积累下了无数的宝贵经验之后所取得的认识。借鉴于此，可以防止内容、形式的失调；因有规范可循，易使文章得体。但作者如果过分拘泥于文体的约束作用，则又有可能产生削趾适屦之弊。按当时的情况来说，两派的见解是各有高低的。我们或许可以这样说，新变说注意发展形式，借以更自由地表现内容，其末流失之于奇诡；通变说注意研究文体，重视形式的相对稳定性，其末流则失之于保守。当然，刘勰提出这种学说时所起的救偏作用也是不容忽视的。

以上情况表明，两派在文学理论的许多根本问题上持有不同见解。这些问题之所以存在，则与如何对待历史传统有关。趋新派与折衷派的分歧关键在于对文学传统的继承与革新持不同态度。

虽然两派都注意革新，而折衷派为防弊救偏起见，首先强调继承；趋新派则强调革新而不大讲继承。

这当然也只是比较而言的。实则意识形态范畴内的东西，都是有所继承而来的。按趋新派的作品来说，他们继承的是吴歌、西曲等言情之作，受到了鲍照、汤惠休一派的影响，只是他们抛弃了上述作品的积极因素，只突出了艳冶的一面，并经恶性发展，堕入色情描写。

南朝流行的民歌，所谓吴歌、西曲，从东晋时起即在宫廷中传播，自宋少帝起历代帝王屡有拟作。这种作品的内容和形式都是很顽艳的。《世说新语·言语》云："桓玄问羊孚：'何以共重吴声？'羊曰：'当以其妖而浮。'"说明贵族阶层中人正是从"妖而浮"的角度来接受这些民间作品的。他们抛弃了民间文学中真挚的感情，片面发展了绮靡的形式，并用统治阶级自身的感情充塞进去，这样也就扼杀了吴歌、西曲的生命，使得这些南朝民歌犹如昙花之一现。

本来向过去的作品学习时还有善学与否的问题。鲍照接受了民间文学的影响，融合了自己的新创，不但写出了许多轻灵婉丽的佳作，而且在形成七言诗、发展五言诗等方面都作出了贡献。只是这些优点在其后继者中却发生了质变。《诗品》卷中评鲍照："然贵尚巧似，不避危仄，颇伤清雅之调，故言险俗者多以附照。"《南齐书·文学传论》中论及当时文学三大流派时也提到了受鲍照影响的一派，"次则发唱惊挺，操调险急，雕藻淫艳，倾炫心魂，亦犹五色之有红紫，八音之有郑卫，斯鲍照之遗烈也"。趋新派的活动与此不无关系。只是对起于民间的吴歌、西曲和"才秀人微"的鲍照，趋新派是不愿意承认他们的先导作用的，何况他们主观上又正是强调创新而抹煞继承的。

继承问题中包含着两方面的内容，思想方面的继承与形式技巧方面的继承。如果不注意学习并发扬古典作品中的积极内容，一味强调“吟咏情性”，结果就有可能走上宣扬淫欲或其他低级趣味的道路，因为封建文人的情性之中本来就杂有种种不健康的因素。趋新派处在颓靡的梁代社会里面，由于时局动荡，危机四伏，士大夫过着得过且过的生活，纵情声色，从追求肉欲的物质享受，一直发展到追求变态的心理享受。他们彻底抛弃了古代思想传统中的积极因素，并从理论上加以摒弃，有意识地把文学送进了宫体的污秽境地。

在形式技巧方面，趋新派中人物作了很大的努力，但其末流却竞于雕琢，专用浮艳的字句修饰一己的情欲。魏徵在《隋书·文学传序》中加以批判道：“梁自大同之后，雅道沦缺，渐乖典则，争驰新巧。简文、湘东，启其淫放；徐陵、庾信，分路扬镳。其意浅而繁，其文匿而彩，词尚轻险，情多哀思。格以延陵之听，盖亦亡国之音乎！”可见当时舍本逐末之风的严重了。

折衷派坚决反对“习华随侈，流遁忘反”（《文心雕龙·风骨》）的文风。他们在肯定了文学的某些形式技巧应该“变”的前提下，认为文学还有其不能变的部分，因此特别强调了“通”的一面。《文心雕龙·通变》篇中说：

> 夫设文之体有常，变文之数无方，何以明其然耶？凡诗赋书记，名理相因，此有常之体也；文辞气力，通变则久，此无方之数也。名理有常，体必资于故实；通变无方，数必酌于新声，故能骋无穷之路，饮不竭之源。

所谓“名理有常，体必资于故实”，就是后文所说的“练青濯绛，必归蓝蒨；矫讹翻浅，还宗经诰”。刘勰认为写作文章时应该学习古代经典，继承并发扬其中的积极因素，因此他写作了《徵圣》、《宗经》等篇，专门阐述了前贤经典中的可取之处。

近人大都主张刘勰为儒家学派的信徒，其实并不尽然。刘勰并不盲目崇拜儒家学说。他之所以强调“徵圣”、“宗经”，目的在于确立一种典范，树立一种标准，作为裁夺后代一切文学作品的尺度，并且以此作为后代作家的学习典范。因为通变说主张“参古定法”，故而刘勰必须在古代各种学派里面选出一种学说，作为他人仿效的对象。儒家学派的理论之中本来就包含着许多可取的见解，孔子在思想界向来占有优越的地位，这样刘勰就很自然地依傍儒家学说而构成了他的理论体系。

刘勰在《徵圣》、《宗经》篇中对五经作了许多具体分析，指出各种经典在表现手法上各有其独特的优点，给人指出了学习的方向和应该继承经典中的哪些部分。末后他又总起来说：

> 故文能宗经，体有六义：一则情深而不诡，二则风清而不杂，三则事信而不诞，四则义直而不回，五则体约而不芜，六则文丽而不淫。（《宗经》）

这就说明学习经典也就是“还宗经诰”的结果，可以起到“矫讹翻浅”的作用。所以刘勰的“徵圣”宗经”并不是什么复古主义，而是有目的地从经典中汲取养料的一种学说。

总的看来，通变说比新变说要全面得多，稳当得多。“资故实”，“酌新声”，既有继承，又有发展；不比新变说的“厌黩旧式，故穿凿取新”（《文心雕龙·定势》），以致步入邪途，流为淫声哇语。“斟酌乎质文之间，而檃括乎雅俗之际”（《文心雕龙·通变》），这种折衷理论，既反对了守旧派的保守观点，又反对了趋新派的错误倾向。折衷派对理论建设工作的贡献是巨大的。

再以《文选》与《玉台新咏》来说，二者也有高下之分。一清一浊，犹如泾渭分流。因为《玉台新咏》中集合了许多宫体诗人轻侮妇女的作品，《文选》则是辑录历代文学作品的精英而成，二者的价值自然大相悬殊。

关于《文选》，范文澜曾有一段评语，颇为扼要，可以介绍：

> 萧统不仅自己有足够的学力，而且也凭借众人的学力，合众力来选录古今文章，宜乎《文选》三十卷成为选择最精的文学总集。《文选》取文标准是“事出于沈思，义归乎翰藻”，就是说，入选的文章必须情义与辞采内外并茂，偏于一面的概不录取。在这个标准下，《文选》自然是正统派的文集，以立意为宗，不甚讲求采色的文章就很难入选了。《文选》取文，上起周代，下迄梁朝。七八百年间各种重要文体和它们的变化，大致具备，固然好的文章未必全得入选，但入选的文章却都经过严格的衡量，可以说，萧统以前，文章的英华，基本上总结在《文选》一书里。唐李善《上文选注》里说“后进英髦，咸资准的”，唐士人有“《文选》烂，秀才半”的谚语，《文选》对唐以后文学的影响是十分深远的。(《中国通史简编(修订本)》第二编)

可见只要不抱古文家的偏见，客观地来估计一下《文选》的贡献，那就应该承认这书在我国文学发展史上曾经起过里程碑的作用。

折衷派的理论遗产是丰富的。前人早称《文心雕龙》为“体大虑周”之作，近人对此也极重视，不时有研究文章发表，因此这里就不作全面的介绍了。趋新派在理论上贡献较小，而且由于他们把当时的文学更进一步地引入了萎靡柔弱的错误道路，因此引起了自古至今许多文人的同声斥责。批判这种不良倾向是很必要的，但光凭义愤可还不能解决如何对此进行全面认识的问题，这里必须作些细致的分析，才能看清文学发展过程中的各个方面，从而给这一流派作出比较切合实际的评价。

下面我们就想通过比较，谈谈趋新派的一些可取之处。

《文选》与《玉台新咏》著录作品的体例是不同的。

> 窦常谓统著《文选》，以何逊在世，不录其文。盖其人既往，而后其文克定，然则所录皆前人之作也。（《昭德先生郡斋读书志》卷二〇）

盖棺论定，在古人看来，是种郑重的著述态度；《玉台新咏》不然，备录时人之作，简文诗收八十首，徐陵自作亦收四首，其间不无恩怨之见，难免标榜之嫌，比起前者来自然浮薄得多了。

但我们再从另一种角度来看，则又不能不说《文选》的态度未免保守。一种作品，一定要得到定评之后才能考虑，则势必埋没许多新产生的佳作，也不能起到奖掖后进的作用。即如与简文、湘东关系密切的诗人王籍，所作名篇《入若耶溪》中有名句“蝉噪林逾静，鸟鸣山更幽”，极为世所称，有关记载见《梁书·王籍传》与《颜氏家训·文章》篇，然格于体例不能入《选》，于此可见一斑。

折衷派恪守正统原则，重视传统固是好事，但有时却受到历史重压而陷于保守，则又不如趋新派的一空依傍之为善了。即如对诗体的评价来说，尽管折衷派中人物还是四言、五言并重，但在理论上却必须强调更具古典意味的四言。《文心雕龙·明诗》篇曰：“若夫四言正体，则雅润为本；五言流调，则清丽居宗。”《章句》篇曰：“至于诗颂大体，以四言为正。”强调传统的四言诗的尊贵，也就相对地压低了新兴的五言诗的进步意义。趋新派不然，极口称颂五言诗的价值。《南齐书·文学传论》上说："五言之制，独秀众品。"正是从趋新的角度出发而肯定了这种新兴的文体。因为趋新派特别强调创新，不受传统的清规戒律的束缚，所以能够大胆肯定新文体，这是趋新派的贡献之一。

江南旧有吴歌，荆襄复有西曲，流连哀思，倾炫心魂。其中不乏佳作，对当时文学的影响也极大。折衷派中人物只能推崇已成经典的《诗经》，接受某些已有定评的乐府古辞，对于本地区内产生不久的吴歌、西曲，则不理不睬。这也是他们的正统思想的一种表现。趋新派重视言情之作，对于那些抒发男女真挚感情的歌谣，自然视若拱璧，大量采纳。于是《玉台新咏》中保留下了像：古乐府诗六首、辛延年《羽林郎》诗一首（卷一），歌辞二首、《盘中诗》一首（卷九），古绝句四首、近代西曲歌五首、近代吴歌九首、近代杂歌三首、近代杂诗一首、《丹阳孟珠歌》一首、《钱塘苏小歌》一首（卷一〇）等佳作。特别值得我们赞许的，就是《玉台新咏》中还记载下了《古诗无人名为焦仲卿妻作（孔雀东南飞）》一诗。由于《文选》与《玉台新咏》对待民间文学持不同的去取标准，也就形成了前者"尺有所短"和后者"寸有所长"的新形势。应该说，重视民间文学，这是趋新派的贡献之二。

趋新派注意创新，不受陈规旧矩拘束。萧纲在《诫当阳公（大心）书》中说："立身之道，与文章异。立身先须谨重，文章且须放荡。"（《艺文类聚》卷二三引）"放荡"一词固然不妨联系到他们所写的宫体的内容而作很坏的理解，但作为一个封建帝王，告诫后辈时，恐怕还不至于耳提面命地叫自己的儿子去沉溺于情欲；目的可能还是在于说明文学的特点，即文学应该"吟咏情性"，"操笔写志"，不必"拟《内则》之篇"，"摹《酒诰》之作"，如他在《与湘东王书》中所言者。《三国志·魏书·王粲传》裴松之注引《典略》记陈留路粹奏称孔融"与白衣祢衡言论放荡。衡与融更相赞扬。衡谓融曰：'仲尼不死也。'融答曰：'颜渊复生’”。又《王粲传》记“〔阮〕瑀子籍，才藻艳逸，而倜傥放荡，行己寡欲，以庄周为模则”。《世说新语·文学》篇刘孝标注引《名士传》记刘伶“肆意放荡，以宇宙为狭”。《南齐书·高祖十二王·武陵昭王晔传》载齐高帝萧道成批评谢灵运“放荡”，说是“作体不辩有首尾”。上述诸人的共同特点是毁弃礼法，放任自适。他们的作品都富于新意，但不涉于淫秽。因此，从魏晋南北朝人对“放荡”一词的习惯用法中，也可以知道萧纲的原意是在破除陈规旧矩的束缚，追求创新。他们的作品也的确具有一些与前人不同的新面貌。

这里可举萧绎的《采莲赋》为例以说明之。

> 紫茎兮文波，红莲兮芰荷，绿房兮翠盖，素质兮黄螺。于是妖童媛女，荡舟心许。鹢首徐回，兼传羽杯，棹将移而藻挂，船欲动而萍开。尔其纤腰束素，迁延顾步，夏始春余，叶嫩花初，恐沾裳而浅笑，畏倾船而敛裾。故以水溅兰桡，芦侵罗襦，菊泽未反，梧台迥见。荇湿沾衫，菱长绕钏，泛柏舟而容与，歌采莲于枉渚。
>
> 歌曰：碧玉小家女，来嫁汝南王，莲花乱脸色，荷叶杂衣香，因持荐君子，愿袭芙蓉裳。（《艺文类聚》卷八二引）

此文思想内容固无足取，然在表现手法方面却有可观。前四句咏莲，可称刻画巧似。中间一段，点染成趣，既有微妙的心理描写，又有艳冶的背景烘托，寥寥数笔，把采莲舟的动势、小儿女的娇态，宛然呈现于前。末复结以民歌体的五言，在赋体中也别开生面。他们还喜欢凭借空中设想而发挥心理刻画的技巧，如《荡妇秋思赋》等，凡是阅读过齐梁小赋的人均可了解，此处不再多说。

这些作品，与大赋采用板重字眼以形成磅礴气势者不同，与咏物小赋专作密不通风式的外部刻画者不同，与此前的抒情小赋之着重外景描写借以映衬内心活动者也有一些不同。趋新派的小赋，注意外形刻画，也注意心理活动，并且努力于情景的协调，内质和外形的统一。他们选择富有彩色的词汇，推敲悦耳动听的声调，注意结构的严谨、形式的错综，精雕细琢，组织成文。这样的作品自然会具有一些新的特点，在这样的写作过程中自然会积累起许多形式技巧方面的经验。这些精力当然不会全是白费的。他们的创作经验给予隋唐以后的文人以借鉴，他们的作品对当时正在演变中的各种文体起了推动的作用。

自永明声律说兴起后，梁陈文人无不注意调谐对切，趋新派的作家更是斗巧出奇，讲求隔句作对，从而促使俳赋与骈文更迅速地演化成律赋与四六文。律赋已是趋于僵死的一种文体，因此趋新派在这方面的活动起了助长形式主义的作用。他们在骈文领域中的活动功过不一，一方面表现出更趋雕琢的倾向，一方面却也提高了写作技巧，因为“在骈体文的初期，文学家们只知道讲求整齐的美，还来不及讲求抑扬的美。……从庾信、徐陵开始，已经转入骈体文的后期，他们把整齐的美和抑扬的美结合起来，形成了语言上的双美”，[①]这些创造具有一定的价值。至于他们在诗歌领域中的活动，在形式技巧方面贡献更大，因为他们的诗作开五律之先声，为唐代近体诗的繁荣准备了条件，这些创新工作也应该批判地予以肯定。

趋新派中人物众多，各人的经历也不一样。即如上举徐、庾二人，在生活的后半期经历了战乱的洗礼，深受亡国之痛，因此逐渐摆脱原来宫体作家的创作道路，写出了一些有内容的作品。特别是庾信，由南入北之后，运用早期积累下的丰富技巧，写作沉痛迫切的诗赋，形成一种温丽、苍劲的风格，对唐代的一些大诗人起过很大的影响。

总起来说，趋新派的作家在提高写作技巧、发展文学形式方面作

① 王力《略论语言形式美》，《光明日报》1962 年 10 月 9 日。

出过贡献，留下了一些较好的作品，这是趋新派的贡献之三。

我们说，在祖国丰富多彩的文学宝库中，各种不同流派的人都曾投入过一珠一宝。折衷派的贡献固不必说，趋新派的贡献也不应忽视。二者在创作与理论上的得失都值得加以研究。这不仅是为了说明我国文学是如何发展过来的，而且从他们的生动事例中还可吸取若干经验和教训，这对我们当前的文学活动也不无借鉴意义。

李白两次就婚相府所铸成的家庭悲剧

原载《文学遗产》1994年第6期

我这文章的题目，原来拟作《李白二次娶相门女的特异之点》，后来发觉文理欠顺，因为李白就婚的许、宗二家，到了开元、天宝时已经不再显赫一世，李白以平民身份与之通婚，也已说不上有什么特异之处。但李白的婚事仍与常人有所不同。《诗经·豳风·伐柯》上说："取妻如何，匪媒不得。"《齐风·南山》上也说："取妻如之何，匪媒不得。"李白与许、宗二家之女结婚，当是由媒人说合的，处在封建社会之中，男女社交不公开，难得自由结合。但《南山》中又说"取妻如之何，必告父母"，这一点李白可未必能做到。他自离开蜀地之后，从未回过家乡，诗文中也无怀念父母的文字。两次结婚的地点，都离家甚远，不太可能征得家长的同意后才成亲。而且他的两次结合，都是在浪游过程中匆促成婚，手续未必能周全。因此，从礼教的角度来说，媒妁之言或许有之，父母之命则定告阙如。

又《孟子·万章上》引上述《南山》诗，则作"娶妻如之何，必告父母"。可见"娶"妻即"取"妻。"取妻"，是以男性为主体而言的，女方犹如被取之物，所以古代叙及女子出嫁时，则用一"归"字。《说文解字》第二上："归，女嫁也。从止、从妇省，𠂤声。"女子出嫁至夫家为人之妇，叫作“归”，这是她的人生归宿之处，故从“止”。《诗经·邶风·瓠有苦叶》中说：“士如归妻，迨冰未泮。”王先谦《诗三家义集疏》卷三上曰：“妇人谓嫁曰‘归’。自士言之，则娶妻是‘来归’其妻，故曰‘归妻’，谓亲迎也。”李白的情况显然与此不同，主从的关系刚巧相反。从许府与宗府来说，李白是自动“来归”的，他的这两位夫人没有归于李家，而是李白自动“来归”许府和宗府。所以，从严格意义上来说，李白的两次结婚不能用这“娶”字。

古人向视结婚为终身大事。《礼记·昏义》云：“婚礼者，礼之本也。”自先秦时起，也就制订了各种有关婚礼的仪制，《仪礼·士昏礼》上叙述至详，后代大都沿用，但李白的婚礼不可能遵循这样的礼制，因为他正他乡作客，孤身一人，很难按照纳采等全套程序去完成。而且李白是自己去女家成婚的，这种方式用的是什么礼仪，古书上可就缺乏记载了。

婚姻是受法律保护的。唐代政治措施比较严密，礼刑结合，订有完整的《唐律》，且有详细的疏解，第四卷《户婚律》共四十六条，内有关婚事者凡二十一条，可没有一条涉及男至女家就婚的规定。可见李白这样的结婚方式，属于婚事中的变例，从国家的法律来说，也不在保护之列。

下面介绍李白两次婚姻的具体情况。

李白就婚许府的考察

李白的第一位妻子，是许相公的孙女。他在《上安州裴长史书》中说：

> ……仗剑去国，辞亲远游，南穷苍梧，东涉溟海。见乡人相如大夸云梦之事，云楚有七泽，遂来观焉。而许相公家见招，妻以孙女，便憩迹于此，至移三霜焉。

李白在《秋于敬亭送从侄耑游庐山序》中又说："及长，南游云梦，览七泽之壮观，酒隐安陆，蹉跎十年。"这是说他到了安陆，许相公家招赘为婿，前后居住长达十年左右。这种情况就很特殊。

人类的发展都曾经历过母系氏族社会阶段。《吕氏春秋·恃君览》曰："昔太古尝无君矣，其民聚生群处，知母不知父。"《商君书·开塞》篇曰："天地设而民生之。当此之时也，民知其母，而不知其父。"而按信史记载，我国自夏、商、周三代起，就已建立起了父系社会，商代初步形成了宗法制度，西周以降，这一制度更趋周密，从而以父系为中心的伦理观念深入人心。男尊女卑，妇女失去了独立的人格和自主权。男子顶门立户，维持一姓相承的血统，继承家财，接续宗祀。妇女出嫁到丈夫家，生儿育女，操劳家务，被视作天经地义的事。"三纲六纪"中的所谓"夫为妻纲"，作为人伦关系中的重要准则，在封建社会中一直信守弗渝。相反，男子入赘于妻家，则被视为反常之事。赘婿一直遭到社会上的贱视。

睡虎地秦墓出土的《为吏之道》上引《魏户律》曰："廿五年闰再十二月丙午朔辛亥，□告相邦：民或弃邑居壄（野），入人孤寡，徼人妇女，非邦之故也。自今以来，叚（假）门逆吕（旅），赘婿后父，勿令为户，勿鼠（予）田宇。三粜（世）之后，欲士（仕）士（仕）之，乃（仍）署其籍曰：故某虑赘婿某叟之乃（仍）孙。"《睡虎地秦墓竹简》一书的整理者还说：这条魏律"颁布于魏安釐王二十五年（公元前252年），内容是严格限制'假门逆旅，赘婿后父'和'率民不作，不治室屋'的人，精神和秦法相近。可能正是由于这个缘故，所以被抄在这里，作为参考"。由此可见，战国之时普遍存在着贱视赘婿的情况，有的诸侯国中还曾悬之令典，加以迫害。[①]

① 见睡虎地秦墓竹简整理小组编《睡虎地秦墓竹简》，文物出版社1978年版。

秦、汉两代，赘婿的社会地位犹如罪人。《汉书·晁错传》载其言守边备塞、劝农力本当世急务二事，追叙秦时南北用兵，“秦之戍卒，不能其水土，戍者死于边，输者偾于道，秦民见行，如往弃市，因以谴发之，名曰谴戍：先发吏有谴及赘婿、贾人，后以尝有市籍者，又后以大父母、父母尝有市籍者”。汉代仍然执行相似的政策，并且形成了所谓“七科谴”的制度。《汉书·武帝纪》“发天下七科谴及勇敢士”下，颜师古注引张晏曰：“吏有罪，一；亡人，二；赘婿，三；贾人，四；故有市籍，五；父母有市籍，六；大父母有市籍，七；凡七科也。”又《贡禹传》言“孝文皇帝时，贵廉洁，贱贪污，贾人、赘婿及吏坐赃者皆禁锢不得为吏”。说明秦、汉两代王朝的歧视赘婿，有变本加厉之势，仍然行使政府权力加以迫害。

其后历代王朝情况略有改变，一般不用皇家的政令公开加以迫害了，但贱视赘婿的社会风气依然如故。在以男性为中心的封建社会中，赘婿始终被视作反常之事而遭到人们的鄙弃。

《公羊传》襄公十六年“君若赘旒然”，何休注：“旒，旂旒。赘，系属之辞，若今俗名就婿为赘婿矣。以旂旒喻者，为下所执持东西。”徐彦疏：“亦是妻所持挈，故名之云尔。”可见赘婿地位的低下。徐彦为唐人，他说的是唐代的情况。赘婿出就妻室，丧失自主权，无独立人格可言，这是为人鄙视的根本原因。

有趣的是，好些汉代出现的有关赘婿的词汇，唐人加以精要的注释，反映出了世代相传的共通观念。今略举数证如下，《史记·滑稽列传》：“淳于髡者，齐之赘婿也。”司马贞《索隐》：“女之夫也，比于子，如人疣赘，是馀剩之物也。”《汉书·贾谊传》载所撰《陈政事疏》“家贫子壮则出赘”，颜师古注：“谓之赘婿者，言其不当出在妻家，亦犹人身体之有疣赘，非应所有也。”

钱钟书《管锥编》中有“赘婿”一条，又申论之曰：“‘赘’之为言‘缀’也，虽附属而仍见外之物也。”他在征引各家之说后，又补充说明道：

“旧日入赘之婿多为其妻兄弟所憎侮，即无兄弟而‘坐产招夫’以为‘补代’者，妻党皆鄙薄之。余童时尚见闻此等风俗也。”①

唐代社会虽然比较开放，但在汉族聚居的地方，接受儒家教育的士人中间，因受伦理观念的支配、男子中心论的影响，必然也有贱视赘婿的风气。

范摅记载过两个故事，反映着这方面的情况。《云溪友议》卷下《窥衣帷》云：

> 元丞相载妻王氏，字韫秀。（原注：王缙相公之女，王维右丞之侄。）初王相公镇北京，以韫秀嫁元载，岁久而见轻怠。韫秀谓夫曰：“何不增学？妾有奁幌资装，尽为纸墨之费。”王氏父母未或知之。亲属以载夫妻皆乞儿，厌薄之甚，元乃游秦，为诗别韫秀曰：“年来谁不厌龙钟，虽在侯门似不容。看取海山寒翠树，苦遭霜霰到秦封。”……元公，肃宗、代宗两朝宰相，贵盛无比……太原内外亲族悉来谒贺者众矣。韫秀置于闲院。忽因晴霁日景，以青紫丝绦四十条，条长三十丈，皆施罗纨绮绣之饰，每条下排金银炉二十枚，皆焚异香，香亘其服。乃命诸亲戚西院闲步。韫秀问是何物，侍婢对曰：“今日相公及夫人晒曝衣服。”王氏谓诸亲曰：“岂料乞索儿妇还有两事。”盖形粗衣也。于是诸亲羞赧，稍稍而辞。

又同书卷中《苗夫人》条云：

---

① 见《管锥编》第三册，中华书局1979年版，第898页。按朱翌《猗觉寮杂记》卷上：“世号赘婿为布袋，多不晓其义，如入布袋，气不得出。顷附舟入浙，有一同舟者，号李布袋。篙人问其徒云：‘如何入舍婿谓之布袋？’众无语。忽一人曰：‘语讹也。谓之补代。人家有女无子，恐世代自此绝，不肯嫁出，招婿以补其世代尔。’此言绝有理。”此为“补代”一词之出典。许府招李白为婿，原因何在，殊难确说。宗府招李白为婿，当以其有大名，而与“补代”无关。

> 张延赏相公累代台铉，每宴宾客，选子婿，莫有入意者。其妻苗氏，太宰苗公晋卿之女也。夫人有才鉴，甚别英锐，特选韦皋秀才，曰："此人之贵，无以比俦。"既以女妻之，不二三岁，以韦郎性度高廓，不拘小节，张公稍悔之，至不齿礼，一门婢仆渐见轻怠，惟苗氏待之常厚矣。其于众多视之悒怏，而不能制遏也。皋妻张氏垂泣而言曰："韦郎七尺之躯，学兼文武，岂有沉滞儿家，为尊卑见诮，良时胜境，何忍虚掷乎？"韦乃遂辞东。

《云溪友议》中介绍的事，所谓小说家言，未必可信。元载之妻为盛唐名将王忠嗣之女，这里说是王缙相公之女，王维右丞之侄，错误显然，不足凭信，但是这两个传说中却是反映出了当时社会的常情，可以推知唐时歧视赘婿或寄居岳家的女婿的社会风气仍然严重。

王、张二家，都是社会地位至高的富贵豪门。元载、韦皋二人寄居门下，终于遭到家族内外的鄙视，最后不得不外出自求功名富贵，发泄压抑多时的不平之气。李白的情况有类于元、韦，而他自言身份为赘婿，可以想见，社会上的看法对之不可能有更好的对待。因此，李白在出蜀之后首先就到安陆入赘于许家，本身就是一件有趣而费解的事。

但李白在《上安州裴长史书》中提到"许相公家见招，妻以孙女"时，并无心存芥蒂的表现，相反，言下还不无自得之意。[①] 其中有两点可以注意：

一、这位许相公，就是高宗时拜相的许圉师。曾巩《李太白文集

---

① 杜甫《哭王彭州抡》诗曰："北部初高选，东床早见招。蛟龙缠倚剑，鸾凤夹吹箫。"仇兆鳌《杜诗详注》："东床见招，如箫迎鸾凤，抡必缔姻宗室也。"又引《杜臆》曰："见招，是招王为婿。"陈鹏叙唐时贱视赘婿，又据此而论曰："然权贵之家，往往以女招赘士人，而士之未达者，亦多乐于就赘，借为趋附之梯。"又曰："故李义山《杂纂·陡顿欢喜》条以'富家儿乍入赘女婿'与'穷措大及第'并列，盖讥其暴得富贵也。"见《中国婚姻史稿》，中华书局 1990 年版，第 744 页。李白入赘许府，不能视为趋附，然以就婚相府为荣，其心态亦有相通之处。

后序》曰:“盖白蜀郡人,初隐岷山,出居襄汉之间,南游江淮,至楚,观云梦。云梦许氏者,高宗时宰相圉师之家也,以女妻白。”许圉师为许绍少子,《旧唐书》卷五九有传,附许绍传之后,云是仪凤四年卒,则是下距李白入赘许家已历有年代。其时许家的鼎盛时期已过,李白“憩迹”于此,无甚光彩可言,所以他在《送从侄耑游庐山序》中又说是“酒隐安陆,蹉跎十年”。但他对入赘之事看来在思想上没有什么压力。

二、李白对于社会上的世俗之见,有其超越的一面,如平视公侯,侮弄权宦高力士等,非常人之所能及。但他又有热衷的一面。陈寅恪说:“唐代社会承南北朝之旧俗,通以二事评量人品之高下。此二事,一曰婚,二曰宦。凡婚而不娶名家女,与仕而不由清望官,俱为社会所不齿。”[①]当时的人对待婚配,有不同的钦慕目标,有的坚持传统的价值标准,以娶“五姓女”为荣,所谓“五姓”,指崔(清河或博陵)、卢(范阳)、李(赵郡或陇西)、郑(荥阳)、王(太原)五大世族。这是南北朝以来的著名郡望,人谓海内第一流的高门。而李白所追求的,则是当代的权贵之家,尽管其时许家已经中落,但许氏毕竟是相门之女,因而他还是甘心屈尊就婚,这反映了他未能免俗而热衷的一面。

李白就婚宗氏的考察

李白最后一位经过正式婚礼而结合的妻子是宗氏。当他漫游秋浦时,曾有《自代内赠》一诗,中云:

妾家三作相,失势去西秦。犹有旧歌管,凄清闻四邻。……

① 《读莺莺传》,载《历史语言研究所集刊》第十本,后收入《元白诗笺证稿》第四章,附《艳诗及悼亡诗》后,古典文学出版社 1958 年版。

其后他因介入永王璘之乱而获罪，远贬夜郎，宗氏和他的弟弟宗璟前往送行，李白在情绪激动之下作《窜夜郎于乌江留别宗十六璟》诗，内云：

君家全盛日，台鼎何陆离。斩鳌翼娲皇，炼石补天维。一回日月顾，三入凤凰池。失势青门旁，种瓜复几时？犹会众宾客，三千光路歧。皇恩雪愤懑，松柏含荣滋。我非东床人，令姊忝齐眉。浪迹未出世，空名动京师。适遭云罗解，翻谪夜郎悲。

王琦《李太白全集》卷一五按曰：

《唐书》宗楚客本传及《宰相表》：楚客，字叔敖，蒲州人。武后从姊子。长六尺八寸，明皙美须髯。进士及第，累迁户部侍郎，坐赃流岭外，岁余得还。神功元年六月，由尚方少监，检校夏官侍郎、同凤阁鸾台平章事。圣历元年正月，罢为文昌左丞，为武懿宗所劾，贬播州司马。稍为豫州长史，迁少府少监，岐、陕二州刺史。长安四年三月，复以夏官侍郎同凤阁鸾台平章事。七月，坐事贬原州都督。神龙初，为太仆卿。武三思引为兵部尚书。景龙元年九月，同中书门下三品。韦后、安乐公主亲赖之，寻迁中书令。韦氏败，与诛。《传》又言其冒于权利，外附韦氏，内蓄逆谋，故卒以败。其行迹若此，乃太白有"斩鳌翼娲皇，炼石补天维"之褒，诛后亦未闻放罪之辞，赠葬之典，乃太白有"皇恩雪愤懑，松柏含荣滋"之美。在诗人固多溢颂之辞，又为亲者讳，不得不然。若深叙情亲，少序家世，更为得体矣。

王琦对李诗的内容显然是不满意的。但他也持"为贤者讳"的原则，措词留有余地。实际上，宗楚客的劣迹远不止此，笔记小说上更有这方面的许多记叙，如《朝野佥载》卷五言其谄事薛怀义云："时薛师有缪毐之宠，遂为作传二卷，论薛师之圣从天而降，不知何代人也。释迦重出，观音再生。"《大唐新语》卷二曰："楚客无他材能，附会武三思。神龙中为中书舍人，时西突厥、阿史那忠节不合，安西都护郭元振奏请徙忠节于内地，楚客与弟晋卿及纪处讷等纳忠节厚赂，请发兵以讨西突厥，不纳元振之奏。突厥大怒，举兵入寇，甚为边患。"其祸国殃民之事，流传甚广。可以说，宗楚客其人，从他在位时起，名声一直很坏，李白为之大唱颂歌，与当时的议论是完全相左的。

他在赠内的诗中颂扬声名狼藉的宗氏一门，固然有为亲者讳的用意，但也正像联姻许氏一样，是他一贯的思想所支配的。即以联姻高门为荣，而不管这高门名声如何。我国士人向来注重大节，联姻的对象，除门当户对等因素外，还很看重对方是否诗礼传家，具有清白家风，李白却全不计较这些，只要是相门之女，那就引以为荣，不管是入赘也好，奸相之后也好，都能迁就。这种作风，在唐代其他文士中也是见不到的。

按宗氏日后还曾与唐代著名奸相李林甫之女李腾空一起学道求仙。李白《送内寻庐山女道士李腾空二首》其二曰：

> 多君相门女，学道爱神仙。素手掬青霭，罗衣曳紫烟。一往屏风叠，乘鸾着玉鞭。

这里的"相门女"当兼指宗氏与李腾空。李腾空出于相门，也博得了李白的尊敬。这与他对宗氏相门的态度是一致的。

但李白的这次"就婚宗府"可没有上次"就婚许府"那么顺当，以致婚后不久即匆匆离去。

李、宗二人在成婚之前想来不可能有什么接触。成婚之后，夫妇之间感情很好，李白曾有很多赠内之作，抒写他的爱恋之情；他还多次写下“代内”之作，想象之中宗氏也在日夜思念着他，等待着远游中的丈夫归去，然而李白仍然长年累月地浪游不归，这又是什么原因呢？

《秋浦寄内》诗曰：

我今寻阳去，辞家千里馀。结荷见水宿，却寄大雷书。虽不同辛苦，怆离各自居。我自入秋浦，三年北信疏。红颜愁落尽，白发不能除。有客自梁苑，手携五色鱼。开鱼得锦字，归问我如何。江山虽道阻，意合不为殊。

《自代内赠》诗曰：

宝刀裁流水，无有断绝时。妾意逐君行，缠绵亦如之。别来门前草，秋巷春转碧。扫尽更还生，萋萋满行迹。鸣凤始相得，雄惊雌各飞。游云落何山？一往不见归。估客发大楼，知君在秋浦。梁苑空锦衾，阳台梦行雨。妾家三作相，失势去西秦。犹有旧歌管，凄清闻四邻。曲度入紫云，啼无眼中人。妾似井底桃，开花向谁笑？君如天上月，不肯一回照。窥镜不自识，别多憔悴深。安得秦吉了，为人道寸心？

《秋浦感主人归燕寄内》诗曰：

……胡燕别主人，双双语前檐。三飞四回顾，欲去复相瞻。岂不恋华屋，终然谢珠帘。我不及此鸟，远行岁已淹。寄书道中叹，泪下不能缄。

看来李白实有难言之隐。“鸣凤始相得，雄惊雌各飞”，是说他们结婚不久就分离了，自己乃因受“惊”而不得不走，这里到底发生了什么事情？“……岂不恋华屋，终然谢珠帘”，是说并非是自己浪游成性，甘愿在外飘荡，他本想安栖香巢陪伴宗氏，但形势不容，只能在外飘泊不归。

这一隐情还可联系李白子女的问题一起加以考察。

魏颢《李翰林集序》中说：

> 白始娶于许，生一女一男，〔男〕曰明月奴，女既嫁而卒。又合于刘，刘诀；次合于鲁一妇人，生子曰颇黎。终娶于宗。

魏颢的用字是经过推敲的。他把李白和许氏、宗氏的关系称为“娶”，尽管这字用得仍不很妥帖，但说明这是正式的婚配关系；刘氏与鲁一妇人，则是“合”的关系，自与明媒正“娶”者有别，大约李白与之没有举行过婚礼，二者只是同居罢了。

李白与刘氏中道而“诀”，想来关系不好；与鲁一妇人的关系如何，难以确说。他在《南陵别儿童入京》诗中大骂“会稽愚妇轻买臣”，这位“会稽愚妇”，是指刘氏呢？还是指鲁一妇人？还是另有所指？现在也难以考辨清楚了。但李白把许氏所生的子女寄养在鲁地，总得有人照料，照料子女的人，可能曾与李白有同居关系，可能没有什么关系，不管怎样，对于子女的成长总是极为不利的。这点李白也深有所知，而且可以说是负疚于心的。他在好些诗中表达了这种情绪。《送杨燕之东鲁》曰：

> 二子鲁门东，别来已经年。因君此中去，不觉泪如泉。

《寄东鲁二稚子》曰：

吴地桑叶绿，吴蚕已三眠。我家寄东鲁，谁种龟阴田？春事已不及，江行复茫然。南风吹归心，飞堕酒楼前。楼东一株桃，枝叶拂青烟。此树我所种，别来向三年。桃今与楼齐，我行尚未旋。娇女字平阳，折花倚桃边。折花不见我，泪下如流泉。小儿名伯禽，与姊亦齐肩。双行桃树下，抚背复谁怜？念此失次第，肝肠日忧煎。裂素写远意，因之汶阳川。

《送萧三十一之鲁中兼问稚子伯禽》：

高堂倚门望伯鱼，鲁中正是趋庭处。我家寄在沙丘旁，三年不归空断肠。君行既识伯禽子，应驾小车骑白羊。

这里就有一个问题难以解答。李白把子女寄养在东鲁，日后又与宗氏成婚，按照我国的伦常来说，宗氏理当哺养前妻子女，负起母亲的责任，李白自当把子女接到宋地和母亲住在一起，让他们受到应有的照顾，为什么李白只能忍住自己内心的痛苦，而让子女在无至亲照料的情况下独自生活？这里到底是什么原因阻挡着这家庭的团聚？

这个问题，原因只能从李白与宗氏之间的婚姻性质上去寻找解答。

李白这次至梁苑成婚，和他到安陆成婚一样，也是“宗相公家见招”，实际上是赘婿的身份。[①] 这样宗氏自然不愿负担母亲的责任，李白也不便把子女接到宗府去了。看来他这次感到了外界的压力，因而

---

① 章培恒在《被妻子所弃的诗人》一文中，也怀疑李白与宗氏结婚乃入赘于宗家。他据缪曰芑翻宋刊本中李白《自代内赠》诗有“女弟争笑弄，悲羞泪盈巾”二句，推断曰：“知宗氏不但自己住于梁苑，连她的妹妹也住在一起。如果这是宗氏和李白结婚后所建立的家，按照当时习俗，她的妹妹自应住在宗家而不会住在姐夫家里。因此，李白的这次婚姻，很可能是他入赘于宗家。”载《中国典籍与文化》1992 年第 1 期，后收入《献疑集》，岳麓书社 1993 年版。

结婚不久就出外浪游，谋求机会再营新居，改变就婚宗府的尴尬局面。

这一过程，经历了很长的时间，到了安史乱起才出现机会。宗氏因形势所迫离开梁苑，上了庐山，和李白住到了一起。这时李白也就着手试图把伯禽接到南方安全地带，《赠武十七谔序》曰："门人武谔，深于义者也。……闻中原作难，西来访余。余爱子伯禽在鲁，许将冒胡兵以致之。"诗曰：

> 狄犬吠清洛，天津成塞垣。爱子隔东鲁，空悲断肠猿。林回弃白璧，千里阻同奔。君为我致之，轻赍涉淮源。精诚合天道，不愧远游魂。

但这一打算后来未能实现，因而后人无法了解李白的原定计划是什么：宗氏仍与子女分住两处呢，还是住在一起？李白成为一家之主了呢，还是听命于宗氏而仍让子女独立生活？

李白的异常婚姻和家庭悲剧

但是李白和宗氏在庐山上的家庭生活没有持续很久，他又在另一种心理的支配下离家出行了。

李白的思想极为复杂。一方面追求超脱，向往神仙世界，从而隐居庐山修道；一方面又热衷于仕进，要求平步青云，立抵卿相。他对身为相府之婿是那么踌躇满志，尽管许、宗二妇已是许圉师、宗楚客之孙女[①]，也能满足他这方面的虚荣心。由于自己不能做到卿相，那么娶到相门之女也就觉得光彩，而当他一遇到机会觉得自己也有可能出任卿

---

① 据《旧唐书》卷七《睿宗纪》，景龙四年（710）六月庚子夜临淄王李隆基等诛楚客，其时下距李白与宗氏结婚，已有三十五年之久。即使宗氏为楚客晚年所生，而宗氏下面还有弟弟，她结婚时也当已靠近四十岁，这与古代女子结婚年龄不合。故宗氏当为宗楚客的孙女。

相时，就在家室之内发泄出这方面的情绪来了。前面已经述及，当他在南陵接到征召他入京的诏书时，也就大骂“会稽愚妇”而申言“我辈岂是蓬蒿人”了。当他与宗氏一起住在庐山，受到永王的礼遇，三次请他下山时，也就兴冲冲地《别内赴征》了。看来宗氏对此还有疑虑，但李白却是义无返顾地前去了。这三首诗中，情绪激昂热烈，“王命三征去未还，明朝离别出吴关”，这里哪有什么“迫胁”的迹象？李白事后的申辩，后代学者好心的回护，都是无法解释得通的。

有趣的是他在《别内赴征》“其二”中反映的情绪：

> 出门妻子强牵衣，问我西行几日归。归时傥佩黄金印，莫见苏秦不下机。

李白以娶相门女为荣，而又害怕妻子轻视，因此总想抓住机会出人头地，在妻子面前也炫耀一番。他在诗中以苏秦之事作比，虽有调侃之意，但也是他真心的流露。《秋浦歌》其七曰：“醉上山公马，寒歌宁戚牛。空吟白石烂，泪满黑貂裘。”《魏郡别苏明府因北游》诗曰：“洛阳苏季子，剑戟森词锋。六印虽未佩，轩车若飞龙。黄金数百镒，白璧有几双？散尽空掉臂，高歌赋还邛。”他在长期漂泊无成、满怀悲愤之时，忽然获得了一次身“佩黄金印”的机会，也就压抑不住满腔欣喜，在妻子面前夸耀一番了。

这里还可略作补充的是：李白屡以纵横家的夸耀妻子自期，也是一种有趣的现象，《赠范金乡二首》其一曰：“只应自索漠，留舌示山妻。”《赠崔侍御》诗曰：“笑吐张仪舌，愁为庄舄吟。”用的是张仪在妻子面前预言他日富贵的故事，如与“会稽愚妇轻买臣”等句并读，也可见到他热望凭借纵横家之术而夸耀妻孥的心态。

但李白的这次政治活动却是彻底失败了。下山不及数月，永王即告失败，李白随之系狱浔阳。这时宗氏表现出了夫妇之间的深厚情谊，急忙下山奔走营救，李白在《在寻阳非所寄内》诗中说："闻难知恸哭，行啼入府中。多君同蔡琰，流泪请曹公。知登吴章岭，昔与死无分。崎岖行石道，外折入青云。相见若悲叹，哀声那可闻？"可见其时宗氏的窘迫之态和李白的感激之情。

李白这时常是想念滞留山东的子女，他在《上崔相百忧草》中说："星离一门，草掷二孩。万愤结缉，忧从中催。"在《万愤词投魏郎中》中又说："兄九江兮弟三峡，悲羽化之难齐。穆陵关北愁爱子，豫章天南隔老妻，一门骨肉散百草，遇难不复相提携。"穆陵关在沂州沂水县北，此指山东地，可见伯禽其时仍在山东，并未南下。"草掷二孩"之一为伯禽无疑，其他一"孩"是谁，是指平阳呢？还是颇黎？则难以确说了。

李白长流夜郎时，宗氏曾与其弟宗璟送行，伯禽等子女似仍未在身边。其后李白诗中虽然出现过"儿"、"稚子"等词汇，但含义含混，可作不同解释，没有确凿的证据可以说明山东的几位子女后来已经赶到江南伴陪着这位流放中的父亲。

李白在流放途中曾有诗怀念宗氏，《南流夜郎寄内》诗云："夜郎天外怨离居，明月楼中音信疏。北雁春归看欲尽，南来不得豫章书。"然而当他遇赦归来，竟未再与宗氏团聚，不知宗氏其时是否已经去世，还是因入道而已断绝尘缘？

李白的殁于当涂，从李阳冰的记叙看来，宗氏好像仍不在身边。但其时伯禽应当已和父亲住在一起。因为伯禽日后即在当涂安家，儿子、女儿一直住在那里，这点范传正和裴敬在李白的墓志、墓碑中都有明确的记载。

总结上文，可知李白与宗氏结婚之后，尽管夫妇之间感情很好，可始终未能组织起一个圆满的家庭。儿女滞留在山东，得不到应有的照料，受不到良好的教育，李白为此牵肠挂肚，可始终未能使上下两代融合，可见唐代的社会风气尽管比较开放，但就婚相府仍然属于婚姻中的变例，或许李白原先也没有估计到此中的复杂性，结果家庭生活极不正常，伦理关系无从建立，这也可以说是李白人生悲剧的一个方面吧。

李白就婚相府的文化背景分析

李白在婚配问题上反映出了与众不同的观念与举措，原因何在？总的看来，还与唐代朝野的社会风气及他个人独特的文化背景有关。

朱熹说："唐源流出于夷狄，故闺门失礼之事不以为异。"（《朱子语类》卷一三六）因为李唐的先世向在北朝任职，难免受到诸多北方民族的影响，即如太宗李世民杀弟元吉后，纳其妃杨氏，有宠，还想把她立为皇后；高宗李治收父太宗之才人武氏为妾，后且立为皇后，即似受到突厥族中流行的收继婚的影响。① 玄宗李隆基纳其子寿王之妃杨氏，后又立为贵妃，也是与历代正统皇朝的婚娶制度大相径庭的。②

西域地区的各民族，生活中还存在着很多母系氏族社会中遗留下来的风习，自古以来，妇女在家庭中一直占有重要的地位。《史记·大宛列传》曰："自大宛以西至安息，国虽颇异言，然大同俗，相知言。……俗贵女子，女子所言而丈夫乃决正。"突厥族的社会发展阶段，要比汉族落后，反映在婚娶问题上，女方的地位仍然要重要得多。玄奘、辩机

---

① 北方的游牧民族中除突厥外，匈奴、乌孙、柔然等族也行收继婚制，林幹在《突厥的习俗和宗教》中说："出现这种习俗的原因，一是原始群婚的遗风，二是族外婚制的反映，即父死或兄弟死后，为了把寡母或寡嫂约束在本氏族之内，故用收继婚的习俗（制度）使她们不能脱离本氏族而改嫁到外氏族去，以便保持本氏族的人口和力量。"载《突厥与回纥历史论文选集》上册，中华书局 1987 年版。

② 向淑云《唐代婚姻法与婚姻实态》第二章"择偶的身份"第一节"同姓与非同姓"中，叙唐代帝室之婚姻不合辈分之例甚多，可参看，台湾商务印书馆 1991 年版。

《大唐西域记》卷一《序论》纵论西域风俗时说:"黑岭已来,莫非胡俗。虽戎人同贯,而族类群分,画界封疆,大率土著。……嫁娶无礼,尊卑无次,妇言是用,男位居下。"

岑仲勉曾撰《揭出中华民族与突厥族之密切关系》一文,综合多种材料,介绍突厥族之婚礼如下:

> ……第一期聘金既付,婿偕伴侣携其所致女家及媒妁之厚礼,乘马至女村,止于村前女媒先已豫备之帐,女子则被送至亲戚帐中,与父母相离。于是女之父母设宴,唯婿及女子均不与。迄夜深,女媒导女及婿各自其帐至女家,女拒绝作礼,婿则未至女家前,被女媒等作种种之仪式的妨阻,如一人扮作恶犬,又一扮作野牛等,是也。黎明,婿即起去,全日避与岳丈母见面。如是者可两周,婿乃回家,过若干时,聘金付讫,婿又来迎女,女复佯拒,不愿离其父母,于是表演为强力之接去。但其第一项过程,即婿宿女家之一节,即使聘金立时全付,亦不能免。更如突哥曼及喀山塔塔儿等族,第一次婚礼举行后,女犹留母家数月或且数年。[①]

敦煌斯一七二五号写本《书仪》残卷曰:"近代之人多不亲近入室,即是遂就妇家成礼,累积寒暑,不向夫家。"这一情况,当是受到突厥习俗的影响,故于西陲之地尤为多见。但这类婚事如发生在中原的汉族高门,则他人之视那些寄居女家的人,也就和赘婿差不多了。

女方在婚礼中占主导地位,对求婚者作考验或测试,或由女方自行选择夫婿,这在唐代皇族与贵族中有所反映,也应看作是突厥习俗

---

① 载《东方杂志》第四一卷三号,1945 年 2 月,后收入《突厥集史》下册,中华书局 1958 年版。

的流风余韵。今亦摘引数例如下：

《旧唐书》卷五一《后妃上·高祖太穆皇后窦氏传》：

〔窦毅〕谓长公主曰："此女才貌如此，不可妄以许人，当为求贤夫。"乃于门屏画二孔雀，诸公子有求婚者，辄与两箭射之，潜约中目者许之。前后数十辈莫能中。高祖后至，两发各中一目。毅大悦，遂归于我帝。①

《开元天宝遗事》卷上《选婿窗》：

李林甫有女六人，各有姿色，雨露之家，求之不允。林甫厅事壁间，开一横窗，饰以杂宝，缦以绛纱，常日使六女戏于窗下。每有贵族子弟入谒，林甫即使女于窗中自选可意者事之。

《开元天宝遗事》卷上《牵红丝娶妇》：

郭元振少时，美风姿，有才艺，宰相张嘉贞欲纳为婿。元振曰："知公门下有女五人，未知孰陋？事不可仓卒，更待忖之。"张曰："吾女各有姿色，即不知谁是匹偶？以子风骨奇秀，非常人也，吾欲令五女各持一丝，幔前使子取便牵之，得者为婿。"元振欣然从命，遂牵一红丝线，得第三女，大有姿色，后果然随夫贵达也。②

---

① 《酉阳杂俎》续集卷六《寺塔记》下："宣阳坊静域寺，本太穆皇后宅。寺僧曰：'三阶院门外是神尧皇帝射孔雀处。'"可证《旧唐书》中之记载可信。

② 按之史实，此说至不可通。洪迈《容斋随笔》卷一《浅妄书》驳之曰："元振为睿宗宰相，明皇初年即贬死，后十年，嘉贞方作相。"然此故事亦是时代风气之反映，本文只是用来说明当时已有可能出现这一类轶事，借以考察这类故事的文化背景。

这些例证表明：唐代社会一方面受到异族文化的影响，男方有到女家求亲者，女方在择婿时已有较多的自主权。结合前述元载、韦皋的事例来看，唐代赘婿的地位有所改变；但在另一方面，因为其时社会结构没有什么根本的变化，因此外族的某些影响，又不可能改变汉族中人的这种传统观念。

在李白的出生之地碎叶附近，有铁勒在活动。《隋书》卷八四《北狄传》介绍铁勒之情况曰：

> 自西海之东，依据山谷，往往不绝。独洛河北有仆骨、同罗、韦纥、拔也古、覆罗并号俟斤，蒙陈、吐如纥、斯结、浑、斛薛等诸姓，胜兵可二万。伊吾以西，焉耆之北，傍白山，则有契弊、薄落职、乙咥、苏婆、那曷、乌讙、纥骨、也咥、于尼讙等，胜兵可二万。金山西南有薛延陀、咥勒儿、十槃，达契等，一万馀兵。康国北，傍阿得水，则有诃咥、曷截、拨忽、比干、具海、曷比悉、何嵯苏、拔也未渴达等，有三万许兵。得嶷海东西有苏路羯、三索咽、蔑促、隆忽等诸姓，八千余。拂菻东则有恩屈、阿兰、北褥九离、伏嗢昏等，近二万人。北海南则都波等。虽姓氏各别，总谓为铁勒。并无君长，分属东、西突厥。……其俗大抵与突厥同，唯丈夫婚毕，便就妻家，待产乳男女，然后归舍，死者埋殡之，此其异也。

李白就婚许圉师家，思想上没有承受什么压力，也没有什么屈辱的感觉，应当是他家庭中还保留着突厥与铁勒等族的遗风，因此才没有产生汉族中赘婿那种普遍具有的心理负担。

但是李白的这两次婚姻却是产生了意想不到的后果。当年李白离开安陆，把子女远寄山东，应是由于许氏去世，李白及其子女难以容身，所以远走他乡的吧。但李白随之入赘宗府，因而一直未能照料子女，其后他身陷囹圄，子女也未能前来探视与侍候，这种由异常婚姻而铸成的人生悲剧，曾给李白带来巨大的痛苦。可见李白两次就婚相府后出现的种种问题，是由许、宗二府中人仍有歧视赘婿之事而产生的。李白的婚姻悲剧，实际上是两种不同文化在他家庭中触发的矛盾与冲突。

柳珵《刘幽求传》钩沉

原载《中华文史论丛》1985 年第 1 辑

《刘幽求传》的发现

中唐时期的传奇作者柳珵写作了两篇著名的小说——《上清传》和《刘幽求传》。《上清传》见《太平广记》卷二七五，云"出《异闻集》"；又见《资治通鉴考异》卷一九，亦云出自《异闻集》。[①]《上清传》经此二书收纳，传播颇广，柳珵以此博得了盛誉。《刘幽求传》一文，《异闻集》中是否曾经收入，无法考知，其他典籍中也无标举此题的文字出现，因此后人都以为此文已佚，实际上它却是保存在《唐语林》一书中，只是该书没有标明出处，大家也就忽略过去了。

按《唐语林》卷三的最后一个故事，自"小子谋餐而已"至末，就是王谠转录的柳珵《刘幽求传》。此文开端文气不顺，首句之前应当还有文字，只是今已佚去，所以显得很突兀。但从保留下来的这段文字看，夸饰跌宕，波澜迭起，与《上清传》类同。二者如出一手，故此残文可以定为柳珵之作。

《唐语林》原书至明末已佚，乾隆四十年左右，四库全书馆臣利用

① 《异闻集》，唐代传奇总集，陈翰编纂，共十卷，今已散佚。参看程毅中《〈异闻集〉考》，载《文史》第七辑，中华书局 1979 年版。

《永乐大典》辑录佚书，才把《唐语林》重行编纂，且用木活字印出，辑入聚珍本丛书。这书的情况颇为特殊，前面四卷，主要是以明嘉靖二年齐之鸾所刻的《唐语林》残本为底本；后面四卷，则是纂辑散在《永乐大典》中的条文而成，所以清代之后流传的《唐语林》，就是这么一种前后体例截然不同的本子。齐之鸾本《唐语林》也不是什么好本子，误、衍、窜、夺，比比皆是，而在“小子谋餐而已”一句之前，更有大段文字脱落，计有三整行二残行之多。《守山阁丛书》本《唐语林》附钱熙祚《校勘记》曰：“此当是《豪爽》门首条，缘脱标题，故误入《夙慧》门末。”这种判断是可信的。根据这条文字的内容来看，着力描写刘幽求的叱咤风云，当入《豪爽》门无疑。但是这段文字的前面部分究竟佚去了多少文字则已无法估计，因为齐之鸾本于此空了几行文字，实际上这篇小说所佚去的却不一定仅限于几十字，这点齐之鸾在当时也已无法确知了。

研究小说的人都知道，《唐语林》是选辑五十种小说而成的。四库全书馆臣利用《永乐大典》做辑佚工作，曾将原书目抄下，置于聚珍本《唐语林》之前，这样也就给后人提供了探求《唐语林》中各条文字的原始出处的线索。

在这五十种原书中，有柳珵的《常侍言旨》，有陈翰的《异闻集》。前面已经说过，《刘幽求传》是否曾经收入《异闻集》，已经无法考知，但它曾经附在《常侍言旨》之后，则是好几种书目上都这么说的。《昭德先生郡斋读书志》（袁州本）卷三下“小说类”载《常侍言旨》一卷：“右唐柳珵记其世父登所著六章，《上清》、《刘幽求》二传附。”因为《常侍言旨》原书也已散佚，所以《唐语林》中哪些文字原出此书，难以确说。今本《唐语林》卷三《规箴》门有李唐讽肃宗一条，卷五《补遗》有玄宗幸长安一条，均见《说郛》（宛委山堂本）卷四九《常侍言旨》，而李肇《国史补》中也有记载，王谠录引的究竟是哪一家的文字，很难作出截然肯定的判断，宛委山堂本中的文字可信与否也难断言。但在《唐语林》中既然出现了情节曲折的上清故事，又出现了情节曲折的刘幽求故事，则只能说是王谠同时采录了附在《常侍言旨》后的《上清传》和《刘幽求传》。卷三末尾（实为《豪爽》门之首）的这个故事，当是《刘幽求传》残文无疑。

《刘幽求传》残文笺释

> "小子谋餐而已，此人岂享富贵者乎？"幽求闻之，拂衣而出。卢令遽下阶捉幽求衣，伸谢之，幽求竟去。卢回，谓诸郎官曰："轻笑刘生，祸从此始。"卢令竟为宗、纪所排，左迁金州司马。

首二句为他人轻视刘幽求之语。发言者究为何人，以《传》文残佚，已无法考知，然察后文，似为宗、纪。《旧唐书·宗楚客传》曰："神龙初，为太仆卿。武三思用事，引楚客为兵部尚书、同中书门下三品。……楚客虽迹附韦氏，而尝别有异图，与侍中纪处讷共为朋党，故时人呼为宗、纪。"宗、纪讪笑刘氏，似在郎署之中，故有"诸郎官"之称；而"郎官"云者，即指供职于尚书省内各部之郎中与员外郎。卢令即卢齐卿，贬官金州司马之事，新、旧《唐书·卢齐卿传》均阙载。金州汉阴郡时为中州，属山南道。白居易《江州司马厅记》曰："自武德已来，庶官以便宜制事，大摄小，重侵轻，郡守之职，总于诸侯帅；郡佐之职，移于部从事。故自五大都督府至于上、中、下郡，司马之事尽去，唯员与俸在。凡内外文武官左迁右移者第居之，凡执役事上与给事于省寺军府者遥署之，凡仕久资高耄昏懦弱不任事而时不忍弃者实莅之。"盖是遭贬而安置于外之闲职。《唐尚书省郎官石柱题名》"仓部郎中"内有卢齐卿，与《传》文相合，而此处称之为"卢令"，则又无法确知其得名之缘由。

六月，中宗晏驾。十五日酺酒间，裴漼卧于私第，幽求忽来诣漼，直入卧内，戴攕耳帽子，著白襕衫，底著短绯白衫，执漼手曰："裴三，死生一决。"言讫而去。漼大惊，不测其故。谓其妻曰："仆竟坐与非笑此子，恐祸在须臾。"

考中宗遇弑在景龙四年六月壬午（二日）。《旧唐书·中宗本纪》："甲申（四日），发丧于太极殿，宣遗制，皇太后临朝，大赦天下，改元为唐隆。……丁亥（七日），皇太子即帝位于柩前，时年十六。皇太后韦氏临朝称制，大赦天下，常赦所不原者咸赦除之。"此时故君新殁，例有国丧，而太后临朝，则又有大酺之庆。所谓"十五日酺酒间"者，乃指甲申（四日）后十五日，正值大酺期中也。《汉书·文帝本纪》赐"酺五日"下颜师古注："酺之为言布也，王德布于天下而合聚饮食为酺。""裴漼卧于私第"，当以中酒之故。此时已至己亥（十九日），刘幽求于明日庚子（二十日）将举大事，此乃孤注一掷之冒险行动，故突来访，且有"死生一决"之语。裴漼亦曾参予非笑，然事后即悔，知情况有异，故刘幽求于生死之际仍谋一晤，说明二人交情本不薄。刘幽求之服饰寓有象征意义，颇堪玩味。"戴攕耳帽子"也者，意谓其时已厕身军中，《唐会要》卷七二《军实录》："广德二年三月，禁王公百吏家及百姓著皂衫及压耳帽子，异诸军官健也。"攕耳帽子即压耳帽子，初唐时为军中之服，刘幽求时任朝邑尉，本不当戴此种帽子也。"著白襕衫"也者，意在说明刘幽求之文士出身，《新唐书·车服志》言唐太宗时"士人以棠苎襕衫为上服"，《旧唐书·舆服志》言开元来"臧获贱伍者皆服襕衫"。《传》文中刘幽求之服色，与史书记载正合。棠苎襕衫亦即白色襕衫。《尔雅·释木》："杜，赤棠；白者棠。"苎为麻之一种，亦呈白色，唐代士子常用作衣料，牛希济《荐士论》曰："孟冬之月，集于京师，麻衣如雪，纷然满于九衢。""底著短绯白衫"也者，则又暗示刘幽求之身份将起变化。《唐会要》卷三一《章服品第》:“贞观四年八月十四日诏曰:冠冕制度,以备令文,寻常服饰,未为差等。于是三品已上服紫,四品、五品已上服绯,六品、七品以绿,八品、九品以青,妇人从夫之色,仍服通黄。”又“咸亨五年五月十日敕:如闻在外官人百姓,有不依令式,遂于袍衫之内,著朱、紫、青、绿等色短衫袄子,或于闾野公然露服,贵贱莫辨,有斁彝伦;自今以后,衣服下上,各依品秩,上得通下,下不得僭上,仍令有司严加禁断”。其时刘氏仅为官居九品之朝邑尉,按例无服绯之可能,《传》中著此服色,乃为后文之入主中书作伏笔。《苕溪渔隐丛话》前集卷二一引《蔡宽夫诗话》曰:“唐制:百官服色,不视职事官而视其阶官之[①]品,与今制特异。乐天为中书舍人知制诰,元宗简为京兆少尹,官皆六品,故犹着绿,其诗所谓‘凤阁舍人京兆尹,白头犹未着绯衫。南宫启请无消息,朝散何时复入衔’是也。后与元微之同制,加朝散大夫,始登五品,故其诗曰:‘命服难同黄纸上,官班不共紫微前。青衫脱早差三日,白发生迟校九年。’中书舍人虽正五品,必待加朝散而后易绯,此知其不系于职事官也。”刘氏头戴军中所用之攕耳帽子,外套文士所服之白襕衫,里衬中书舍人加朝散者所服之短绯白衫,可谓铺叙有致,文多异彩。按刘幽求“忽来诣灌”一事,似幻实真,更能增加故事之神秘紧张气氛,信乎柳珵之于传奇,技巧上确有功夫也。

明日,中宗小祥,百官率慰少帝。是日,月华门至辰巳后方开,传声曰:“斩决使刘相公出。”衣黄金甲,佩櫜鞬,统万骑,兵士白刃耀日。自宗、纪及前时轻笑者,咸受戮于朝。

---

① “之”,原书作“九”。吴景旭《历代诗话》卷五〇引《西清诗话》,与此全同,而“九”作“之”,今据改。

此处言“明日”，已至辛丑（二十一日）。“中宗小祥”，或指少帝听政后之十三日。《仪礼·士虞礼》曰：“期而小祥”，郑玄注：“小祥，祭名。祥，吉也。”贾公彦疏：“自祔以后至十三月小祥，故云‘期而小祥’。”唐代帝王以日易月，故以十三日为小祥。《唐大诏令集》卷一一《遗诏上》，贞观九年五月六日《神尧遗诏》：“军国大事，不得停阙；寻常闲务，任之有司。其服轻重，悉从汉制，以日易月，于事为宜。”贞观二十三年五月《太宗遗诏》、弘道元年十二月四日《大帝遗诏》均有类似之说。意者少帝于八日始正式视事，越十三日而“中宗小祥”，是日正值六月二十一日也。《新唐书·礼乐志十》曰：“《周礼》五礼，二曰凶礼。唐初，徙其次第五，而李义府、许敬宗以为凶事非臣子所宜言，遂去其《国恤》一篇，由是天子凶礼阙焉。至国有大故，则皆临时采掇附比以从事，事已则讳而不传，故后世无考焉。”中宗晏驾后，变故迭起，情况至为复杂，与帝王常时之凶礼当有更多不同，今以史籍一无记叙，姑据《刘幽求传》考订如上。然《传》文零乱，颇难清理，所谓“十五日酺酒间”者，亦可视作六月十五日事；“中宗小祥”，亦可定为十五日事。唯如是推断，则刘幽求于“明日”入宫发施号令，当为六月十六日事矣。《传》文虽为小说，而柳氏乃史家之后，想来不致变乱日期，距史实过远，故此处试将《传》文中之日期另作推断如上，供学界参酌焉。《旧唐书·中宗诸子传》曰：“中宗四子：韦庶人生懿德太子重润，后宫生庶人重福、节愍太子重俊、殇帝重茂。”又曰：“殇皇帝重茂，中宗第四子也。”“少帝”即“殇帝重茂”。“月华门至辰巳后方开”云云，乃言昨晚李隆基率万骑入禁城，杀死韦后及安乐公主等人，夺取政权，喧闹至今日上午，大局始定，刘幽求乃能抽身外出，报前时非笑之仇。徐松《唐两京城坊考》卷一《大明宫》：“含元殿后曰宣政殿，天子常朝所也。殿门曰宣政门，门外两廊为齐德门（原注：在东）、兴礼门（原注：在西）；其内两廊为日华门（原注：在东）、月华门（原注：在西。《唐诗纪事》言张九龄、裴耀卿罢免之日，自中书至月华门）。日华门外为门下省……月华门外为中书省（原注：省有政事堂。……高宗永淳二年七月，裴炎自中书令执朝政，始移政事堂于中书省）。”刘幽求自月华门至朝堂，乃言其大权在握，声势喧赫。而“斩决使”一名，不见唐代史籍，或系临时所定官称，亦有可能为柳珵所自拟。又陈寅恪《记唐代之李武韦杨婚姻集团》叙玄宗起兵事，引《旧唐书·王毛仲传》：“〔景龙〕四年六月，中宗遇弑，韦后称制，令韦播、高嵩为羽林将军，令押千骑营。”下加按语曰：“《通鉴》‘千’作‘万’，是。盖中宗已改‘千骑’为‘万骑’矣。温公之精密有如是者。”今按：《刘幽求传》此处正作“万骑”。又《资治通鉴》睿宗景云元年言“中书令宗楚客衣斩衰，乘青驴逃出，至通化门，门者曰：‘公，宗尚书也。’去布帽，执而斩之。并斩其弟晋卿。”“侍中纪处讷行至华州，吏部尚书同平章事张嘉福行至怀州，皆收斩之。”知非辛丑日“咸受戮于朝”也。此处柳珵变动故事情节，亦是小说笔法。按齐之鸾本、聚珍本《唐语林》于“明日”二字下有注：“时去清明九十九日”，此说不知何谓。按历法计，此时既非六月二十一日，又非六月十六日也。又齐之鸾本“率慰”作“奉慰”，“前时轻笑者”之前有“邪党”二字，均应据改。

又唤兵部员外郎裴漼，漼股慄而前。幽求曰：“相识否？”漼答曰：“不识。”刘曰：“幽求与公俱以本官一例赴中书上任。”其夜凡制诰百馀首，皆幽求作也。

据《唐尚书省郎官石柱题名》，裴漼实为吏部员外郎，疑“兵”字有误。裴漼与刘幽求有旧，此时股慄而前，乃形容刘氏声势逼人。然裴氏自与前时非笑者有别，故刘氏仍呼之赴中书知制诰。《旧唐书·裴漼传》言曾“三迁中书舍人”，可知此处亦有事实根据。《新唐书·百官志二》中书省“舍人六人，正五品上。掌侍进奏，参议表章。凡诏旨制敕、玺书册命，皆起草进画；既下，则署行”。此即所谓“知制诰”是也。刘幽求文思敏捷，屡见史籍，《旧唐书·刘幽求传》言“圣历年，应制举”，徐松《登科记考》卷四系于圣历三年，定为经邦科登第。《文苑英华》卷三八五载苏颋《授刘幽求左仆射制》曰：“刘幽求风云玄感，川岳粹灵，学综九流，文穷三变。”可见其才学之出众。“幽求与公俱以本官一例赴中书上任”一句，齐之鸾本作“幽求请公便以本官知制诰，赴中书上任”。

自为拜相白麻云：“前朝邑尉刘幽求忠贞贯日，义勇横秋，首建雄谋，果成大业。可中书舍人，参知机务。赐甲第一区，金银器皿十床，细婢十人，马百匹，锦彩千段，仍给铁券，特恕十死。”

刘幽求自为拜相白麻一事，史书一无记载，柳珵虚构此一情节，意在说明刘氏之骄恣自得。按唐代诏书例用麻纸誊写，拜免将相则用白麻。《新唐书·百官志一》：“凡拜免将相，号令征伐，皆用白麻。”《旧唐书·刘幽求传》言其为朝邑尉时，“及韦庶人将行篡逆，幽求与玄宗潜谋诛之，乃与苑总监钟绍京、长上果毅麻嗣宗及太平公主之子薛崇暕等夜从入禁中讨平之。是夜所下制敕百馀道，皆出于幽求。以功擢拜中书舍人，令参知机务，赐爵中山县男，食实封二百户。……睿宗即位，加银青光禄大夫，行尚书右丞，仍旧知政事，进封徐国公，加实封通前五百户，赐物千段、奴婢二十人、宅一区、地十顷、马四匹，加以金银杂器。景云二年，迁户部尚书，罢知政事。月馀，转吏部尚书，擢拜侍中，降玺书曰：‘……加赐卿实封二百户，兼旧七百户。使夫高岸为谷，长河如带，子子孙孙，传国无绝。又以卿忘躯徇难，宜有恩荣，故特免卿十死罪，并书诸金铁，俾传于后’”。“金铁”即金书铁券。其券以铁为之，如瓦形，外刻履历恩数之详，以记其功；中镌免罪减禄之数，以防其过。字嵌以金，各分左右。左颁功臣，右藏内府，有事则合之以取信。可见《传》文云云，大都有其根据，然是数事乃后数年内陆续颁赐者，柳理据之悬拟一自为拜相白麻，可称构思佳妙。

翌日，命金州司马卢齐卿京兆少尹知府事。

新、旧《唐书·卢齐卿传》无此历官。《新唐书·宰相世系表三上》大房卢氏有"承泰，字齐卿，太子詹事，广阳郡公"。《旧唐书·卢承庆传》言齐卿为"广阳县公"，而新、旧《唐书·卢承庆传》均云卢齐卿乃承泰之子，疑《新唐书·宰相世系表》中之"字"字乃"子"字之形讹，此处或承原始资料而致误，故卢齐卿之世系与本名当依新、旧《唐书》本传为准。《文苑英华》卷八三一载梁肃《京兆府司录西厅卢氏世官记》曰："……我王父广阳公以明德懿识，向用休福，羽仪于中朝。我伯父嗣公，以文学政事，载扬茂烈，光绩于前人。皆肇久吏[①]职，发于京兆纪纲之任。……初，广阳公讳齐卿，由司仓掾，为之骤登郎官，更贰本府，布泽于彭、滑、幽、徐之人，端护春宫，崇赠少保。"《传》文中前称"卢令"，意者其后"端护春宫"，曾任太子率更令欤？梁肃此文所叙卢齐卿之历官，与《刘幽求传》相合。此时卢齐卿之升任京官要职，乃因前时郎署中非笑刘幽求时，别有友好之表示故也。然《唐会要》卷六七《京兆尹》曰："开元元年十二月三日，改为京兆府。"前时此地曰"雍州"，可见卢齐卿以副职而主持州政，其时尚无府称，此处柳理乃以后名呼之。又《旧唐书·崔日用传》曰："中宗暴崩，韦庶人称制，日用恐祸及己。知玄宗将图义举，乃因沙门普润、道士王晔密诣藩邸，潜谋翼戴。玄宗尝谓曰：'今谋此举，直为亲，不为身。'日用曰：'此乃孝感动天，事必克捷。望速发，出其不意，若少迟延，或恐生变。'及讨平韦氏，其夜，令权

---

① "吏"，原文作"史"，下有注曰："《集》作'吏'。""吏"字是，今据改。

知雍州长史事。”然崔日用党附宗楚客、武三思、武延秀等人日久，玄宗自不予信任，故刘幽求乃命卢齐卿隐持此要害地区之实权。《旧唐书·卢齐卿传》称“时人谓齐卿有人伦之鉴”，此亦可见。柳珵借卢齐卿之升沉形容刘幽求之大权在握，进退由心，以个人恩怨为重。又《传》文后句“京兆少尹”上似脱一动词。

载柳冲常侍所著《姓系》刘氏卷。

《新唐书·艺文志》“谱牒类”有柳冲《大唐姓族系录》二百卷，今已散佚。《新唐书·儒学中·柳冲传》曰：“中宗景龙中，迁左散骑常侍，修国史。初，太宗命诸儒撰《氏族志》，甄差群姓，其后门胄兴替不常，冲请改修其书，帝诏魏元忠、张锡、萧志忠、岑羲、崔湜、徐坚、刘宪、吴兢及冲共取德、功、时望、国籍之家，等而次之。……会元忠等继物故。至先天时，复诏冲及坚、兢与魏知古、陆象先、刘子玄等讨缀，书乃成，号《姓氏录》。……开元初，诏冲与薛南金复加刊窜，乃定。”齐之鸾本“卷”后有“中”字，当据补。

《刘幽求传》的价值

此文很有特点，它与作者的家世有关。

柳珵，新、旧《唐书》无传。《郡斋读书志》上说到他的“世父”是柳登，而《直斋书录解题》卷一一“小说家类”叙《柳常侍言旨》则曰：“常侍者，其世父芳也。凡六章，末有刘幽求及上清传。”考柳芳从未任过散骑常侍之职，所以《直斋书录解题》上的记载显然是错误的。《郡斋读书志》“小说类”中还录有《家学要录》一卷，“右唐柳珵撰。采其曾祖彦昭、祖芳、父冕家集所记累朝典章因革、时政得失，著此录。小说之尤者也”。说明柳氏史学传家；柳珵的著作，乃至著作的风格，都是有所承受的。今将他家族中的情况略作介绍。

祖柳芳，肃宗、代宗时著名史家。《新唐书》本传上说："肃宗诏芳与韦述缀辑吴兢所次国史，会述死，芳绪成之。兴高祖，讫乾元，凡百三十篇。叙天宝后事，弃取不伦，史官病之。上元中，坐事徙黔中。……高力士亦贬巫州，因从力士质开元、天宝及禁中事，具识本末。时国史已送官，不可追刊，乃推衍义类，仿编年法，为《唐历》四十篇，颇有异闻。然不立褒贬义例，为诸儒讥讪。"

伯父柳登，"淹贯群书。……元和初，为大理少卿，与许孟容等刊正敕格。以病改右散骑常侍，致仕"。

父柳冕，"博学富文辞，且世史官，父子并居集贤院。历右补阙、史馆修撰"。

从兄柳璟，"文宗开成初，为翰林学士。初，芳永泰中按宗正谍，断自武德，以昭穆系承撰《永泰新谱》二十篇。璟因召对，帝叹《新谱》详悉，诏璟捃摭永泰后事缀成之。复为十篇，户部供笔札禀料"。

由上可见，河东柳氏乃是一个声名卓著的史学世家，历代都有著述行世。但按正统的史学观点来看，体例颇有不纯之处。柳芳享有大名，且是这一世家的奠基者，然而"不立褒贬义例"，"弃取不伦"，"颇有异闻"，想来已经杂入小说笔法。其他人的著作今已无法详知，但从晁公武对《家学要录》的评语"小说之尤"来看，可知各类著述中都杂有小说笔法。这就可以帮助我们考察柳珵的写作特点。

《上清传》一文，内容既不可信，而且颂扬窦参而贬抑陆贽，可谓好恶拂人之性，所以司马光在《资治通鉴考异》中说："陆贽贤相，安肯为此！就使欲陷参，其术固多，岂肯为此儿戏！全不近人情。今不取。"这里是说柳珵的作品虽然"颇有异闻"，但也犯下了"不立褒贬义例"、"弃取不伦"的弊病。

《刘幽求传》中的情况与《上清传》有所不同，其故事的梗概应该是可靠的，但在细节描写上却使用上了文学手法，因而与事实不能一一合拍。

即如刘幽求自作拜相白麻而言，他所自封的官衔，要求颁赐的实物和优赏，后来大都实现了，但在时间上有差距，因为这些官职和赏赐并不是在发动政变时立即到手的，而是在事后几年之中，睿宗和玄宗陆续颁赐的，可见拜相白麻云云，当是柳珵根据后来的事实悬拟而成。这样做，于历史真实来说，固然不能完全切合，但对塑造刘幽求这一人物形象而言，却能很好地起到突出人物性格的作用。刘幽求那种骄恣自得为所欲为的神态，宛然如在目前。柳珵虚构这一情节，确是水平很高的传神之笔。

史书记载，刘幽求是一个具有豪侠之风的人物。他富有冒险性。按照封建社会中的常规来说，还可以说是不安本分。但在唐玄宗与韦后一党和太平公主一党的尖锐冲突中，他却能见机先觉，帮助玄宗一再发动军事政变，消灭政敌。从这些地方来说，他能临危忘身，拥戴"明"主，所以在文章中应以正面人物的身份出现。

在推翻韦后政权的这一事件中，刘幽求运筹帷幄，确是一位旋乾转坤的关键人物。事后他又高自期许，不甘屈居人后一步，这又必然会引起玄宗的疑虑。唐玄宗在夺取政权的过程中，不断诛戮家族中的尊长，用手腕笼络兄弟一辈，实际上是严加防范，那他对异姓中人，那些帮他夺取政权的人，当然也会保持高度警惕。特别是像刘幽求这样一位锋芒毕露的人物，当他们目标一致，刘氏舍死忘生帮他夺取政权时，当然会欣然引为同类，而当政权到手，刘幽求表现出很高的政治欲望时，玄宗当然会联想到他在政变过程中自作主张的种种行径，这时便被看作野心勃勃，于是采取断然措施，将之清除出中央政权了。所以唐玄宗在发动政变时，依靠的是刘幽求、钟绍京一流人物；承平之时，刘、钟等人便全被排斥，重用的是姚崇、宋璟一流人物。那么《刘幽求传》中草拟拜相白麻等文字，正好能够用来说明此人后遭疑忌而受排斥的原因。柳珵虚构这一情节，又能暗示历史进程，符合人物形象性格特征的逻辑发展程序。

刘幽求个性鲜明，生平历史大起大落，从传奇作者的眼光看来，当然是创作上的好材料。《说郛》（张宗祥辑明钞本）卷四录白行简撰《三梦记》，乃是唐人传奇中的名篇，其第一梦就是以刘幽求为主角的。《酉阳杂俎》前集卷八《梦》曰："李铉著《李子正辩》，言至精之梦，则梦中身，人可见。如刘幽求见妻，梦中身也。"柳珵也选这一人物作主角，借以反映初唐政治舞台上的一次重要事件，波澜起伏，风云变幻，可以尽情抒发他的文才。

刘幽求骤起于底层，夤缘际会，遽躐高位。这样的人物，狂放不羁。当他不得志时，容易遭到世人的白眼；得志之后，也就会威风凛凛，不可一世。《隋唐嘉话》卷下记刘幽求任朝邑尉，此地属同州辖下，刺史张沛奴视属下，而对刘氏则特加青睐。玄宗发难诛戮韦后一党，殿中监张涉见杀，其弟张沛亦合同诛。[①] 时刘幽求方立元勋，居中用事，竟脱之于难。此事并见《大唐新语》卷六《举贤》与《唐语林》卷三《识鉴》，从中可见刘幽求的处理事情，确以个人恩怨为重，可与此处《刘幽求传》中的记叙互参。古人所谓"一饭之恩不忘，睚眦之怨必报"，正是这一类人物的常态。因此，《刘幽求传》中主要人物的形象具有典型意义，可以帮助广大的读者认识封建社会中的人情世故。只是此文有所残缺，读后还不能获得完整的印象，如是完帙的话，其文学价值是不会在《上清传》之下的。

当然，这篇传奇的性质和《上清传》也有不同。它的史料价值，要比《上清传》高。因为刘幽求其人，历史上有大名，记载他事迹的文献

① 据新、旧《唐书·张文瓘传》，涉乃沛之弟。

很多。柳珵在文章结束时就介绍了柳冲《大唐姓族系录》一书。此书计有二百卷之巨，“刘氏卷”中，对刘幽求的记叙应该比较详细。此书在当时颇为人所重视，《新唐书·韦述传》曰：“述好谱学，见柳冲所撰《姓族系录》，每私写怀之，还舍则又缮录，故于百氏源派为详，乃更撰《开元谱》二十篇。”前面已经说过，柳芳与韦述相善，韦述的著作，柳芳足成之，《新唐书·儒学中·柳冲传》中还附有柳芳论谱牒的大段文章。其后柳氏一门常是从事谱牒之类的著作，因此柳珵以刘幽求事为题材，可谓渊源有自。柳冲《姓族系录》既然传播很广，人所习知，那么柳珵依傍此书而写作，也就不可能太离谱。文中主角的经历，应该大体符合史实。即如《传》文中提到的刘幽求称“前朝邑尉”，裴漼为中书舍人之类，都与史书记载相合。因此，这一传奇又具有相当高的史料价值，可以补充唐代这一时期史书记载的不足。尤其是初、盛唐时期，有关的杂史、笔记为数很少，唐玄宗推翻韦后政权一事，史书上缺乏生动的描写，《刘幽求传》一文，正可补充这方面的不足。

唐代笔记小说的校雠问题

原载《古典文献研究(1991—1992)》，1994 年 6 月。

中国的文化在世界上独树一帜。作为一个文明古国，早在商代起就有系统的历史记载，并有数量众多的文献流传下来，这些中国文化的物质载体，历经岁月的冲刷而终得保存，它与历代王朝的重视保存文献有关，也与历代文士的重视整理古籍有关。

汉代的刘向、刘歆父子等人开始有系统地分门别类地进行古籍整理，历代王朝中都有一些杰出的学者曾在这一领域中作出过巨大的贡献。清代学者的成绩更为辉煌，一些著名的朴学大师不但在实践上取得了丰富的成果，而且开始构建有关的理论，近代一些受过严格训练的学者还进一步作了总结，更使古籍整理成为一种具有完整理论体系的科学。它制订了一系列可供检核的操作程序，指导人们循序渐进地去完成任务。

由于古人轻视小说，学者不愿把很多精力放在小说的整理上，致使这类著作中留下的问题甚为复杂。今以唐代笔记小说为例，从版本、校勘、辑佚三个方面展开论述，抉发这一领域中存在的问题，并对如何解决困难提出一些个人的看法。

版　本

整理唐代笔记小说，首先就会遇到一个困难问题，就是不易找到好的本子作底本。

日本高山寺藏唐钞本《冥报记》三卷，当是存世最早的唐人笔记小说。其价值之高，自不待言。《旧唐书》卷八五《唐临传》曰："所传《冥报记》二卷，大行于世。"故在唐时即已传入日本。藤原佐世于宇多天皇宽平年间（公元889—898，即唐昭宗龙纪元年至光化元年）编撰之《日本国见在书目录》"杂传类"著录《冥报计（记）》十卷，而该国保存古钞本三种，除高山寺本外，尚有三缘山寺本与知恩院本，均作三卷，与我国唐宋书目记载都不相同。《旧唐书·经籍志》、《新唐书·艺文志》、《宋史·艺文志》、《直斋书录解题》与《法苑珠林》卷一一九"杂集部"之著录与其本传相同，均作二卷。由此可知，高山寺本《冥报记》与唐临原著已有出入。①

---

① 《涵芬楼秘笈》六集《冥报记》依日本高山寺本排印，商务印书馆于1918年出版，误字很多，使用时须谨慎。杨守敬《日本访书志》卷八著录古钞本《冥报记》三卷，云"传是三缘山寺保元间写本"，岑仲勉《唐临〈冥报记〉之复原》一文于此有详论，原载《历史语言研究所集刊》第十七本，1948年刊；后收入《岑仲勉史学论文集》，中华书局1990年版。方诗铭辑校《冥报记》三卷，附《补遗》十五则，为目下最为完备之本；方氏于《辑校说明》中对此书的情况有简要之介绍，可参看。此书由中华书局于1992年出版。

敦煌遗书中保存着数量众多的唐代和五代时人抄写的卷子，可惜不见唐人笔记小说的钞本。据王重民的调查，其间仅存伯3741《周秦行纪》残本一种，计六十行，约占全文的三分之二，写于后晋清泰二年(934)。钞手学识不高，误字很多，然与《太平广记》卷四八九中所录的《周秦行纪》相校，则仍偶有胜处。例如卷子本云“夫人约指以玉环，照见指骨”，《太平广记》则作“光照于座”，下有原注，引《西京杂记》云“高祖与夫人玉环，照见指骨”。比较之下，似以唐钞本中文字更为近真。[①]只是这类可供参考的文字数量过少，也很难指望日后能有很多发现。

从事古籍整理的人都知道，我国自唐代起就已有版刻行世。但早期的刻本，大都属于历书与佛教文献之类。到了五代时，始有皇家主持刻印经典之事，如自后唐至后周，绵延四个朝代，刻成“九经”，后蜀毋昭裔亦刻有“九经”等书，说明其时雕版印刷事业已有迅速的发展。但小说一向被视为“小道”，人们自不会首先考虑去刻印这类书籍。因此，唐人笔记小说的宋本原刻流传至今者绝少。如莫友芝《宋元旧本经眼录》等书中，均未发现有关唐人笔记小说版刻的记录。清初朱彝尊藏宋椠本《鉴诫录》十卷，携至扬州诗局供编纂《全唐诗》之馆臣检阅，查嗣瑮、曹寅、汪士鋐等人均有题跋，后王士禛、徐嘉炎、朱彝尊、赵怀玉、顾广圻等亦加题跋，黄丕烈获此书后，视若拱璧，详细记录此书流传经过。[②] 于此可见宋椠唐人笔记小说中物以稀为贵的情况之突出。

北宋前期王尧臣等编《崇文总目》六十六卷，欧阳修等编《新唐书·艺文志》四卷，在“杂史”、“传记”、“故事”、“小说”等类中著录了许多笔记小说，但未注明孰为刻本，孰为钞本。估计这时不大会有数量

---

① 王重民:《敦煌古籍叙录》卷三“子部上”《周秦行纪》，商务印书馆1958年版。按此事原出《西京杂记》卷一，文曰:“戚姬以百炼金为彄环，照见指骨。”

② 载缪荃孙等辑《荛圃藏书题识》卷六《鉴诫录》。

众多的刻本行世，因此书目中著录的唐人笔记小说，应当都是一些前代流传下来的钞本。尤袤《遂初堂书目》首创著录版本之例，但仅限于经书及正史数种，对唐人笔记小说的著录甚为简单，仅将之归入“杂史”、“杂传”、“杂家”、“小说”诸类，在版本问题上无所提示。因此，有关唐人笔记小说在北宋之前的传播系统，以及各本的原貌如何，今日已难确说。

到了南宋之后，唐人笔记小说的刻本逐渐增多。明代嘉靖年间阳山顾元庆刻《顾氏文房小说》四十种、四十七卷，其中唐人笔记小说多种，为覆刻宋本而成，如《隋唐嘉话》三卷之末注云“夷白斋宋版重雕”；藏书家的题跋中也常有覆宋本或仿宋本的记载，如八千卷楼旧藏明覆宋本《开天传信录》（即《开天传信记》）一卷，影宋钞本《中朝故事》一卷，丁丙《善本书室藏书志》卷二一中均有介绍。二书今藏南京图书馆。皕宋楼旧藏明仿宋刊本《松窗杂录》一卷，陆心源《皕宋楼藏书志》卷六二“小说类”有介绍，此书今归日本静嘉堂文库，此外各地藏有影宋钞本唐人笔记小说之图书馆与藏书家尚多，如北京图书馆即藏有清影宋钞本王定保《唐摭言》、清初影宋钞本《钓矶立谈》各一种。

从版本学的角度来说，唐人笔记小说自然也以宋本为可贵，因为这是最为接近唐人写作原貌的本子。但也正因前人普遍轻视小说，锓刻时态度随便，以致某些原出宋本的唐人笔记小说的内容仍存在着不少问题。今举一个极端的例子加以说明，《顾氏文房小说》本《刘宾客嘉话录》后有跋曰：

> 右韦绚所录刘宾客嘉话，《新唐书》采用多矣，而人罕见全录。圜家有先人手校旧本，因锓版于昌化县学，以补博洽君子之万一云。乾道癸巳十一月旦海陵卞圜谨书。

乾道癸巳即宋孝宗乾道九年(1173),可知这是南宋初年的一种刻本。按例来说,应该是比较可信的了,但因其中条目多与他书相重,也就引起了读者的怀疑,《四库全书总目》子部“小说家类”作《刘宾客嘉话录》提要,用力甚勤,属于小说提要中考核最详的文字之一。馆臣大量揭发书中与李绰《尚书故实》中相重的文字,以此归罪于曹溶刻《学海类编》而造成诸多错误,“盖《学海类编》所收诸书,大抵窜改旧本,以示新异,遂致真伪糅杂,炫惑视听”。实则《学海类编》此书即按《顾氏文房小说》本刻入,只是四库馆臣所见到的仅《学海类编》本罢了。但这些错误也非顾元庆窜改旧本而成,卞圜跋文中提到他刻书时依据的是“先人手校旧本”,可知早在宋代此书内部即多羼杂讹误。[1]

60年代前期,唐兰、罗联添二人分别对《刘宾客嘉话录》一书作了精密的考辨,对书中文字的真伪也作了细致的甄别,得出了大体相同的结论。唐兰在《〈刘宾客嘉话录〉的校辑与辨伪》四“今本辨伪”中说:“兰按今本《嘉话录》已非原书,其间多为后人以他书搀入。除卷首‘韦绚序’至‘蔡之将破’条,凡二十五条,及‘石季龙’条至‘予与窦丈’条,凡二十条,总计四十五条,是真韦书外,前段搀入《尚书故实》二十七条,《续齐谐记》二条,后段搀入《尚书故实》十条,《隋唐嘉话》二十九

---

① 卞圜之父名大亨,字嘉甫,泰州(一作海陵)人。靖康中以遗逸荐。卞圜,字养直,一作子东,又作子车,绍兴三十年(1160)进士。二人尚有《集注杜诗》三十卷,今已佚,然据周采泉分析,知其编次不伦,内容杂乱,详见周著《杜集书录》卷二“全集校刊笺注类二”《卞氏集注杜诗三十卷》按语,上海古籍出版社1986年版。周必大《二老堂诗话》于《辨杜诗阅殷阑韵》亦讥之曰:“卞氏本妙不可言。”唐兰《〈刘宾客嘉话录〉的校辑与辨伪》五《跋》中以为卞本《刘宾客嘉话录》原出三馆,宋初馆阁之书曾为火焚,而借太清楼之书抄补,太清楼书又有损蠹,校书者遂杂取他书以补之,故多错乱。此说假设过多,不太可信。卞氏父子社会地位不高,安得馆阁本而录之。况卞圜自言此本乃其“先人手校旧本”,未曾言及“馆阁”只字。按之卞氏父子编注杜集之情况,则是卞本《刘宾客嘉话录》之讹误特多,亦应与其父子二人的学识欠佳与工作草率有关。

条，总计六十八条。”[①]罗联添在《〈刘宾客嘉话录〉校补及考证》的前言中也说：“总计全书记叙人事一百一十三条，其中误窜的作品竟有六十六条之多，占全书二分之一以上。”[②]可见自宋至清流传于世的《刘宾客嘉话录》一书错误之严重了。经过唐、罗二人的整理，《刘宾客嘉话录》的原貌可说已经大体恢复。

总结上言，可知后人已经难以见到唐人笔记小说的宋本原刻，据之复刻的本子，也常杂有错误，这对整理工作来说，当然是一件颇令人感到遗憾的事。

明人刻书，颇招后人物议，这时虽有多种唐人笔记小说的刻本流传下来，但称得上是善本的却不多。前面已经介绍过的《顾氏文房小说》，却值得重视。顾元庆，字大有，长洲人。钱谦益《列朝诗集》丁集中“大石山人元庆小传”曰：“所居曰顾氏青山，在大石左麓。山中有胜迹八，自为之记，名其室曰‘夷白’。藏书万卷，择其善本刻之，署曰‘阳山顾氏文房’。”所刻诸书，每附题记，如《隋唐嘉话》后曰“夷白斋宋版重雕”，《周秦行记》、《白猿传》后曰“长州顾氏家藏宋本校行”，《博异志》后曰“阳山顾氏十友斋宋本重刻”，《集贤记》后曰“阳山顾氏十友斋宋本重雕”；有时还记刻印年岁，如钟嵘《诗品》后曰“正德丁丑(1517)长洲埭川顾氏雕”，《山家清事》后曰“嘉靖壬辰(1532)长洲顾氏家塾梓行”。因其刻书时代尚早，还未受到万历之后刻书业中贸利之风的影响，故颇注意刻印质量，不轻易变动原书格式，中如《次柳氏旧闻》、《资暇集》、《幽闲鼓吹》、《开元天宝遗事》等数种都已成了著名版本，后人每据之复刻。《顾氏文房小说》对保存唐代笔记小说作出了很大的贡

---

① 载《文史》第四辑，中华书局 1965 年版。

② 原载《幼狮学志》二卷一期、二期，1963 年 1 月、4 月，后收入《唐代文学论集》下册，台湾学生书局 1989 年版。

献，因而一直受到藏书家的重视。黄丕烈跋《开元天宝遗事》曰：“《开元天宝遗事》上、下，顾氏文房小说本也，书仅明刻耳，在汲古毛氏时已珍之，宜此时视为罕秘矣。……安得尽有顾刻之四十种耶！以明刻而罕秘如是，宜毛氏之珍藏于前，而余亦宝爱于后也。”①可知《顾氏文房小说》全书至此已很难得。直到涵芬楼于民国十四年(1925)影印行世后，后人方得较易获睹。

唐人笔记小说主要依靠明人的钞写与刻印而得流传。区分明本唐人笔记小说的优劣，或辨别其真伪，也就是很重要的事。关于辨别真伪，我在论述《唐人说荟》时曾作过分析，②今就刻本问题续作一些论述。

比之宋、元时期，明代刻书的质量有所下降，但仍有若干唐人笔记小说的善本流传下来。例如范摅的《云溪友议》一书，《新唐书·艺文志》与《郡斋读书志》著录时均作三卷，《直斋书录解题》则作十二卷，又云“《唐志》三卷”，说明宋代已有分卷不同的两种本子在流传。《四部丛刊续编》影印明刊本为三卷本，《稗海》本为十二卷本，二者相较，自以三卷本为善。《四部丛刊续编》本后附张元济《校勘记》一卷，序曰：“《稗海》所刻即十二卷，以校是本，其讹夺不可胜数。是为明代刊版，范序及三字标题均全，即《四库》所称较为完善之本。黄荛圃尝得桐乡金氏旧藏明版，行款相同，亦云此刻最善也。”③又《嘉业堂丛书》采入此书，亦为三卷本，后附刘承幹《校勘记》。经过张、刘二人整理，此书已较便读。

明代中叶之后，刻印笔记小说之事大盛，然书贾竞为贸利计，大都

---

① 载缪荃孙等辑《荛圃藏书题识》卷六《开元天宝遗事》。

② 见拙著《唐人笔记小说考索》中的《唐代笔记小说的崛兴与传播》“三、《唐人说荟》中存在的问题”。

③ 此文已收入《涉园序跋集录》，古典文学出版社1957年版。

粗制滥造，又因其时考订之业未盛，因而所刻之书往往缺乏必要的整理，故学术价值不高。但唐人笔记小说中的有些著作传本稀少，后人别无选择，则又不能不仰仗这类丛刻，例如赵璘的《因话录》一书，史料价值甚高，而传世者仅见《稗海》六卷本，《稗乘》三卷本，《重辑百川学海》、《唐宋丛书》、《唐人说荟》本均一卷，比较之下，也只能推《稗海》本为善了。黄宗羲《天一阁藏书记》曰："越中藏书之家，纽石溪世学楼其著也。余见其小说家目录亦数百种，商氏之《稗海》皆从彼借刻。"（《南雷文案》卷二）但商濬可能只是就纽家所有付刊，因而所刻之书水准高下不等。然商氏之刻《稗海》，时在万历中期，距今年代已久，后人多次翻刻，原书也已难觅，如有此书，也可算是好的本子了。又如李绰《尚书故实》一书，传世者有《重辑百川学海》、《宝颜堂秘笈》、《五朝小说》、《唐人说荟》、《畿辅丛书》诸本。尽管叶昌炽在《藏书纪事诗》卷三中批评说："眉公《宝颜堂秘笈》，改窜删节，真有不如不刻之叹。"但比较之下，也只能推陈继儒所刻的《宝颜堂秘笈》本为善了。

到了清代，学界刻印丛书之事，更盛于前。一些热心保存古籍与注意文化传播的人，聘请著名学者主持其事，由是传下了很多著名的版刻。特别是到了乾嘉之后，整理古籍之事更是受到重视，学者每尽瘁于此，于是一些经过名家整理的唐人笔记小说，每随丛书之刻而传世了。

在唐人笔记小说中，几种叙及典章制度与重要史实的著作首先受到青睐。《四库全书总目》卷一二〇子部"杂家类"《封氏闻见记》提要曰："唐人小说多涉荒怪，此书独语必征实，前六卷多陈掌故，七、八两卷多记古迹及杂论，均足以资考证。末二卷则全载当时士大夫轶事，嘉言善行居多，惟末附谐语数条而已。"又王士禛《跋〈摭言〉足本》曰："唐人说部流传至今者绝少，此书洎《封氏闻见记》皆秘本可贵重，当有好事者共表章之。"（《蚕尾集》卷九）为此清人刻印此书者甚多，内有乾隆二十一年(1756)刻《雅雨堂藏书》(一名《雅雨堂丛书》)本,乾隆五十七年(1792)江都秦黉刻本,道光十年(1830)秦恩复刻《石研斋四种》本,以及《学津讨原》、《指海》、《学海类编》、《畿辅丛书》本等多种。雅雨堂本早出,卢氏诸书且曾请惠栋等名家校勘,故近人赵贞信作《封氏闻见记校证》十卷,即以雅雨堂本为底本。[①]《唐摭言》一书,亦以材料可贵,受人重视,李慈铭曰:"唐人《登科记》等尽佚,仅存此书,故为考科名者所不可少。"[②]此书亦以《雅雨堂丛书》本为善。[③]

一般说来,在清人所刻的一些著名丛书中总可见到若干唐人笔记小说的好本子,如《知不足斋丛书》中所刻的《唐阙史》三卷,《贵池先哲遗书》本中的《剧谈录》三卷,附逸文一卷等。今举两种在这方面有突出贡献的丛书为例,略作介绍:

一是嘉庆年间常熟张海鹏刻《学津讨原》、《借月山房汇钞》、《墨海金壶》丛书三种。张氏得到了毛晋《津逮秘书》的版片,而又嫌其采择不精,故每另觅善本重刻。尝云"藏书不如读书,读书不如刻书;上以寿作者之精神,下以惠后来之沾溉"。因为他把刻书之事看得很郑重,全力以赴,故所刻之书,内容形式俱有可称。就唐人笔记小说而言,《学津讨原》中的《唐国史补》、《开天传信记》等数种,甚可信据。

二是道光年间钱熙祚刻的《守山阁丛书》。钱氏富藏书,好校勘之学,又聘请了著名学者张文虎、顾观光等协助,所刻书后每附详细的校勘记,学术价值甚高,故阮元《守山阁丛书序》称"其采择雠校之精,迥

① 赵贞信《封氏闻见记校证》十卷,哈佛燕京学社1933年印。后赵氏将此书精简成一小册,中华书局1958年印行。

② 由云龙辑《越缦堂读书记》卷八《文学》,中华书局1963年版。

③ 顾麟士(鹤逸)旧藏池北书库王氏钞本《唐摭言》十五卷,今藏苏州博物馆。王士禛《浙江访书记》叙此书始末,云从朱彝尊处借抄,原书则为宋嘉定中柯山郑昉刻于宜春者(《居易录》卷一六)。钞本有王士禛跋、惠栋校。谢国桢《江浙访书小识》以为雅雨堂本或即据此刻出。谢文载《中华文史论丛》1979年第3辑。

出于诸家丛书之上”。钱氏自己在《守山阁丛书总目》识语中说，他得到了张海鹏《墨海金壶》的残版，嫌其“所采既驳，校雠未精，窃尝纠其鲁鱼，几于累牍；脱文错简，不可枚举，遂拟刊订，重为更张”。可见清人之刻丛书，精益求精，不断加工，从而留下了很多好的本子。

但唐人笔记小说在篇幅巨大的丛书之中，所占比重都比较小，人们要想知道其中某书的质量，只能将各种丛书中的该书提出，进行比较，才能判断哪一种本子为优，哪一种本子为劣，而这无疑是一种很费时间和精力的工作。但是这项工作甚有意义，值得我们为此努力。

裴廷裕撰《东观奏记》三卷，为记载宣宗一朝政事的重要典籍。裴氏于昭宗大顺中官右补阙兼史馆修撰，与柳玭等纂修《宣宗实录》，因日历、起居注等均已亡佚，只能采摘有关宣宗一朝耳目闻睹，编年排列。因在史馆修撰，故称“东观”；因奏记于主持此事者晋国公杜让能，故称“奏记”。可知此书即裴氏所上之监修稿本。书前有自序，所言亦约略如是。因其史料价值甚高，为后世所重，故传世有《稗海》本、《续粤雅堂丛书》本、《小石山房丛书》本、《藕香零拾》本等版刻多种。其中《小石山房丛书》刻者顾湘，字翠岚，江苏常熟人。据叶裕仁《小石山房丛书序》称，“道光中，〔湘〕刊有《小石山房丛书》四十馀种，菘耘（季锡畴）先生序而传之”。学术界对此亦有较高评价。但以其所刻《东观奏记》与其他本子比较，则可发现此本最劣，不但文字多脱误，而且常见整段文字脱落，例如卷中“以楚州刺史裴坦为知制诰”一则，《小石山房丛书》本即整段脱去。这种情况的出现，当是由于顾氏刻书时没有求得较佳底本之故。

如果现在有人要想从事唐人笔记小说的整理工作，访求宋元旧刻，希望得到前人从未见到过的善本，可能性是不大的，但散在各处的钞本数量还是不少，应该多方寻觅，广搜善本，以资比较。目下《中国古籍善本书目》已陆续问世，即如史部的“杂史”类中，就著录有《东观奏记》的钞本多种，如北京图书馆即藏有明钞本两种，山西省文物局藏有明钞本一种，北京图书馆还藏有清乾隆三十七年吴翌凤钞本一种。此外，台湾故宫博物院藏有玉蕤斋钞本一种。有志于整理此书的学者，凭借这些钞本，择善而从，相信可以整理出超过目下几种《东观奏记》的本子。

在唐人笔记小说中，《封氏闻见记》一书的不同版本较多，赵贞信还作过认真的整理，但此书仍有好几种钞本未被发现或未受重视，例如张宗祥在《铁如意馆随笔》中就介绍过一种珍贵的钞本：

> 《封氏闻见记》十卷，晁氏《读书志》作五卷，与《唐书》、《宋史》同。元明以来，此书无刊本。清乾隆中，卢氏据虞山陆敕先所录孙伏生家本，刊入《雅雨堂丛书》，为是书刊本之祖。孙本为吴岫方山旧藏，录于正德戊辰，不言所出，孙氏又假秦酉岩别本校勘。秦本则朱良育依唐子畏、柳大中两本，先后各钞五卷者，有至正辛丑夏庭芝跋，盖元钞也。卢氏后，有江都秦氏刊本。据丹徒蒋氏所藏旧钞，于卢本多所订补。然第七卷《视物近远》、《海潮》、《北方白虹》、《西风则雨》、《松柏西向》、《石鼓》、《弦歌驿》、《高唐馆》诸条皆阙，《蜀无兔鹘》一条皆不全。予所得莫郘亭藏旧钞本一，末有记云："隆庆戊辰借梁溪吴氏宋钞本录。"是在卢、秦两刊所据本之前矣。然第七卷缺处亦相同。则此书全本，恐非五卷本，不得见矣。但五之析为十，不知何时。《世说新语》尚有三卷本可见，此书既无刊本，当更难矣。其缺文见王谠《唐语林》者，如《北方白虹》、《西风则雨》、《石鼓》三条皆在。《蜀无兔鹘》，亦首尾完备。又俞氏《海潮辑说》，《海潮》一条亦在，独其他四条，无可考耳。此钞本校卢刊本，胜处甚多。如卷二《石经》条，卢本自"后汉明帝"云云起，此本首有"初太宗以经籍多有舛谬，诏颜师古刊定，

颁之天下。年代久，传写不同。开元以来，省司将试举人，皆先纳所习之本，文字差（原缺一字）辄以习本为定；义或可通，虽与官本不合，上司务于收奖，即放过。天宝敕改《尚书》古文，悉为今本。十年，有司上言，经典不正，取舍无准。诏儒官校定经本，送尚书省并国子司业张参共相验考。参遂撰定五声字样，[①]书于太学讲堂之壁，学者咸就取正焉。又颁字样于天下，俾为永制。由是省司停纳习本云"一百六十馀字。卷三《制科》条"六曰员外、郎中不入"下，有"七曰中书舍人、给事中不入，八曰中书侍郎、中书令不入"二十二字。卷四《尊号》条"开元天地宝圣文武"下，有"应道肃宗号光天文武，代宗号宝应元圣文武，今上号圣文武神"二十五字。卷五《烧尾》条"问吏部船何在"上，有"吏部船为仗所隔，兵部船先至，嗣立奉觞献寿上"十九字。《图画》条"使数十人吹角"下，有"击鼓百人齐声嗷叫，顾子着锦袄锦缠头，饮酒半酣，绕绢帖走"二十四字。卷七《温汤》一条，乃《温汤》、《高唐馆》二条合成一条，盖《温汤》条缺尾，《高唐馆》条缺首也。五卷本既不得见，此钞本出于宋，又较刊本为善，倘再将《唐语林》、《海潮辑说》各条辑入，亦可为善本矣。[②]

利用钞本整理唐人笔记小说，前景是很可观的。有些著作，前人以为已佚的，实际上尚有钞本存在。《贾氏谈录》一书的情况即如此。《直斋书录解题》卷七"传记类"著录《贾公谈录》一卷："序言庚午衔命宋都，闻于补阙贾黄中，凡二十六条，而不著其名。别本题清辉殿学士

① "五声"当是"五经"之误。张参《五经文字》三卷，见《新唐书》卷五七《艺文志》经部"小学类"。《直斋书录解题》著录于卷三"经解类"，题解曰："唐国子司业张参撰，大历中刻石长安太学。"

② 张氏此文乃其遗稿，此处所引见卷二，载《中华文史论丛》1984 年第 1 辑。

张洎，盖洎自江南奉使也。庚午实开宝三年(970)。”《郡斋读书志》(袁州本)卷三下“小说类”著此，则云“凡录三十馀事”。可知宋时流传的本子篇幅即有不同。张洎，字思远，改字偕仁，全椒人。初仕南唐，为知制诰、中书舍人；入宋，为史馆修撰、翰林学士，后官至参知政事，《宋史》卷二六七有传。贾黄中亦尝任相，《宋史》卷二六五有传，中叙其“多知台阁故事，谈论亹亹，听者忘倦”。此书所录皆其所叙唐代轶闻，颇有参考价值。然此书传世甚少，四库全书馆臣从《永乐大典》中辑出，益以《类说》、《说郛》诸书所载，共得二十六条，再加上《说郛》中的《自序》，辑入《武英殿聚珍版丛书》，乃成传世最为详备之本。其后《守山阁丛书》本等即据此刻出，学术界使用此书，一向依赖这一杂编的本子。实则此书尚有完整之钞本传世，只是前人未曾留意而已。傅增湘《〈贾氏谈录〉跋》内叙及他所得到的一种旧钞本，内录三十一条文字，与《郡斋读书志》著录者相合，他并具体指出其中“平泉庄一条，《四库》本文字前后倒置，正文、小注又复淆乱，而‘李汧公百衲琴’条只著‘制度甚古，其音清越无比’二语，不知其下尚有龙池题记、道士吴大象题诗五十八字。且就二十六条中详考之，‘平泉庄’及‘僖、昭时士族避寇南山’，此一条离析为二，实只存二十四条，今以‘盛事录’等七条加入，适符三十一条之数”，因此认为“是钞本之佳，实远出《四库》之上。他时有重印阁书，当以此本授之，俾复张氏旧观”①。又北京图书馆藏原出海日楼的明钞本一种，前有目录，凡二十九条，中多今本所无文字。王维受安禄山伪职而获罪，后因曾作《菩提寺禁，裴迪来相看，说逆贼等凝碧寺上作音乐，供奉人等举声便一时泪下，私成口号示裴迪》诗而得赦宥，关于此诗的本事，前人每据《明皇杂录·补遗》中的记载为说，而不知《贾氏谈录》中亦记此事。海日楼藏明钞本《贾氏谈录》此则并

① 载《藏园群书题记》卷八《旧钞本〈贾氏谈录〉跋》，上海古籍出版社1989年版。

云此诗手稿"后祖师收得之,相传至智满。贾君既得披阅,遂录得其辞云。"说明贾黄中还亲自见过王维手迹,故此记载值得重视。《贾氏谈录》传世诸本均无此诗踪迹可寻。又钞本中"平泉庄"一条与傅氏所言亦相同,可证这一钞本胜过聚珍本远甚。

总的说来,在唐人笔记小说的版本问题上不能仰求宋元旧本的发现,而是应该广泛访求明清人的旧钞,进行比较研究,缜密考辨,然后吸收各本之长,自可整理出一些接近原貌的本子来。

校 勘

古书流传日久,经过多次抄写,必然会发生错误,如经鼠啮虫蚀,或遭水火兵燹之灾,那么受害古书中更有可能发生大面积的错乱。整理这类书籍,就得花上一番校勘的功夫。

校雠学的发展已有千百年的历史,前人于此积累了丰富的经验,建立了系统的理论。但因学术的门类不同,校勘的对象有异,因而唐人笔记小说的校勘工作也有一些需要特别注意的地方。

总的来说,唐人笔记小说的校勘工作情况相当复杂,要想做好这项工作,也非易事。

潘景郑跋明本《南部新书》曰:

> 《南部新书》,通行伍氏粤雅堂本。伍本舛讹,无由是正。荛翁尝称钱遵王藏有明本,多校改之字;义门先生亦曾校此书,意钱校实不逮何义门先生,亦以不得宋刻名钞,是正脱讹,其所校当有未尽可据者。顾涧苹先生驳正数事,以证刻本之不误而义门先生妄改者,洵乎旧本之难觏,轻下雌黄,强作解事,虽通人犹不免此病耳。[①]

---

① 载《著砚楼题跋》二四八,古典文学出版社 1957 年版。

这一分析道出了校勘唐人笔记小说难点之所在。

在校勘古书的常用方法中，“对校法”占有最为重要的位置。陈垣以为“凡校一书，必须先用对校法，然后再用其他校法”①。可知“对校”实为校勘工作中最为基本的一种方法。

运用对校，在“校异同”之后，还应“校是非”。但不管如何对校，首要条件就在多聚异本。然而唐人笔记小说的具体情况却是异本不多，宋元旧本更为难得。正如上节所介绍的，唐人笔记小说中的若干种书还有一些钞本可供参考，但是明代之前的钞本也已罕见，而且这些钞本分散全国各地，有的则已远播海外，要想一一搜罗到手，也非易事。目下出版的《中国古籍善本书目》，所以有此详细而广泛的记录，那是经过全国普查才会有此发现。古人的读书条件，比之今日，虽亦有其便利之处，但掌握这么多的学术讯息，无疑是困难的。

由此可见：唐人笔记小说中的大部分作品因为传本不多，善本更少，要想做到校异同，已很困难；若要校是非，则难度更大。

采用“本校法”吧，也有困难。

运用“本校法”取得成功的一些名著，如吴缜的《新唐书纠谬》二十卷、汪辉祖的《元史本证》五十卷，因为所校的对象《新唐书》、《元史》本身篇幅很大，前后关涉的事情很多，以本书前后互证，抉发其异同，回旋的余地就比较大。唐人笔记小说大都篇幅短小，而且所记之事，主题不集中，前后比照，不易发现问题。学者运用此法校勘唐人笔记小说，或能解决个别难点，但想取得全面丰收，则不太可能。

黄永年指出：“古籍不出一手，不能本校”；“史源不同，不能本校。”②这种意见可供参考。有关唐人的笔记小说中却常见集纳前人文

---

① 《元典章校补释例》卷六第四十三《校法四例》，北京师范大学出版社 1982 年影印《励耘书屋丛刻》本。

② 《古籍整理概论》中《校勘》(四)《本校》，陕西人民出版社 1985 年版。

字而成之作，如《南部新书》、《唐语林》等，都是汇集前人文字而成的；像《前定录》、《独异志》等，很多条目改写前人文字而成；即使纯出一手的著作，有的文字也每因袭前人，如《大唐新语》、《大唐传载》中常袭用《隋唐嘉话》中文字，这类著作也不太适用以“本校法”来整理。

当然，校勘古籍时仍应注意各种校法都能发挥其作用，前人于此也曾取得一些可观的成就，如唐兰校本《刘宾客嘉话录》中有云：

刘□□云：（“刘”作“郑”，今以意改。）“张燕公文逸而学奥，苏许公文似古，学少简而密。张有河朔刺史冉府君碑，序金城郡君云：‘蕣华前落，藁瘗城隅，天使马悲，启滕公之室；人看鹤舞，闭王母之坟。’亦其比也。”公又云：“张巧于才，近世罕比。端午三殿侍宴诗云：‘甘露垂天酒，芝盘捧御书。含丹同蝘蜓，灰骨慕蟾蜍。’上亲解紫拂秣带以赐焉。苏尝梦书壁云：‘元老见逐，谗人孔多。既诛群凶，方宣大化。’后十三年视草禁中，拜刘幽求左仆射制，上亲授其意，及进本，上自益前四句，乃梦中之词也。”（《唐语林》二）

又曰：（“曰”本作“闻”，今以意改。）杜工部诗如爽鹘摩霄，骏马绝地，其《八哀诗》，诗人比之大谢拟魏太子邺中八篇。杜曰：“公知其一，不知其二。吾诗曰：汝阳让帝子，眉宇真天人。虬髯似太宗，色映塞外春。八篇中有此句不？”或曰：“百川赴巨海，众星拱北辰。所谓世有其人。”杜曰：“使昭明复生，吾当出刘曹二谢上。”杜善郑广文，尝以花卿及姜楚公画鹰示郑，郑曰：“足下此诗可以疗疾。”他日郑妻病，杜曰：“尔但言，子章髑髅血模糊，手提掷还崔大夫。如不瘥，即云：观者徒惊帖壁飞，画师不是无心学。未间，更有：太宗拳毛騧，郭家师子花。如又不瘥，虽和扁不能为也。”其自得如此。（《唐语林》二）

唐兰“按：此二条本为一条，详其文义，当亦出《嘉话录》。文中引‘公又云’即韦书通例。末云‘其自得如此’，按张巡守睢阳条云：‘其忠勇如此’，杜丞相鸿渐条云：‘贵人多知人也如此’，苗给事条云：‘其父子之情切如此’，贞元末太府卿韦渠牟条云：‘名场险巇如此’，均与此相类，故定为《嘉话录》佚文”。这一结论自属可信。因为唐兰归纳出了《刘宾客嘉话录》全书的义例，掌握了韦绚行文的习惯，才能有此发现。这种校雠方法，可谓自校法中的上乘之作。可惜在整个唐人笔记小说的校勘工作中，类似的发现不多。

在唐人笔记小说的整理工作中，以理校法定是非，前人只是偶一为之，没有见到过有人曾大规模地运用。陈寅恪在援引有关唐人笔记小说时，因为这类文字常有误衍窜夺之处，于是每用理校之法随手改正，例如他在诠释白居易《新乐府·牡丹芳》时引《独异志》上中文，曰：

> 唐裴晋公度寝疾永乐里。暮春之月，忽遇(过)游南园，令家仆童舁至药栏，语曰，我不见此花而死，可悲也。怅然而返。明早报牡丹一丛先发，公视之，三日乃薨。(寅恪按，据《新唐书》陆叁《宰相表下》及《通鉴》贰肆陆《唐纪·文宗纪》纪裴晋公薨于开成四年三月丙戌，《旧唐书》壹柒拾《裴度传》裴晋公薨于开成四年三月四日。是月癸未朔，则丙戌为四日。是新表、旧传、《通鉴》之纪载相合也。而《旧唐书》壹柒下《文宗纪》作三月丙申司徒中书令裴度卒。丙申盖丙戌之讹。通常牡丹以三月中旬开放，是年闰正月，故花开较早也。)①

又如岑仲勉考《因话录》中“柳芳”为“柳并”之误，曰：

---

① 《元白诗笺证稿》第五章《新乐府·牡丹芳》，古典文学出版社 1958 年版。

代宗独孤妃薨，时殿中侍御史柳弁字伯存，掌书记奉使在邠。弁，并之讹也。《全文》三七二有并代汾阳王祭贞懿皇后文（本因话录），同书意林序，并于贞元三年丁卯作。《全诗》十二函六册吴筠有《舟中遇柳伯存归潜山》诗。《广记》四三三引元化记，柳并为监察御史，入岭推复。并官殿御，亦见载之集二四。解题一六，萧颖士集有门人柳并序。《稗海》本《因话录》宫部，"时予外伯祖殿中侍御史（讳芳，字伯存）掌汾阳书记"（即前引《唐语林》所本）。又商部，"余外伯祖殿中侍御史柳君（讳芳，字伯存）掌汾阳书记，时有高堂之庆"。两芳字均并讹，同书商部下固称芳为"郎中芳"，可以反证。① （《唐语林》二）

陈、岑二氏的考辨至为精当，但如能找到与这些文字有关的其他本子，而又可以作为重要参考材料时，则仍应援引这类文字为证。因为理校的结果往往只是一种假设，是否可信常随读者认识的不同而有异。如能提供某种相关文字作证，则校雠者的态度更见客观，结论更易取信于人。例如岑氏提到的《因话录》中有关"柳并"误字，《唐语林》卷二《文学》门与卷四《贤媛》门中均曾转录，聚珍本《唐语林》中前者作"柳弁"，后者作"柳芳"，而据明齐之鸾本与《历代小史》本《唐语林》，知"弁"、"芳"均为"并"字之误。岑氏未举这些材料为证，总嫌尚有不足。用齐之鸾本《唐语林》校聚珍本《唐语林》，是为对校；用《唐语林》校《因话录》，则是他校。应该说，在唐人笔记小说的整理工作中，他校法的运用，回旋的余地最大。

前人整理古籍而运用"他校法"时，多从类书、古注中去发掘可供参证的材料，但对整理唐人笔记小说而言，资源却不太丰厚。这与时

① 《元和姓纂四校记》卷七"四十四有"并、殿中侍御史条，商务印书馆1948年版。

代特点及唐人笔记小说的文体特点有关。

在宋人所刻的类书中,《太平御览》一书最受后人推崇,但是内部所收的唐人笔记小说,仅《国朝传记》(《隋唐嘉话》)、《国史补》等数种。

南宋之后所刻的类书数量众多,远超北宋时期,篇幅小的类书,如《新编分门古今类事》、《海录碎事》、《锦绣万花谷》等;篇幅大的类书,如《古今合璧事类备要》、《白孔六帖》等;明人刻的类书,如《天中记》等,都曾著录唐人笔记小说中的一些文字。但自南宋起,类书的编纂日趋草率,里面援及的一些文字,往往不径录原文,而是以意改削,因此难得作为严格的校勘资料。而且南宋之后的类书目下均无索引可供运用,学者翻检有关材料,有如大海捞针,费力甚多,而收获往往并不理想。这些类书记载的书名还往往有错乱,这就更给运用的人增加了困难。

但在类书中却有一部大书值得重视,这就是《永乐大典》。此书绝大部分虽然已经亡佚,但在残存的文字中,还有很多宝贵材料,可供校勘之用。其中一些唐人笔记小说的文字,大都照录原文,故颇可信据。例如《永乐大典》卷之二千九百七十九《人·知人》引《刘公嘉话录》,曰:

> 丈人曰:元伯和,李腾,腾弟淮,王缙子某,时人谓之"四凶"。刘宗经、执经兄弟入"八元"数。

《唐语林》卷五亦有此文,则云"元伯和、李腾、腾弟淮、王缙,时人谓之'四凶'"。以前读到此处,总是不太明白,因为元伯和是元载长子,见《旧唐书》卷一一八、《新唐书》卷一四五《元载传》。王缙依附元载,同时在朝,自不应与元伯和并列,今知此处本作"王缙子某",也就豁然贯通了。此处所言者,实为一群作恶多端的官僚子弟;"四凶"云云，反映出了当时人们对于这类人物的痛恨。

用古注校勘，对整理唐人笔记小说而言，其主要对象也只是十多种宋诗宋注。宋人作诗多好用典，然着重驱使古代经史，一些信佛的人还时而援用佛典，但对前代的笔记小说，则格于古人轻视小说的偏见，还未能普遍作为“典故”而加以援用。总的看来，王安石、苏轼、黄庭坚等几位博学而又喜好用典的诗人援及唐人笔记小说中的记载较多，如《山谷诗集》内集卷二《次韵子由绩溪病起被召寄王定国》诗任渊注引《剧谈录》之类，他们引书时又以《国史补》等几种著名小说为多。

由上可知，从事唐人笔记小说的校勘工作与从事其他类别的古籍有所不同，“他校”的取资对象，自与一般经、史、子、集的著作不同。后人从事这一工作时，应从唐人笔记小说的具体情况出发。这也就是说，研究唐人笔记小说，要注意它的个性；在唐人笔记小说的校雠问题上，也应注意它的特殊情况。

总的来说，这一领域天地相当广阔，后人可从许多门类的著作中寻找旁证。因此“他校”的取资对象是很丰富的。

下面试从四个方面进行介绍：

（一）笔记小说总集。宋太宗命李昉等人编成《太平广记》五百卷，集纳了宋代之前的各类小说，因此学术界一致认为此书可称古代小说的渊薮。而《太平广记》卷前列有《引用书目》，计为三百四十三种，但此书目编得很草率，没有什么参考价值。邓嗣禹编《太平广记引得》统计为四百七十五种，[①]马念祖《水经注等八种古籍引用书目汇编》统计为五百二十六种，[②]罗锡厚等所编《太平广记索引》则以为“《广记》引书往往有错，或一书而分为几个书名，或把两种以上的书混而为一，

---

① 即燕京大学编纂处所编之《太平广记引得》。此据上海古籍出版社 1982 年影印本。
② 见该书《序言》，中华书局上海编辑所 1959 年版。

还有书名错讹的。无法作出精确统计”[①]。这是符合实际情况的。但若说是该书收书约五百种，当去事实不远。这五百种左右的书，就传统的目录分类而言，集中在杂史、传记、故事、小说等类。唐代之前，此类杂著门类已多，但因保存与传播不易，流传下来的数量有限，《太平广记》中的材料，绝大部分为唐人笔记小说，研究唐人笔记小说的人，自可依据此书进行多方面的研究。

南宋初曾慥刻《类说》五十卷，[②]朱胜非(?)刻《绀珠集》十三卷，曾慥《类说序》署绍兴六年(1136)，王宗哲《绀珠集序》署绍兴丁巳(1137)，则是二书约在同时刊行，孰先孰后已难确说。它们在内容与形式上亦多相同之处，所有文字均曾节录，且改削幅度甚大，每从所引用的文字中摘抄一句作为标题。《类说》录书二百六十五种(此据上海图书馆所藏抄本，明刻本作二百五十二种)。《绀珠集》录书一百三十七种，十之七八也是唐人笔记小说。二者相较，自以《类说》的容量为大。但《绀珠集》中也有一些不见于《类说》的文字，例如该书卷一〇《大中遗事》有《老儒生》一条，云“宣宗嗜书，尝构一殿，每退朝，必独坐内观书，或至夜中烛灺委积，禁中谓上为‘老儒生’”。就是一条不见《类说》的重要史料。因此，《类说》及《绀珠集》各有其独具的价值，二者不能替代。

《太平广记》与《类说》、《绀珠集》三书，收录的唐人笔记小说面广量大，好多失传的小说，可以从中找到；好多文字上的问题，可以据此校正。因此，后人若是想要从事唐人笔记小说方面的研究，首先就得

---

① 见该书《说明》，中华书局1982年版。

② 《郡斋读书志》(衢州本)卷一三“小说类”著录，云“五十六卷”，《宋史·艺文志》著录，云“五十卷”。明天启六年岳钟秀刻本云六十卷，文学古籍刊行社于1956年曾影印。上海图书馆藏钞本五十卷，乃据宋建安堂刻本抄出。又《郡斋读书志》(袁州本)卷三下“小说类”著录《类记》六十卷，“皇朝曾慥编”，《类记》当是《类说》之误。

在这三种书中下功夫。但《类说》与《绀珠集》无善本传世，文字又经大幅度改削，以此作为校勘时的“他本”，价值自比《太平广记》为低。《太平广记》目下已无宋本传世，但谈恺于嘉靖四十五年(1566)据钞本重刻，后人陆续作了一些校补的工作，近人汪绍楹以此为底本，而以清陈鳣校残宋本、明沈氏野竹斋钞本及许自昌本、黄晟本为参校，整理出了一种较为理想的本子，先后由人民文学出版社和中华书局印行。汪氏在许多条文后加有按语，介绍明钞本中所标的书名，每与谈恺本不同，而明钞所标示者常是更为可据，故甚有参考价值，不可忽视。

《太平广记》中的引文，比较完整，用作校勘材料，颇有价值。因为《太平广记》编者见到的小说，一般都是唐代与五代时的钞本，与原书问世的年代距离较近，这是其优胜之处。但在《太平广记》的编纂过程中，李昉等人为了统一全书的体例，对原文也常有所改动。陈尚君说：“本书所录文字，一般均曾作过润饰加工，以致本书所录文字与原书文字有所不同。这种加工大致包括以下几个方面：一、在所录各条前，加上朝代名；二、凡原书以第一人称叙述的，一律改为第三者叙述的口吻；三、原书中对当时人的尊称、简称之类，多改为直称姓名；四、原书中一些按当时语言表达，而宋初已难以理解的文字，也作了改动；五、个别篇章入录时曾有所并合删节。凡此之类，读者在引用本书时应有所注意。”①

元末明初，有陶宗仪所编的《说郛》一百卷。此书性质与《类说》、《绀珠集》为近，但其内容更为复杂。因为此书历经改编，因此目下流传的宛委山堂一百二十卷本，究竟出自何人之手，也属未明之事。台湾学者昌彼得撰《说郛考》，从源流与书目两方面进行考证，解决了一

① 《中国历代小说辞典》第二卷“宋、元、明”中《太平广记》辞条说明，云南人民出版社1992年版。

些疑难问题，也得出了一些可信的结论，但仍有很多可以深入探讨的地方。①

《说郛》中录入的唐人笔记小说，有些地方很难令人理解。从全书体例看，陶氏对采入的书都作了摘引，一般只是从全书中摘录若干条，从整条中摘引若干文句，因此所录的文字数量是很有限的。但如《杜阳杂编》三卷，则一字不漏全文载入；《资暇集》三卷，与《顾氏文房小说》本全同，可证目下流传的宛委山堂本或陶珽重编本已经后人改窜，决非明初旧物。民国十六年(1927)张宗祥辑明钞本多种，编为一百卷，由商务印书馆印行，则颇得学术界好评。比之宛委山堂本，此书自然更为近真。唐人笔记小说中的有些珍贵材料，如《酉阳杂俎》卷三六中有《语录》一类，与黄伯思《东观馀论》卷下《跋段太常〈语录〉后》所言合。又如卷三四《豪异秘纂》中有《扶馀国主》一则，即《虬髯客传》，与《直斋书录解题》卷一一该书提要所言相合。宛委山堂本卷一一二《虬髯客传》作者亦署张说，与《豪异秘纂》所署作者同，可证《虬髯客传》作者为张说之说决非起于元末明初的《说郛》，而是宋代已有。宛委山堂本《说郛》中有些不见他人记载的异说，不宜轻易否定。

《说郛》二种引及同一著作时，相同之处仍占多数。如宛委山堂本卷四六、张宗祥辑明钞本卷一一引《玉泉子真录》，记令狐绹侍父镇东平，问民间疾苦事，不见流传至今的各种《玉泉子》。南京图书馆藏有明刊本《玉泉子》一种，北京图书馆藏有明钞本《玉泉子闻见真录》一卷，均无此则。这类文字不太可能伪造，可证宛委山堂本中还是保存着很多陶宗仪的原稿。《四库全书》卷一二三《子部·杂家类》该书提要曰："虽经窜乱，崖略终在，古书之不传于今者，断简残编，往往而在，

① 参看程毅中《〈说郛考〉评介》，《书品》1992 年第 2 期。《说郛考》，台湾文史哲出版社 1987 年版。

佚文琐事，时有征焉，固亦考证之渊海也。”评价可谓公允。

宋代还有一些小说集与《太平广记》等书的性质相近，其中《唐语林》与《南部新书》二书尤应注意。

《唐语林》是北宋王谠集合了唐、五代及宋初共五十种有关唐代文史的重要文献而编成的小说集。全书多记唐人嘉言懿行，也有一些典章制度和民俗物产的记载，都是唐代历史与社会情况的重要资料。从现存的《唐语林原序目》中可知，这五十种书大都是唐人记唐事，即使一些宋初编成的书，也是汇纂唐人记载而成的。王谠择取材料时，排除了虚幻无稽的成分，因此所记录的都是些较有价值的史料。原书在南宋时代已有几种不同的本子在流传，因此几家书目中记载的卷数都不一致，《郡斋读书志》著录为十卷，《直斋书录解题》作八卷，《玉海》与《宋史·艺文志》则作十一卷。原书至明代已经亡佚。嘉靖二年(1523)齐之鸾曾据残本刻出，分为二卷。原书本仿《世说新语》体例，分为五十二门，齐本仅存《德行》至《贤媛》十八门。清代乾隆时修四库全书，从《永乐大典》中辑出佚文多条，编成四卷，以《补遗》的名义附后。自从此书以聚珍版行世后，始有《唐语林》八卷的所谓足本出现。我为此书作了校证，为今存的一千一百多条文字一一查检出处，并作了大量的校勘工作。这里所使用的，主要就是他校法。①

《南部新书》的情况与《唐语林》有相似处。作者钱易，由五代入宋。书中的好多条目，也从其他唐代笔记小说中转引而来，但有一些文字则出于自撰。其子钱明逸序，称此书“凡三万五千言，事实千，成编五，列卷十”，而据存世之本，则仅存八百五十多条，且不分编，已与原书不同。全书以十干标卷数，记载唐、五代时人遗闻轶事与朝野掌故者占十之八九，故也可以用作重要的参考资料。只是此书未经整

---

① 拙作《唐语林校证》，中华书局1987年版。

理，利用之时尚须多方考查。

（二）史书。宋祁、欧阳修编纂《新唐书》时，喜欢援用唐代笔记小说中的材料，这已成了研究唐史者的共识。《直斋书录解题》卷四"正史类"《新唐书》提要下引文简曰："今《唐史》务为省文，而拾取小说、私记，则皆附著无弃。"[①]岑仲勉在《唐史馀瀋》中论证道："旁采小说，旧本已开其端"，《新唐书》亦复如此，并曾举出例证九条。[②] 实则稍加发掘，据其文字有脉络可循者计，再增十倍亦不难列出。这些都是可资参证的重要材料。例如《唐语林》卷五有云：

> 薛万彻尚平阳公主。人谓太宗曰："薛驸马无才气。"因此公主羞之，不同席者数月。帝闻之，大笑，置酒召诸婿尽往，独与薛欢语，屡称其美。因对握槊，赌所佩刀，帝佯为不胜，解刀以佩之。酒罢，悦甚。薛未及就马，主遽召同载而还，重之逾于旧日。

《隋唐嘉话》卷中则云"薛万彻尚丹阳公主"，二者必有一误。查《新唐书》卷八三《诸帝公主·高祖十九女传》有云："丹阳公主，下嫁薛万彻。万彻惷甚，公主羞，不与同席者数月。太宗闻，笑焉，为置酒，悉召他婿，与万彻从容语，握槊赌所佩刀，阳不胜，遂解赐之。主喜，命同载以还。"两相比较，可知宋祁即采《隋唐嘉话》中文字而立传。《唐语林》作"平阳公主"者有误。《隋唐嘉话》作"薛驸马村气"，与《新唐书》合，《唐语林》中改为"无才气"，文词就逊色得多。但《唐语林》中"诸婿尽往，独与薛欢语，屡称其美，因"十四字，《隋唐嘉话》中却乏相应的文

① "文简"为宋新安程大昌谥，参看陈乐素《〈直斋书录解题〉作者陈振孙》，载1946年11月20日《大公报·文史周刊》，今据徐小蛮、顾美华点校本《直斋书录解题》附录二所载文字，上海古籍出版社1979年新1版。

② 见该书卷四《杂述·总论〈新唐书〉》，上海古籍出版社1979年版。

字，致使语气有损，参之《唐语林》中的记载，可以推知《隋唐嘉话》中本有这些文字，尽管所佚者不一定即此十四字，但自可据《唐语林》中的记载而补足。《新唐书》则可作“他校”的材料。类似情况甚多，前人校小说者似尚未及注意。

司马光在《进〈资治通鉴〉表》中明言他曾“参之史传，旁采小说”，而他在甄别材料之后，还加以记录，说明去取的原因，从而辑成《资治通鉴考异》三十卷。里面牵涉的问题，又以唐人笔记小说为多。据张须统计，李唐一代，计采录杂史凡六十种，传记凡十九种，小说凡十五种。[①] 这一数字是否正确，还可再作考查，但可明白《考异》之中积累了大量有关唐代笔记小说的资料，足供后人参考。

由于司马光治学极为严谨，加之其时距离唐代尚近，所见到的大都是较为接近原书面貌的本子，因此《资治通鉴考异》中引及的文字，一般说来都很可信，足供“他校”之需。试举一例以明之。《新唐书》卷二〇七《宦者上·仇士良传》：

> 崔慎由为翰林学士，直夜未半，有中使召入，至秘殿，见士良等坐堂上，帷帐周密，谓慎由曰：“上不豫已久，自即位，政令多荒阙，皇太后有制更立嗣君，学士当作诏。”慎由惊曰：“上高明之德在天下，安可轻议？慎由亲族中表千人，兄弟群从且三百，何可与覆族事？虽死不承命。”士良等默然，久乃启后户，引至小殿，帝在焉。士良等历阶数帝过失，帝俯首。既而士良指帝曰：“不为学士，不得更坐此。”乃送慎由出，戒曰：“毋泄，祸及尔宗。”慎由记其事，藏箱枕间，时人莫知。将没，以授其子胤，故胤恶中官，终讨除之。

① 张须《通鉴学》卷上第三章《通鉴之史料及其鉴别》，开明书店1948年版。

这一条文字，原出皮光业《皮氏见闻录》。《永乐大典》卷之二千七百三十七《崔·崔慎由》引《见闻录》，《白孔六帖》卷一四、《古今合璧事类备要》外集卷五一引《皮光业见闻录》同，《唐语林》卷三《方正》门引此，虽不注明出处，然略作比较，即可推知其渊源关系。

《资治通鉴考异》卷二一“杀生除拜皆决于两中尉”引《皮光业见闻录》，司马光曰：

> 按旧《传》，崔慎由大中初始入朝为右拾遗、员外郎、知制诰，文宗时未为翰林学士。盖崔胤欲重宦官之罪而诬之，新《传》承《皮录》之误也。

《考异》中的文字，亦有优胜之处。《新唐书》言其时在场的宦官，为仇士良、陈弘志，《考异》引文则作“左右二广燃蜡而坐”，下又曰“二广默然”，“二广径登阶而疏文宗过恶”，“二广自执炬送慎由出邃殿门”，比较之下，自以《考异》引文为近真。盖此处乃皮氏用典，《左传》宣公十二年：“其君之戎，分为二广。”唐人习用此典，《北里志·俞洛真》言于琮从子棁应举，“后投迹今左广〔田〕令孜门，因中第”。《剧谈录》卷上《浑令公李西平燕朱泚云梯》有云“李司徒尝于左广效职”，盖言李晟曾任右神策军都将也。《剧谈录》作“左广”，误。王谠改作“二中尉”，《永乐大典》进而改作“二珰”，虽无错误，然已改动原文，不若《考异》引文独得其真。

前面已经提到，《因话录》中文字有误，因无善本可校，必须旁求与此有关的文字，始可订正其误。这里尚可再举一例。此书卷二“商部上”叙柳公绰杖杀神策小将事，曰：“柳元公初拜京兆尹，将赴府上，有神策军小将乘马不避，公于街中杖杀之。及因对敭，宪宗正色诘公专杀之状。公曰：‘京兆尹，天下取则之地。臣初受陛下奖擢，军中偏裨，跃马冲过，此乃轻陛下典法，不独侮臣。臣杖无礼之人，不打神策军将。’上曰：‘卿何不奏？’公曰：‘臣只合决，不合奏。’上曰：‘既死，合是何人奏？’公曰：‘在街中，本街使金吾将军奏；若在坊内，则左右巡使奏。’上乃止。”乍看文从字顺，似无误字，然《唐语林》卷三《方正》亦引此文，则作“不独试臣”，“侮”、“试”孰为正字，很难裁夺。按《资治通鉴考异》卷二〇“〔元和〕十一年十一月，柳公绰杖杀神策将”引《因话录》此文，正作“不独试臣”；《新唐书》卷一六三《柳公绰传》载此事，亦作“试臣”，凡此均可作为史书足供他校的证据。

（三）诗话。宋代盛行诗话的创作，时而也可见到一些有关唐代笔记小说的材料。唐代诗歌盛极一时，诗家辈出，《国史补》、《北梦琐言》等书中即多有关唐代诗人的轶事。宋人撰诗话，当然会注意到这些宝贵的资料。

李肇《国史补》卷中《韩愈登华山》曰：

韩愈好奇，与客登华山绝峰，度不可返，乃作遗书，发狂恸哭，华阴令百计取之，乃下。

魏泰《临汉隐居诗话》中引用此文。胡仔《苕溪渔隐丛话》后集卷一〇则引用两家驳论：一为《历代确论》载沈颜《登华旨》，一为《艺苑雌黄》引谢无逸所作《读李肇〈国史补〉》。显然，他们引用的文字，即可供“他校”之用。

在宋人诗话中，《唐诗纪事》一书最应得到重视。计有功纂辑成书，计有八十一卷之多，里面经常引用到唐代笔记小说，例如此书卷二《宣宗》下引令狐澄《贞陵遗事》曰：

旧制：盛春内殿赐宴三日。帝妙章律，每先裁制新曲，俾禁中女伶迭相教授，至是出宫女数百，分行连袂而歌。其曲有曰《播皇猷》者，率高冠方履，褒衣博带，趋走俯仰，皆合规矩，于于然有唐尧之风焉。有曰葱女踏歌队者，率言葱岭之士，乐河湟故地，归国复为唐民也。若《霓裳曲》者，皆执节幡，被羽服，态度凝澹，飘飘然有翔云舞鹤见左右。如是数十曲，流传民间。

《类说》卷二一、《绀珠集》卷一〇、《白孔六帖》卷六一中的《大中遗事》均引此文，题曰《播皇猷》。《古今合璧事类备要》外集卷一二引《大中遗事》亦载，但诸书引文均甚简略。《唐语林》卷七亦录此文，则颇为完整，若与《唐诗纪事》中的引文比较，其中文字显得更近原貌；只是“趋赴俯仰，皆合规矩”后，《唐诗纪事》引文尚有“于于然有唐尧之风焉”一句；“率皆执幡节，被羽服”后《唐诗纪事》引文尚有“态度凝澹”一句。以此补入，则全文更为顺当。于此可见，像《贞陵遗事》这样的佚书，因无完整的本子可供校勘，只能多方发掘材料，然后汇纂成文。

《唐诗纪事》中还有一些条文，不标出处，似乎计氏自拟，实际上也是改写某种唐人笔记小说而成的。例如上引《宣宗》中有一条文字称：“帝好进士及第，每对朝臣问‘及第’，苟有科名对者，必大喜，便问所试诗赋题目并主司姓名；或佳人物偶不中第，必叹惜移时。尝于内自题‘乡贡进士李道龙’。”实则此文出自卢言《卢氏杂说》，此书早佚，但《太平广记》卷一八二引《卢氏杂说》即有此文，题曰《宣宗》。《说郛》(宛委山堂本)卷四八《卢氏杂说》亦题《宣宗》。《唐语林》卷四《企羡》门与《南部新书》卷癸亦引此文，唯不标出处。《南部新书》文甚简略。

在宋人诗话中，还有《诗话总龟》一书值得留意。[①] 阮阅著此书，与

① 《诗话总龟》的性质很复杂，在流传过程中经过后人改编，已失原貌。《前集》五十卷，当仍为阮书之旧，后集五十卷，基本上是《苕溪渔隐丛话》、《碧溪诗话》、《韵语阳秋》三书的杂凑，当出书贾之手，决非原书之旧，引用时当区别对待。

其他诗话著作有所不同，他注意搜集有关诗歌的本事，也就征引了许多唐代笔记小说中的文字。例如卷五《评论门一》曰：

刘梦得曰："柳八驳韩十八《平淮西碑》云：'左餮右粥'，何如我《平淮西雅》之云'仰父俯子'？"柳云："韩《碑》兼有帽子，使我为之，便说用兵伐叛矣。"刘曰："韩《碑》柳《雅》，予为诗云：'城中晨鸡喔喔鸣，城头鼓角声和平。'美李愬入蔡，贼无觉者。落句云：'始知元和十二载，四海重见升平时。'言十二载以见平淮西之年。"

此文当出《刘宾客嘉话录》，据其体例即可知。《唐语林》卷二《文学》门亦引此，而文前无"刘梦得曰"四字。《临汉隐居诗话》曰："刘禹锡诗固有好处，及其自称《平淮西诗》云：'城中喔喔晨鸡鸣，城头鼓角声和平。'为尽李愬之美。又云：'始知元和十四载，四海重见升平年。'为尽宪宗之美。吾不知此两联为何等语也。"显然是为驳斥《刘宾客嘉话录》中的话而有此一说的。魏泰引诗有误，可据《诗话总龟》引文纠正。《诗话总龟》引诗与刘氏文集不同，当以刘诗前后有所改动之故，这样，《诗话总龟》中的文字反而可以提供研究刘诗的新线索。

但《诗话总龟》中的引文，往往不从原书录入，而是根据宋人改写的一些书载入，这就降低了文字的可信程度。用作校勘资料时应该倍加注意。如卷一《忠义门》引《有宋佳话》，云"张巡守睢阳，明皇已幸蜀。胡羯方炽，城孤势促，人食竭，以纸布切煮而食之，时以茶汁和食，而意自如。……"实则此文原出《刘宾客嘉话录》。《类说》卷五曰《刘禹锡佳话》，《说郛》（宛委山堂本）卷三六、（张宗祥辑明钞本）卷二一《刘宾客嘉话录》均载，《侯鲭录》卷六、《四六话》卷下亦引，唯不注出处。文中引张巡《谢金吾将军表》，内有"臣被围四十七日"之句，各本均同,《诗话总龟》则作“四十九日”。“九”字或误,但总是提出了一种可供追究的线索,故亦不可轻易否定。

(四) 学术性随笔。宋代学者读书有得,每每写下一些笔记,如吴曾《能改斋漫录》、王观国《学林》、洪迈《容斋随笔》、程大昌《演繁露》、高似孙《纬略》等均是。这些人的阅读范围至广,往往记下一些唐代笔记小说的文字,例如《能改斋漫录》卷四《辨误》内有《李远诗异同》一条,曰:“《北梦琐言》谓‘李远诗云:“人事千杯酒,流年一局棋。”宣宗以非牧人之才,不与郡守。’及观唐张固《幽闲鼓吹》,乃云‘宣宗坐朝,令狐相荐李远知杭州。上曰:“远诗‘长日惟消一局棋’,岂可临郡哉!”’二书所载,事虽同而诗则异。”即可供后人“他校”之用。他们时而针对唐代笔记小说中的一些考证文字,如《资暇集》、《刊误》等书中的若干论点,进行商榷,例如《能改斋漫录》卷五《辨误》内有《行李》一条,即引《资暇集》中《行李》一文而加驳正。这类文字更可供研究工作者参考。

以上我对“他校”时可供取资的四类著作分别作了介绍。学者整理唐人笔记小说,多方发掘材料时,自不应限于上述数端,即如彭叔夏的《文苑英华辨证》十卷等书中,都有可供参考的地方。

在此还应郑重提出的是:整理唐人笔记小说,应该广泛吸收清代学者的校勘成果。拙作《古今文史观念的演变(以正史、小说为重点所进行的探讨)》中曾言及清代学者治史因追求史料完整而已顾及笔记小说,[①]有的学者还对某些著作进行过认真的校勘。例如缪荃孙校《北梦琐言》,叶景葵就称:“《北梦琐言》缪艺风三校本,根据商本,《广记》本,刘、吴两钞本,前后二十馀年,用力勤劬,校笔整饬。”[②]但清人的校本散落人间,访求不易,如不及时普查且予保存,则极易湮没。黄裳叙

① 载拙著《当代学术研究思辨》,南京大学出版社 1993 年版。

② 顾廷龙编《卷盦书跋》,古典文学出版社 1957 年版。

及《剧谈录》嘉靖刻二卷本时曰："存卷下，棉纸，写刻。卢文弨朱笔校并跋两行。淡墨欹倾，晚年书也。后归丹铅精舍。劳季言墨笔手校并考，蝇头细字，书于书眉，往往数十百言。"[①]此书卷上当仍在人间。学者如能得到劳权、劳格兄弟等人的校本，并吸收其成果，则对校勘水平的提高当大有助益，这在整理唐人笔记小说时亦不容忽视。

辑　佚

唐代笔记小说散佚甚多，《新唐书·艺文志》中"杂史"与"小说家"等类中所著录者，今已佚去大半，其中像《芝田录》、《贞陵遗事》、《续贞陵遗事》、《异闻集》等颇有价值的著作，到了明代即已不存，今日只能从小说总集与类书等有关著作中发掘出其个别条文了。

为了补救唐代笔记小说的散佚，前人早就着手进行辑佚。他们通常是利用《太平广记》等几种内容丰富的小说总集，从中发掘材料，重行编纂。胡应麟《少室山房笔丛》卷三五《二酉缀遗》上叙《酉阳杂俎》曰："今世行本，余尝得三刻，皆二十卷，无所谓续者。近于《广记》中录出，然不能十卷，而前集漏轶殊多，因并录续集中，以完十卷之旧，俟好事博雅者刻之。"此事虽因《续集》十卷尚存，胡氏所辑十卷未曾行世，但这一常用的工作方法，却是具有典型意义的。

孙光宪的《北梦琐言》，据孙氏自序与《宋史》卷四八三《荆南高氏世家》记载，原为三十卷，《崇文总目》、《郡斋读书志》、《直斋书录解题》等均同，然《文献通考·经籍考》作二十卷，《宋史·艺文志》则作十二卷，当是二十卷之误。由此可知，此书到了宋末元初即已佚去十卷。清初乾隆时卢见曾刻《雅雨堂丛书》，即二十卷本；清末缪荃孙刻《云自在龛丛书》，又从《太平广记》中辑得佚文四卷，成了此书内容最为丰富

① 《前尘梦影新录》卷三，齐鲁书社1989年版。

的一种本子。但文字仍有遗漏。王仁俊辑有《北梦琐言》佚文一卷，实际上只是又从《太平广记》中辑出了两条，而林艾园续作校点，又从《太平广记》卷二〇五中辑得《王氏女》一条。可见《太平广记》因容量特大之故，辑录唐人笔记小说者，无不首先于此取资。

有些早就不见于明代书目的唐人笔记小说，后代又有完整的本子出现。那就有可疑之处。如北京图书馆藏有戴孚《广异记》旧钞本六卷，钱曾《述古堂藏书目》卷三、《读书敏求记》卷二均曾著录，实际上是辑录《太平广记》中的佚文而成的；南京图书馆藏有前八千卷楼所藏牛肃《纪闻》旧钞本十卷与胡璩《谭宾录》旧钞本十卷，丁丙《善本书室藏书志》卷二一均曾著录，实际上也都是辑录《太平广记》中的佚文而成的。

从《太平广记》中辑录佚文，较为省力而且易见成效，但对恢复全书原貌来说，无疑是不够的。林艾园以《北梦琐言》为例，说明除了可从《太平广记》中进行发掘之外，《资治通鉴考异》和苏轼《八月十五观潮五绝》中"三千强弩射潮低"施元之注中尚有佚文，[①]这当然也只是举例的性质，细加发掘，当不止这寥寥数处。于此可见唐人笔记小说的辑佚工作，尚待大力展开。

刘崇远《金华子》一书，记载晚唐、五代轶事甚多，颇有参考价值。原书早佚，四库全书馆臣从《永乐大典》中发掘佚文，辑入《武英殿聚珍版丛书》。后海宁周广业见其材料可贵，乃加校注补缀，嘉庆初年顾修刻入《读画斋丛书》，乃成传播最广、内容最佳的本子。周广业为其时颇有声名的学者，[②]经他整理的书，水平自有可观。他还从《说郛》、《绀

---

① 林艾园点校本《北梦琐言·前言》，上海古籍出版社 1991 年版。

② 周广业，字勤补，别字耕厓，海宁人。《清史列传》卷六八有传。吴骞《愚谷文存》卷一〇《周耕厓孝廉传》云："于书无所不窥。凡十四经、二十四史以及九流百氏，靡不溯流讨源，钩沈索隐。晚尤注意孟子。……于是覃思竭虑，作《出处考、时地考》。合前(《逸文考》、《异本考》、《古注考》)为《孟子四考》。书成，极为大兴朱石君中丞、南汇吴白华侍郎所击节，为序而行之，一时纸贵。"

珠集》、《唐诗纪事》中共辑得佚文三条，从《稽神录》中辑得疑出《金华子》的佚文一条，可见他曾多方发掘材料，进行《金华子》的辑佚工作。可惜的是，他的工作仍很不够。

令人奇怪的是，周广业已经注意到了《绀珠集》卷一〇中有《面部三无》一条，那他又为什么不到性质相似的《类说》中去翻检一下呢？比之《绀珠集》，《类说》中还多出两条，周氏都未曾录入。按李宽故事分别曾为《绀珠集》卷一〇、《类说》卷二五、《锦绣万花谷》后集卷三四、《白孔六帖》卷三一所征引，标题均作《面部三无》。宋代类书常是辗转抄袭，此则情况或许即是如此。然《新编分门古今类事》卷一〇引《金华子》此文，记事较诸书远为完整，《唐语林》卷七亦有此文，与《新编分门古今类事》引文近似，虽不标出处，但为《金华子》中文字则无可疑。周广业不广求异本，仅以《绀珠集》中残缺的文字补入，故其所辑仍有缺遗。

比之同时学者，周广业的学术观点有其先进之处，他能为唐人笔记小说作校注，前人未见有此举措；但他的整理工作还未做得很充分，说明他还不能把笔记小说的地位看得和正经、正史并重，像他作《孟子四考》那样，全力以赴，因而在《金华子》的辑佚中难免给人以工作草率的感觉。当然，他之所以未能广搜异本，与当时得书不易也有关系。

四库全书馆臣从《永乐大典》中辑录《金华子》佚文时，工作本来做得就很草率，例如《永乐大典》卷之一万一千一《府·恩府》引《金华子杂编》一条，首尾完整，文曰：

> 以恩地为恩府，始于唐马戴。戴，大中初为掌书记于太原李司空幕，以正言被斥，贬朗州龙阳尉。戴著书，自痛不得尽忠于恩府，而动天下之浮议。

《唐语林》卷二《文学》门引此略同，其下尚有一段文字，曰：“行道兴咏，寄情哀楚，凡数十篇。其《方城怀古》云：‘申胥枉向秦城哭，靳尚终贻楚国羞。’《新春闻赦》云：‘道在猜谗息，仁深疾苦除。尧聪能下听，汤纲本来疏。’”此文虽不标出处，然为《金华子》中文字则无可疑。《唐诗纪事》卷五四《马戴》引《金华子》此文，略有删节，而二诗尚存。四库全书馆臣则仅录至“而动天下之浮议”，故后出各本均有残缺，《读画斋丛书》本也一样，周广业未能广搜异本而纂成较为完整的文字。

又《资治通鉴考异》卷二三“九月，刘邺请赠李德裕官”引《金华子杂编》曰：

> 宣宗尝私行，经延资库，见广厦连绵，钱帛山积，问左右曰：“谁为此库?”侍臣对曰：“宰相李德裕执政日，以天下每岁备用之馀，尽实此。自是以来，边庭有急，支备无乏者，兹实有赖。”上曰：“今何在?”曰：“顷以坐吴湘狱贬于崖州。”上曰：“如有此功于国，微罪岂合深谴?”由是刘公邺得以进表乞追雪之。上一览表，遂许其加赠归葬焉。

《读画斋丛书》本中无此文字，周广业亦未辑入。《资治通鉴考异》为常见之书，而周氏竟未顾及。上举诸例，说明周氏确是未能广求异本，做好辑佚工作，从而整理出一种更为理想的本子。

一些有宋、元刻本作依据的唐人笔记小说，也可从《永乐大典》中发掘佚文。明初修《永乐大典》时，能够看到很多宋、元旧本，这些本子，常是优于目下传世之本，其所收容的文字，有的也比目下传世之本为多。例如《刘宾客嘉话录》一书，《顾氏文房小说》复刻南宋卞圜本已多错误，具见上述；《唐语林》中收有佚文多条，说明王谠所见到的《刘公嘉话》，尚接近原貌。《永乐大典》中还有佚文多条，则又可见此种较为完整的本子，明初尚存。如《永乐大典》卷之一万二千四十四《酒·罚酒》引《刘公嘉话》曰：

丈人曰：当裴延龄之横也，丈人座主顾侍郎挺笏欲击之，曰："段秀实笏击贼臣，顾少连笏击奸臣。"时会于田镐宅，元友直为酒纠，各罚一盏以弥缝之，俗谓"笼合"是也。

此文即不见今本《刘宾客嘉话录》。前引《永乐大典》卷之二千九百七十九《人·知人》引《刘公嘉话录》，亦为佚文，亟应补入。唐兰与罗联添二人为《刘宾客嘉话录》作了很好的整理工作，可惜其时《永乐大典》佚文的影印本尚未问世，因此未能收入此书所引佚文。

《类说》、《绀珠集》和《说郛》中保存着很多唐人笔记小说的佚文，后人从事辑佚，自然不可忽视这些书籍。但据此辑出的文字，常有语气不全的现象，因为这些书中的文字一般都经过删节，自与原书有别。

《类说》卷三二《语林》中有《州图为裙》一条，文曰：

信州有一窭士，有人乞州图，因浣染为裙，墨迹不落。会邻邀之，出数妓，设酒。良久，一婢惊报云："君子误烧裙。"其人遽问所损处，婢曰："正烧着大云寺门楼。"

此文今本《唐语林》已佚，然《说郛》（宛委山堂本）卷二四高怿《群居解颐》中《烧裙》亦叙此事，文字类同，显然出于一源。《唐语林》所依据的书中无《群居解颐》，高怿当据《会昌解颐录》写入，因为谐谑之书每陈陈相因。二者相校，知《类说》、《说郛》引文均有误。《说郛》之中，如"窭士"误为"女子"，"门"下夺一"楼"字；《类说》之中，则将"娘子误烧裙"误作"君子误烧裙"，致使全文扞格难通。《唐语林》引文时常作改写，《类说》、《说郛》引文多以意改削，而工作时又常是粗枝大叶，留下不少错误，引用者应当倍加注意。

总结上言，可知唐人笔记小说的辑佚工作，其可供发掘佚文的典籍，有小说总集、类书等许多门类，若依其价值而言，则可分三等：

（一）《永乐大典》和《资治通鉴考异》二书最值得重视。二者的文字很少经过改削，因此可信的程度很高。而且二书的篇幅都很大，从中发掘材料的潜力很大。二者之间，又以《资治通鉴考异》中的文字为可信。《永乐大典》中的个别条文，由于抄手工作草率，文字多残夺，例如该书卷之一万三千四百九十六《制·草制》引《唐语林》，曰："韩十八初贬之制，席十八舍人为之词，曰：'早登科第，亦有声名。'席以无令子弟，岂有病阴毒伤寒而与不絜吃耶？韩曰：'席十八契大迟。'人问曰：'何也？'曰：'出语不是当。'盖忿其责词云'亦有声名'耳。"读者稍加推敲，即可知其文多夺误。此文原出《刘宾客嘉话录》，《太平广记》卷四九七引，题曰《席夔》，《类说》卷五四《刘禹锡佳话》题作《韩愈制词》，《说郛》（宛委山堂本）卷三六亦载。比较之下，始知席夔制词之后夺"席既物故，友人曰"二句，韩愈忿词中夺"吃不"二字，"以"字误衍，"絜（潔）"字则误写成"契"。在这七八十字的一小段文字中，错误竟如此之多。四库全书馆臣发现问题严重，也就不得不从其他书中引文补足，然后辑入《唐语林》卷六。

（二）《太平广记》可作第二等材料使用。这书文字一般说来还称完整，但如上所言，文中常有改写之处，故与原书时有出入，这一点不可不注意。例如《剧谈录》卷上有《裴晋公天津桥遇老人》一则，中有"明年登第，及秉钧衡"之句，《贵池先哲遗书》本《剧谈录》据《太平广记》卷一三八引文改作"明年及第，洎秉钧衡"，《唐语林》卷六亦有此文，正作"明年登第，及为相"，可见"登""及"二字原书不误。刘世珩过分信从《太平广记》，遂致妄改原文，如加注意，这类错误是可以避免的。

（三）《类说》、《绀珠集》、《说郛》等书中的文字，价值又要低一层，但张宗祥辑明钞本《说郛》中的文字，又当别论，其中时见完整的文字，颇为近真。

以上也只是就其大体而言。学者利用这些材料时，应该坚持实事求是的原则，逐条检视，区分其优劣。其他著作，像《新编分门古今类事》等书中，偶尔也可发现很好的材料，自当多方搜求。

按聚珍本《唐语林》卷八中有如下一条：

> 兖州邹县峄山，南面半腹，东西长数十步。其处生桐，相传以为《禹贡》“峄阳孤桐”者也。土人云：此桐所以异于常桐者，诸山皆发地土多，惟此山大石攒倚，石间周回，皆通人行，山中空虚，故桐木响绝，以是珍而入贡也。按《汉书·地理志》，下邳县西有葛峄山，古之峄阳下邳者是矣。关西西风则雨，东风则晴，皆以为常候。夫九州之地，洛阳为土中，风雨之所交也。今关西西风则雨，关东东风则雨，是风气各自其方而来，交于土中，阴阳和则雨成。

《守山阁丛书》本《唐语林校勘记》于“关西西风则雨”句下注曰：“此当提行另起。《闻见记》卷七目有《西风则雨》条，注‘缺’，当即此条也。”说明钱熙祚等人已经认识到《唐语林》中的这一条文字实际上是两条各自独立内容不同的文字，前者原出《封氏闻见记》卷八《峄山》，“关西西风则雨”以下则原出《封氏闻见记》卷七《西风则雨》。原书此条已佚，钱氏发现正可利用《唐语林》中文字来补足。赵贞信作《封氏闻见记校证》，则又发现《续博物志》中尚有封书佚文，即在首句和尾句之上尚有文字，可用以补充。赵氏辑入佚文之后，《西风则雨》一条之始末曰：“关东西风则晴，东风则雨；关西西风则雨，东风则晴，皆以为常候。……是风气各自其方而来，阳之专气为雹，阴之专气为霰，交于土中，阴阳和则雨成。”可见封书中的这一条文字，经过钱熙祚、赵贞信等人的辑佚，文字更见完整，符同或接近原书了。

《守山阁丛书》本《唐语林校勘记》于该书卷五“大历末，北方有白虹夜见……”一条下加注曰：“《封氏闻见记》卷七目有《北方白虹》条，注‘缺’，当即此条。”赵贞信《封氏闻见记校证》亦已据此补入。王国维读《唐语林》，发现卷五“郿西鼓山东北，有石鼓……”一条，即《封氏闻见记》卷七《石鼓》佚文；卷八“御史旧例……”一条，即《封氏闻见记》卷三《风宪》佚文，赵贞信亦已据此辑入。

王国维在 1918 年 1 月 4 日致罗振玉的信中说：“近阅唐人说部，以《唐语林》校《封氏闻见记》，殊有补益。”[①]上述两条文字的发现，对于恢复封书的原貌起了重要作用。赵贞信吸收了清代学者与当代学者在辑佚上的成果，才编订了最为完整的《封氏闻见记》新本。《封氏闻见记》一书具有很高的学术价值，钱、王等人的辑佚工作作出了重要的贡献。唐代笔记小说中文字有残佚者甚多，从事整理工作的学者，只要认真发掘，都有可能在其致力的著作中作出重要的贡献。

从“唐人七律第一”之争看文学观念的演变

原载《文学评论》1985 年第 5 期

严羽《沧浪诗话》之评李白、杜甫，于二人并列处，总是不分轩轾，下笔极有分寸。例如他在《诗评》部分中说：“李杜二公，正不当优劣。太白有一二妙处，子美不能道；子美有一二妙处，太白不能作。”“子美不能为太白之飘逸，太白不能为子美之沉郁。太白《梦游天姥吟》、《远离别》等，子美不能道；子美《北征》、《兵车行》、《垂老别》等，太白不能

---

① 《王国维全集・书信》第 237 页，中华书局 1984 年版。

作。论诗以李、杜为准，挟天子以令诸侯也。”

严羽的这番议论，结合所举的代表作品一起加以考察，可以看出他对二人的诗歌确是体会很深，已经掌握到了二人使用不同的创作方法而产生的特点，以及由他们不同的生活经历和个性特点而形成的风格差异。这样的“诗评”，对于后来的读者，确能起到启发指导的作用。

但这里还可探究的是：严羽对李、杜二人的评价，难道真能如水之平？字里行间，有没有透露出一丝抑扬之意？

检阅《沧浪诗话》全书，研究严羽对诗歌总的见解，也就可以体会到，他是偏爱李白而对杜甫有所贬抑的。

问题可从另一方面谈起。《沧浪诗话·诗评》中说：

> 唐人七言律诗，当以崔颢《黄鹤楼》为第一。

这一首诗，曾经留下一件传播很广的轶事，《唐才子传》卷一“崔颢”曰：“后游武昌，登黄鹤楼，感慨赋诗。及李白来，曰：‘眼前有景道不得，崔颢题诗在上头。’无作而去，为哲匠敛手云。”说明此诗水平之高，甚至彻底压倒了“仙才”李白，而严羽视李白如唐诗“天子”，“天子”低头臣服之作，当然可以享七言律诗“第一”的盛誉了。

其后李白作《登金陵凤凰台》诗，其格律气势与崔颢《黄鹤楼》诗相仿佛，宋人传说这是李白的拟作，似属可信。傲岸好胜如李白，一时气馁之后，处心积虑，卷土重来，定要较量一番，也在情理之中。但由此更可看到李白对《黄鹤楼》诗的倾倒了。

这两首诗的谁高谁下，历代文人纷争不已，但见仁见智，也很难作出绝对化的判决。不过李白之所以定要在这首诗上争个高下，却是因为在他擅长的写作手法上崔颢竟然取得了杰出的成就，使他自己也难乎为继，因而耿耿于怀，定要“捶碎黄鹤楼”才感到痛快的吧。

自从严羽推崔颢《黄鹤楼》诗为唐人七律第一之后，后人一再提出另外的名篇来争夺这桂冠，如何景明、薛蕙推沈佺期《古意》（卢家少妇郁金堂）为第一，胡应麟和潘德舆以杜甫《登高》（风急天高猿啸哀）为第一……于是又像争论崔、李二作谁高谁下一样，引起了一场难以作出明确答案的纠纷。然而从这些争鸣者的不同见解之中，却正可以看出不同时代的文人文学观念的演变。

前人早就指出，崔颢此诗全仿沈佺期《龙池篇》。沈诗云："龙池跃龙龙已飞，龙德先天天不违。池开天汉分黄道，龙向天门入紫薇。邸第楼台多气色，君王凫雁有光辉。为报寰中百川水，来朝此地莫东归。"比较起来，崔颢此诗自当有出蓝之誉。因为沈诗凝重滞涩，崔诗空灵超迈，不论在思想内容或形式技巧上，均相去甚远。只是崔、李等诗确是从沈诗中脱胎出来的。而沈、宋写作的近体诗，正显示出紧接六朝而来的所谓"初唐"时期的特点。

众所周知，唐代是我国诗歌创作的黄金时代，到了这时，旧体诗中的几种体式都已齐备，而且都已趋于成熟。五言和七言的古体诗自不必说，近体诗中的五言律绝和七言律绝，也已一一趋于定型。而在这些诗体中，应该把七言律诗看作唐代诗歌中最有代表性的一种文体。因为五言诗在前代，尽管在声律上不能全然调谐，但因制作者多，内中自有不少暗与理合的作品；而自永明声律说兴起后，自有一些据此写出的成功之作。七言绝句，因为接近口语，在民间文学中已经出现，在六朝文人的集子中也已出现。只有七言律诗，因为声律和对仗上要求严，成功的诗作，一定要在人工上见天巧，也就需要更多的时间才能趋于成熟。可以说，只是到了杜甫的律诗出现之后，才算是达到了全然成功的最后阶段。

严羽在《沧浪诗话·诗法》中说："律诗难于古诗。"他不在其他体裁的诗歌中评比最佳作品，只在七律中遴选出登峰造极之作，大约也是以为七律可以作为唐诗的代表体裁而有此一举的吧。

但他挑选出来的这首《黄鹤楼》诗，并不是七律的典范作品，因此只收古诗的《唐文粹》中也将这诗收入。许印芳于《诗法萃编》本《沧浪诗话·诗体》内此诗之下加按语曰："此举前半散行，用古调作律体者。"这是不难看出的。此诗前半是古风的格调，后半才是律诗的格调。前面四句中，平仄与正规的平起式不合，三、四句还不用对仗，"黄鹤"一词又连用了三次，这些都是与律诗，甚至是一般的诗歌，在体式和作法上不能相容的。但这四句"词理意兴"俱臻上乘，所以仍然被人叹为绝唱。

可也正是这些诗句，其成功之处，符合严羽诗学上的要求，从而能够得到他的高度赞赏。这就值得深入体察。

《诗评》中说："太白发句，谓之开门见山。"崔颢《黄鹤楼》诗前四句，正是开门见山的范例。

《诗评》中说："观太白诗者，要识真太白处。太白天才豪逸，语多率然而成者。"崔颢《黄鹤楼》诗前四句，一气喷薄而出，真是"率然而成"，决不是苦心构拟者能够拼凑得出来的。

《诗评》中说："汉魏古诗，气象混沌，难以句摘。"崔颢《黄鹤楼》诗中前四句，用这八个字来品评，也就显得特别合适。

于此可见严羽论诗的真谛。他提倡盛唐诗，实际说来，可并不赞成杜甫那种精工得当、纯熟之极的七律，而是欣赏那种保留着汉魏古诗中浑朴气象的诗歌。李白的诗歌中保留汉魏的成分要比杜甫的诗歌多得多，所以严羽一而再地称赞李白这方面的优点。崔颢的诗歌，从总体来说，其水平自不如李白之作，然而《黄鹤楼》诗却是集中地体现出了这方面的长处，所以李白表示钦佩，严羽则誉之为唐人七律第一了。

《诗评》中又说："建安之作，全在气象，不可寻枝摘叶。灵运之诗，已是彻首尾成对句矣，是以不及建安也。”说明他把“彻首尾成对句”的作品视为逊于“不可寻枝摘叶”者一筹。这种评价，自然是对古诗而言的，讨论近体诗时，并没有表露过同样的论调，但他既以崔颢《黄鹤楼》诗为唐人七律第一，这诗的前半又真是“不可寻枝摘叶”者，那就只能说严羽的这种美学标准仍在起着作用，他的态度非常执著，鉴赏近体诗时，同样追求“气象浑沌，难以句摘”的情趣。可以推知，他对那些“彻首尾成对句”者，如杜甫的《登高》一诗，自然不会把它作为“唐人七律第一”的应选之作看待的了。

《诗评》中还说：“苏子卿诗：‘幸有弦歌曲，可以喻中怀。请为游子吟，泠泠一何悲。丝竹厉清声，慷慨有馀哀。长歌正激烈，中心怆以摧。欲展清商曲，念子不能归。’今人观之，必以为一篇重复之甚，岂特如《兰亭》‘丝竹管弦’之语耶。古诗正不当以此论之也。”这种意见也可用来说明上述观点。崔颢《黄鹤楼》诗中的前四句，用词的重复，语意的稠叠，他都不以为病，而是尽情崇扬，这里也是执意追求“古诗”妙处的缘故。与此相反，那些尽力避免“重复”而变换词汇、编排字句等技巧，也就不一定会成为优点而博得他的青睐了。

《诗评》中还说：“《十九首》：‘青青河畔草，郁郁园中柳。盈盈楼上女，皎皎当窗牖。娥娥红粉妆，纤纤出素手。’一连六句，皆用叠字，今人必以为句法重复之甚。古诗正不当以此论之也。”返观崔颢《黄鹤楼》诗，八句之中，也一连出现了“悠悠”、“历历”、“凄凄”三叠。严氏不“以为句法重复之甚”，恐怕也是“古诗正不当以此论之也”这种观点在起作用。

以上三例说明，严羽对汉魏古诗的分析，与他对唐诗的评价，又有声息相通而可以互证的地方。

在《诗体》部分，严羽对诗歌的形式作了详细的分析。他对各种句式没有发表什么喜恶之见，只是作了客观的介绍，但他欣赏的一些诗句，却也曾作为例句而提出。其中提到有“十四字句”，自注：“崔颢‘黄鹤一去不复返，白云千载空悠悠’；又太白‘鹦鹉西飞陇山去，芳洲之树何青青’是也。”这些例句，都是原诗中的颔联，照常规说，应该有严格的对仗，而他对此却不加考虑，还把它们作为标准句式提出，这样做，也就说明他不重视律诗的特点，硬把古诗的美学标准羼入了这一领域中去。除此之外，他又提出“有律诗彻首尾对者”，自注：“少陵多此体，不可概举。”胡鉴《沧浪诗话注》曰：“杜少陵《登高》一首是也。”参照严羽的上述见解，即评价律诗时经常运用古诗的标准，也就可以推知，严羽对此自然不会评价太高的了。

应该说明，严羽的扬李抑杜，在《沧浪诗话》中没有明确地表示过，本文作出这个结论，是对严羽的文学观念从根本上加以探讨之后才提出的。在字面上，每当提到李、杜时，总是左提右挈，似无抑扬之意，但他的艺术趣味却在潜意识地起着作用，所以讨论到其他文学问题，阐述美学标准之时，也就透露出了意向之所在。他的喜好确是偏于李白的创作特点而并不在杜甫这一边的。

关于李白、杜甫诗歌创作水平的高下，自唐代中期起，就已有人对此进行比较研究了。元稹、白居易继承的是杜甫诗歌现实主义的创作传统，因而持扬杜抑李之论，他们不但从思想内容方面着眼而批评李白，而且从形式技巧方面着眼而褒扬杜甫。白居易《与元九书》曰：“杜诗最多，可传者千馀首；至于贯串今古，𩓧缕格律，尽工尽善，又过于李。”元稹《唐故工部员外郎杜君墓系铭并序》曰：“时山东人李白，亦以奇文取称，时人谓之李、杜。予观其壮浪纵恣，摆去拘束，模写物象，及乐府歌诗，诚亦差肩于子美矣。至若铺陈终始，排比声韵，大或千言，次犹数百，词气豪迈，而风调清深；属对律切，而脱弃凡近，则李尚不能历其藩翰，况堂奥乎！”这样的评价，显然过于偏激，韩愈《调张籍》诗曰：“李、杜文章在，光焰万丈长。不知群儿愚，那用故谤伤？蚍蜉撼大树，可笑不自量。”说者以为此诗就是针对元稹论点而发，虽然找不到什么确凿的证据，但其矛头所指，如果说是针对与元、白持同一观点的妄事优劣者，却是不容置辩的。于此可见当时争论的尖锐了。

所谓“属对律切”，就是推崇杜诗在声律、对仗方面的工致。李白在诗歌的形式技巧上下过很大的功夫，诗中也有不少“属对律切”的典范之作，但他天才英特，所作运以灏气，使人读之不觉其工巧。也正因为他豪放不羁，不屑于停留在形式技巧的琢磨上，他的作品，也就并不以律诗见长。按李白今存诗作，古诗占十分之八稍弱，近体诗中，五律还有九十首左右，七律只有十首，内中一首还只有六句。《登金陵凤凰台》、《鹦鹉洲》二诗，承崔颢《黄鹤楼》而来，也是介于古风和律诗之间的作品。返观杜甫，情况大不相同。他写了一百五十首左右的七律，不但在数量上超过了在此之前同一时代诗人所作的总和，而且在内容和形式上也作出了多方面的开拓。胡震亨《唐音癸签》卷一〇曰：“少陵七律与诸家异者有五：篇制多，一也；一题数首不尽，二也；好作拗体，三也；诗料无所不入，四也；好自标榜，即以诗入诗，五也。此皆诸家所无。其他作法之变，更难尽数。”说明杜甫于此确是费尽心力，因而后人都以为杜甫在七律这种体裁上创获最多。

不过杜甫也曾写作一些带有古风特点的七言律诗，如《崔氏东山草堂》等均是，但这情况与李白之作又有不同。杜甫写作这类作品，并不是不措意于“属对律切”，而是“脱弃凡近”，要在旧有规律之上更加表现出个人独到的功夫，这里毋宁说是具有卖弄他精于此道的意思。二人对七律的态度也就出入很大了。

韩愈大气磅礴，接近于李白的浪漫主义一派。宋初文人，如欧阳修等，接受韩愈的影响，也推崇李诗，但如王安石等人，已甚推崇杜甫之作。其后江西诗派出，在形式技巧上赋予更多的注意，于是杜甫的成就得到更大的宣扬。黄庭坚举夔州后诗为效法对象，而这正是杜甫

“晚节渐于诗律细”后的纯熟之作。其后江西诗派声势日大，几乎主宰宋代诗坛，而杜甫在七律上取得的成就，也就成了毋庸置疑的定论。

严羽提倡诗宗盛唐，他在《沧浪诗话·诗辨》中说：“故予不自量度，辄定诗之宗旨，且借禅以为喻，推原汉魏以来，而截然谓当以盛唐为法。”自注：“后舍汉魏而独言盛唐者，谓古、律之体备也。”这番议论，清楚地表明了他之所以推尊杜甫的理由。因为盛唐诗体大备，而杜甫在各个方面都作出了杰出的贡献，前人对此早有“集大成”之称，严羽纵论盛唐一代诗歌，且以此为号召，自然不能不尊重事实，于是他在《诗评》中也说：“少陵诗，宪章汉魏，而取材于六朝；至其自得之妙，则前辈所谓集大成者也。”可见这里是就总体而言，同意前人结论，并不是对杜甫创作的各个方面都予以推崇。从他对诗歌创作上的一些具体看法来说，却是更为推崇李白的诗歌特点，这与他反对江西诗派的倾向也是一致的。

明清两代文人一般都推崇盛唐诗歌，受严羽《沧浪诗话》的影响很大。但是这里也经历着一段曲折的过程。明初高棅编《唐诗品汇》，《明史·文苑传》上说：“终明之世，馆阁以此书为宗。”可见其影响之巨。此书即宗严氏之说，以盛唐为唐诗的“正宗”、“大家”、“名家”、“羽翼”。值得注意的是，李白的各体诗歌都被推为“正宗”，而杜甫却始终不能享有这种尊号。即如七律一体，李白也称“正宗”，而杜甫则称“大家”。显然，“正宗”乃是后人必须效法的宗师，“大家”则仅言其成就之大而已。《唐诗品汇》“七言律诗叙目”曰：“盛唐作者虽不多，而声调最远，品格最高。若崔颢，律非雅纯，太白首推其‘黄鹤’之作，后至‘凤凰’而仿佛焉。……是皆足为万世程法。”又曰：“少陵七言律法独异诸家，而篇什亦盛。”高棅的这种见解，倒真是得到了严羽论诗的心传的。

但是情况后来有了变化。学者如果真要以盛唐诗为楷模，把它作为效法的对象，却又不得不舍李而从杜。因为李白的诗无绳墨可循，很难遵从；杜甫的诗有格律可依，易于学习。于是明代中叶之后，杜甫的律诗也就声誉日高，诗家奉为不祧之祖，李白的律诗则不再受到重视，《登金陵凤凰台》诗更是因为不合律诗规格而受到忽视。如赵文哲《媕雅堂诗话》曰："七律最难。鄙意先不取《黄鹤楼》诗，以其非律也。……太白不善兹体，《凤凰台》诗亦强颜耳。"即其一例。

《沧浪诗话·诗评》曰："少陵诗法如孙、吴，太白诗法如李广。少陵如节制之师。"李广用兵，神妙莫测，故不可学。"节制之师"，有如程不识之将兵，以其有规矩可识，故可供人效法。严羽的这种意见，内部实际上包含着矛盾。他学诗重模拟，《诗法》中甚至说："试以已诗置之古人诗中，与识者观之而不能辨，则真古人矣。"但他举李白为供人效法的对象，则又怎能诱使后人遵从？难怪前后七子之后，逐渐背离其说。胡应麟《诗薮》"外编"卷四曰："李、杜二家，其才本无优劣，但工部体裁明密，有法可寻；青莲兴会标举，非学可至。又唐人特长近体，青莲缺焉，故诗流习杜者众也。"说明明代中叶之后，随着创作实践中的大势所趋，理论界也转而推崇杜甫的七律，崔颢《黄鹤楼》诗为唐人七律第一之说，也就随之被否决了。

年代较早的杨慎，虽然对严羽之说已有修正，但对《黄鹤楼》诗的成就还是维护的。《升庵诗话》卷一〇："宋严沧浪取崔颢《黄鹤楼》诗为唐人七言律第一，近日何仲默、薛君采取沈佺期'卢家少妇郁金堂'一首为第一，二诗未易优劣。或以问予，予曰：'崔诗赋体多，沈诗比兴多。以画家法论之，沈诗披麻皴，崔诗大斧劈皴也。'"这种调停之论，后人也不能接受，一再遭到批驳。

胡应麟《诗薮》"内编"卷五推尊杜甫《登高》"为古今七律第一，不必为唐人七律第一"。他还具体申述道："'卢家少妇'体格丰神，良称独步，惜颔颇偏枯，结非本色。崔颢《黄鹤》，歌行短章耳。太白生平不喜俳偶，崔诗适与契合，严氏因之，世遂附和，又不若近推沈作为得也。”这里说明明人和宋人的文学见解已经格格不合。

胡应麟作进一步的分析，更能看清这一时代的人品评作品时兴趣何在。他说：“《黄鹤楼》、‘郁金堂’皆顺流直下，故世共推之。然二作兴会适超而体裁未密，丰神故美而结撰非艰。若‘风急天高’，则一篇之中句句皆律，一句之中字字皆律，而实一意贯串，一气呵成。骤读之，首尾若未尝有对者，胸腹若无意于对者；细绎之，则锱铢钧两，毫发不差，而建瓴走坂之势，如百川东注于尾闾之窟。至用句用字，又皆古今人必不敢道，决不能道者。真旷代之作也。”这里正是着眼于《登高》一诗组织的工致而立论的。而胡应麟所反复称叹的，已是严羽视为低于“气象浑沌”的“彻首尾成对句”者。可见明人的论诗，已与严羽的初衷不合。

综上所言，可以知道：严羽与明人虽然都推崇盛唐诗歌，但实质上却有很大的不同。严羽推重的唐诗，是指那些保留着很多汉魏古诗的写作手法而呈现出浑朴气象的诗歌；明人推重的近体诗，是指那些写作技巧全然成熟而表现为精工得当的作品。因此，这两种学说之间虽似一系相承，然而随着时代和创作潮流的演变，内涵已有不同。这是探讨我国诗歌发展史时应当注意的地方。

到了清代，明人的意见更是进一步得到了加强。大家的看法差不多已趋一致，论诗注重格律，强调的是诗体之正。潘德舆《养一斋诗话》卷八首引严羽、何景明、薛蕙之说，又引杨慎两可之论，然后下判断说：“愚谓沈诗纯是乐府，崔诗特参古调，皆非律诗之正。必取压卷，惟老杜‘风急天高’一篇。气体浑雄，剪裁老到，此为弁冕无疑耳。……至沈、崔二诗必求其最，则沈诗可以追摹，崔诗万难嗣响。崔诗之妙，殷璠所谓‘神来、气来、情来’者也。升庵不置优劣，由其好六朝、初唐之意多耳。尤西堂乃谓崔诗佳处止五六一联，犹恨以‘悠悠、历历、凄凄’三叠为病。太白不长于律，故赏之；若遭子美，恐遭‘小儿’之呵。嘻！亦太妄矣。”然而不管潘氏的语气何等婉转，崔颢《黄鹤楼》一诗，以其不合明清人对七律的要求，从头到尾遭到指摘，已是无可挽回的趋势。严羽以盛唐为法的真意，已被后代那些宗奉者扬弃了。

叙《全唐诗》成书经过

原载《文史》第8辑，1980年3月。

《四库全书总目》“提要”中的疑团

《全唐诗》是怎样成书的？问题似乎很简单，因为《四库全书总目》的“提要”中说得很清楚：

> 御定《全唐诗》九百卷　康熙四十二年圣祖仁皇帝御定。诗莫备于唐，然自北宋以来，但有选录之总集，而无辑一代之诗共为一集者。明海盐胡震亨《唐音统签》始搜罗成帙，粗具规模，然尚多舛漏。是编秉承圣训，以震亨书为稿本，而益以内府所藏全唐诗集，又旁采残碑、断碣、稗史、杂书之所载，补苴所遗，凡得诗四万八千九百馀首，作者二千二百馀人。……

《四库全书总目》成书于乾隆年间，上距康熙之时不过七八十年，二者都是官修的书，所言应当可信。因此，后人大都信从四库馆臣的论定，以为《全唐诗》出于《唐音统签》。《唐音统签》传世很少，后人无法核实，所以这种说法一直没有引起什么怀疑，几乎成了定论。

但“提要”中还提到有“内府所藏全唐诗集”，这究竟是指一部书呢，还是泛指唐诗的各种不同集子？有人带着这个问题参读《全唐诗》

的“凡例”，认为指的是另一部《全唐诗》。这也就是说，在玄烨御定的《全唐诗》成书之前，内府已经藏有另一部《全唐诗》。但这又是一部什么样的书呢？大家可也说不清楚。[①] 因为宫廷图书外人无从窥及，所以这个疑团还是无法彻底解开。

清廷逊位，故宫图书馆成立，内府秘籍始能公之于众，于是才有了比较各种本子的可能。1937 年，俞大纲到故宫图书馆阅读《唐音统签》，看到了季振宜的《全唐诗》，这时才知道《四库全书总目》“提要”、御定《全唐诗》的“凡例”和康熙御制《全唐诗序》中提到的“全唐诗”或“全唐诗集”，都指季振宜的《全唐诗》，现在通行的这部所谓御定《全唐诗》是依据胡震亨的《唐音统签》和季振宜的《全唐诗》成书的。[②] 但俞氏主要致力于《唐音统签》的阅览，对季书似乎未曾深究，因而仍然未能摆脱四库馆臣所作论断的影响，不能充分看到季振宜《全唐诗》在曹寅等人修书时所起的作用，这样也就不能把《全唐诗》成书的秘密彻底揭开。

季振宜《全唐诗》的出现与汩没

由于故宫博物院明清档案部把曹寅的奏折给整理了出来，印行成册，[③]因而御定《全唐诗》由创始到完成的全过程也就比较清楚地勾勒出来了。从中可以发现很多问题。

曹寅等人在御定《全唐诗》的《进书表》中说：“康熙四十四年三月十九日，奉旨颁发《全唐诗》一部，命臣寅刊刻，臣〔彭〕定求、臣沈三曾、臣〔杨〕中讷、臣〔潘〕从律、臣〔汪〕士铉、臣〔徐〕树本、臣〔车〕鼎晋、臣汪

---

① 参看胡怀琛《全唐诗的编辑者及其前后》，载《逸经》(文史半月刊)第十七期，1936 年 11 月 5 日。

② 参看俞大纲《纪唐音统签》，载《历史语言研究所集刊》第七本第三分，1937 年出版。

③ 参看故宫博物院明清档案部编《关于江宁织造曹家档案史料》，中华书局 1975 年版。

绎、臣〔查〕嗣瑮、臣〔俞〕梅等校对，于康熙四十五年十月初一日书成。”说明曹寅是在康熙四十四年春奉旨刊刻《全唐诗》的。是时正值玄烨五次南巡。查《清实录》，玄烨是在二月开始出巡的，三月六日起到达江南，而自十七日至二十二日，正驻跸苏州。玄烨南巡之时，曹寅一直随侍在旁，担当着接驾的重任。玄烨和曹寅关系密切，曹寅这位江宁织造又是以特殊身份进行文化活动的。因此，玄烨这次颁发下来的任务实有当面交代的性质。当时的地方大员江宁巡抚宋荦在《迎銮三纪》中按日详列玄烨的活动，于三月十八日记载着玄烨面谕他刊刻御批《资治通鉴纲目》的事，于三月十九日则记曰：“上发《全唐诗》一部，命江宁织造曹寅校刊，以翰林彭定求等九人分校，照常升转。”（《西陂类稿》卷四二）可见宋、曹二人接受任务的情况是差不多的。

为了修书，在曹寅的主持下，临时凑起了一个班子。彭定求《翰林院修撰东山汪君墓志铭》曰：“康熙乙酉三月，上巡幸江南，简在籍翰林官十人校刊《全唐诗》于扬州。余林居既久，至是始识东山汪君。”（《南畇文稿》卷八）说明这些编校人员原来都是一些闲散在家的文人。《圣祖五幸江南全录》曾记录这些在籍翰林的动态，玄烨三月十八日在苏州，乡绅彭定求等“俱赴行宫叩贺万寿”；三月二十三日抵昆山，乡绅徐树本等“恭迎圣驾朝见”；四月初六日在杭州，召乡绅沈三曾、杨中讷、查嗣瑮等“俱进行宫做诗”；四月二十四日在常州府，又召在省乡绅车鼎晋、潘从律等“进宫朝见考诗”。而是书载三月二十二日“传上谕，谕江抚宋行文召翰林汪士鋐、汪绎、徐树本，钦召纂修书史”。[①] 曹寅在康熙四十四年五月初一日的奏折上说：“又闻四月二十三日，有翰林院庶

① 《圣祖五幸江南全录》，一名《圣驾五幸江南恭录》，作者不明，汪康年编入《振绮堂丛书初集》。

吉士臣俞梅赴臣寅衙门，口传上谕：命臣俞梅就近校刊《全唐诗集》。”①说明当时任务紧迫，采取了非常措施，征调了江浙两省的在籍翰林“就近”前来修书。这项工作似乎并不是早有完整的计划然后按步付之实践的。

但这里似乎又出现了问题：御定《全唐诗》的编纂是在康熙四十四年开始的，《四库全书总目》的“提要”上却说“康熙四十二年圣祖仁皇帝御定”，在时间上就存在着矛盾。看来这可不是四库馆臣的误记，而是另有不同的算法。朱彝尊《合刻集韵类编序》曰：“……而通政司使巡视两淮盐课监察御史曹公奉命编香《全唐诗》，历五年所，较旧本广益三百馀篇，锓诸枣木，用呈乙览。”（《曝书亭集》卷三四）这种说法值得注意。编香《全唐诗》时，朱彝尊正在扬州纂修《两淮盐筴志》，与曹寅过往甚密，曹寅还曾面托他补缀《全唐诗》的事。因此，对于《全唐诗》的来龙去脉，朱氏定然知之甚悉，这里他在成书的时间上也另外作了考虑。按御制《全唐诗序》作于康熙四十六年四月十六日，在正统派文人看来，这是编刻完成的标志。由此上推五年，则是康熙四十二年。大约朱彝尊也认为纂修《全唐诗》的历史应从康熙四十二年算起，而这种提法和《四库全书总目》“提要”上的记载是一致的。由此可知，玄烨有意利用季振宜《全唐诗》而重行编纂，康熙四十二年时已有打算，但到五次南巡之后始告实现，中间也曾有过两年左右时间的酝酿。

季振宜《全唐诗》是什么时候进呈内府的呢？史无明文，但可根据若干资料进行推断。陆陇其《三鱼堂日记》卷八记季振宜“没后，家即萧条”，所纂《全唐诗》可能在他死后不久就流落出外。叶德辉《书林清

---

① 俞梅为泰州人，故与扬州“就近”。道光十年王有庆等纂修之《泰州志》卷二四“人物·文苑”内曰：“康熙四十二年进士，改庶吉士，旋丁内艰归。仁庙南巡……又特命梅充维扬诗局纂修官，升编修。”

话》卷九曰:“物聚必散,久散复聚,其后季氏之藏,半由徐乾学传是楼转入天府。”这部《全唐诗》的稿本大约就是这样进入清廷的。玄烨于康熙二十五年四月曾下诏访辑经史子集,特别指明寻求藏书秘帙,徐乾学善于钻营逢迎,这时将得到的季氏《全唐诗》稿本作为秘籍进呈,乃是顺理成章的事。徐氏殁于康熙三十三年,季氏稿本入宫之时应当在此之前不久。

御制《全唐诗序》曰:“朕兹发内府所有《全唐诗》,命诸词臣合《唐音统签》诸编,参互校勘,搜补缺遗。”有人误解“所有”二字,以为玄烨曾将宫廷图书室内的各种唐诗版本都交给曹寅,供工作之需,因此今本《全唐诗》中包括着好多大内的珍本秘籍。这种解释没有历史材料可作证明。因为《全唐诗》的刻印一直在扬州地方进行,而曹寅在康熙四十四年五月初一日的奏折上说:“臣寅恭蒙谕旨刊刻《全唐诗集》,命词臣彭定求等九员校刊。臣寅已行文期于五月初一日天宁寺开局。至今尚未到扬,俟其到齐校刊。”这时上距接受刻书任务之日已近一个半月,在此期间没有接到什么京城里运来的图书,否则他是一定会在折文中带上一笔,表示“顿首拜领”、“望阙谢恩”云云的。后来曹寅在奏折中也从未提到过此事。

由此可知,曹寅在扬州设局刻《全唐诗》时,从玄烨那里只领到一部季振宜的《全唐诗》。那部也起着重要作用的《唐音统签》,恐怕也是曹寅就近解决的。胡震亨的孙子令修、曾孙思黯刊刻《唐音统签》,时在康熙二十四年前后,曹寅想法求得已刻各集和未刊各集,在当时来说,不会太困难,不必仰求主子玄烨来供给这部书。现藏故宫图书馆的一部《唐音统签》,是范希仁的钞补本,范氏殁时年代略后,曹寅等人所用的《唐音统签》不可能是这部钞补本。玄烨《全唐诗序》上也只说“发内府所有《全唐诗》”,叫“诸词官合《唐音统签》诸编”参互校补;曹寅等《进书表》和宋荦的《迎銮三纪》上都说玄烨“颁发《全唐诗》一部”

命加工刊刻，说明曹寅等人只是领到了一部作为校刻依据的重要底本——季振宜《全唐诗》。

季书传世绝少。[①] 这样一部七百十七卷的巨著，自编纂到誊录，费时费工，任务很艰巨。或许进呈皇上的一部，就是誊录清楚了的留作底稿的一部。[②] 此书也就成了曹寅等人工作时的底本。此稿后归邓氏群碧楼。邓邦述《寒瘦山房鬻存善本书目》卷六："《唐诗》七百十七卷，一百六十册。清季振宜辑，钞本。"后言："康熙四十四年南巡，诏刊《全唐诗》于扬州，以江宁织造曹寅董其役，而留翰林官彭定求等十人驻扬校勘。刻成，乃得九百卷，此书其底本也。观书面及中间朱笔墨签皆出当日编校诸臣之手。大抵付刊时别写正本呈进，此书仍即发还，故又流转入张钟岩、汪阆源诸家耳。"[③]这种假设是有道理的，但《全唐诗》刻成之后，季书底稿未必发还，迟至雍正年间，季振宜的《全唐诗》才别写正本进呈。现藏故宫博物院图书馆的这部《全唐诗》，墨格钞本，蓝绢封面，黄色书签，上题"御定全唐诗"，已似康熙时御定之书，是照刻印的《全唐诗》装帧的了。该书一六一卷"孙昌胤"避讳作"肙"，可证这部重新誊录的"正本"已是雍正年间的钞本。这时曹寅已死，大约是曹

---

① 北京图书馆藏有清嘉庆二十年士礼居抄本《存寸堂书目》一种，计一卷。后有复翁(黄丕烈)跋，内称"是书所载多宋元旧抄本"，可知此书当是清代前期一位收藏丰富的藏书家的目录，然而以平江黄氏之熟悉书籍流通，也已不能确定存寸堂主人是谁。该书"四十二总集"内有"季振宜汇集《全唐诗》七百十七卷，一百七十二册，抄本，十六套"。然而后代也已无法追查此书下落。按后人编的各种荛圃题跋集子均不载《存寸堂书目跋》，亟应补入。

② 此稿上有"晚翠堂"、"扬州季南宫珍藏记"、"树园图书"、"扬州季沧苇氏珍藏记"、"大江之北"、"杏花春雨江南"诸印，珍惜宝重可知。这样的集子，季振宜自己把它用来进献给皇帝，看来可能性不大。

③ 汪阆源是继黄荛圃之后出现的一位著名藏书家，传世有《艺芸精舍书目》一种，"庚字号"内载有"季抄《全唐诗》，一百六十册，六函。"张钟岩是一位不太知名的诗人，其事迹略见于光绪七年程其珏等纂修之《嘉定县志》，卷一九"文学"内曰："张锡爵，字担伯，一字钟岩，补吴江诸生，入国子监，以诗名。……晚号钝闲诗老，乾隆癸巳卒，年八十二。"不知扬州诗局的这份底稿何以会流落到他手里？

烦命人补做这项工作的了。

季书深锁内廷,外人自然无法窥及。那部修书用的底稿,不知何时流落民间?因为此书已经加上了“御定”的尊称,玄烨等人存心利用它沽名钓誉,因此藏书家都不敢冒犯“天威”,揭穿此中秘密。尽管此稿乃天壤间罕见秘本,但汪士钟等人也不敢贸然有所记叙。直到辛亥革命前夕,清政权摇摇欲坠之时,邓邦述才敢于把此书情况写入目录书中,而这一段修书的曲折经过方才为人了解。

《全唐诗》迅速刻成之秘密

曹寅在康熙四十四年七月初一日的折子中说:“奉旨校刊《全唐诗》翰林彭定求等九员俱于五月内到齐,惟汪士鋐尚未到。”这些翰林官到任之后,行动仍很随便,看来一直驻局工作的人很少。彭定求六世孙祖贤编《南畇老人年谱》,载定求于康熙四十四年奉特旨命为《全唐诗》校刊官,五月赴诗局,九月暂归;次年二月赴诗局,九月暂归;十月复至扬州,十一月归;四十六年正月赴扬州,校《全唐诗》毕,五月回籍。(附《南畇诗稿》后)查嗣瑮《锡山道中》有句云:“一枕扬州梦乍醒,三年此地九曾经”,原注:“奉命校书维扬,自乙酉至丁亥竣事归,凡九往返。”(《查浦诗钞》卷八)汪绎于康熙四十四年五月到局,七月又归虞山老家,见查嗣瑮《东山将归常熟》(《查浦诗钞》卷八)和汪绎《次韵答忍斋查浦送别》(《秋影楼诗集》卷九《邗江集》)等诗。其他参与校刊者的情况谅亦如此。曹寅在康熙四十五年七月初一日的折子中说:“所有众翰林有病及告假者俱令回本籍,无事者俱在扬州校刊。编修汪绎素有血症,在诗局陡发旧恙,即令回籍调养,于五月内身故,臣已为料理营护后事讫。目下在扬州校刊者:彭定求、杨中讷、汪士鋐、徐树本、俞梅共五人。”可见诗局中的常驻人员一直是不太多的。

这些翰林官员都是所谓门第才华出众的人,如徐树本是徐元文之子，徐乾学、徐秉义之侄；查嗣瑮是查慎行、查嗣庭之弟；潘从律家上下三代“一门四进士”，汪士鋐家兄弟四人称“吴中四汪”。又在这十名进士中，彭定求是康熙十五年的会元、状元，杨中讷是康熙三十年的传胪，汪士鋐是康熙三十六年的会元，汪绎是康熙三十九年的状元。这样的人聚在一起，那诗局内部的酬酢，地方官绅的逢迎，诗酒唱和，吟花弄月，那种封建文人的处世常态，是可想而知的。他们的集子里还记载着许多这方面的应酬之作。这些活动必然也要占去他们驻局工作时的很多时间。

御定《全唐诗》共九百卷，篇幅巨大，加工任务很重。工作之始，先要拟订“凡例”；每篇诗歌，都要经过校勘；每位诗人，都要作一小传。但这十位翰林官员，你来我往，用名士的作风办事，却取得了效率很高的工作效果。康熙四十四年五月初一日开局后，到了四十五年初，曹寅就已很有把握地预言年内可以结束全书的刻印工作了。他在二月二十八日的折子中说：“又诗局翰林官等校修唐诗，今年可以竣事。”到了七月一日又上折曰：“遵旨校刊《全唐诗集》，目下刊刻只剩五百馀页，大约本月内可以刻完，八月内校对错字毕，即可全本进呈。”到了九月十五日上折时就说：“今有刻对完《全唐诗》九十套，进呈御览。其馀俱已刻完，月内对完，即行刷印进呈。”计自上年五月开始工作，至此还不到一年零五个月，这部刻印极精的集子基本上就宣告完成了。

比较起来，初唐和盛唐部分的成书速度尤比其他部分为快。康熙四十四年十月二十二日，曹寅已经刻出了数十家诗集，并且准备了样本，进呈御览。他在折子中说：“校刊《全唐诗》，现今镂刻已成者，臣先将唐太宗及高、岑、王、孟肆家刷印，装潢一样贰部进呈。其纸张之厚薄，本头之高下，伏候钦定，俾臣知所遵行。尚有现在装潢数十家，容臣赴京恭谢天恩，赍捧进呈御览。”这时上距设局不过五月略过，中间还有商讨“凡例”、分配任务等事，而竟然能够刻成这么多的集子，不可谓不神速了。

原因何在？因为曹寅等人采取了取巧的工作方法。

《全唐诗》的初唐、盛唐部分利用了《唐诗纪》的成果

拿御定《全唐诗》和季振宜《全唐诗》比较，可知前者在很多地方差不多是照抄后者而成的。这样，速度当然会快起来了。

但曹寅等人又为什么要把唐太宗和高、岑、王、孟的集子作为样本呢？这里他们是经过一番斟酌的。因为季振宜的《全唐诗》中初唐和盛唐部分的基础特别好，所以他们迅速地加以刻印，并且挑选了初唐第一人的唐太宗和盛唐名家王、孟、高、岑四家的集子作为样本。

季振宜的书是以钱谦益的稿本作为基础的。季振宜《唐诗叙》上说："顾予是集窃有因矣。尝熟钱尚书曾以《唐诗纪事》为根据，欲集成唐人一代之诗。盖投老为之，能事未毕，而大江之南，竟不知其有此书。予得其稿子于尚书之族孙遵王，其篇帙残断，亦已过半，遂踵事收拾，而成七百一十六卷。"说明这部唐诗集子是以钱谦益的残稿作为基础而加工成的。钱谦益的人品可以争议，但他对唐诗的研究却饶有心得，晚年作此唐诗总集，必然具有较高的水平。季振宜藏书丰富，精鉴名家，对唐诗也有丰富的知识。他聘请了汪、杨、徐三人帮助，[①]经过十年的努力，在钱氏原稿的基础上加工纂辑，水平当然更高了。

钱谦益的整理工作也是有所承受而来的。他在与季振宜的信上说到，初、盛唐各家的诗多据《唐诗纪》剪编，间或粘补原集其上，或以

---

① 潘承厚编《明清藏书家尺牍》，内有季振宜手简影印件，叙编纂全唐诗事。此简原粘装于《唐诗》稿本后，邓邦述揭取奉赠潘氏而辑入。文曰："贾岛一本，共计四卷，呈送汪、杨、徐三位老爷阅过，方可发写，写就仍送本寓校订字画，方可上板，以免刻成改补之患。此本内有平曾诗三首，不可接写，移出送汪老爷另编入集可也。嗣后凡我送来之诗，具送三位老爷阅过发写，毋得草草取咎。要紧！要紧！"

朱笔订正批注其旁。[①] 这些说明完全可以用比较各种本子的方法来加以证实。

季振宜的《全唐诗》和胡震亨的《唐音统签》都以《册府元龟》卷二一《帝王部·瑞应》中所载唐高祖《赐秦王》作为全唐诗之始，御定《全唐诗》把它删去，唐太宗的诗自然列在全书之首。拿御定《全唐诗》和季书比较，《唐太宗集》的内容和序次几无差别，只是季书《望送魏徵葬》前有《谒慈恩寺题奘法师房》一首，御定《全唐诗》定为高宗诗而移出；季书《赐房玄龄》之后有《于太原召侍臣赐宴守岁》一首，御定《全唐诗》移于《咏烛》二首之前；季书《辽东山夜临秋》之后为《赐魏证诗》，御定《全唐诗》"证"作"徵"。所出入者，如此而已。

王、孟、高、岑四家的情况也相同，只是季书《孟浩然集》中有《雨》诗一首，御定《全唐诗》删去；御定《全唐诗》的《高適集》中有《渔父歌》一首，季书无；王维诗的变化好像大一些，但也只是调换了些诗的次序，个别诗篇有所增删，而又依据新订体例，将乐府诗歌归入其他部分就是了。因此，王、孟、高、岑四家诗的内容和次序，御定《全唐诗》也完全依据着季振宜《全唐诗》。

再拿季振宜《全唐诗》中的《太宗集》、《孟浩然集》、《高忠公集》、《岑嘉州集》跟《唐诗纪》中相应的部分对照，则又可见季振宜《全唐诗》承袭着《唐诗纪》中这几家的集子。二书内容和编排上的出入，其幅度的大小，也不过像御定《全唐诗》之于季振宜《全唐诗》罢了。例如高適的诗，季振宜《全唐诗》比《唐诗纪》多出《塞下曲（贺兰作）》一首；岑参的诗，多出《南溪别业》、《酬畅当嵩山寻麻道士见寄》二首。其他几家的情况与此相似，所不同者，主要也表现在个别诗篇的增删和前后次

① 钱谦益与季氏之手稿藏台湾"国立中央图书馆"。此据阮廷瑜《重订高常侍集传本述要》中的介绍，文载台湾《书目季刊》第十一卷三期，1977 年 12 月出版。

序的调整。

明代自中叶起，刻印唐诗的风气很盛，各种别集不断出现，篇幅巨大的总集也不断问世。嘉靖年间，有朱警刻《唐百家诗》一百八十四卷，黄贯曾刻《唐诗二十六家》五十卷，蒋孝刻《中唐十二家诗》八十一卷，等等。到了万历时，就出现了吴琯的《唐诗纪》一百七十卷。[①]《唐诗纪》是水平很高的一个集子，该书“凡例”称“是编多本人原集或金石遗文。……是编校订先主宋板诸书，以逮诸善本。有误斯考，可据则从，其疑仍阙，不敢臆断，以俟明者。”说明编者态度认真，在搜集材料和鉴别材料上下过很大的功夫。因此，它博得了钱谦益的重视，作为钱编唐诗总集的底本。其后季振宜的《全唐诗》和康熙御定《全唐诗》一脉相承，都利用着这份很好的遗产。《唐诗纪》对传播唐诗起了重要的作用。只是由于史实的几被湮没，读御定《全唐诗》者几不知其出于季振宜《全唐诗》，而不见季书者也就不知其出于钱氏的残稿，倘若不把诸书仔细比较，也就不知道它们原来都以吴琯的《唐诗纪》为主要依据。四库全书馆臣撰写《唐诗纪》的“提要”时，好像同样不知道这重公案，因而对御定《全唐诗》则大肆吹捧，对《唐诗纪》则三言两语轻轻带过，可谓数典忘祖了。

所可惜者，《唐诗纪》只编出了初唐、盛唐两大部分。曹寅等人编书时虽恪遵“圣训”，沿袭钱稿、季书体例，不以初、盛、中、晚分期，但仍

---

① 《唐诗纪》卷首有万历乙酉李维桢和方沆的序，叙此书始末甚详。李序曰：“始黄清父辑初唐诗十六卷，无何病卒。彰郡吴孟白以为未尽一代之业，乃同陆无从、俞公临、谢少廉诸君，仿冯汝言《诗纪》，纪全唐诗，诗某万某千某百有奇，人千三百有奇，名氏若诗阙疑者五十人有奇，仙佛神鬼之类为外集，三百人有奇。考世里，叙本事，采评论，订疑误。稗官野史之说，残篇只字之遗，无所不捃摭，合之得若干卷，积年而告成，盖其难哉！”方序曰：“是役也，同吴氏雠校者，江都陆弼氏，古彰谢陛氏、俞体初氏，东吴俞策氏、陆文组氏，永嘉周才甫氏，皆当世词章家。”说明这书也是集体编纂成的。因为这书经过很多人的手，所以有的目录书上署黄德水汇编，有的书上署吴琯汇编；此书后来又翻刻过，有的本子上又题作滁阳方一元汇编，则是书板后为方氏所得之故。按之实际，以吴琯作为是。

照录《唐诗纪》中的初、盛两大部分。在曹寅等人来说，季书与《唐诗纪》的关系，应该是了解的，但却秘而不宣，则似有意为之。他们提到季振宜《全唐诗》时也含糊其词，不提编者姓氏，恐怕也是存心欺世盗名而故意昧厥所由的吧。

御定《全唐诗》中的《李白集》和《杜甫集》体例特殊

曹寅在康熙四十四年七月初一日的奏折上介绍了翰林官们陆续到达诗局的情形后说："臣即将《全唐诗》及《统签》按次分与，皆欣欢感激，勤于校对。"可见当时采取分工负责的措施。全书体例商定后，就各自编校分到的那一部分诗篇了。

汪绎《和忍斋校书述怀叠韵见示》诗曰："唐贤千八百，分校百之十。"(《秋影楼诗集》卷九《邗江集》)他们是把季振宜《全唐诗》作为工作底本的。季书共收一千八百九十五人，所以这里称"唐贤千八百"；全书由编校十人分派，每人负责一百八十多位诗人的作品。看来他们是先校初、盛两部分的唐诗，这一段落工作结束后，才转到中、晚部分去的。

朱彝尊《寄查德尹编修书》曰："比得书，知校勘《全唐诗》业已开局。近闻足下先取杜少陵作，审其字义异同，去笺释之纷纶，而归于一是。"(《曝书亭集》卷三三)可见校书伊始就在整理杜甫的诗。杜诗是唐诗的代表，曹寅为什么不把整理过了的杜诗作为样本进呈呢?

季振宜《全唐诗》中的李、杜二集具有特殊性。这两家的集子不是依据《唐诗纪》编校成的。季振宜很钦佩钱谦益，《全唐诗》中的《杜工部集》用的就是钱氏《杜诗笺注》本(钱注用吴若本为底本)，为此季氏还破了自订的体例，采入了钱谦益的笺注。等到查嗣瑮依据季书整理杜甫诗时，为了统一全书的体例，把笺注文字删节改写，有的条目则用校注的形式出现。御定《全唐诗》中保留着的这一特殊情况，泄漏了它原出于钱谦益残稿的秘密。

与此相似，季书《李翰林集》也不用《唐诗纪》作底本，而用汲古阁复刻的萧士赟分类补注本。这样当然不能作为样本进呈皇上审阅了。

御定《全唐诗》中的中、晚唐部分加工较多，利用了《唐音统签》的成果

曹寅在康熙四十四年七月初一日的奏折中还说："再中、晚唐诗尚有遗失，已遣人四处访觅，添入校对。"这是因为中、晚唐诗缺少像《唐诗纪》一样可靠的底本，所以曹寅和众翰林们不得不访求善本多所加工了。

自严羽在《沧浪诗话》中提倡盛唐诗歌之后，经过前后七子的大力鼓吹，在明清文坛上一直占有重要的地位，刻印这一时期作品的人很多，搜集的材料也较全备，这就为编印初、盛两个时期的诗集提供了很大的便利。相形之下，中、晚时期的唐人诗集就较难得而不易搜全。季振宜在《全唐诗》卷二三九后加按语曰："《权载之集》世无善本，校雠之际，不能释然于衷。"可见他当时就感到了"尚有遗失"的缺憾。

曹寅结交多名士，与藏书家有交往，自己也喜欢收藏图书。《楝亭书目》卷八"诗集"内载唐诗总集、选本、注本多种，卷九"唐人集"内收唐诗别集多种，中多宋本、旧本。徐用锡《圭美堂集》卷二〇《字学札记》下言徐乾学有宋版数十家唐诗，后为曹寅所得。李文藻《琉璃厂书肆记》曰："夏间从内城买书数十部，每部有'楝亭曹印'，其上又有'长白敷槎氏'、'堇斋'、'昌龄图书记'，盖本曹氏而归于昌龄者。昌龄官至学士，楝亭之甥也。楝亭掌织造、盐政十馀年，竭力以事铅椠。又交于朱竹坨，曝书亭之书，楝亭皆钞有副本。"说明曹氏一直注意搜集唐诗善本。这次奉旨校刻《全唐诗》，必定用上了这些珍贵的藏书。

拿御定《全唐诗》和季振宜《全唐诗》比较，可知中、晚唐各家的集子众翰林们加工的分量要大得多。御定《全唐诗》的初、盛唐诗各家集子中的诗篇次序和季书几乎全同，到了中、晚唐各家时，有些诗人的诗篇次序乱了，如罗隐的诗，就有很大一部分诗的次序不同于季书；如郑谷的诗，诗篇次序差不多全不同于季书。

常见的情况是：季振宜《全唐诗》搜录诗篇不全，御定《全唐诗》给补上了好些，例如《胡曾集》在《彭泽》一诗之后给补上了《涿鹿》、《洞庭》、《蟠冢》、《涂山》、《商郊》、《傅岩》、《巨桥》、《首阳山》、《孟津》、《流沙》、《邓城》、《召陵》、《绵山》、《鲁城》、《骕骦陂》、《夹谷》、《吴宫》、《摩笄山》、《房陵》、《濮水》、《柏举》、《望夫山》、《金义岭》、《云云亭》、《阿房宫》、《沙丘》、《咸阳》、《废丘山》、《广武山》、《长安》、《鸿门》、《汉中》、《泜水》、《云梦》、《高阳》、《四皓庙》、《霸陵》、《昆明池》、《回中》、《东门》、《射熊馆》、《昆阳》、《七里滩》、《颍川》、《江夏》、《官渡》、《灞岸》、《濡须桥》、《豫州》、《八公山》、《下第》、《赠薛涛》等诗，《司空图集》在《李居士》一诗之后给补上了《杏花》、《白菊三首》、《听雨》、《杨柳枝二首》、《修史亭二首》、《漫书》、《杂题二首》、《题休休亭》、《冯燕歌》、《寄薛起居》、《月下留丹灶》、《元日》、《洛阳咏古》等诗，这就和季振宜《全唐诗》的情况大不相同了。御定《全唐诗》的内容要丰富得多。

补充这些诗篇的时候，众翰林们必然用上了曹家藏书和征集到的各种集子，同时不应忘记的是，《唐音统签》在补佚的工作中起了重要的作用。胡震亨《唐音统签》共计达一千零三十三卷，分量大，搜罗全，季书原缺的诗篇有的可在胡书中得到补充，例如上举胡曾的“咏史诗”，就是以季书为基础，再用胡书补充而成，连诗篇的次序也几乎全同。有些季书原缺的集子，也是直接用胡书中的集子补充的，如《殷尧藩集》即是。由于编书时具有上述各种有利条件，众翰林们仍然可以用很短的时间完成中、晚唐诗的校刻工作。

这里可以附带说明一下，尽管曹寅等人花了很大的力量为季振宜《全唐诗》的后半部分作了加工，但在御定《全唐诗》中，中、晚唐诗部分仍然编得水平较差。朱彝尊《潜采堂书目四种》之一《全唐诗未备书目》列出了一百四十种左右的集子，中、晚唐诗要占到百分之九十五以上。后代陆续发现的一些唐诗集子，凡御定《全唐诗》所未收者，多半是中、晚唐诗人的作品。这与编校者凭借的底本这一部分基础较差有关。

季振宜《全唐诗》主要录取完整的诗篇，很少保存零章碎句，胡震亨《唐音统签》则细大不捐，搜罗全备。《四库全书总目》的御定《全唐诗》"提要"上说此书"又旁采残碑、断碣、稗史、杂书之所载，补苴所遗"，以此归功编校官众翰林们，张冠李戴，是不公正的。因为御定《全唐诗》中所辑佚句只是承袭了胡震亨的研究成果。胡书在各家之后大都录有散佚的诗篇和零章碎句，这些地方胡氏下了很大的功夫，御定《全唐诗》的编校者们于此没有作出什么补充，例如《太宗集》后有佚句三四条，《王维集》后有佚句一条，《孟浩然集》后有佚句二条，《岑参集》后有佚句一条，御定《全唐诗》只变动了注中的个别字句，照录不误。胡书《高適集》后无佚句，御定《全唐诗》亦无。可见众翰林们在辑佚上没有付出什么劳动，四库馆臣对打着"御定"照牌的官书盲目吹捧，不符事实。

总的看来，御定《全唐诗》的编纂工作仍然是以季振宜《全唐诗》为底本而进行的。即使是加工较多的中、晚唐诗部分，尽管各家集子中的诗篇有些作了变动，集子后面补充了一些零章碎句，但全集的次序，仍然是以季书的原有次序为基础的。这只要多核对几家集子就可明白了。但《唐音统签》一书在编纂工作中也起了重要的作用，特别表现在中、晚唐诗的补佚和全书的补充零章碎句方面。御定《全唐诗》确是以季振宜《全唐诗》和胡震亨《唐音统签》为基础而编校成的。

御定《全唐诗》编校工作中存在着的缺点

近代一些研究唐诗的专家不满于御定《全唐诗》的编纂而又觉得必须利用这一重要的文学遗产，因而不断有人提出整理《全唐诗》的建议。御定《全唐诗》篇幅巨大，问题繁多，要整理好这书，也不是件容易的事。但如利用季振宜《全唐诗》和胡震亨《唐音统签》二书，适当地恢复其原有的优点，就可使读者获益不少。

这里就得对御定《全唐诗》中存在的问题作些分析。

御定《全唐诗》的初唐、盛唐部分基础较好，例如其中的《高適集》，可以说是现存《高常侍集》中最好的一种本子。用这个本子和其他的本子比较，御定《全唐诗》本多出佚诗四首，其中《途中酬李少府赠别之作》一首，有诗四句见葛立方《韵语阳秋》卷一一，可证此诗并非赝作；《玉真公主歌》二首，见洪迈《万首唐人绝句》七言卷四；《自淇涉黄河途中作十三首》中"皤皤河滨叟"一首，见《文苑英华》卷二九二，当可信据；但这些诗篇在其他本子中都散佚了。御定《全唐诗》中还保存着很多高诗原注，可作知人论世之助。这些从《唐诗纪》中承袭下来的优点，在御定《全唐诗》初、盛唐部分的其他诗中也或多或少地保存着。但从《唐诗纪》起，也已存在着识别不精而误收他人之作的情况，例如《重阳》一诗，原是宋代程俱的作品，见《北山小集》卷九；《听张立本女吟》一诗，原出《太平广记》卷四五四引《会昌解颐录》，吴琯等人都误认为是高適的诗而录入，一直到御定《全唐诗》中，都还承袭着这些错误。比较起来，御定《全唐诗》中这种情况尤为多见，特别是在中、晚唐诗部分，为求"全"而辑入的不可靠的诗歌更多。整理《全唐诗》时，应该力所能及地作些考订。

参加御定《全唐诗》编校工作的翰林官员原是一些在家闲居的文士。他们参与这部官书的修订，因为王命在身，态度还算认真，彭定求

《次徐忍斋编修原韵述怀》诗曰:“疲腕勉为舒,昏眸庶复拭。”(《南畇诗稿·乙酉集下》)汪绎《和忍斋校书述怀叠韵见示》诗曰:“勘雠俨对簿,出入多恐失。”只是他们的精力花在这上面的时间太少,而对版本和文字等校勘方面的基本要求未必有什么深厚的基础,急于成书,采取了走捷径的工作方法,这就把原书的某些优点反而丢掉了。季振宜《全唐诗》的校勘有的附有说明,注明原出处,如《河岳英灵》作某、《文苑英华》作某之类,信而有征,是很好的体例,但御定《全唐诗》中却常是给删去了。大约这些翰林官们怕麻烦,嫌工作量大,不愿意一一复核原书,但若照抄季书则又怕出现以讹传讹的笑话,于是他们把出处删去,改成“一作某”等提法。这样,他们的工作确是省便多了,但读者如要寻根究底,可也难于核对明白了。

和季振宜《全唐诗》、胡震亨《唐音统签》比较,御定《全唐诗》中也多出了些校记,这些当然是编校者的考订成果,说明他们多方搜集材料之后已经用上了这些材料。但这些校勘仍然没有注明出处,因而对它的可靠性也就很难进行判断。有些校勘可以追查到出处,而从这些例子中显示出校勘者的水平不高,例如《王维集》中有《送高道弟耽归临淮》一诗,诗题中的“道”字,顾起经奇字斋本改作“適”,其后凌濛初朱墨套印本沿用了这条考订成果,还采录了顾氏原注:“一作道,非。”御定《全唐诗》编校者完全接受了上述意见,校语照录无误。实则顾起经在改字时还颇费斟酌,卷首《正讹》曰:“《送高道弟耽归临淮》,耽本无传,而適系淮人,诸本概作高道,今姑因適传正之作適。”顾氏的考订很疏陋。高適的郡望是渤海,未仕前常寓宋中,何以谓之淮人?而顾氏在诗题的注中却说:“高適沧州渤海人,意临淮、渤海旧同郡地。”这就离事实更远了。顾氏自知这样改动文字没有多大根据,故而提出建议时词气还是商榷性的;凌濛初虽有多方面的才能,但学识并不笃实,改字也不审慎。御定《全唐诗》编者对王维和高適的历史没有什么研究，照录前人并不可靠的结论，也就影响到了成书的水平。但可想见，编校者们利用各种本子校勘时，振笔直书，没有作什么推敲，因而仍然保持着很高的速度。

季振宜《全唐诗》中的诗人小传确嫌文字繁冗，如李白和杜甫两家的传记，人各一卷，而所用的材料则比较平常。胡震亨《唐音统签》中的各家诗人小传有特色，里面引用了很多可贵的材料，除两《唐书》外，还引用了杂史、笔记、地志、诗话及各家别集，并对这些材料作出了翔实的考订。他还采辑了许多诗人的逸闻轶事，附入小注，供学习时参考。胡氏引用的材料大都注明出处，其中好多文献今已亡佚，因而弥足珍贵。传末还叙录各种集子在《唐书》、《宋史》、晁公武《郡斋读书志》、陈振孙《直斋书录解题》、马端临《文献通考·经籍考》等书上的记载，卷数多少，篇目存佚，大都作出介绍和考证。有时还注明《唐音统签》编辑时援用的版本，以便读者检核。这种严谨的治学态度，提供了许多可靠的研究成果，有益于唐诗的学习。御定《全唐诗》的编者删繁就简，在统一全书体例上有成功之处，而且个别地方考订得更精确了，但却删去了许多可贵的资料，而且抹去了材料的来源，给研究工作也带来了不便。整理《全唐诗》，如何恢复《唐音统签》中诗人小传的特色，可以多作些考虑。或许可以这样说，拿《唐音统签》中的诗人小传汇编成集，单独刊行，也具有一定的价值。

上述各点，都是御定《全唐诗》仓促成书而带来的不足之处。总的说来，御定《全唐诗》本身仍然具有很高的价值，这是因为作为它的前身的季振宜《全唐诗》和胡震亨《唐音统签》都是集大成的著作，基础良好，所以承袭两家成果的御定《全唐诗》一书其学术价值仍不应忽视。但因编刻者急于求成，琢磨的时间不够，只求省便而不愿多下苦功，反而降低了著作的学术水平。

御定《全唐诗》为什么要歪曲事实

从上面一些叙述中，也可看出四库全书馆臣在给御定《全唐诗》作“提要”时有故意歪曲事实之嫌。季振宜的《全唐诗》和胡震亨的《唐音统签》二书都是扬州诗局工作时的主要依据，但在开始分派任务时，则是以季书为底本，御定《全唐诗》中各家诗人集子中的作品编次差不多都照袭季书，因此，季振宜《全唐诗》是更为重要的编写依据。“提要”中说御定《全唐诗》“以震亨书为稿本，而益以内府所藏《全唐诗集》”，把主次给颠倒了。应该说，御定《全唐诗》以季振宜《全唐诗》为稿本，而益以胡震亨《唐音统签》，这才合乎事实。

四库全书馆臣为什么要故意颠倒事实呢？这可能与当时的政治情况有关。玄烨把季振宜的书交给曹寅刻印，提到季书时不提编者姓名，曹寅等人也不提该书具体情况，颇有存心攘人之美的嫌疑。到了乾隆时，钱谦益已声名狼藉，朝廷明令禁毁他的著作，这样也就不能不影响到季书的地位，因为季书原是承袭钱氏的残稿而编成的。四库全书馆臣了解这种情况，自然不便强调季书的重要作用了。“提要”中所以含糊其辞地降低《全唐诗集》的地位，或许就是这些原因造成的。

季书孤本单行，久遭沉湮，到了近代才逐渐为人所知，但了解情况的人毕竟不多，因而在御定《全唐诗》的成书问题上还有种种错误的说法。今将所知的一些情况缕述如上，希望对事实的真相有所阐明。

文学“一代有一代之所胜”说的重要历史意义

前一、二部分原载《文学遗产》2000 年第 1 期

自 80 年代起，重写文学史的呼声很高，新编写的文学史层出不穷。大家深深感到建国之后出现的几种文学史，不论是集体编写的还

是个人撰述的，尽管都有很多优胜之处，但受教条主义的影响，都有不能令人满意的地方。只是批评他人容易，自己动手却又犯难，于是学术界又有了总结过去经验教训的要求。90年代起兴起了一股研究中国文学史的热潮。我对此事本无置喙的余地，因为我既没有编写过什么文学史，甚至没有认真地读过一种文学史，只是身为高等院校中的一名古代文学教师，自难摆脱这一潮流的影响。今将有关文学史编写历史中的一些看法写出，供大家参考。

清代扬州学派中人对文学的探讨

中国之有文学史一类的读物出现，是从清末林传甲等人的著作开始的，这已成了学术界的共识。这些先驱人物编写的文学史，受到日本等国的影响，也是不争的事实。但我们也应看到，中国古代学术界也一直在对文学的发展进行探索。作为清代学术主流的朴学家中，扬州学派一系人物，在此提出了很好的意见。

焦循与阮元为扬州学派的主要人物。二人同时友好，探讨尤多，贡献更为突出。

大家知道，焦循在《易馀籥录》卷一五中提出了文学“一代有一代之所胜”的著名论点，影响文学史的编写甚巨。今将有关文字引录如下：

> 商之诗，仅存颂。周则备风、雅、颂，载诸《三百篇》者尚矣。而楚骚之体，则《三百篇》所无也，此屈、宋为周末大家。其韦玄成父子以后之四言，则《三百篇》之馀气游魂。汉之赋，为周、秦所无，故司马相如、扬雄、班固、张衡，为四百年作者，而东方朔、刘向、王逸之骚，仍未脱周、楚之科臼矣。其魏、晋以后之赋，则汉赋之馀气游魂也。楚骚发源于《三百篇》，汉赋发源于周末。五言诗

发源于汉之十九首，及苏、李而建安，而后历晋、宋、齐、梁、陈、周、隋，于此为盛。一变于晋之潘、陆，宋之颜、谢。易朴为雕，化奇为偶。然晋、宋以前，未知有声韵也，沈约卓然创始，指出四声。自时厥后，变蹈厉为和柔。宣城（谢朓）、水部（何逊），冠冕齐、梁，又开潘、陆、颜、谢所未有矣。齐、梁者，枢纽于古、律之间者也。至唐遂专以律传。杜甫、刘长卿、孟浩然、王维、李白、崔颢、白居易、李商隐等之五律、七律，六朝以前所未有也。若陈子昂、张九龄、韦应物之五言古诗，不出汉魏人之所范围。故论唐人诗，以七律、五律为先，七古、七绝次之。诗之境至是尽矣。晚唐渐有词，兴于五代，而盛于宋，为唐以前所无。故论宋宜取其词，前则秦（观）、柳（永）、苏（轼）、晁（补之），后则周（密）、吴（文英）、姜（夔）、蒋（捷），足与魏之曹、刘，唐之李、杜，相辉映焉。其诗人之有西昆、西江诸派，不过唐人之绪馀，不足评其乖合矣。词之体，尽于南宋，而金、元乃变为曲，关汉卿、乔梦符、马东篱、张小山等为一代巨手，乃谈者不取其曲，仍论其诗，失之矣。有明二百七十年，镂心刻骨于八股，如胡思泉、归熙父、金正希、章大力数十家，洵可继楚骚、汉赋、唐诗、宋词、元曲，以立一门户。而李（梦阳）、何（大复）、王（世贞）、李（攀龙）之流，乃沾沾于诗，自命复古，殊可不必者矣。夫一代有一代之所胜，舍其所胜，以就其所不胜，皆寄人篱下者耳。余尝欲自楚骚以下，至明八股，撰为一集。汉则专取其赋，魏、晋、六朝至隋则专录其五言诗，唐则专录其律诗，宋专录其词，元专录其曲，明专录其八股，一代还其一代之所胜，然而未暇也。偶与人论诗，而纪于此。

值得探讨的是，一代朴学大师焦循怎么会提出这一著名论点的呢？

清代朴学,有吴派、皖派之别。清代中期,扬州学派崛起,这一流派中人除了奄有上述两派的治学特点之外,还出现了另一种"闳通"的气象。张舜徽以为该学派的学风为"能见其大,能观其通",能"运用变化、发展的观点分析事物。……推广了求知的领域"。[①]

扬州学派中人除了在经史、小学等领域中继续作出贡献之外,还很重视辞章之学。例如该学派中早期的杰出人物汪中,就以骈散兼行的创作成就享誉一时。焦循于此亦有所成,阮元《定香亭笔谈》卷四曰:"焦里堂(循),江都人,朴厚笃学,邃于经义……馀事为诗词,亦皆老成。"

刘毓崧在列数该学派中杰出人物在各个领域中取得的成就时,介绍其中关注骈文的一派,其特点为"奉《易·文言》为根底";介绍关注诗歌的一派时则曰:"其深于古近体诗之学者,循风骚之比兴,乐府之声情,选楼、玉台之格调,以化裁隋唐后之诗,而非若浅率以为性灵,叫嚣以为雄肆也。"[②]

这一提示表明,扬州学派中人由于倡导骈体而推崇六朝文学。阮元可为这一倾向的代表。他在与桐城派的抗争中,特别提出《文选》这一六朝时期产生的著名选集作为创作的榜样,因此由他倡导的文学流派即有《文选》派之称。

在我国过去的各个朝代中,六朝时期的文学观念具有明显的特点。这一时期的文人考察文学问题时,从政教着眼的倾向有所减弱,而从纯文学考察问题的倾向有所增强。梁代萧氏王室中人曾经提出过一些著名的观点,例如昭明太子萧统在《文选序》中提出"事出于沉思,义归乎翰藻","综辑辞采","错比文华"等说,湘东王萧绎在《金楼

① 张舜徽《清代扬州学记》第一章《叙论》,上海人民出版社1962年版,第11—14页。
② 刘毓崧《吴礼北〈竹西求友图〉序》,载《通义堂文集》卷九,《求恕斋丛书》本。

子·立言》篇中提出“至如文者，惟须绮縠纷披，宫徵靡曼，唇吻遒会，情灵摇荡”等说，分从感情与辞采等方面阐发文学的特点，有与后代文学观念相合的地方，因而在清代中后期时引起了很大反响。

萧统在《文选序》中还阐述了诗赋等文体之间的演变问题，且结合历史，对诗体的发展也作了考察与说明。这种历史眼光，在其时的几种史学著作中更有突出的表现。

沈约在《宋书·谢灵运传论》中以史家的眼光考察了文学的发展。他首先探讨了文学的起源，以为“志动于中，则歌咏外发”，“然则歌咏所兴，宜自生民始也”。认为自有人类产生，即有文学出现，这无疑是一种符合近代文学研究者口味的观点。沈约随后从有文字记录的“周室既衰”开始，随着时代的发展，文学的演变，一直叙到宋氏的“颜、谢腾声”，其间还列举名作，并附带提出了独得之秘的声律论，对古往今来的文学演变作了综合说明。

他所作的一些分析，很有参考价值，例如其中说到“自汉至魏四百馀年，辞人才子，文体三变：相如工为形似之言，二班长于情理之说，子建、仲宣以气质为体，并标能擅美，独映当时”，文中论及玄言诗的一段，成了后代文学史研究者无可替代的指导性意见。

又如萧子显在《南齐书·文学传论》中对萧齐一代文学的分析，先从前此文学的发展叙起，以见文章的源流演变，而后又总结道：

> 今之文章，作者虽众，总而为论，略有三体：一则启心闲绎，托辞华旷，虽存巧绮，终致迂回，宜登公宴，本非准的，而疏慢阐缓，膏肓之病；典正可采，酷不入情。此体之源，出灵运而成也。次则缉事比类，非对不发，博物可嘉，职成拘制。或全借古语，用申今情，崎岖牵引，直为偶说，唯睹事例，顿失清采。此则傅咸五经，应璩指事，虽不全似，可以类从。次则发唱惊挺，操调险急，雕藻淫

艳，倾炫心魂，亦犹五色之有红紫，八音之有郑卫，斯鲍照之遗烈也。

这种分析，概括性强，甚为深入，可作后代文学史研究工作者的重要参考。

众所周知，刘勰在《文心雕龙·时序》篇中对前此文学的发展作了更为系统的考察，提出了许多精彩的论点，如论建安文学曰："观其时文，雅好慷慨，良由世积乱离，风衰俗怨，并志深而笔长，故梗概而多气也。"这一评述已成研究建安文学的权威意见，各家研究文字中无不征引。

刘勰在《时序》篇的开端说："时运交移，质文代变，古今情理，如可言乎！"认为文学的发展，文风的递变，如能结合古今文士的心态与民情风俗而进行考察，都是可以阐述清楚的。文中还进一步总结道："故知文变染乎世情，兴废系乎时序，原始以要终，虽百世可知也。"这种精辟的意见，一直指导着后世的文学史研究。

《文心雕龙》分为上、下篇。上篇之中，《明诗》以下的二十篇文章，分论数十种文体，《序志》篇中说："若乃论文叙笔，则囿别区分：原始以表末，释名以章义，选文以定篇，敷理以举统，上篇以上，纲领明矣。"说明他在研究每一种文体时，都要追本溯源，考察流变，选取范文，并从理论上加以总结。刘勰的作家、作品研究，都是置于文学发展的历史长河中加以考察的。这就可以说，《文心雕龙》上篇中的许多文字，都可视作文学史分体研究的专题论文。

刘勰对中国文学的发展作了总的考察和个别的考察，刘宋之前的文学发展历程也就清晰可辨。因此，当代的文学史研究者都把刘勰的有关论述作为文学史研究的重要文字看待。

唐代诗歌创作成就突出。宋人考察前代的文学问题时，大都关注诗学方面的成就。其时兴起的诗话一体，主要内容之一，就在总结唐人在诗歌方面的创作经验。严羽《沧浪诗话》中有《诗体》一章，“以人而论”部分，对作家的创作风格作了详细的论述；“以时而论”部分，对时代风貌作了综合考察。以唐诗而言，就区分出了唐初体（唐初犹袭陈隋之体）、盛唐体（景云以后，开元、天宝诸公之诗）、大历体（大历十才子之诗）、元和体（元白诸公）、晚唐体等多种，而他在《诗辨》一章中又说：“故予不自量度，辄定诗之宗旨，且借禅以为喻，推原汉魏以来，而截然谓当以盛唐为法。”这不仅是因唐代多种诗体的创作均已取得丰硕成果，而且产生了李白、杜甫等一代宗师，可以雄视各代。

宋词、元曲的情况类同。这两种文体在创作上取得巨大成就之后，后人加以总结，也就会联想起唐诗的情况，从而以此作为时代的标志。元代罗宗信在为周德清《中原音韵》作序时说：“世之共称唐诗、宋词、大元乐府，诚哉！”明代陈宏绪《寒夜录》卷上引卓人月之语曰：“我明诗让唐，词让宋，曲又让元，庶几吴歌挂枝儿、罗江怨、打枣竿、银绞丝之类，为我明一绝耳。”目的就在依据上述原理而遴选明代的代表文体。

比之唐诗、宋词的作者，元曲与明代民间文学的作者身份已有很大的不同。前者大都是士族中人，后者则大都是社会地位低下的士子或一般平民。因此明清之后的文士起而将元曲等文体与唐诗、宋词并列，本身就反映了社会观念的进步。清代朴学大师都是士族中人，其中一些人物起而推崇戏曲，也是一种值得注意的社会现象。

清代扬州地区经济极为繁荣，各种娱乐活动极为丰富。李斗《扬州画舫录》卷五曰：“两淮盐务，例蓄‘花’‘雅’两部，以备大戏。雅部即昆山腔，花部为京腔、秦腔、弋阳腔、梆子腔、罗罗腔、二簧调：统谓之乱弹。”反映了其时各种戏曲的风靡一时，这对那些兴趣广泛、视野开阔的文人来说，自然会引起关注。

焦循就是这么一位对戏曲极为热衷的朴学大师。他不但喜好雅部，而且热爱花部，且于二者均有著述。目下所传者，有《剧说》六卷与《花部农谭》一卷二书。《扬州画舫录》中还记载着焦氏另一著作《曲考》的部分内容。他不但兴致勃勃地观看演出，而且博征载籍，对戏曲的故事和脚本作广泛的考索，于此可见其文学史观的宏通与深入。

阮元与焦循为姻亲，熟知其为学特点，他在《通儒扬州焦君传》中说："君每得一书，必识其颠末。或朋友之书，无虑经史子集，即小说、词曲，亦必读之至再，心有所契，则手录之，如是者三十年，命子琥编写成《里堂道听录》五十卷。"（《揅经室二集》卷四）

张舜徽在讨论扬州学派的特点时特别表扬了焦循的成就，强调他有科学的态度，并曰："这种分析事物的思想方法，体现在焦循的著述中，最为突出。他无论在阐明性理，讨论经学，教戒子弟等方面，都强调'会通'，强调'日新'；反对'据守'，反对所谓'定论'。他经常把事物看成是变化不居的、前进不停的。……由于他没有把事物看成一成不变，才能提出一系列新颖的见解。这种见解，影响了他周围的朋友和后起的学者，形成了比较活跃的学风。"①

由上可知，扬州学派中的杰出人物焦循考察文学流变，观其会通，提出了文学"一代有一代之所胜"的观点，说明时代发展至此，已经具备了全面系统地总结文学发展的条件。焦循为《易》学大师，考察问题时自然具有"穷则变，变则通，通则久"的通变观点，而他又曾对各种文体进行过系统的研究，这样才能形成其完整的文学史观。

其后王国维、胡适等人也曾提出"一代有一代之文学"的观点。②按照他们的哲学观点而言，均受清末风行的进化论的影响，这与焦循

---

① 张舜徽《清代扬州学记》第一章"叙论"，上海人民出版社 1962 年版，第 11—14 页。

② 王国维之说见《宋元戏曲考》，实为推重元曲的地位而提出；胡适之说首见于《文学改良刍议》，实为提倡白话文学改良而提出。

植根于《易》学上的发展观不同。但王、胡二人均与清代朴学有很深的渊源，自然会受到扬州学派中人学术观点的影响，不大可能直接从元、明时代那些不太知名的文士那里去寻找理论支柱。他们所接受的，当是焦循这样识见高明的朴学大师的影响。

新式学堂的创建和学术流派的纷争

清王朝自中期起，腐朽没落，窘态日益暴露。西洋各国挟其船坚炮利之势，打开了清政府闭关自守的大门。国人迫于危亡，群思变革，清政府为挽救覆灭的噩运，也提出了推行新政的口号。尽管前进的道路上举步维艰，但后人也应看到，中国社会正在发生巨大的变化。

清政府决定在教育制度上实行变革，废除行之千年的科举制，而代之以新型的学校，于是北方有京师大学堂的设置，南方有两江师范学堂等设置。

从统治者说来，科举制度与学校教育的目的都在培养与选拔人才。科举制度的内容，不论是隋唐以来的进士或明经，抑或明清的八股取士，士子熟习的内容，都是突出儒家经典的训练。经学差不多综合了古时的一切学问。学校代兴，则仿西方学术的建制，重视分科教育。因此，筹建京师大学堂的一些官员，起始就在考虑如何结合中国的国情，将士子的综合训练转向分科教育。

其时能对清政府发生影响的一些西方人士竞相提出建议，美人李佳白在《拟请京师创设总学堂议》中，共提出了八条建议，其三曰：

> 总学堂虽备有各等学问，然一人之聪明才力势不能兼学；兼学矣，亦必不能兼精。总学堂之内，必设各等专门学堂。其最要者，如政事律法学堂，格致学堂，矿学堂，工程学堂，农政学堂，博文学堂皆是。就学者才之所长，性之所近，入一专门学堂，各尽心

力以学之，务造其极而止。[1]

光绪二十七年(1901)，张百熙奉派为管学大臣，续办京师大学堂。在他的推动下，次年七月十二日即以上谕的方式颁布《钦定学堂章程》，大学分科仿日本例，分为政治、文学、格致、农业、工艺、商务、医术等七科，文学科内则分为七目。其后张之洞奉调内任，筹办学校的几位大臣以为张氏负天下重望，请其参与意见，张之洞等乃重行商定，又以上谕的方式于光绪二十九年闰十一月二十六日颁布《奏定学堂章程》，增设经学科，因而全部科目遂重行分为八科。张氏曰："西国最重保存古学，亦系归专门者自行研究。古学之最可贵者无过经书。无识之徒喜新蔑古，乐放纵而恶闲检，惟恐经书一日不废，真乃不知西学西法者也。"[2]这是"中学为体、西学为用"这一原则的具体表现，也反映了中国发展到这一阶段时特定的国情。

侯官林传甲于宣统二年(1910)六月出版了《中国文学史》一书，这是他任教京师大学堂时所编的讲义，贯彻了学堂章程中所规定的要求。全书共分十六篇，第一篇至第三篇分论文字、音韵、训诂，第四篇至第六篇讲古今文章内容作法之流变，第七篇至第十一篇讲经、史、子之文，第十二篇至十四篇讲汉魏至"今"文体，第十五、十六两篇讲骈散两种文体。从今人看来，实属体系庞杂，文学观念不清，却正是这一时代的人学术观点的典型写照。清代后期学人对此有共识，学习文学而无经、史、子方面的知识，则如无本之木；学习经、史、子而不从小学入手，则入门不正，难以取得成绩。由此可知，这是乾嘉朴学兴起之后形

---

① 载舒新城编《近代中国教育史料》第一册、五《京师大学堂》，中华书局 1933 年版，第 117 页。

② 转引自何炳松《三十五年来中国之大学教育》，载商务印书馆编《最近三十五年之中国教育》卷上，1931 年版，第 83—85 页。

成的传统，林著文学史这一大学教材，充分反映了时代的特点。

再从林著末篇来看，可知当时的人颇为关注骈散之争。创作领域纷纭扰攘，从各家的争议中也可看出人们正在对中国文学特点进行探索。

自清初方苞等人创建桐城派始，直到清末民初，这一注重散文写作的流派一直占有主导地位。桐城派推重义理，规仿唐宋古文，宣扬程朱理学，自然会得到朝廷的青睐。同治之时，曾国藩等继起，形成了更大的声势。尽管方苞之时已有不少人起而攻之，却无法动摇其文坛上的正统地位。

阮元援引六朝时期的文笔之说，所谓“有韵为文，无韵为笔”，主张文必有韵。他又以为文章必须注重比偶，于是又引《易经》中的《文言》张大其说。他在《文韵说》中还提出：“凡为文者，在声为宫商，在色为翰藻。”要求奉骈文为正宗，把散文逐出文苑。这一主张当然也是很片面的。但他根据我国文学的特点而立论，强调文学创作应该珍视本国语言文字的特点，则又有其合理性，这是号称《文选》派的文学主张能够取信于人的原因。

清代末年，学堂制起而代替科举制后，各大文派若想争取群众培养后学，必须在学堂中争得主导地位。清末民初，位于首都的京师大学堂改为北京大学，桐城派的最后几位大师马其昶、姚永朴、姚永概、林琴南等先后在该校任教，为桐城派争得了重要地位。但自民国四年(1915)起，章太炎的学生纷纷进入北京大学。章氏文学重魏晋，其弟子中也有多人爱好魏晋六朝文学，于是在桐城派占上风的地盘上楔入了新的因子。民国六年，刘师培拥袁世凯称帝失败，章太炎又改荐他至北京大学任教。于是《文选》派中人物逐渐排除了桐城势力。

刘师培是后期扬州学派的代表人物。他继阮元之遗绪，曾撰《文章源始》、《广阮氏〈文言说〉》等文，批判桐城派的以经史为文，要求创作时“以彣彰为主”。

刘师培编有《中国中古文学史》等讲义，宣扬魏晋六朝文学。这种观点，与其时也在北京大学任教的黄侃在《文心雕龙札记》中宣扬的观点，可谓桴鼓相应。刘氏的这一讲义也得到了爱好魏晋六朝文学的鲁迅的称赞，可见其影响之大。

但《文选》派的这种文学观点，却遭到了章太炎的强烈反对。他在《文学总略》一文中，探讨文学的特点，试图结合中国的实际，为文学寻找一种新的定义。他开宗明义地说：“夫命其形质曰文，状其华美曰彣；指其起止曰章，道其素绚曰彰。凡彣者必皆成文，凡成文者不皆彣。是故榷论文学，以文字为准，不以彣彰为准。”

章氏的这一说明，颇为后人所诟病，以为文的界说宽泛无边，一切见之于文字的东西都可称之为文学，这样也就无所谓文学的特点了。实则章氏的立论自有其思想体系。他是著名的朴学大师。朴学家无不强调为文必先识字，他们以为文章的基础是文字，故论文亦必自文字始。中国古代本有下笔成文之说，举凡应用书札、朝廷公文，无不强调文采，这样，“文”的范围自然无所不包了。[①]

谢无量于民国七年撰《中国大文学史》，影响甚大，一再重版印行，可见其受欢迎的程度。谢氏在该书第一编《绪论》第一章《文学之定义》第四节《文学分类》中引近人之说，就吾国古今文章体制列表说明，内分无句读文、有句读文两大类。其理论上的依据，即章太炎在《文学总略》中的主张。[②] 因为这一学说继承了清代朴学的传统，在学术界有深厚的基础，所以仍能不断影响文学史的研讨。

---

① 参见拙文《论黄侃〈文心雕龙札记〉的学术渊源》，载《文学遗产》1987 年第 1 期。

② 谢无量《中国大文学史》于民国七年(1918)由上海中华书局出版，先后重印 17 次。台湾中华书局于 1967 年又发行新版，至 1983 年已重印 6 次。中州古籍出版社于 1992 年也影印再版。本处引文见原书第 6—8 页。

胡小石先生在中国文学史领域中的贡献

章太炎的学生大批进入北京大学任教时，中国文学史课即由朱希祖担任。他在日本东京时期曾从章氏学习国学，因而所编的讲义体系庞大，包括了其时所谓国学中的许多内容。①

民国九年，胡小石先生由同学陈中凡先生推荐，北上至京出任女子高等师范学校（后改称北京女子高等师范大学）教授兼国文部主任，讲授中国文学史、修辞学、诗歌创作等课。

胡先生于清宣统元年（1909）毕业于两江师范学堂农博分类科。陈先生原来也在两江师范学堂读书，后入北京大学求学，毕业后留校任教，并兼任北京女子高等师范学校教员。② 他曾赴上海探望两江师范学堂时的监督李梅庵（瑞清），遂与其时寓居李家的胡先生相识。李梅庵逝世，陈先生乃介绍胡先生至高校任教。他回忆北京高等教育界讲授文学史的情况时说：

> 其时北京大学开有文学史课，由朱逖先先生主讲。看他的讲稿，分经史、辞赋、古今体诗等篇，近于文学概论。读其内容，实则是学术概论，非文学所能包括。小石因举焦循《易馀籥录》说，大意谓“一代文章有一代之胜，《诗经》、楚辞、汉赋、汉魏南北朝乐府诗，以及唐诗、宋词、明制义，各有它的特色。至后代摹拟之作，便成了馀气游魂，概不足道”。③

---

① 朱希祖（1879—1944），字逷先，一作逖先，浙江海盐人。章太炎在日本讲授国学时，朱氏与黄侃、钱玄同、周树人（鲁迅）、周作人等同往听课。民国初期进北京大学中文系任职。曾撰《中国文学史要略》，北京大学出版部 1916 年版。

② 参看姚柯夫编著《陈中凡年谱》，书目文献出版社 1989 年版。

③ 陈中凡《悼念学长胡小石》，《雨花》1962 年第 4 期，第 34—35 页。

胡先生因所学专业的关系，信从达尔文的进化论，从而首先在中国文学史的讲授中引入文学“一代有一代之所胜”的学说，具有重大的历史意义和理论价值。

中国是一个文化积累极为深厚的文明大国，文史著作在传统文化中向来占重要地位。高等学校中的文科学生接受中国文学史的教育，即是传承繁衍传统文化的大事。因此讲授中国文学史一端，对于文科建设来说，意义重大。尽管民国初年的学者还重专门之学，一些恪守旧时矩矱的学者还看不上这类通史的讲授，但从事后的发展来看，文学史课在中国语文学系的教学中比重越来越大，这也是分科教育培养学生的必然结果。

早期编写文学史的人，从体例上说，每规仿日本人的著作，如林传甲编写的《中国文学史》，自称仿笹川种郎（临风）《支那文学史》而作；曾毅于民国四年撰《中国文学史》，胡云翼即指责他“完全抄自日人儿岛献吉郎之原作”；[①]顾实于民国十五年时撰《中国文学史大纲》，梁容若批评说：“书以日本著作作为蓝本，直译生涩之语句，弥望皆是。承袭外人谬说，自相矛盾之处时亦不免。”[②]

中国本来没有这类分章分节逐项论述的著作。日本学者受西学的影响为早，也就规仿西洋的著作体例，编写中国文学史，中国早期的一些文学史编纂者，也就受到他们很大的影响。

另一类著作的特点也可从林传甲的著作中看出，他虽仿日人著作编写，但为顾及中国国情，又加入了许多经、史、子方面的内容。其后一些体系庞大的文学史，大都具有这一特点。

胡先生在文学史研究中接受扬州学派的观点，援引“一代有一代

---

① 胡云翼《中国文学史・自序》，北新书局民国二十一年(1932)版，第3页。

② 梁容若《中国文学史研究》内《中国文学史十一种述评》，台湾三民书局1967年版，第133页。

之所胜”说，作为中国文学史的主要发展线索。扬州学派中的杰出人物焦循观其会通，勾勒出了中国文学发展的一条主线，便于后代学者把握其主要内容。焦循的观点，综合了历代史学家与文学批评家的看法，符合中国文学的实际。

一位学者之所以接受某种学说，必然有其原因。胡小石先生的父亲胡季石，清末受教于扬州学派中的后起人物刘熙载。刘氏撰《艺概》，除《文概》、《书概》外，其主要部分为《诗概》、《词曲概》与《经义概》，与焦循论文学发展的线索大体上是一致的。而胡先生在北上讲学前，曾有三年时间寓居沪上，与晚清名宿沈曾植、郑文焯、徐乃昌、刘世珩、王国维、曾熙等交游，尚及见缪荃孙等前辈学者。这一时期，学界仍宗仰乾嘉朴学，这时他从扬州学派人物焦循的学说中吸收“一代有一代之所胜”的理论作为其文学史学说的主干，也就是很自然的了。

胡先生对当前几种文派之间的争论也作出评论。他从文笔之辨叙起，云：“此后直到清代，对于文学有明显主张的，约分三派：（一）桐城派，主单语，重散文。即古之所谓笔，此派以方苞为首。（二）扬州派，主偶体，重骈文。即古之所谓文，以阮元为首。（三）常州派，调和文笔之说，如张惠言等，均骈散兼工。”随后加以总结道：“以上三派，论信徒之多，必推桐城派。若论立论之精准，即数扬州派。”这是因为“六朝所下‘文’的定义，即前人对于‘诗’的定义。惟当时文笔之分甚严，而所称为‘文’者，除内涵之情感以外，还注重形式方面，必求其合乎藻绘声律的各种条件”。说明扬州学派中人努力探讨中国文学的特点，能够较好地继承六朝文学的传统，有向纯文学方向发展的趋势，易为近代学者所接受。

胡先生也反对章太炎在《文学总略》中提出的文学界说，云：“近来的章太炎氏，又主张极广义的：‘凡著于竹帛者，谓之文。论其形式，谓之文学。’照他说来，太无限定。凡公司之股票，神庙之签条，均可称之为文，讲来实不胜其烦。现在若要讲文学的界限，与其失之太宽，不如失之太狭。故宁从阮氏之说，而不取章氏之论。”①

由此可见，胡先生在文学史研究工作中的贡献之一就在努力将文学从学术中区别开来。但他并不完全依赖西洋学说，或是日本学者的文学史著述去建构他的文学史体系。他从我国源远流长的学术传统中寻求依据，吸收清代朴学中扬州学派的研究成果，从而建立起了一种符合中国文学史实际的文学史体系。而他在讲授文学史时重鉴赏，讲个人的创作经验，继承了以往文学批评的传统，有别于国外学者的同类著述。

从今人的眼光看来，“一代有一代之所胜”说似乎太偏重形式，有违目下内容决定形式的法定公式。实则中国过去的文人讲到文体发展时无不考虑到时代变迁对文学发生的影响，因此文体的递嬗变化，表现出来的是形式上的不同，但促使文体变化的，却是时代、社会、政治等决定文士心态的种种复杂因素，文士为使思想感情的宣泄更为畅达，探寻新的表现方式，从而在形式上有所发展与演变。中国过去的史书上或是历代诗文评的著作中，总是把讨论各种文体的成就和演变放在中心的位置。焦循的文学“一代有一代之所胜”的理论正是这一传统的完整表述。

胡先生认为，焦氏此说具有四种崭新的观念：(一) 阐明文学与时代的关系，(二) 认清纯文学的范围，(三) 建立文学的信史时代，(四) 注重文体的盛衰流变。这一说明，大体说来应是可以成立的，但焦循提到的有些文体是否可称纯文学，却难以取得共识。

焦氏以为八股可以作为明代文学的代表，自难令人接受。八股的

① 以上引文参见胡小石《中国文学史讲稿》第一章“通论”，人文社 1930 年出版，上海古籍出版社 1991 年再版，编入《胡小石论文集续编》，第 11 页。

创作尽管有很多技巧可供钻研，但明清两代文人之所以热心此道，只是出于功利的目的，时过境迁，这一文体已成刍狗，经过时代的冲刷，也就自然遭到了淘汰。

在“一代有一代之所胜”的行列中，汉赋一项情况特殊，恐怕难以得到纯文学倡导者的首肯。按纯文学一词，原是中国学者接受西洋的文学观之后才提出的新概念。西洋向以诗歌、戏剧、小说为文学的主体，因此一些主张彻底贯彻西洋学说的人势难接受赋这样一种文体到文学的行列中去。曹聚仁编《中国平民文学概论》，即仅列诗歌、戏曲、小说三种；[①]刘经庵编《中国纯文学史纲》，即在“编者例言”中明确宣布：“本编所注重的是中国的纯文学，除诗歌、词、曲及小说外，其他概付阙如。”[②]

赋是一种最富中国文化特色的文体。依用语及结构而言，介于韵文与散文之间；以性质而言，介于文学与学术之间。因此有些人就称它为文学中的“四不像”。汉代大赋的写作最富这一特点。作者写作这类文字，必须具有多方面的才能，因此《魏书》作者魏收才有“作赋须大才”之说。而且赋这一种文体对其他文体的写作影响至巨，例如杜甫的名篇《北征》即曾深受曹大家《东征赋》、潘岳《西征赋》的影响。汉代文士把聪明才智集中在大赋的创作上，《文选》中即首列汉赋多篇，研究中国文学而漠视汉赋的存在，无疑是偏颇不全的。

对汉赋之类文体持确认的态度还是否决的态度，成了文学史研究者能否从中国实际出发进行撰述的一种标志。

胡先生终身在高等院校中讲授中国文学史，先后培养出了许多著名的文学史家，从他们的著述中可以发现文学“一代有一代之所胜”说

---

① 曹聚仁《中国平民文学概论》，梁溪图书馆 1926 年版。

② 刘经庵《中国纯文学史纲》第 1 页，北平著者书店 1935 年版；东方出版社 1996 年再版。

的烙印。

民国九年(1920),胡先生在北京女子高等师范学校讲授中国文学史时,学生中有冯沅君、苏雪林、黄庐隐、程俊英等人;民国十一年(1922)于武昌高等师范学校讲授中国文学史时,学生中有刘大杰、胡云翼、贺扬灵、李俊民等人。冯、苏、刘、胡等人其后均以编撰《中国文学史》而知名。

冯沅君与其丈夫陆侃如于民国二十年(1931)合撰《中国诗史》,诗仅叙至唐代,宋代之后略去不谈;词仅叙至宋代,元代之后略去不谈;散曲仅叙至元代,明代之后略去不谈。他们虽未明言这样做法的根据是什么,但不难看出,这是贯彻了文学"一代有一代之所胜"的观点。陆侃如是清华研究院时王国维的学生。从二人的师承而言,可以看到焦循学说所起的作用。

这种学说重视创作中的创造精神,但对后继者所作出的发展重视不够,如强调过度,则易陷于片面。《中国诗史》中的这种写法,引起了很多人的不同意见。苏雪林在《辽金元文学史》中亦曾引及《易馀籥录》中论戏曲的意见,可见她对焦氏学说的关注。[①] 但她编写文学史著作时为时已晚,觉察到了焦氏将好多作品视作"馀气游魂"之不当,因而她在《中国文学史·自序》中不满于"近代撰述中国文学史者皆奉焦氏此言为金科玉律",[②]这大约是看到同门冯氏等人过于拘执而有此一说的吧。

刘大杰于民国三十年出版《中国文学发展史》上卷,受到学界的高度重视。书中引进了新的学说,如法国郎宋在《论文学史方法》中提出的一些观点等。郎宋(G. Laneon)所著《论文学史方法》,乃黄仲苏应

---

① 参见苏雪林《辽金元文学史》第三章"金之末叶作家",商务印书馆 1933 年《万有文库》本,第 24 页。

② 苏雪林《中国文学史》,台湾台中光启出版社 1970 年版,第 1—3 页。

老友胡小石先生之所请而译出的，胡先生在讲授文学史时也部分汲取了其中观点，可知刘大杰之引用郎宋观点，渊源有自。

南京大学图书馆在整理胡氏捐献的遗物时，发现了这一本黄仲苏译的郎宋的《论文学史方法》，译者自云其时常与友人胡小石讨论文学史上的问题，这与刘氏的有关文字正相契合。刘氏叙及汉代文学时，特别强调汉赋的重要意义，亦可觇其学术渊源。

他在第六章“汉赋的发展及其流变”叙及汉赋兴衰的原因时，说道：“中国文学进展到了汉朝，我们可以看到一个显明的现象。这现象便是文学同民众生活日益隔离，而那种贵族化古典化的宫廷文学，成为文坛的正统。作为宫廷文学的代表的，是那有名的汉赋。在现代人的眼光中看来，汉赋自然是一种僵化了的缺乏感情的死文字，然而在当时，他却有活跃的生命，与高尚的地位。在三四百年中，多少才人志士，在那上面费去了心血。狗监的朋友司马相如，倡优式的东方朔、王褒之流，我们不用说；即如司马迁、刘向、班固、张衡、祢衡们，无论从学问、思想、人品方面，都是值得我们景仰的，然而他们也都是有名的赋家。可知赋是汉代文学中的主流，正好像唐诗宋词一样，任何读书人在那时代都不能不同他发生交涉。如果李白、杜甫、白居易、苏东坡生在汉朝，想必也都是以赋名家了。枚、王、司马、东方之徒，待诏作赋，世人讥为倡优，其实李白之咏《清平》，王维、杜甫辈的应制诗，这行为有什么两样？近人因拘于抒情文学的范围，鄙弃汉赋，甚至于大胆地在文学史上，把汉赋的一页，完全弃去不谈，实在是犯了主观的偏见，同时又违反了文学发展的历史性。”①由此不难看出文学“一代有一代之所胜”说对刘氏所产生的影响。

---

① 刘大杰《中国文学发展史》第六章“汉赋的发展及其流变”，中华书局 1941 年版，第 97 页。

刘大杰把汉赋的发展分为四期：一为形成期，二为全盛期，三为模拟期，四为转变期。持此而与胡先生的《中国文学史讲稿》中论述汉赋的四期之说相较，如出一辙，不难发现其间的传承关系。

胡云翼在《中国文学史》中论汉赋时说："赋是汉代文人的文学中最主要的部分。两汉的文人，几乎每一个都曾在赋里面贡献他的才力聪明。文学史家都说：'汉是赋的时代。'就赋的发展一方面说，这个话是一点不错的。"[①]这种看法也已明确地将汉赋归为一代文学之所胜的一种代表性文体。

胡云翼在"自序"中首先对之前已正式出版的二十种文学史作了评论，云："严格点说来，我们认为满意较多的实只有吾家教授胡小石的《中国文学史》及吾家博士胡适的《白话文学史》。胡小石先生的《中国文学史讲稿》，叙述周密，持论平允，是其特色。"这里提到胡适的书，当然是因为"我的朋友胡适之"红极一时的缘故。他之所以特别标举胡小石先生的文学史，固然因为《讲稿》内容丰富，立论精审，"叙述周密"之中当然包括进了"一代有一代之所胜"的优点，如对汉赋有正确的对待等。只是《讲稿》正式出版的时间较后，直到民国十八年(1929)时才让金陵大学一名学生苏拯把十七年时听课的一份笔记拿到上海一家小出版社——人文社，于十九年春正式出版。胡云翼作为学生而听胡小石先生讲授文学史时，尚在自著的文学史出版十多年前，学生时代聆听文学史课时印象深刻，所以后来沿袭其中的主要观点而又予以高度评价了。

由上可见，文学"一代有一代之所胜"之说很难说是一种纯文学的观点，但可以说是一种切合中国文学史实际的观点，后人自可据此理出文学史发展的主要线索。当然，后人也应注意避免焦氏为过分强调

---

① 胡云翼《中国文学史》第二编《汉代文学》第四章"汉代的辞赋"，第31页。

某一时代的突出成就而作出的一些片面论断。

留给后人的思考

“一代有一代之所胜”这一命题，本身就深具历史感。而这一命题何以会在清代出现，为什么会由焦循总结出来，他又怎样会把文学问题总结成这个样子？都有值得深入探讨的地方。

既称某一文学为“一代之所胜”，就可说明此说非当代人的口气。一般来说，一代文学之中品种繁多，舆论不一，很难达成共识。而且一种事物要能得到定论，必须接受历史的考验。以文人而言，也要经过很长时间才能得到定评，如李白、杜甫的诗，要到唐代中、后期时才享大名，大家才逐渐认识到其水平之超出侪辈，宋代之后才有定论。与此类同，哪一种文体可作某一时代的代表，当代人是很难作出判断的。而且文体本身也处在发展之中，唐初诗歌承六朝之遗绪，近体正在走向完美，要到盛唐之后，近体才告成熟。宋人回过头来观察唐诗的创作，才能看得清楚。唐诗的总体成就呈现之后，也才有可能与前此的创作相比较，从而得出“一代之所胜”的结论。由此可知，文学“一代有一代之所胜”的结论，只能是在经历了若干代人的观察与总结之后才能得出。

如前所述，魏晋南北朝人对先秦至刘宋时代的文学作了总结，宋人对唐人的成就作了总结，明人对前此文学已有全面的考察，清代学术普遍具有总结前人成果的特点，扬州学派中的焦循纵观前代历史，才能作出“一代有一代之所胜”的结论。他对某“一代”的考察，往往吸收了前人的总结性意见。

由此可知，后人总结前代成就时，就有这么一种情况：时代越远，哪一种文体成就最为突出，容易得出共识；时代越近，则每因各人对问题的看法一时还不能达成共识，往往得不出结论。例如焦循，他对明代之前一些有代表性的文体的看法，大体说来可称允当，但对明代“之所胜”的文体，却不能把前人极为推崇的民间歌谣视作上品，而举八股文为“一代之所胜”，这种与现代人的观念格格不入的看法，正说明明清两代正统派的文士对八股文的重视，而对民间歌谣的忽视；又正暴露了焦循未能克服其正统观点。清代扬州地区工商业极为发达，焦循的思想，有其重视市民文学的一面，与前人有不同的地方，故能推重戏曲方面的成就，从而以元曲为“一代之所胜”，但总未能进而推重民间歌谣，反而与官方的学界呼应，举八股文为明代文学的代表。焦循的这一局限，耐人寻味。

唐诗的繁荣，与其时的科举制度有关，士人如欲进入仕途，必须在诗的创作上接受严格的考验。焦循是否由此得到启发，以为明代的情况亦可作如是观。但事实证明，这种历史的类比是没有说服力的。宋代的词，元代之曲，与功利无关，同样可以作为“一代之所胜”的代表文体。因此，后人观察文学问题时，要想作出全面的客观的评价，殊非易事。因为每一个人都处在特定的环境中，往往不自觉地受到某种时代观念和特殊癖好的支配。每一个人只能是尽其可能地去作全面、客观的观照，为后人留下一份有参考价值的研究成果。

一种研究成果的取得，取决于时代提供的条件。文学发展到清代，才有焦循出来作总结，发展到了近代，才有胡小石先生等人注意到焦循提出的这一论点。中国文学的发展已有几千年的历史，始终难以独立作为某一专题而供人研究。六朝时期文坛上注意探讨文学的特点，朝廷上也有所反映，刘宋时文帝于儒学、玄学、史学三馆之外别立文学馆；明帝时立总明观，分儒、道、文、史、阴阳为五部，但是这一分科学习的潮流未能在后代继续下去。只是到了清末，朝廷为兴新学的需要，才建立了专科学习的新学堂。但中国的学者为此而建设中国文学史这一新科目时，终于凭借中国悠久历史中积累下的思想资料，继承清代朴学的成就，建设成一种符合中国国情的文学史体系。

严格说来，焦循提出“一代有一代之所胜”的这一命题，还只能说是揭示了文学发展中的一些现象，一个朝代何以会出现这“一代之所胜”的文学，还要作很多探讨，才能逐渐认识清楚，这也正是中国文学史家肩负的任务。

汉代献赋可以得官，按照班固《两都赋序》和蔡邕《上封事陈政要七事》中的说法，至迟到东汉时，已经确立了考赋取士的制度。但由于汉时文献记载不详，这一制度贯彻到什么程度和持续了多久，情况并不清楚，但在它的影响下，定然吸引住了大量谋求进入仕途的文士的注意力，则是不成问题的。这与唐代以诗取士的情况有类似处。这里又有很多问题可以探讨。后世仍有献赋得官的情况，为什么不能再现汉代的盛况？唐代做诗做得好的文人可以得到很高的声誉，为什么李白、杜甫不能通过科举而求得晋身？那么以诗取士对唐代诗坛的繁荣到底起了什么作用？又在哪些地方起到促进的作用？宋代的词，与士人的晋升无关，为什么能够取得如此高的成就？宋代社会又为词这一文体的勃兴提供了哪些条件？元代文人在曲的创作上取得了空前的成就。把曲作为元代文学的标志，那是经过了几代人的探讨之后才达成的共识，这里又可提出疑问，明代文士在什么文体上取得了杰出成就，可作一代文学之标志？卓人月等提出可举民间歌谣为“一代之所胜”，焦循不同意，而他举出的八股文，今人绝对不可能同意，那么还有没有其他文体可作代表的呢？与此相同，清代能不能举出其“一代之所胜”的代表文体？如果明、清两代都难选出“一代之所胜”的代表文体，又是什么道理？是否可说，明清之后的社会情况越来越复杂，已经难于推举某一种文体作为一个朝代的标志？情况究竟如何，值得文学史家探讨的地方很多很多。

第二篇　序

武秀成《〈旧唐书〉辨证》序

上海古籍出版社 2003 年版

《旧唐书》在中国史学史上的地位，可谓一波三折。李唐灭亡之后，后梁、后唐继起，中国自有继起的王朝及时编写前朝历史的传统，因此梁、唐二代君臣即有纂修前代历史的计划。但因唐末战乱特甚，史料难以征集，因而未能实现。石晋继起，重议此事，卒在宰相赵莹等人的努力下，完成了《唐书》二百馀卷，这就是后人所称的《旧唐书》一书。

五代十国，历时仅五十馀年。这是中国历史上最为衰乱的一个时期。石晋立国仅十馀年，疆土仅限黄河以北部分地区，尚不时遭到辽人的侵逼。晋室国运败落如此，还能在四五年内编成唐代的一部国史，也可称为难能可贵了。

《旧唐书》编成后，历经汉、周以至宋代初年，一直沿用，说明这书已在史书中获得了重要地位。即使在《新唐书》编成后，宋仁宗还下旨表示要新旧并存，也可见到这书已为宋王朝所认可。

但宋仁宗为什么还要让宋祁、欧阳修等人重修一部新的《唐书》呢？这从曾公亮的《进唐书表》中可以窥知。《表》中批评《旧唐书》"使明君贤臣、隽功伟烈与夫昏虐贼乱、祸根罪首，皆不得暴其善恶"，所以《新唐书》要秉《春秋》之旨，进行忠奸顺逆的褒贬。这就是说，《旧唐书》中的记载不合修史的"书法"，因为石晋时代史家的价值判断已经不合宋人的要求。宋代的执政者要根据自己的价值判断对前代历史重新编写。

自宋初起，史学领域内一直在为建立正统观念而努力。太宗时编《太平御览》，以蜀、吴、五胡十六国、宋、齐、梁、陈、北齐为偏霸，置《偏霸部》，秦与东魏、北周入《皇王部》；宋真宗时编《册府元龟》，则以秦、蜀、吴、宋、齐、梁、陈、东魏、北齐、后梁为闰馀，入《闰位部》，十六国及五代中之十国，另立《僭伪部》。《太平御览》采用前代的史料编成，观点也大都沿袭前人；《册府元龟》编者重行甄别，体现了宋代的历史正统观点正在形成。其后欧阳修私撰《五代史记》，更明显地体现了这种历史正统观点。

由此可见，宋仁宗继前代而起，要求在唐史的编写中贯彻正统观点。至是《旧唐书》也就遭到批判，必须另编新著取而代之了。

自此之后，《旧唐书》的地位日趋低下，继起的几个王朝都把这书排除在正史的系统之外。幸亏明代嘉靖年间翻刻古书成风，闻人诠觅得宋本重行版刻，此书方得传世。应该说，《旧唐书》之得以避免踏上《旧五代史》的湮没之路，其命运是很侥幸的。

到了清代时，《旧唐书》的命运有所好转。因为清王朝也是由汉族之外的民族建立的，因而不会全部认同宋人的历史正统观点。况且清代朴学崛兴，评价史书对材料的重要性有了新的认识。一些史学家对新、旧《唐书》作了并行的比较，也就得出了比较客观的结论。

赵翼《廿二史札记》中有"《旧唐书》前半全用实录、国史旧本"一条，强调这类原始史料之可贵。因为唐代征集史料、编纂实录和写作国史的组织措施比较规范，根据这类史料写成的纪传，也就比较可信。翻阅旧史，可知晋代在修书之前，在征集史料上确是下了很大的功夫。《五代会要》卷一八载监修国史宰相赵莹为此事而上的奏本，详列征集各类史料的组织措施，可知其工作的认真和细致。其时参加修史的史臣有张昭远、贾纬、赵熙等人，都是唐史方面的专家，他们依据长期积累的史料编纂成书，后人不应轻加否定。

赵莹等人特别重视“本纪”的撰写，表文中说：“本纪之法，始于《春秋》，以事系日，以日系月，以月系时，以时系年。刑政无遗，纲条必举。须凭长历，以编甲子，请下司天台，自唐高祖武德元年戊寅，至天祐元年甲子，为转年长历一道，以凭编述本纪。”因为纪传体中的“本纪”部分起到了小型编年史的作用，其他部分人物的活动，其历史年代的先后，都要按帝王的年代顺序编写。如果缺乏这一依据，那又怎能理出历史发展线索呢？因此，纪传体的史书之所以被尊为正史，比之编年体更受重视，正因为本纪部分可以起到编年史的部分作用，而编年体的史书却无法包含纪传体的长处。

《新唐书》的本纪部分是由欧阳修编写的。这位古文家过于讲求《春秋》笔法，文字过分追求简练，比之《旧唐书》中的本纪，内容也就减少不少，以致赵翼也批评道：“欧公本纪则不免草率从事，不能为之讳也。当日进呈时，宋仁宗即有旨，《旧唐书》不可废，其早有所见欤？”

时至今日，大家对史学的观念又已不同。古人修史当文章做，《新唐书》由欧阳修、宋祁执笔，人们倍加赞颂，或因震于二人的大名。新、旧《唐书》史观有异，今人也已不太介意，因为不管是张昭远修史，还是欧阳修修史，都已不再具有规范后人思想的作用。人们对前代历史的要求，首先着眼于史料的是否可信与完整。特别到了民国时期，中国史学界深受欧美史学的影响，傅斯年等人甚至提出了史学就是史料学的口号，《旧唐书》的重要性自然更进一步受到重视。一些史学专家告诫后学读史时，大都认为应该先读《旧唐书》，特别是要认真阅读其中的“本纪”部分，因为这是依据唐代的实录、国史编纂起来的。

但我们仍然可以提出疑问：这一部分的文字是否全然可信？

唐代的实录、国史在征集史料编写成文时，在某些环节上是否会有差错？史家在撰写过程中是否会有讹误？后人付诸版刻，是否也会出现错误？这些都是应该考虑的。有人曾经提出过问题，但囿于上述成说，未见有人专心发掘。武秀成君对此作了认真的检查，发现问题不少，特别是在本纪的系年方面，出入更多，试观本书中的《干支系时讹误考校》部分，差不多在每一位帝王名下的条文中都有所纠正。这些都是经过细心的辨析而得出的结论，可谓条条得来匪易。

秀成对误记的史实作辨证时，除了详引相关史料，辗转互证，以期毫发无遗憾外，在治学方法上也有新的突破。这里试举数例，以示著者的眼光与功力。

《穆宗本纪》："长庆元年正月己亥朔，上亲荐献太清宫、太庙。"有人据陈垣《二十史朔闰表》，以为长庆元年正月戊戌朔，而非己亥朔，己亥是正月二日。秀成详引《文苑英华》中的《长庆元年正月三日南郊改元赦文》以及《册府元龟》、《唐大诏令集》中的同一文字，逆推"长庆元年正月己亥朔"不误，进而对陈著提出质疑。大家知道，陈垣的《二十史朔闰表》为考古代历法的权威著作，史家每据此而定古时时日，秀成指出，"陈《表》所定朔日确有不可信据者"，并举唐代墓志数方上的记载以明之。按我国历法的研究起源甚早，著述亦多，陈垣此书乃继汪曰桢《历代长术辑要》而成，但秀成认为"陈《表》以及明清以来的各家历表主要是历家推步的结果，这种推步与实际行用之朔闰并非完全一致。因此，我们不能简单地以各家历表作为校考古文献的纪日资料的绝对依据"。这对治史者无疑是一种有价值的忠告。

秀成对《旧唐书》的考辨主要放在"本纪"部分，但在"列传"及其他部分也有精彩的辨证，例如《高適传》中记"梓州副使段子璋反，以兵攻东川节度使李奂，适率州兵从西川节度使崔光远攻子璋，斩之"。中华书局出版的《旧唐书》在《校勘记》中说："梓益二州，'梓'字各本原作

‘绵’,《廿二史考异》卷五九云:‘案至德二载,置东川节度,治梓州,“绵”当为“梓”字之讹。’今据本书卷四一《地理志》改。”按中华书局点校本二十四史均由专家负责整理,向称精审,此处又有钱大昕的考辨为依据,结论容无疑义。《旧唐书》卷四一《地理志四》“梓州”条内确有“乾元后,分为东、西川,梓州恒为东川节度使治所”之说。秀成以为东西二川的分合至为复杂,东川治所亦非一无变更,前此即曾移镇遂州。考《册府元龟》卷一二二《帝王部·征讨二》亦载此事,与《新唐书·肃宗本纪》同,前者作“袭破绵州”,后者作“陷绵州”,与《旧唐书》同。《册府元龟》所载唐代史事每袭用国史《唐书》及历朝实录旧文,此处与《旧唐书》本纪记载相同,皆当本于国史,后人不应据钱氏之说改动原文。《旧唐书·肃宗本纪》记此事本当作段子璋“袭破绵州”,而不当改为“袭破遂州”。

总结上言,可知秀成的校雠工作恪守传统规范,而不迷信前人成说。对一些似乎已成定论的学说,如《旧唐书》“本纪”部分最为可信,陈垣《二十史朔闰表》中的历日绝对可靠,梓州恒为东川节度使治所等说,也敢于大胆怀疑,并且通过细致的辨证,得出可信的结论。因此,《〈旧唐书〉辨证》一书不但在史实的考订上提出了许多科学的结论,而且在治史的观念和方法上也提供了不少值得重视的新见。

秀成于八十年代曾从杨明照教授攻读校雠学的硕士学位,毕业后即来南京大学古典文献研究所工作,至今已有十多年之久。他谦虚谨慎,勤奋好学,不急功近利,耐得住寂寞,是古籍整理领域中不可多得的优秀人才。他在本所所刊《古典文献研究》(1989—1990)和《古典文献研究》(1991—1992)两期上先后发表了《〈旧唐书〉本纪干支纪日考校》上、下二文,当时我就认为这类文字具有很高的学术价值,因而鼓励他继续探讨,扩充篇幅,把这写成一部规模更大的专著。经过多年的努力,这一计划终告完成。我目睹了此书从萌芽到成熟的过程,当此专著正式出版前夕，乐于表达我对此书的一些感想，并希望获得读者的认可。

2002年12月8日于南京大学

王华宝《古文献问学丛稿》序

中华书局2009年版

有专家指出，中国的学者主要集中在三大领域，一是高等院校，二是科学院系统，三是出版部门。这三大领域中的知识分子，因为职业的关系，治学上往往各有其特点。就以出版部门中人而言，其认真细致的态度往往更见突出，而在古籍整理领域中工作的一些编辑人员，这一特点更为明显。

清代的学术主流，俗称朴学。朴学的主流为经学。而自乾嘉时起，治经必从小学始，已成学界共识。因此，朴学家强调读书必先识字。汉字的形、音、义，都有许多讲究，于是清儒又强调读书不轻放过一字。古籍出版部门的编辑，每天都要接触到古汉语中的文字问题，这样也就自然地继承了清儒治学的传统，读书不轻放过一字；遇到疑难之处，还要在字形、字音、字义等方面作出考辨。

20世纪下半期，中国经历了“文化大革命”的摧残，古籍遭到肆意践踏，古籍整理方面的人才接近枯竭。中国步入改革开放阶段之后，国人痛于传统文化的濒临中断，主管人文科学的部门乃制订计划，在高等院校内增设古籍整理方面的专业，有计划地培养人材，这对传统文化的传承与发扬起到了巨大作用。

王华宝博士就是在这一培养人材的大潮中涌现出来的一位年轻学者。他于上一世纪80年代就读于南京师范大学的古典文献专业，毕业后就职于江苏古籍出版社，其后他又师从母校赵生群教授攻读博士学位，2006 年又在改称为凤凰出版社的任职单位中取得编审职称。由此可见，他是沿着规范的治学道路不断攀登，且不断取得成绩的一代新人。

南京师范大学的古典文献专业首由徐复教授、钱玄教授主持。徐复先生先后受教于章太炎、黄季刚先生，钱玄先生亦受业于季刚先生，正是所谓章黄学派的嫡系传人。华宝亲蒙熏沐，熟知清儒治学门径，因此在他撰写的许多文字中，不难发现清代朴学的流风余韵。

但社会上总有一种偏见，以为古籍整理应是年老学者的事，皓首才能穷经，年轻人能从事古籍整理方面的研究工作么？实则这也不能一概而论，章黄学派中人不少就是年轻时就成名的。今从华宝的这一《古文献问学丛稿》来看，可以认为他在这一领域中已经取得可观的成绩。

《丛稿》内分三大部分。第一部分讨论《史记》中的问题；第二部分讨论史籍与《水经注》等典籍中的问题；第三部分讨论的内容，如辞赋、《文选》、《搜神记》等，当今则归之为文学。他对上述典籍的研究，关注之点偏于校读、版本与词语等方面，正属小学的内容，这与目下盛行的所谓理论探讨宏观把握风气迥然有异，实则此乃研究上述典籍的基础工作，不能忽略不顾。须知阅读古书而不知正确解读文字，则每陷于六经注我，理论虽然高超，实则去古人原意益远。

今即从《史记》、《水经注》、《搜神记》三种典籍的有关文字中各举一例以明之。

华宝于《史记》用力甚深，他的博士论文就是以《史记》为题而撰就的，但后人要想在《史记》的整理问题上提出任何一点意见，也不容易，因为古今治《史记》者代不乏人，有关著作汗牛充栋。中华书局出版的《史记》点校本，迭经顾颉刚、宋云彬、贺次君等名家之手，因此一直被学界视为典范之作，后人要想对此进一步探讨，必须正本清源，从钞本、刻本、点校本与自清儒延传至今的各种资料与著作中发现问题，理出头绪，然后作深入一步的纠谬与阐发。华宝正在协助业师从事《史记》点校本的修订工作，因此可从全书开端的《〈史记〉新整理本刍议》一文抉发的问题中，觇测其功力。文中对点校本的底本、文字、版本、校勘、内容、体例等六个方面作了全面的探讨，即以底本文字中的正讹而言，就有"讹文"、"衍文"、"脱文"、"倒文"、"径移"等五例，且各举佳例以明之。又如他在《点校本〈史记〉正文校议》中举"删改可商者"：《十二诸侯年表》："齐平公骜元年：景公(子)[孙]也。齐自是称田氏。"(680/4 行 2 列)华宝加按语曰："点校本改'子'为'孙'，是依据《志疑》之说，确指平公骜为景公之孙。然'子'有'子孙'义，不确指。此叙血脉关系，可以理解为'平公骜为景公的后代子孙'。于原文训释可通，不烦改字。"这种校勘，有关古代词语的深入理解，需要具备训诂方面的很高学识。梁玉绳为清代史学大家，《史记志疑》为治此学的一部名著，华宝能对这样的权威著作提出不同意见，足征其学识已臻很高境地。今按：《荀子·正论》"圣王之子也"，杨倞注："子，子孙也。"《广韵·止韵》释"子"亦曰"子息"，足征此说可信。

再以《水经注》而言，治郦学者亦代不乏人，华宝在《〈水经注〉新整理本之考察》中列举自汪辟疆先生以来的诸家著述，且举王国维、杨守敬、熊会贞、王先谦、陈桥驿等几种有代表性的著作加以评述，说明他对前人研究《水经注》的成果曾下很大的功夫加以总结，故能深知各家之得失。当代的《水经注》整理自当以陈桥驿先生的点校本为后出的集成之作，然而由于原书内容复杂难治，此一新著亦难称完善。华宝举陈书 273 页"昔慕容雋有骏马，赭白有奇相，逸力至儁，光寿元年，齿四十九矣，而骏逸不亏"一段为例，细加辨析。按"儁"即"雋"，华宝据《晋书·慕容雋载记》为说，可知此乃慕容雋光寿元年之事，"赭白"与"骏马"为同位语，"奇相"与"逸力"为骈词，故此文标点应正之曰："昔慕容廆有骏马赭白，有奇相逸力，至儁光寿元年，齿四十九矣，而骏逸不亏。”类似错误，华宝起而纠正者颇多，此亦有益于治郦学者匪浅。

干宝《搜神记》，为治魏晋志怪小说者必读之书，研究宗教学者亦莫不关注。治此书者向以汪绍楹的整理本为善，然汪注实亦问题多有。如此书卷六“秦孝公二十一年”条内引京房《易传》曰：“方伯分威，厥妖牡马生子。”《法苑珠林》卷八七《搜神异记》则作“方伯分灭”，汪氏以为当据此改正，后出的各种《搜神记》注本或今译本，均从汪说。华宝则以为“分威”文字无误，且据《汉书·五行志》以明之。班固此《志》虽参刘歆之说纂成，然刘歆所据《洪范》九畴中之五行机制与京房之八宫卦系统相通，故《汉志》大量引用京氏之说，干宝又系京房《易》的传人，故书中亦大量引用京氏之说。《汉书》中还多次运用“分威”一词，表示臣下蒙蔽君主，《搜神记》中的问题实由“威”、“威”形讹所致。今按：《韩非子·八经》中《因情》曰：“废置无度则权渎，赏罚下共则威分。”《参言》曰：“明主，其务在周密，是以喜见则德偿，怒见则威分。”《主威》曰：“行义示则主威分，慈仁听则法制毁。民以制畏上，而上以势卑下，故下肆很触而荣于轻君之俗，则主威分。”此说影响秦汉学人至巨。由此可知，汪氏校勘确有不当之处，此书实有进一步加工的必要。

以上略举《史记》、《水经注》、《搜神记》三书为例，说明华宝能在学界公认的点校名著中发现问题，纠正权威学者的错误，诚非易事。而这又可印证我在前面提出的预告，清儒提倡读书不轻放过一字，这种可贵精神，在《丛稿》中有充分的体现，说明华宝确是继承了清代文献学家的优良传统，这一新著可称学术品质很高的一部新著。

华宝在日常的编务工作中也作出了不少成绩，如为《历代赋汇》重编作者与篇名索引，发现原书作者、篇名问题严重，故所作索引撰一百余条按语加以纠正。内如周渭，原书误以为唐、宋间同名者有三人，华宝细加辨析，证明全书所收三赋，实为唐人周渭一人之作。这种工作，对读者最为有益。

我于上一世纪 80 年代曾为南京大学硕士研究生开设“近代学者治学方法”一课，讲授王国维与陈寅恪等先生的治学方法，其时华宝尚在南京师范大学本科学习，然每次都来旁听，风雨无阻。以后我编《周勋初文集》时，华宝即任责任编辑；前后出版的《唐人笔记小说考索》、《魏晋南北朝文学论丛》和学生余历雄的听课笔记《师门问学录》，也都由他任责编，计算起来，前后历时已有一二十年之久。由于业务上联系不断，来往颇多，我目睹了他成长的整个过程，深知其成功之不易，故乐于为文以绍介之。

第三篇　叙　录

《隋唐嘉话》叙录

原载《唐代笔记小说叙录》,《周勋初文集》第五卷,江苏古籍出版社2000年版。

书名及异称

此书异称甚多,有称《隋唐佳话》,《传记》、《传载》,《国朝传记》、《国朝杂记》,《国史纂异》、《国史异纂》,《小说》、《小说旧闻》等。

著录与版本

作者刘悚,字鼎卿,史学家刘知几次子,新、旧《唐书》附《刘子玄传》。天宝初,历右补阙,集贤殿学士、兼修国史。他著作多种,而《隋唐嘉话》一书,有关它的书名和著录,却是异说纷纭,颇难清理。《旧唐书》卷一〇二本传上说他著有《国朝传记》,《新唐书·艺文志》中著录时重出,"杂传记类"有《国朝传记》三卷,"小说家类"有刘悚《传记》三卷,原注:"一作《国史异纂》。"《玉海》卷四七《唐太宗勋史》下引《中兴馆阁书目》云:"刘悚《国史异纂》三卷,载齐梁以来杂事。"《太平广记》引文亦作《国史异纂》。《遂初堂书目》"杂史类"则著录为"《唐国史纂异》"。《传记》当是《国朝传记》的简称。《太平广记》等书中之引文时而误作《国朝杂记》。李肇《国史补序》曰:"昔刘悚集小说,涉南北朝至开元,著为《传记》。"而后代又有刘悚著《小说》之说,《资治通鉴考异》引《小说》若干条,《诗话总龟》引《小说旧闻》若干条,均见于《隋唐嘉话》，则是《小说》一名或为宋代有人依据李肇《序》中所言而改拟之名。《直斋书录解题》"小说家类"著录"刘餗《小说》三卷，唐右补阙刘餗鼎卿撰"。

明代尚有多种署名《小说》的本子存世，《文渊阁书目》"史杂类"有《唐小说》一部一册。钱溥《秘阁书目》"史杂"、李廷相《濮阳蒲汀李先生家藏目录》三柜二层、高儒《百川书志》"小说家类"亦曾著录，钱、高二氏并云《唐小说》一卷。此书尚有钞本传世，中国科学院图书馆藏明钞本《说集》，第十册中有《唐小说》一种，傅增湘《藏园群书经眼录》卷一一曾著录。台湾"中央图书馆"亦藏《唐小说》明抄本一种，原为适园张氏旧藏。《小说》之上冠以"唐"字，当为避免与殷芸《小说》之混淆。① 查《玉海》卷五七《唐国朝传记》下引《中兴馆阁书目》，云"《传记》三卷，凡一百九十事"。《隋唐嘉话》条目之数与此相近，而《唐小说》条目仅八十左右，可知目下所见之明抄《唐小说》一卷当为节本，故与《直斋书录解题》、《宋史·艺文志》上记作三卷者不同。又《唐小说》中文字之次序似以时代为序，与《隋唐嘉话》有异。

《国史纂异》一书，明代亦有传本，朱睦㮮《万卷堂书目》卷二"杂史"有《国史纂异》二卷，赵用贤《赵定宇书目》"《稗统》续编"内有《国史异纂》（一本抄），可惜目下已无片纸留存。

《隋唐嘉话》一名，北宋时已出现，《道山清话》、《优古堂诗话》中已引及，南宋人著作中亦屡有称引，如《邵氏闻见后录》卷三〇、《野客丛书》卷一、《纬略》卷一〇。《直斋书录解题》于《小说》之下又著录《隋唐嘉话》一卷，刘餗撰。看来刘餗此书后有各种不同本子流传，文字虽无大异，而条目与编次颇有不同。《宋史·艺文志》"小说家类"中也有《隋唐嘉话》一卷，列在刘餗的《传记》和《小说》之间。"传记类"中又有

① 参看程毅中《〈唐小说〉与〈隋唐嘉话〉》，载《书品》1997年第1期。

刘餗《国史异纂》三卷。《宋史》杂乱，可以不论。明代传本卷数不一，如《晁氏宝文堂书目》“子杂类”有《隋唐嘉话》，不著卷数；《徐氏红雨楼书目》“小说类”有“《隋唐嘉话》三卷，刘餗”。疑《隋唐嘉话》一书，乃宋代坊贾选辑《国朝传记》、《国史纂异》、《小说》而成者；《隋唐嘉话》一名，也是根据内容重新拟制的。因为进入宋代之后，“国朝”、“国史”云云，已经不合事实；《小说》一名，又嫌浮泛，且易与前代同名之书相混。其他一些异名，如《国朝杂记》、《国史异纂》，则是《国朝传记》、《国史纂异》的讹写，与后者具有同样的缺点。而《传记》一名，又易与《传载》相混，所以《国朝传记》和《大唐传载》中的条文，或是类书中著录二书的条文，常有错乱的情况。《说郛》(张宗祥辑明钞本)卷三八有《传载》一书，下注“三卷”，所录之文与《隋唐嘉话》全合，可知书名即是《传记》之误写。由此可见此书情况之复杂。后人或以为《隋唐嘉话》乃商贾假托刘餗之名而编的伪书，所以《四库全书总目》等书目中都没有著录。

明代嘉靖时，顾元庆将此书刻入《顾氏文房小说》，书尾注明“夷白斋宋版重雕”。看来顾氏依据的原本成书甚早。北宋时王谠编《唐语林》一书所依据的底本，编次似乎与此相同，如《唐语林》卷五记侯君集事曰：“侯君集为兵部尚书，以罪流岭南。于其家得二美人，容色绝代。太宗问其状，曰：‘自小常食人乳而不饭。’”《隋唐嘉话》卷上录此文，则作“卫公为仆射，君集为兵部尚书。自朝还省，君集马过门数步不觉，靖谓人曰：‘君集意不在人，必将反矣。’太宗中夜闻告侯君集反，起绕床而步，亟命召之，以出其不意。既至，曰：‘臣常侍陛下幕府左右，乞留小子。’帝许之。流其子岭南为奴”。其中“卫公为仆射”至“必将反矣”为另一条，《唐语林》编入卷二，“太宗中夜闻告侯君集反”至“流岭南为奴”为另一条，王谠改写时，工作草率，竟将其子之事归之于侯君集自身了。王谠是据《国朝传记》编写的，再将这些文字与《隋唐嘉话》对勘，可知二者大体相同。顾氏依据的当是宋代《国朝传记》三卷本。

但他采用了更易为人理解的《隋唐嘉话》一名，后代翻刻此书者沿用，于是从明代起，《国朝传记》、《国史纂异》、《小说》等名反而废弃不用了。总之，《国朝传记》即《隋唐嘉话》，则是覆核各书可以证明的。

此书除《顾氏文房小说》本外，尚有《稽古堂丛刻》本，亦三卷，与顾本同，似出一源。1957 年古典文学出版社曾据《顾氏文房小说》本排印，列入《中国文学参考资料小丛书》。1979 年中华书局《唐宋史料笔记丛刊》有程毅中点校本，最佳。程氏并辑得佚文一二十条，然后人尚可继续发掘。

内容之分析

刘悚出身于史学家庭，自己也是著名的史家，梁肃《给事中刘公（迴）墓志》曰："文公讳子玄。初，文公儒为天下表，有才子六人，曰贶，曰悚，继文公典司国史，时议比子长、孟坚。"（《文苑英华》卷九四四）《玉海》卷四六《艺文·正史》门亦曰："司马谈之子迁，刘向之子歆，班彪之子固，王铨之子隐，姚察之子简，李大师之子延寿，刘知几之子悚，继世汉简。"说明唐宋时人对刘悚的史学成就评价甚高，以为可继父业。刘知几的名著《史通》即由他呈进。但《隋唐嘉话》中的有些条文却留下明显的错误，这又是什么原因呢？

《隋唐嘉话》卷上："武德末年，突厥至渭水桥，控弦四十万，太宗初亲庶政，驿召卫公问策。时发诸州军未到，长安居人，胜兵不过数万。胡人精骑腾突挑战，日数十合，帝怒，欲击之。靖请倾府库赂以求和，潜军邀其归路。帝从其言，胡兵遂退。于是据险邀之，虏弃老弱而遁，获马数万匹，玉帛无遗焉。"《资治通鉴》卷一九一高祖武德九年《考异》引刘悚《小说》，即此文，司马光下按语曰："今据《实录》、《纪》、《传》，结盟而退。未尝掩袭，《小说》所载为误。"刘悚任职史馆，能够看到《实录》及其他史料，按理不可能有此错误的记载。这里他把有关突厥入侵的另一种记载录入《传记》，亦可觇知他撰此书的宗旨。按《隋唐嘉话序》称："余自髫丱之年，便多闻往说，不足备之大典，故系之小说之末。"根据《汉书·艺文志》上的定义，小说每出街谈巷语，道听途说，大约突厥入侵而为太宗掩袭之说社会上流传甚广，所以刘悚把它录入《传记》之中。按《玉海》卷四九《艺文·论史》门于《唐史例》下引《中兴馆阁书目》曰："刘悚《史例》三卷，以前史详略，由于无法，故隐括诸凡，附经为例。"他将社会上广泛流传的一些异说别撰一书，藉与正史有所区别，也是史书体例严正有法的表示。《隋唐嘉话序》中还说："释教推报应之理，余尝存而不论，若解奉先之事，何其明著。友人天水赵良玉睹而告余，故书以记异。"此事今载《隋唐嘉话》卷下，言洛阳画工解奉先于壁像前妄誓，后果转生为一骑犊，背有白文曰"解奉先"。这类文字，与南朝时宣扬因果之小说为近，可见《隋唐嘉话》内容虽以文史类之材料为主，大体可信，足资考证，而仍有其驳杂之处。内中许多条目，曾为新、旧《唐书》和《资治通鉴》等书所吸收，《大唐新语》等书也大量采择沿用其记载，李肇则续此而作《国史补》，宋代文人也常引用此书，可见刘悚的这部著作在唐、宋两代颇著声誉。《唐语林》中有关初唐时的材料，出于此书者为多。王谠录引时，文字有改动，而内容出入不大。

从唐代笔记小说的总体情况来看，初唐时期的著作数量最少，《隋唐嘉话》一书自是其中的重要著作。内记隋代的文字不多，但如薛道衡聘陈为人日诗，南人喜称"名下无虚士"；隋炀帝嫉妒薛道衡、王胄的诗才，借故诛之等事，都是文学史上的重要资料。又如卷中云："薛中书元超谓所亲曰：'吾不才，富贵过分，然平生有三恨：始不以进士擢第，不得娶五姓女，不得修国史。'"反映唐代士人所向往的目标，能够用来说明历史上的许多社会现象。尽管有人曾作考辨，认为有与史实不合处，但薛氏晚年曾有撰史的经历，不能排斥此说出其早年，且进士科于唐初即已逐渐为人所重，故不论情况究竟怎样，这一文字仍为广大的文史学者经常征引。

此书对太宗一朝之轶事记载最多。唐初名臣，如魏徵、李靖、李勣、虞世南、长孙无忌、尉迟敬德、秦叔宝等，都有很多条文予以记载，而于太宗与魏徵的关系，铺叙更多。武后一朝的情况，也多介绍，内中一些揭露性的文字，可与《朝野佥载》上的记录互证。

有些社会史料，如卷中记："高宗朝，以太原王、范阳卢、荥阳郑、清河博陵二崔、陇西赵郡二李等七姓，恃其族望，耻与他姓为婚，乃禁其自姻娶。"帮助后人认识唐初承前代旧习重视郡望的风气，很有帮助。又如卷中记长孙无忌与欧阳询相互嘲谑之事，生动有趣，屡为后起的笔记小说所征引，也可借此窥知唐代社会上有喜好嘲谑的风气。

《次柳氏旧闻》叙录

原载《唐代笔记小说叙录》，《周勋初文集》第五卷，江苏古籍出版社2000年版。

书名及异称

此书时而简写为《柳氏旧闻》。《册府元龟》卷五五六《国史部·采撰三》载"李德裕为中书侍郎平章事。太和八年九月己未进《柳芳旧闻》三卷"，《柳芳旧闻》即《柳氏旧闻》。《唐会要》卷三六《修撰》载大和八年"九月，宰相李德裕进《御臣要略》、《次柳氏旧史》"。《太平广记》引此书时则作《柳氏史》。而如《类说》卷二一、《绀珠集》卷五、《说郛》（宛委山堂本）卷五二、《学海类编》中收入此书，均题《明皇十七事》。宋代类书如《白孔六帖》等亦题《明皇十七事》。

著录与版本

《旧唐书·文宗纪》太和八年九月“己未，宰臣李德裕进《御臣要略》及《柳氏旧闻》三卷”，《新唐书·艺文志》“杂史类”则载李德裕《次柳氏旧闻》一卷，可知《御臣要略》共二卷，乃另一书。宋代各家书目著录均作一卷，《崇文总目》入“传记类”，《遂初堂书目》入“小说类”，《宋史·艺文志》入“故事类”，馀入“杂史类”，《四库全书总目》归入“小说家·杂事类”。此书版本甚多，皆为一卷，以《顾氏文房小说》本为善。近人叶德辉尝刻此书入《郎园先生全书》，并撰《考异》一卷。上海图书馆藏有清青芝山房钞本，上海古籍出版社 1985 年有丁如明的《开元天宝遗事十种》本。馀不具录。

内容之分析

李德裕，唐代中期名臣，牛李党争中李党的党魁，宰相李吉甫子，《旧唐书》卷一七四、《新唐书》卷一八〇有传。生平著述甚多。此书的著作缘起，《次柳氏旧闻》自序中介绍得很清楚。唐文宗想了解高力士的事迹，宰相王涯奏称，肃宗上元时史臣柳芳得罪，贬谪黔中，时高力士亦徙巫州，于是以明皇时禁中事告柳芳，柳芳亦有质疑者，随后写下《问高力士》一书。文宗诏令求取，而此书亡佚不传。李德裕之父李吉甫与柳芳子吏部郎中冕贞元中俱为尚书郎，后李谪官，与柳俱东出，相与语，道及高力士之说。李吉甫每为德裕言之，于是李德裕遂录十七事以进。

宋代书目，如《郡斋读书志》、《直斋书录解题》中均记此书共有十七事，但此书问世不久，柳珵《常侍言旨》中记载了一条异闻，《说郛》（宛委山堂本）卷四九《常侍言旨》中第一事记李辅国矫诏胁迫明皇迁西内事，末曰：“此事本在朱崖太尉所续《程史》第十六条内，盖以避时事，所以不书也。”《四库全书总目》提要据此以为此书初名《程史》，实则“程”乃误字，《说郛》（张宗祥辑明钞本）卷五《常侍言旨》记此书作《柳史》。《柳史》乃《次柳氏旧闻》之简称。

《类说》卷二一《明皇十七事》中，比起其他本子，如《顾氏文房小说》本，多出《阿瞒》、《翦彩》、《颜真卿地仙》、《颜郎衫色如此》、《客土无气》五条文字，实则此乃《戎幕闲谈》中文。此书为韦绚记录李德裕之谈话而成，史源相同，宋人合编，从而造成混淆。《绀珠集》卷五《明皇十七事》题下有注，云“柳珵《常侍言旨》附”。此处共摘录十四条文字，自第七条《张果老》至十四条《兴庆小龙》，出自《明皇十七事》，其前《翦彩》、《真卿地仙》、《客土无气》、《颜郎衫色如此》、《上清》、《陆九》六条，则出于《常侍言旨》。这些文字中又有见之于《戎幕闲谈》者。有关二书之间错综复杂的关系，参看本书《常侍言旨》叙录。

《顾氏文房小说》本中的玄宗诏掖庭令选女子赐太子和一殿有三天子两条，应依《说郛》宛委山堂本卷三六《次柳氏旧闻》、卷五二《明皇十七事》合为一条，再加上《说郛》本中的第十一条，即明皇为安禄山张金鸡障一条，如此始合“十七事”之数。而《说郛》宛委山堂本的《次柳氏旧闻》末尾还有明皇亲制素黄文一条，《宝颜堂秘笈》本与《学海类编》本中亦附入，《开元天宝遗事十种》加入《附录》之末，亦应删去。《明皇十七事》大体按年代排列，这一条文字记录天宝四载事，按古籍编次常规，不应列于谐谑类的文字之后，可以认为乃后人所加。其他本子，如《历代小史》本、《宝颜堂秘笈》本、《稗乘》本等，条目与内容均有不同，不再细辨。

李德裕在记载高力士口述的明皇轶事时，还时而加注，表明曾向他人核对，如言圣善寺僧无畏召龙致云事，曰：“时孟温礼为河南尹，目睹其事。温礼子皞，尝言于臣亡祖先臣，与力士同。”又如言吴后梦金甲神降附而生代宗，其后乃有一殿三天子之说，文中先后有注曰：“吴操尝言于先臣，与力士说符。”“吴溱尝言于先臣，与力士说亦同。”《次柳氏旧闻》中这样张皇神异之处颇多，内如元献皇后服药、张果饮堇汁、兴庆宫小龙等，均涉神怪，大约高力士本人颇喜以神异之事渲染帝王事迹，而李德裕本人也喜欢张皇神异，观《戎幕闲谈》的内容即可知。《新唐书》卷七七《后妃下・章敬吴太后传》中采录了《次柳氏旧闻》中的吴后梦金甲神降附而生代宗及一殿三天子事，吴缜《新唐书纠谬》卷一即加以驳正，说明李德裕所记事实亦有不正确处。

第四篇　访谈录

就《唐语林校证》事答客问

原载《书品》1989年第2期

问:笔记小说都有杂乱的问题。古人轻视笔记小说,是有道理的。你为整理笔记小说《唐语林》而花去很多时间,值得么?

答:这里也有一个观念更新的问题。笔记小说之中,水平高下不等,应该具体分析。《唐语林》的文献价值很高,值得下些功夫整理,我在《唐语林校证》前言中已有说明,这里不再重复。古人受正统观念的支配,重视正史,轻视小说,实则正史之中纪传部分的许多内容,常是依据小说中提供的材料写成,例如《旧唐书》卷八五《唐临传》中尝欲吊丧家童误将馀衣及令人煮药失制一段,全袭《大唐传载》,后人把《旧唐书》等正史看得很神圣,把《大唐传载》等笔记小说看得很低下,不是数典忘祖了么?

问:唐代中、后期以后,时局混乱,帝王实录和保存在史馆中的许多原始史料得不到很好的保存,五代宋初编新、旧《唐书》和《资治通鉴》时,确曾采录笔记小说入史,但史家整理史料时,大都经过一番考核的功夫,因此正史中的记载总是比较可信,这该是事实吧?

答:这也难说。司马光著《资治通鉴》,采录笔记小说时,确曾做过细致的考核工作,值得重视,但由于他政治上有偏见,看待某些具体事件时,在材料的取舍和处理上就未必尽当。宋祁编写《新唐书》,大量吸收笔记小说入史,就不见得做过多少细致的考核工作,例如《文艺传》中一些文人的记载，大都直接引自笔记小说，传闻失实之处甚多，但因为它是正史，对后世影响却又很大。由此可知，研究唐代文史，还应对那些提供原始记录的笔记小说重作一番钻研和整理。

问：笔记小说的作者囿于个人的见闻，时有记载错误的情况，这你也已承认了。据以考史，总是让人不太放心，是否还是少用为妙？

答：考史之时，应该根据材料的性质，灵活运用。有的文人，本来见闻不广，修养不足，却又喜欢舞文弄墨，草率著书，他们记叙的东西，不可能有什么重要的价值；有的作者囿于个人或朋党的成见，歪曲事实，甚至捏造事实，用以攻击对方，发泄私愤，这类笔记小说对搞清事实的真相来说，也不可能有什么可靠的史料价值。但我们如果用另一种角度来观察，不是也可以发挥它们应有的作用么？例如《唐语林校证》卷七 881、883 条均言李吉甫安邑坊是"玉杯地"，"玉杯破而不完"，对李德裕一家的破败持幸灾乐祸的态度。这两条文字出于《卢氏杂说》。作者卢言，乃牛党中人，在贬逐李德裕时起过重要作用。他在《卢氏杂说》的另一条（《太平广记》卷二五六《李德裕》）中，引用了两首恶意攻击李德裕的诗，夸张虚构，有乖史实，但却充分地反映出了牛党中人的敌视情绪，这不就是研究牛李党争的上好材料么？

问：这样说来，笔记小说中的记载不管是否真实，都是有价值的了。

答：可以这么说。《唐语林》中的材料，大都是唐人记唐事，从中可以觇测时代风气，了解唐代社会的一些特殊情况，这就有很高的认识作用和研究价值。例如《幽闲鼓吹》中有一则白居易见顾况的著名故事，并见《唐语林校证》卷三 412 条，文曰："白居易应举，初至京，以诗谒顾著作况。况睹姓名，熟视曰：'米价方贵，居亦不易。'及披卷，首篇曰：'咸阳原上草，一岁一枯荣。野火烧不尽，春风吹又生。'乃嗟赏曰：'道得个语，居即易也。'因为之延誉，声名遂振。"这件事情是否实有，很难说，有的学者就认为二人不可能在长安见面。但不管怎样，这件轶事还是可以用来说明不少问题。一、唐人在应试之前，先要晋谒名流，献上诗作，求得赞誉。这种行卷的作风，大作家在未成名前也无不如此。二、京师人口密集，生活水平很高，故有“居亦不易”之说。这使我们想到，杜甫四十三岁时居京，却把家眷安置在奉先，可能也是为了嫌京城里生活水平太高，因而不得不把家眷安置到郊区去。三、从顾况的赞语中可知，诗写得好的人，在京城里却也不难呆下去。这使人想到李白，他以布衣的身份，只是凭借诗名，就能在京城里轻松地生活。由此可知，那些内容不见得很可信的记载，有的却也包含着丰富的信息，可以从中了解到唐代文人的特有风气和复杂心态。

问：这样说来，笔记小说的情况很特殊，如何发挥其作用，关键在于人们的认识，是么？

答：笔记小说的性质介于文史之间。说它是文吧，记的都是史实；说它是史吧，却又有文的特点，如夸张、渲染，甚至想象、虚构等。这种作品，读之饶有兴味。如果其中某个故事已为正史所采纳，那我还是愿意再找原始记录一读，因为这像保持原汁的饮料一样，从中往往可以发掘到更多的余味。至于如何把这类材料用到科学研究上，那可就要根据使用材料时的特殊要求灵活处理了。

问：既然笔记小说生动有趣，又有它固有的价值，那为什么这类著作大都失传；传下来的，也乱七八糟了呢？

答：我国学术受儒家的影响至深。儒家讲求治国平天下，故首重经学；他们重历史，目的也在以古为鉴。儒家中人以为笔记小说不足以言大道，也就影响到这类著作的正常发展。即使那些涉足于此的人，态度大都也很随便，不像撰述经史著作时严肃。例如周广业曾整理过《金华子》一书，后刻入《读画斋丛书》，这已算是笔记小说中的好本子了。但周氏的工作做得很不够。此书后附补文四条，附文一条，乃从《绀珠集》、《说郛》等书中辑出，但同类的书，如《类说》卷二五中尚有逸文两条，亦未补入。甚至常见的书，如《资治通鉴考异》中录引的文字，亦未顾及。《唐语林》中还保留着很多完整的文字，可补《金华子》之残缺，周氏全然不知，可知他在整理笔记小说时工作很草率。返观他的《孟子四考》等著作，那著述态度之差异，真不可以道里计了。

问：整理古籍，后人盛称乾嘉朴学贡献之巨，看来笔记小说的整理工作没有沾到乾嘉朴学的馀润了。

答：乾嘉朴学的主要目标，是经史之学，部分作者做过整理子书和文集的工作。近代学者高步瀛为《文选》李善注作笺疏，已被人视为突破传统规范的创辟之举。在这种观念的笼罩下，那些水平很高的学者，怎么会花大力气去整理笔记小说？钱熙祚刻《守山阁丛书》，对收入的一些笔记小说曾加整理，这些大都出自张文虎、顾观光等著名学者之手，应该说是水平较高的本子了。《守山阁丛书》本《唐语林》后附《校勘记》，更为读者提供了不少方便。但钱氏等人用以校勘者，只是那些有单刻本传世的笔记小说，如《国史补》、《因话录》之类；一些原本已逸而有文字残存的笔记小说，如《芝田录》、《贞陵遗事》之类，则全未顾及，这就不能不降低全书的校勘水平。就是那些经过校勘的文字，结论有的也不可信，如《唐语林校证》卷三 456“金瓯命相”一条，原出《次柳氏旧闻》，钱氏《校勘记》云“会太子入侍”之“侍”《旧闻》讹“视”……查《顾氏文房小说》本《次柳氏旧闻》，上举数处均不误，钱氏等人以不误为误，可见他们所据者乃劣本。又《校勘记》中附入完整的逸文八条，这是拿聚珍本和齐之鸾本对校，发现四库馆臣所遗漏了的；其后陆心源再次拿齐之鸾本对校，辑得佚文十四条，刻入《潜园总集》十九《群书拾补》卷四中。比起《守山阁丛书》中的《唐语林校勘记》来，又补充了六条文字，但陆心源的辑佚工作实际上还有遗漏。《唐语林校证》卷三 390 牛僧孺奇士一条，是齐之鸾本所原有的，但各家均未发现。于此可见，此书仅存的一部明刻本，薄薄的两卷文字，大家都不愿好好地翻检，可见这些学者工作时都不是很认真的了。我还可再举缪荃孙刻的《藕香零拾》本《东观奏记》为例以说明之。缪氏是版本名家，学问博大，所辑《藕香零拾》丛书，刻印皆精，向为学术界所珍视。但他校的《东观奏记》，随便改字，有时还将不相干的材料并入，转失其真。例如《唐语林校证》卷六861条言萧仿、郑裔绰为柳珪不孝驳还诏书，原出《东观奏记》，《藕香零拾》本于郑裔绰前凭空插入"郑公舆"一名，实则郑公舆之驳还诏书乃因杨汉公事，与柳珪无涉。可见缪荃孙在校勘时态度随便，以意为之，所以我在校勘《唐语林》中所从出的条文时，宁可用《稗海》本《东观奏记》，因为它毕竟窜乱较少，不像《藕香零拾》本的失真。

问：这样说来，笔记小说的整理工作缺乏良好的基础，这对你的校勘工作会带来不少困难吧。

答：是的。整理古籍，先要审定文字的正误。但《唐语林》的校勘工作有其特殊之处，因为此书向无善本传世。前面四卷，只有明嘉靖二年齐之鸾刻的二卷残本可作参考，而齐氏自言"惜予所得本多谬"，后出的《历代小史》本情况同样如此。后面四卷，四库馆臣从《永乐大典》中辑录而得，只是《永乐大典》久已散佚，目下也已难以找到相应的文字作对勘之需。不得已，只能根据《类说》、《说郛》以及各种类书或其他集子中引用的《唐语林》文字来加以校勘，这就需要作一番广泛的搜求工作。再说《唐语林》是汇辑五十种笔记小说而成的，王谠加以改写，与原文时有出入。他的工作态度也不能说是很严肃的，学识欠佳工作草率之弊，在在有之。况且这书还是一部未定稿的著作，更会留下不少问题。从著作的流传来说，经过《永乐大典》、《四库全书》馆臣的多次摘抄和誊录，而这些官书修得都很马虎，因此在每一阶段都留下了一些疵病。用原书来核对，先要找到每一条文字的出处，这又得花一番功夫。笔记小说善本不多，亡佚的原书大体占到五分之二，这又得从多种杂书中去搜求。为此我对五十种原书，以及羼入进去的其他一些书，都要作一番研究工作。后来我写了《唐语林原序目考辨》一文，将笔记小说中的混乱情况归为十类，或许可以说，这是笔记小说中普遍存在的问题。此文已收入我的论文集《文史探微》中。

问：既然你据之作校勘的本子多而杂乱，那又如何理清头绪？

答：我做校勘工作，先划下一条大的界线。在聚珍本《唐语林》之前，有的书中引用到《唐语林》原文，可作校勘之资者，我就据之改动文字。如《唐语林校证》卷二 191 条、卷四 598 条，言及殿中侍御史柳某，前作柳弁，后作柳芳，实乃柳并之误，我就根据齐之鸾本、《历代小史》本径行改正。但如《唐语林校证》卷四 476 条叙玄宗自言门族官品，内有"上乃连饮三银船，尽一巨馅"之句，此文原出《松窗杂录》，传世各本均如此。《南部新书》卷甲亦载此事，则作"尽一巨觥"。显然，"馅"乃误字，然而《南部新书》与《唐语林》系统不同，不能据之径行改字，我就改用注文提示，供读者参考。

问：为整理此书，你还做了哪些工作？

答：这可不必一一细说，读之自明。正像《唐语林校证》封面上所提示的，这是《唐宋史料笔记丛刊》中的一种。整理此书的目的，是为学术界提供有用的史料。为整理此书，我做过一些研究工作，而其目的，其成果，也是为一般读者和研究工作者提供一部可信、便用的资料书。笔记小说之中经常插入一些唐人习用的词语，如"从容"、"大家"、"我弥"、"掌武"之类，读者容易误解，我就加上一些注释。书中常有一些语意双关的对话，如《唐语林校证》卷五 688 条，原出《因话录》卷四角部之次《谐戏》附，中云："上又尝登北楼望渭，见一醉人临水卧，问左右'是何人'？左右不对。幡绰曰：'是年满令史。'又问曰：'尔何以知之？'对曰：'更一转，入流。'上大笑。"不懂唐代典章制度的人，一定会觉得莫名其妙。我就加注说明："唐制以九品内职官为流内，九品以外为流外，由流外进入流内，称'入流'。令史为九品外之吏职，然有年劳者可进入流内。此处黄幡绰乃取渭水之'流'与流品之'流'谐音而有此谑。"这就可以帮助读者读通原文，知道小有声名的黄幡绰确是滑稽多智。又如同书卷一 25 条叙孙穀"进状乞省觐，其词曰：'陟彼岵兮，孰不瞻父；方寸乱矣，何以事君？'"我在注中指出：第一句出《诗经·魏风·陟岵》，第三句出《三国志》卷三五《蜀书》五《诸葛亮传》，乃徐庶之语，这就可使读者了解到孙穀此文用典之精当。这些都是为了帮助读者加深领会而作的努力。我在《附录》中还编写了六种资料，从各个不同方面给读者提供方便。一般读者看到条文后面标示的原书，什么《东观奏记》、《杜阳杂编》等，还是不清楚这些书的性质，从而也难估量这些条文的价值。因此我就写了《唐语林援据原书提要》，对各种书的基本知识一一作了介绍，希望有助于提高读者的水平，也希望对笔记小说的研究工作能有所推进。

问：你虽然做了一些工作，但《附录》用了一百八十页纸，《前言》写了两万多字，标明出处时又啰哩啰唆地写上了一大堆，是否有些不厌其烦？

答：我觉得做古籍整理工作，只要有利于使用，应该不厌其烦。例如提示书名吧，过去的学者常是用简称，这是因为过去木版刻书，工作困难，不得不多方简化。现在印刷术水平大大提高了，不必事事求简。这我可有深切的体会。当我开始学习唐代文史的时候，看到岑仲勉常用"千唐"一词，却不懂这是一部什么书；问人家，也没有人懂。过了很长时间，才知道指的是张钫编的《千唐志斋藏石》。我接受此教训，深信文字表达必须尽量做到明确易懂，因而提示出处时，不管书名、卷数或是年代等，需要多少字，都详细写下。这倒不是故意啰唆，想多拿一些稿费，而是考虑到读者的方便，好让他们多学些知识，而又一目了然。当然，表达上还是要力求简练。

问：再请你举一例说明如何不厌其烦，行么？

答：查材料时，也要不厌其烦，务必追个水落石出。例如《唐语林原序目》中有《庐陵官下记》一书，但我查遍各书，《唐语林》一千多条文字中，没有一条材料出自《庐陵官下记》。后来查看《古今合璧事类备要》，这书总计有三百六十六卷，还只有明刊本传世。承南京图书馆古籍部的大力帮助，让我从头到尾翻阅一过。全书堆满了一张长条桌子。我花了不少时间，却只查到一条重要材料，此书前集卷一一《气候门·暑》内，有《庐陵官下记》一条，就是《唐语林校证》卷四 481 玄宗起凉殿之事。这使我了解到，《唐语林原序目》中的记载是可信的；《庐陵官下记》中的好些文字，段成式后已编入《酉阳杂俎》，因此《唐语林》中出现了好多条出自《酉阳杂俎》的文字，但也有未编入者，此条即是。长安有凉殿的建筑，说明唐代都城之中受到了西域文化的影响，向达在《唐代长安与西域文明》一文中曾引过这一材料，但不知道它原出《庐陵官下记》。段成式博闻多识，所以有此记载，了解到作者之后，更对这条文字的价值提高了认识。当我查到这条材料时，不禁狂喜，深感做古籍整理工作，应该不厌其烦，不论对人对己，都有好处。

第五篇 前言后记

《韩非子校注》导读

此文原题《读〈韩非子〉》，载《周勋初文集》第七卷《无为集》，江苏古籍出版社 2000 年版。

刘备临终前告诫儿子阿斗，要多读《韩非子》等著作，因为这类书“益人意智”。这话是有道理的。我国古籍绝大部分属于儒家与道家的系统，对人情物态少有分析，《韩非子》中的内容，可以弥补上述知识系统的不足。

我国古代的散文取得了巨大的成就，但少见分析细致之作。国外学者也常批评我国著作不长于分析。因为古时散文以韩愈一系的影响为最大，这类散文乃承《孟子》而来，孟子人称亚圣，但他奔波各国，后车数十乘，其作风与纵横家也有相合的一面。由此也可以说，我国的散文受纵横家的影响为最大。行文滔滔汩汩，讲求气势，但试加分析，则每嫌逻辑不够严谨。韩非的情况不同，说理透辟，逻辑谨严，这也可以启迪神智。《韩非子》、《文心雕龙》等书，是古籍中罕见的以分析见长的名著。

再从创作特色来说，《孟子》的磅礴犀利，《庄子》的汪洋恣肆，《韩非子》的峻刻奇峭，都各擅其胜，学者得其一端，均可名家。但就现在来说，论文首重分析，论战时必须注意逻辑严谨，因此写作政论文或学术论文，似乎可以多参考《韩非子》中的笔法。

我总觉得若从“古为今用”的角度而言，在先秦诸子中《韩非子》是最贴近现实的一部著作。因为书中所分析的，尽是政治纷争中的权谋，以及人在复杂的社会关系中趋利避害的各种表现，只要政治上仍然存在种种复杂情态，人在社会关系中还得计较利害得失，那么《韩非子》中所揭示的一些问题，仍然会“益人意智”。记得“文化大革命”中阅读《八奸》等文时，所受的刺激，非其他古书中所能提供，倒像韩非是为今人写作的一样。

但也应指出，《韩非子》中所着重描写的，主要是人情物态中的阴暗面。以为人受好利恶害的本能所驱使，一切交往都是利害关系。不论是君臣、父子、夫妇、朋友，都无爱心可言，人与人相处，得处处提防。这样分析下去，人之所以为人，真像孟子所说的，也就去禽兽几希了。因此韩非论政，只讲防范、利用、镇压，不讲教育。孟子曾说徒法不足以自行，也是至理名言。通过教育，可以提高人的道德和理想，这点不能有丝毫忽视。

但目下中国亟需提高法治水平，因此介绍大家阅读《韩非子》，还是很有现实意义的。

近代学人对此书作了许多研究，并取得了很大成绩。例如对法、术、势的内涵，韩非集法家大成的业绩，他在哲学上的贡献，法治理论中的可取之处和供统治者利用的种种阴谋权术等，都有深入的阐发。这样的研究工作，清儒中无此先例。于此可见今人研究水平提高之既快且巨。

《韩非子》中包容了许多珍贵的材料，予人启迪。例如《解老》、《喻老》二文都列德经在前道经在后，与马王堆出土《老子》中的次序相同，可见其保存着古时格局。司马迁将老子韩非合为一传，后人常为老子不平，以为二者情况不同，品格亦异，今知韩非哲学可以视为黄老学派发展中的重要一环，值得深入探讨。

战国时期百家争鸣，各家集子中多有驳斥他家的言论，韩非生当战国末期，可以由此研究战国之时各种思想相互冲突又相互吸收的情况，阐明我国哲学史之发展。我曾根据《难一》、《难二》中文与《吕氏春秋》中的相同记载，考二书编成的年代与思想的发展，也是一种尝试。

人称韩非是法家思想的集大成者，一般人仅注意他的法治思想与商鞅之间的关系，术的观点与申不害之间的关系，势论与慎到之间的关系，实则他与前期有法家思想者如郭偃等人，都有关系，其著作中还直接引用了郭偃之法的片断。又如他在《饰邪》一文中还提到了魏之法律《立辟》，赵之法律《国律》，燕之法律《奉法》，晋代张斐在《律序》中说："郑铸'刑书'，晋作'执秩'，赵制'国律'，楚造'仆区'，并述法律之名。申、韩之徒，各自立制。"可见韩非的法治理论综合了前时各种学说，并与当时的法律有关。目下秦律等遗物大量出土，那么是否可以与之联系而进一步探讨韩非之法？

韩非的生活年代距此已有两千年之久，先秦各家的著作中，又大都糅杂同一学派或其他学派的著作，因此《韩非子》中的一些文章到底出于谁手，争议很多。这一问题可以不断深入地考查，但像胡适、容肇祖等人那样大胆疑古，看来太嫌过分，也为现实中大批出土前时疑为伪作的事实所驳正，但一味信古，对其中有些在思想和所记的史实上有明显不可通处的文字也不敢怀疑，定要百般回护，认为《韩非子》在秦汉之时就是现在这个样子，则亦未见其可。有的《韩非子》注本将全书各文重新作了编排，则是依据他们的研究结果而有此设计的，可各备一说。

前面已经提到，当代学者研究《韩非子》已经取得了巨大的成绩，但似仍存在三个方面的不足，今亦略抒鄙见如下：

一是不能完整地把握韩非思想的体系，因而常有一些似是而非的议论，例如有人说韩非尊师，有人说韩非反对工商业，有人说韩非主张用人唯贤。即以后一说而言，主之者即颇多。王力主编《古代汉语》，集中了许多专家学者，解说韩非思想时即云韩非主张用人唯贤，陈奇猷、张觉为《韩非子》写导读，重申此论。实则韩非在《五蠹》、《难势》等文章中都已说明贤治之不可行，《外储说左下》中更举阳虎与夔为例，说明君主用人的方针。韩非主张根据法来选拔人才，运用术以驾驭臣子，凭借势而实施统治，“故有术之主，信赏以尽能，必罚以禁邪，虽有驳行，必得所利”，这怎么会是用人“唯”贤的观点呢？

二是不能文史沟通而进行综合的研究。目下学界分工太细，研究哲学的不关心历史与文学，反之亦然。学校分科又认定《韩非子》为哲学著作，因此大家所重视的，主要是属于唯心论呢，还是唯物论的问题。其次仅对法、术、势的来龙去脉给予注意。但先秦时期各种学术融而未分，在《韩非子》中包含着许多珍贵的材料，可从各种不同角度加以利用，多方开发。因为韩非极为关注战国时期政权交替的历史，诸如奸臣弄权，谋士诡计，列国兴衰等，都有具体生动的描写，这些都可供研究历史之用。例如文中有周主、周君、周天子等不同提法，可借此窥知周朝末代天子与其属下东周君与西周君的关系，还可了解其时周边国家的一些动态。

三是文献整理工作还可进一步提高。尽管目下有关《韩非子》的著作很多，但仍可从不同角度着眼进行加工和撰述。清代末年的许多著名学者转而整理子书，如孙诒让著《墨子间诂》，王先谦著《荀子集解》，郭庆藩著《庄子集释》，都取得了很大的成就。王先慎著《韩非子集解》，则水平远不如前几种书，《续修四库全书提要》对之评价甚低。陈奇猷《韩非子集释》虽然用力甚勤，但在注释中仍有不少问题。而在各家整理工作中最为严重的不足之处，则是校勘上的以讹传讹。世传《韩非子》各本，要以吴鼒覆刻宋乾道本为善，浙江书局本虽称覆刻吴本，实则多所改动，王先慎、陈奇猷等都称首据吴本校勘，实则所据者为浙江书局本。陈氏并云据校者有管韩合刻本、赵用贤本、黄策本、周孔教本、孙鑛本、孙月峰本等，实则上述诸书都有一书异名问题，这就不能不让人怀疑他到底有没有校过这些书？由于善本借阅不易，前人校勘时每辗转抄袭，今人若想整理《韩非子》，就可利用目下图书条件，直接根据善本进行校雠。况且《中国古籍善本书目》“子部”已经出版，大家可以很容易地了解到各种善本的收藏情况，学者想要重行校雠，可免我在当年编写《韩非子校注》时的摸索之苦。又以训诂而言，宗福邦等教授主编的《故训汇纂》一书业已行世。此书集古训之大成，比之清儒阮元的《经籍籑诂》，内容更为丰富，编排更为科学，使用更为方便。而在世纪之交，各地又发掘出汉代之前的很多简策帛书，内有可供训诂研究的资料，可以移用于《韩非子》的校读。因此，研究者凭借这些新的条件，可以不断进行开拓。

《唐钞〈文选集注〉汇存》前言

上海古籍出版社 2000 年版

我国学术界有许多称“学”的专业，内如“红学”、“龙学”等，都是近几十年来才兴起的。从过去来说，文学领域中仅有“选学”一目。这就是古今文人至为重视的《文选》之学。刘肃《大唐新语》卷九《著述》曰：

> 江淮间为《文选》学者，起自江都曹宪。贞观初，扬州长史李袭誉荐之，征为弘文馆学士。宪以年老不起，遣使就拜朝散大夫，赐帛三百匹。宪以仕隋为秘书，学徒数百人，公卿亦多从之学，撰《文选音义》十卷，年百馀岁乃卒。其后句容许淹、江夏李善、公孙罗相继以《文选》教授。开元中，中书令萧嵩以《文选》是先代旧业，欲注释之，奏请左补阙王智明、金吾卫佐李玄成、进士陈居等注《文

选》。……智明等学术非深，素无修撰之艺，其后或迁，功竟不就。

《旧唐书》卷一八九上《儒学上·曹宪传》中也说“初，江、淮间为《文选》学者，本之于宪，又有许淹、李善、公孙罗复相继以《文选》教授，由是其学大兴于代”。《新唐书》卷一九八《儒学上·曹宪传》中也有同样的记载。凡此均可说明唐初“选学”即趋兴盛。

其后文士无不重视《文选》。杜甫在《宗武生日》一诗中就曾告诫儿子要“熟精《文选》理”，陆游在《老学庵笔记》卷八中记载当时有“《文选》烂，秀才半”的谣谚，可见此书受重视之一斑。

清代选学大盛，出现了许多高水平的学术著作，如汪师韩《文选理学权舆》八卷，梁章钜《文选旁证》四十六卷，胡绍煐《文选笺证》三十卷等，都是毕生精力所粹的名著。民国时期，尚有高步瀛《文选李注义疏》八卷和黄侃《文选平点》等书，骆鸿凯亦著《文选学》一书，都是很有建树的《文选》学专著。

中华人民共和国成立之后，魏晋南北朝时期的贵族文人作品不受重视，《文选》之学趋衰。“文化大革命”之前，没有出现过什么有关《文选》的专著。但当中国步入改革开放的新时期后，《文选》之学复兴，这时大家才有机会向周边地区环顾，发现国内的《文选》研究在文献学领域内已趋落后。

日本学者研究《文选》时，凭借他们在文献方面的优势，取得了不少成绩。他们拥有许多珍贵的钞本，其中最为名贵的，即《文选集注》钞本二十三卷。以斯波六郎博士为代表的一批学者，利用这些珍贵的材料，和其他钞本、刻本作比较研究，对总集本身和诸家注本的内容有了更为深入的认识，得出了许多新的结论，推动了《文选》的研究。现将有关《文选集注》一书的情况，结合各家的研究成果，介绍如下。

《文选集注》的发现与传播

涩江全善、森立之于日本孝明天皇安政三年(1856)撰《经籍访古志》,卷六“总类”中首次著录《文选集注》零本三卷,云是“旧钞卷子本,赐芦文库藏”,提要曰:

> 见存第五十六、第百十五、第百十六,合三卷。每卷首题“文选卷几”,下记“梁昭明太子撰”及“集注”二字,界长七寸三分,幅九分,每行十一字,注十三四字。笔迹沉着,墨光如漆,纸带黄色,质极坚厚。披览之际,古香袭人,实系七百许年旧钞。注中引及李善及五臣、陆善经、《音决》、《钞》诸书,注末往往有今案语,与温故堂藏旧钞本标记所引合。就今本考之,是书似分为百二十卷者。但《集注》不知出于何人,或疑皇国纪传儒流所编著者与?

文中提到的温故堂藏旧钞本《文选》零本一卷,《经籍访古志》上也已著录,内云“卷中朱墨点校颇密,标记旁注及背记所引,有陆善经、善本、五臣本、《音决》、《钞》、《集注》诸书及今案语”。可见《文选集注》一书,其时利用的人虽然不太多,但已引起人们注意。

涩江全善、森立之还介绍说此书曾藏金泽称名寺。后来发现的有些《文选集注》卷子,上面盖有金泽文库的印章,可证目下看到的《文选集注》确为金泽文库旧物。但《经籍访古志》中也提到,有人曾在称名寺败簏中发现此书零片二张,一为第九十四卷,一不知卷第,可见前时此书不太受到重视,已经有严重损毁。

光绪、宣统之际(1908 年前后),董康赴日访问,根据涩江全善、森立之书中提示,前往物色,尚得三十二卷。因语内藤虎次郎博士,反映到日本政府，遂得列为国宝。①

罗振玉对保存传播此书作出了很大的贡献。他于清末东渡，发现此书后，珍如拱璧，决心保护此书，不让其湮废。他请人摹写，加上自己所藏的两卷，共得残本十六卷，乃以《唐写文选集注残本》为名，辑入《嘉草轩丛书》，于民国七年(1918)影印行世。其中自藏的第四十八、五十九二卷据原卷影印，其余均为摹写之本，而第百十六卷前半，更据日本某家藏本用小字誊写，距离原貌更远。②

罗振玉于次年离开日本回国，将京都净土寺町的一所寓宅捐给京都文科大学，让其出卖后把所得款项作为影印日本所藏中国古写卷子的费用，并托内藤虎次郎、狩野直喜两位博士经办此事。③ 二人后来编成了一套《京都帝国大学文学部影印旧钞本丛书》，《文选集注》列在第三集至第九集，工作始于昭和十年(1935)，后于十七年(1942)完成。比起罗氏以前所印的十六卷，京都帝国大学的影印本在质量上有了很大的提高。因为后者都是依据原书影印的，而且开本宽大，保存原貌；

---

① 董康《书舶庸谭》卷八下民国二十四年(乙亥)五月十三日日记云："小林询大坂某会社属介绍收购上海某君所藏《文选集注》之结果。《文选集注》者，吾国五代时写本，除六臣外，兼及曹宪等注，即六臣注亦较通行本为长。以分卷计之，当有一百廿卷。森立之《经籍访古志》言金泽称名寺藏有零本。余于光、宣之际，偕岛田前往物色之，得卅二卷。曾以语内藤博士，白诸政府，列入国宝。时吾国公使署田参赞购得残本数卷，余从田君收得诔词一卷。田君归国后悉鬻之于厂肆正文斋；今某君所藏，即从正文斋购之也。甲寅岁，余因迎玉姬，无资备办奁具，乃翻《静志居诗话》朱吉以美婢易袁宏《后汉书》故事，割让于津门某氏。嗣厂友张月岩得此卷，以万元巨值鬻于胜山，艺林共知其事，以故某君未允贱售。"胜山即日人胜山岳阳。

② 台湾大通书局于1972年印行《罗雪堂先生全集》，《文选集注》一书于原十六卷外又多出数卷，想是后来陆续所得，而生前未及印行。

③ 日本新美宽《新获文选集注断简》："使《文选集注》广为流传者，实应归功罗叔言翁。……翁辛亥革命间来日，卜居京都市净土寺町，归国之际，举其寓宅所得，捐赠以为东海旧钞本《文选集注》印行之资。以此托君山、湖南两先生。"载《东方学报》第八册，京都，1937年10月。参看甘孺(罗继祖)辑述《永丰乡人行年录(罗振玉年谱)》民国八年己未(1919)条，江苏人民出版社1980年版。

前者则是据之临摹的，不但字画失真，而且遇到模糊之处，每径行略去。因此京都大学影印本出版后，完全可以取代前此的罗振玉十六卷本。

今按此书字大一点五公分见方。正文每行十一字，或十二三字；注文小字双行，每行十四至十六字。除八、九二卷出于另一人手外，其他各卷均似出于一人之手，书法秀润有致。即以书艺而言，亦有观赏价值。

《文选集注》的编者和年代

《文选集注》一书，我国古代典籍上从无记载，日本文献中也记载不多，今将一些学术界的研究成果略作介绍。

这种集注的体例是怎样产生的呢？涩江全善、森立之疑是“皇朝纪传儒流所编”，意思是说日本古代史官所编，大约史书中有集注的体例，如《史记》有三家注等，所以有此设想的吧。小尾郊一以为“该书和《五经正义》的编撰目的相同。……《文选集注》的编撰，盖与经书的注疏本相同吧”[①]。屈守元则以为它是“‘六臣注本’系列的产物，确定它出于南宋书坊大刊‘六臣注本’一类本子之后”，“是以南宋书坊刻经书的‘注疏释文三合本’，史书的‘三家注本’，集部的什么‘千家注’‘五百家注本’，这种风气为其时代背景的”。[②] 诸说均有所见，但依其产生的时代而言，则当定为唐代某一《文选》学者参照经史著述中的合本子注体例汇编而成。

按此书征引的各家《选》注，五臣、陆善经本殿后，时当开元时，故可推断此书定当编成于玄宗之后。

---

① 《译注文选·解说》，载《全释汉文体系》第三十六册，集英社 1974 年版。

② 《文选导读》第五《文选流传诸本述略》(五)集注一百二十卷本，巴蜀书社 1993 年版。

从避讳的角度来看,《文选集注》遇到高祖李渊、太宗世民之名讳,大半缺笔;而遇中宗李显、玄宗隆基之名讳,则无一字缺笔;遇宋代诸帝,更无一字缺笔者,可证此书所据之本出于唐代,为唐中期之后的某一唐代《文选》专家所编。其时上距唐初已历七世,已祧不讳。高祖为不祧之祖,固当避讳;太宗功烈辉煌,唐人习惯仍然避讳:故可根据上述避讳现象确定此书编著年代。

又此书每用唐代俗体书写,如"闭"作"閇","恶"作"悪"等,均与唐代《干禄字书》一书上的记载相合。颜元孙在序中宣称其著书目的在纂集唐人之俗书,以定正俗,此亦可证《文选集注》当为唐人钞本。[①]

这书又是什么时候传入日本的呢?日本平安朝中期藤原道长撰《御堂关白记》,曾载长保六年有乘方朝臣持集注《文选》与元、白集来。长保六年当宋真宗景德元年(1004),"集注《文选》"应当就指《文选集注》。[②] 凡此均可说明此书原为我国唐人所编,唐末宋初即已传入日本。还有一些材料可以理解为前此此书已经传入,但比不上这一记载之确凿可信。[③]

---

① 邱棨鐊于《文选集注所引文选钞研究》和《唐写本文选集注第九十八卷跋》等文中都曾作过详细论证,载中国文化学院夜中文系文学丛书第一种邱棨鐊著《文选集注研究》,1978年10月。

② 斯波六郎《对〈文选〉各种版本的研究》第二部分"旧钞《文选集注》残卷"于此持谨慎态度。因为中国五臣注《文选》也称五臣"集注《文选》",故而认为尚待进一步查考。文载《文选索引》卷首,日本京都大学人文科学研究所1959年版。小尾郊一《译注文选·解说》则据《御堂关白记》宽弘三年(1006)10月20日条下有"五臣注《文选》、文集等持来"等语,以为一人同书所载而用词有异,五臣注《文选》与集注《文选》明系两种不同书籍,集注《文选》当即《文选集注》。花房英树《关于文选第九十八卷》中也以为道长一共用了三个名词"集注文选"、"五臣注文选"与"折本文选",三者自然有别。"折本文选"指"版本文选"。文载《小尾博士退休纪念中国文学论集》,第一学习社1976年版。

③ 日本天历二年,当我国五代后汉乾祐元年(948),藤原良秀读《后汉书·扬雄传》中的《甘泉赋》时,已于"诏招摇与太阴兮,伏钩陈使当兵"句旁加注时引《文选集注》中语。花房英树据此撰文,以为《文选集注》此书已在此前传入日本,见《关于文选第九十八卷》。

人们目下见到的这一种《文选集注》，到底是传入的原本呢？还是日本学者据之誊录之本？大家进而推断时，一般只能依据书体和其他类似的书籍产生的年代类推，说法分歧很大。董康以为此书是我国五代时写本，罗振玉在影印本序中则说："其写自海东，抑出唐人手，不能知也。"新美宽则认为"就今存大半残卷观之，殆属平安时期末期之书体，无疑也。"[①]上述诸说均为推测，难以得出共识。

1971 年时，台湾地区的学者邱棨鐊到日本进行学术交流，仔细阅读《文选集注》，在第六十八卷首页发现了三方印章，曰"□州田氏藏书之印"，曰"田伟后裔"，曰"审美珍藏"。"□州"当为"荆州"，"荆"字已残，但从草从刀，尚可辨识。次页又有印章四方，曰"七启盦"，曰"博古□□□"，曰"伏侯在东精力所聚"，曰"景伟庵印"。田伟藏书之处号"博古堂"，有关此名之印章甚为模糊，仅可辨其"尃"旁及"古"字。邱氏据此定为宋初藏书家田氏旧藏。[②] 只是此说仍有可疑。《文选集注》第六十八卷曾为近人田潜收藏，见本书附录田氏为《文选集注》第七十三卷残叶所作之题跋。查六十八卷"田伟后裔"一章，铁线篆阳文，不类宋代印章风貌。其他印章亦为近代篆刻风格。卷内多处钤有"潜"、"潜山"小印，此卷末尾尚有一方"潜叟秘笈"的阳文印章，可知卷首数

① 见《新获文选集注断简》。日本学者见解大体相同，唯在年代上尚有早、中、晚不同时期之说。

② 邱棨鐊《今存日本之〈文选集注〉残卷为中土唐写旧藏本》，载台湾《"中央日报"》1974 年 10 月 30 日副刊。晁公武《昭德先生郡斋读书志》(衢州本)卷九"书目类"载《田氏书目》六卷，提要曰："右皇朝田镐撰。田伟居荆南，家藏书几三万卷。镐，伟之子也，因成此目。元祐中，袁默为之序。"叶昌炽《藏书纪事诗》卷一引《紫桃轩杂缀》："《荆州府志》载：'宋田伟，燕人，为江陵尉，因家焉。作博古堂，藏书三万七千卷。'"又引《舆地纪胜》："田伟藏书三万七千卷，无重复者。"王欣夫补正引谢肇淛《五杂俎》："……又有田伟者，为江陵尉，作博古堂，藏书至五万七千馀卷。"见《藏书纪事诗》(附补正)，上海古籍出版社 1989 年版。参看潘美月《宋代藏书家考》二《北宋承平时期藏书家》田伟部分，台湾学海出版社 1980 年版。

枚亦为田潜之印章，与宋代田伟无涉。[①] 田潜，一名吴炤，字潜山，号伏侯，江陵人。两湖书院学生，光绪戊戌（1898 年）游学日本，壬寅（1902 年）中举，乙巳（1905 年）随考察政治大臣游历欧美，均以研究教育为务。曾任留日学生监督，清廷驻日公使馆参赞，故得就近购进《文选集注》数卷，从而有“伏侯在东”之说。[②] 荆州田氏世为著姓，所以田潜上追田伟一代，作为藏书家的光辉历史。

由此可知，《文选集注》的编者和写本年代问题一时尚难得出结论，有待大家作进一步的研究。

《文选集注》中各家注本之介绍

今依《文选集注》中各家注本出现的先后分别作些介绍。

李善注

《文选集注》中注文的编排次序为李善、《钞》、《音决》、五臣、陆善经等多家注本，这大约是按各家出现的年代先后排列的。各家注后常有编者按语，一一指出文字差异，曰“《钞》作某”，“《音决》作某”，“五臣作某”，“陆善经作某”之类，但不提“善本作某”，可见正文乃从善本。

有关李善注本与五臣注本的文字异同，很多学者作过比较，尤袤重刻《文选》李善注时，撰有《李善与五臣同异》一卷，附于所刻《文选》之后，而像《文选考异》等书中，更多抉发。但各种李善注本之间，文字

---

① “荆州田氏藏书之印”与有关“博古堂”的两方印章最为可疑。田潜于清宣统庚戌（1910）从日本购得日正平间刻本《论语集解》十卷，亦曾盖有“有宋荆州田氏七万五千卷堂”、“荆州田氏藏书”、“景伟廔印”、“后博古堂所藏善本”、“潜山读本”、“田伟后裔”、“伏侯得之日本”诸印，似可推知上述二章当为同一性质之印章。参看王重民《中国善本书提要》经部·八·四书类，上海古籍出版社 1986 年版。又上述“田氏七万五千卷堂”云云，显为后人的虚构夸饰之词。

② 参看注①和潘重规《日本藏〈文选集注残卷〉缀语》，载台湾《“中央日报”》1975 年 1 月 12 日副刊。

亦有异同，则是近代多种本子出现后方才引起人们注意的。《文选集注》中的李善注与传世各本差别很大，更值得重视。日本学者多人曾将《文选集注》中的李善注与其他本子中的李善注作比较，常常发现《集注》中的文字独得其真，由此亦可见其在校勘上有重要价值。

日本学者对于各种李善注本之间的相互关系还作了深入的研究，并开展反复的讨论。斯波六郎的工作极为踏实和细致，把《文选》研究推进了一大步。他的结论是："可知此本自李善注本身至类目、篇题、正文，最存李善本之旧。自此本问世，谓之庐山真面乃明，亦非虚言。"①但他在世时，中国北京图书馆藏北宋国子监本李善注与韩国奎章阁藏原出平昌孟氏校正本和天圣年间国子监本的六臣注②等珍贵文献还未有人介绍，因而有些判断尚有失误。

斯波六郎仍然相信《四库全书总目提要》中的说法，以为现行的李善注都是从六臣注本《文选》中分出来的。

中国大陆地区的学者程毅中、白化文考查的北京图书馆所藏北宋国子监本，为现存最早的李善注本，可以推知宋代社会上一直有李善单注本在流传。南宋尤袤《遂初堂书目》记载他家藏有李善注与五臣注本，唯独没有六臣注本，可见他所刻的《文选》并非是从六臣注本中抽出李善注而刻出的。③ 日本学者冈村繁继此续作探讨，并提出了所谓两种系统之说，以为"李善注早先是如前述唐〔永隆〕钞本一般极为简素，故后日以这简素的李善注为底本，分别定立系统，最少也编纂了两种补订本李善注：一种是《文选集注》所收的李善注，另一种是宋明刊本为祖本的李善注。二者分别属于不同的系统。另外李善注的承传过程，亦不是由完全而走向不完全，以至脱漏的方向，而是由简素走

① 《对〈文选〉各种版本的研究》。

② 参看韩国金学主《朝鲜时代所印文选本》，载《韩国学报》第五辑，1985 年。

③ 参看程毅中、白化文《略谈李善注〈文选〉的尤刻本》，载《文物》1976 年第 11 期。

向烦琐、增殖的方向”[1]。森野繁夫则起而维护斯波六郎之说，并作了进一步的论证和推断，以为“刊本李注是从《集注》本中抽出李注加以修订再编而成的”[2]。这一问题还在继续探讨之中。

各国学者通过研究《文选集注》而对李善注增加了很多新的认识，但一时还难以得出共识，这是因为《文选》李善注从问世之日起就出现了很多差异甚大的本子。中唐时期的李匡乂在《资暇集》卷上《非五臣》中说：

> 代传数本李氏《文选》。有初注成者，复注者，有三注、四注者，当时旋被传写之。其绝笔之本，皆释音训义，注解甚多，余家幸而有焉。尝将数本并校，不唯注之赡略有异，至于科段，互相不同，无似余家之本该备也。

《新唐书·李邕传》中也说曾经帮助他父亲李善补益《选》注。这就是说，李善注《文选》时经历着一个由简单到详细的过程。这或许也只是依据一般常识作出的判断，不能排除另一种可能，李善在注出了一种详细注本之后，曾加精简而产生另一注本。

目下《文选》李善注的各种善本陆续发现，如敦煌卷子中的《文选》零卷、九条家本《文选》二十二卷，以及奎章阁所藏《文选》等。学者还应广泛占有资料，将各种有价值的注本辗转互校，而不要停留在抽样比较的水平上，这样或许更能揭示李善注的原貌，并说明李善注本几个系统之间的不同特点。

---

① 《文选集注与宋明版本的李善注》，载《加贺博士退官纪念中国文史哲学论集》，日本讲谈社 1979 年版。

② 《关于〈文选〉李善注》，载《日本中国学会报》第三十一集，1979 年。

但在研究李善注时，《文选集注》属于极为重要的一种，那是毫无疑问的。通过《集注》中的案语，可以知道目下流传的《文选》，各种善注刊出时，都已经过后人改动。《文选》尤袤本和胡克家本卷四十中均有任彦升《奏弹刘整》一文，《文选集注》卷七九亦录，日本原藏三条家的古钞本《文选》五臣本和原藏密韵楼的宋刻陈八郎本五臣注上也有著录。不难发现，诸本差异甚大。根据《文选集注》中的陆善经注与编者案语，可知李善注本正文中原无刘整之嫂的本状与有关人员供词中的许多文字，今本李善注将本状与供词全部录入，实乃后来刻印善注的人依傍五臣注而改变旧式。善注本在吏议"整即主"后加注曰："昭明删此文太略，故详引之。"参考《文选集注》，可知详引之文原来放在注内，今本却已归入正文了。①

《钞》 《音决》

《文选集注》中引用《钞》与《音决》的地方很多，但不著作者姓名，因此异说很多，应该作些分析。

《文选钞》和《文选音决》二书，不见我国古代书目，而在《日本国见在书目录》中都有记载。该书"总集家"中著录《文选钞》六十九（公孙罗撰），《文选音决》十（公孙罗撰），列在《文选》六十卷（李善注）后。公孙罗曾和李善一起向曹宪学习《文选》，按《传》中名字的编排，年岁应当晚于李善。②

公孙罗的注释，当时虽有名声，但已遗佚殆尽，仅《唐语林》卷二中有云：

---

① 参看拙撰《〈文选〉所载〈奏弹刘整〉一文诸注本之分析》，载《文学遗产》1996年第2期。

② 《旧唐书·曹宪传》附李善传，云是"明庆中，累补太子内率府录事参军、崇贤馆直学士，兼沛王侍读"。又附公孙罗传，云是"历沛王府参军、无锡县丞"。按李、公孙二人仕履而言，李善亦应比公孙罗年长得多。

《南都赋》言"春茆夏韭"，子卯之卯也，而公孙罗云："茆，凫卯。"非也。且皆言菜也，何"卯"忽无言？[①]

这可能是古籍中仅存的一条公孙罗《文选》注了。《文选集注》中却还保存着公孙罗《文选钞》和《音决》中的大量文字，岂非《选》学大幸？

但据近人研究，《文选钞》与《文选音决》中矛盾很多，立论常有不同，决非一人所撰。[②] 有人认为"《集注》所引《音决》之撰者乃采摭萧、曹、骞公等，所谓'诸音'汇而定其然否，惟此诸家音中，无一引及公孙罗与李善。《音决》既非许淹音，又非萧、曹、骞公所撰，由此可证。至于李善注，《集注》本录于正文下，不与《音决》相次，尝考善注中所本正文与《音决》所见者颇多互异，则《音决》之书当非李善所撰。其撰者为较萧、曹、许、骞稍晚之公孙罗，殆无可疑矣"[③]。既然《音决》确可证明是公孙罗的作品，那么与此时有不同的《钞》当然不可能是公孙罗的著作了。

这一问题尚可深入探讨。有关《钞》与《音决》二书的研究，下面三点似应多加注意。

一、《日本国见在书目录》上记载得很明确。既然《文选音决》可以证明记载无误，那么有关《文选钞》的记载是否也已增加了可信程度？

---

① 此文当出《刘宾客嘉话录》。今本《刘宾客嘉话录》佚，唐兰援此入校辑本《补遗》，且云首句当作"'春茆'音子卯之卯也"。注曰："'春茆'下有'夏韭'两字，而无'音'字，齐之鸾本（《唐语林》）有'音'字。按'音'字当接'子卯之卯也'五字，为'茆'字作音耳。后人既增'夏韭'二字，遂以'音'字为误而删之。然《南都赋》自云'春卯夏笋，秋韭冬菁'，不云'夏韭'也。"见《刘宾客嘉话录的校辑与辨伪》，载《文史》第四辑，中华书局 1965 年 6 月。参看拙撰《唐语林校证》卷二该条，中华书局 1988 年版。

② 参看斯波六郎《对〈文选〉各种版本的研究》。

③ 邱棨鐊《文选集注所引文选钞研究》。

二、不论是新、旧《唐书·曹宪传》中所附李善、公孙罗的传记，还是《旧唐书·经籍志》、《新唐书·艺文志》中有关各家《文选注》与《文选音》的记载，还是《文选集注》中有关各家注本的先后排列，都与李善、公孙罗二人的著述年代相合。

三、凡以“钞”为名的著作，都有“誊录”、“集纳”、“草稿”的意思。今知公孙罗的这两种著作，都是抄撮他人著述而成，那么其间出现一些矛盾之处，也是可以理解的了。又如任彦升《奏弹刘整》一文中首言“臣闻马援奉嫂，不冠不入；氾毓字孤，家无常子”，《钞》在疏证上述两家时，仅言氾家而不提马家只字，亦可见其注释体例之草率。

《日本国见在书目录》中著录的公孙罗《文选钞》六十九，当即新、旧《唐书》中著录的公孙罗注《文选》六十卷，其中多出的九卷或系后人附益的相关文字。《文选音决》当即上述二书中的《文选音义》十卷。公孙罗撰二书之说似不宜轻易否定。

《日本国见在书目录》于《文选钞》六十九(公孙罗撰)之下，尚著录有“《文选钞》卅”一书，不知这是上一种书的另一分卷不同的本子呢？还是另一人所撰？如为另一人撰，则与《文选音决》当然会有不同。这些地方还应深入探讨。

五臣注

吕延祚在《上集注文选表》中虽然极力贬低李善注的价值，但据历代学者的研究，五臣注中实际上大量采入了李善注的成果。如果我们再拿《文选集注》中的《钞》与五臣注作比较，更可发现后者大量吸收前者成果。由此可以勾勒出一条李善注经由《钞》而发展至五臣注的线索。目下各种有关五臣的珍贵注本陆续面世，如陈八郎本、三条家本、杭州猫儿桥钟家刻本，以及奎章阁所藏本等，比类而观，可以看出《文选集注》中五臣注的特殊地位。因为《集注》成书早，距离五臣成书的年代不远，应该保留更多原貌。

陆善经注

此书在我国书目中一无记载，唯《玉海》卷五四引《集贤注记》曰：

> 开元十九年三月，萧嵩奏王智明、李玄成、陈居注《文选》。先是冯光震奉敕入院校《文选》，上疏以李善旧注不精，请改注。从之。光震自注得数卷。嵩以先代旧业，欲就其功，奏智明等助之。明年五月，令智明、玄成、陆善经专注《文选》，事竟不就。

可知陆善经曾参与萧嵩领导下的集体注释工作，但没有完成。陆善经是开元时期著名的学者。《新唐书·艺文志》中著录了他好几种著作，但没有有关《文选注》的记载。或许他在参与集体注《文选》时家有存稿，后且注完全书，并传播在外，所以《文选集注》的编者才有可能将之采入。

《文选集注》的价值

由上可知，《文选集注》包容宏富，在文选学、史料学与语言学等领域中都有重要价值。今分别作些介绍。

文选学上的价值

在《文选集注》中，不但保存着内容丰富的公孙罗《文选钞》和《文选音决》，还有体例谨严的陆善经注，这就说明，《集注》中有极为重要的资料，可以帮助人们更好地理解《文选》，还可提供丰富的学术信息。

《文选》中的李善注和五臣注，本身也已成了学术界关注的研究对象。《文选集注》中的李善注与五臣注，与传世各本都有很多不同，可以作为重要的一种版本而供研究。

李善注有保留古注的做法，如《二京赋》用薛综注，《子虚》、《上林》二赋用郭璞注等。《文选集注》卷八左太冲《三都赋序》题下陆善经注云“旧有綦毋邃注”;《蜀都赋》刘渊林注题署下,陆善经注曰:“臧荣绪《晋书》云:‘刘逵注《吴》、《蜀》,张载注《魏都》,綦毋邃序注本。’”可知綦毋邃注当时颇为有名。[①]《隋书·经籍志》中亦有著录。从这一材料中,也可看出晋人竞为《三都赋》作注的盛况。

《文选》中有许多争辩不休的问题,限于材料,一时难下定论。例如《文选》中的作品,究竟分为几类?胡克家《文选考异》卷八引陈景云说,以为其中应有“移”类,这样全书就得分为三十八类,后人均承其说。而据近人研究,《文选》各种版本中均不见“移”这一文体,李善注等将之合于“书”类,故全书应定为三十七类。[②] 有的学者参考《文选集注》卷八八司马长卿《难蜀父老文》中的陆善经注,知《文选》中尚有“难”类,陈八郎本五臣注《文选》中亦有“难”类,[③]因而认为《文选》中的文体实为三十九类。这一问题,目下实难圆满解决。因为世上已无保留《文选》原貌的本子,大家所能看到的完整本子,只是李善注本、五臣注本、六臣注本等不同系统的差异甚大的各种本子,其中六臣注本乃并合而成,自难据之逆断萧统原来的文体分类。三十七类云云,不合传世《文选》版本的实际;三十九类云云,只是归纳现存各种不同系统的《文选》内出现过的文体而得的总数,无法举出一种具体的版本证实

① 参看罗国威《左思〈三都赋〉綦毋邃注发覆》,载中国文选学研究会、郑州大学古籍整理研究所编《文选学新论》,中州古籍出版社1997年版。

② 参看穆克宏《萧统〈文选〉三题》,载《昭明文选研究论文集》,吉林文史出版社1988年版;后收入《滴石轩文存》,海峡文艺出版社1994年版。按此说立论的前提是以为《文选》各种本子均无“移”体,实则日本古钞白文无注本中单列“移”体;古代刊本中,如陈八郎刻五臣注本、朝鲜正德四年刻五臣注本与汲古阁刻李善注本亦有“移”体。前时学者所见版本不多,故《考异》中有“诸本皆脱”之说,今人自不能据之作进一步的推论,以为传世的各种《文选》本子中均无“移”体。

③ 参看傅刚《〈文选〉版本叙录》,载北京大学中国传统文化研究中心《国学研究》第五卷,北京大学出版社1998年4月版;游志诚《论〈文选〉之难体》,载《魏晋南北朝文学与思想学术研讨会论文集》(第二辑),台湾文津出版社1993年版。

此说。按宋初编《文苑英华》，本为接续《文选》而作，内分各类文体为三十八类。我国古代典籍的编纂每有陈陈相因之处，据此似可推知，宋初文士看到的《文选》实分三十八类，虽然我们已很难列出其中到底包括了哪一些文体。只是《文苑英华》的编者所能看到的典籍，当有接近李善注、五臣注原貌的本子，也有可能看到保存《文选》原貌的白文本。因此，今人探究《文选》的文体问题时，似应更多地关注继之而作的《文苑英华》一书。

史料学上的价值

研究中古时期的文史，常是苦于材料不足。这一时期距离现在已很遥远，也很难指望会有什么突然发现。但《文选集注》中却还保存着许多早已被人认为亡佚的材料，人们还未普遍加以发掘。

许询为东晋名流，交游甚广，而生平记载不详。《文选集注》卷六二"许徵君询"名下引《文选钞》曰："徵为司徒掾，不就，故号徵君。好神仙游，乐隐遁之事。"又引《隐录》曰："询总角奇秀，众谓神童。隐在会稽幽究山，与谢安、支遁游处，以弋钓啸咏为事。"《隐录》亦为佚书，不见古今书目。又《文选集注》卷八五《奏弹刘整》一首题下引《文选钞》，转引《梁典》叙刘整家事；卷八《三都赋序》下《钞》引王隐《晋书》，叙左思作《三都赋》时"吴事访于陆机"，都是不见他书的珍贵材料。《文选集注》保存着许多不见其他典籍的重要材料，于此也可见其可贵。

魏晋南北朝时文化极为繁荣，著述繁多。以史书而言，有关著作不下数百种，观《隋书·经籍志》中的著录即可知。而自唐初朝廷大规模地修史之后，大批私家著述即告散佚。清代汤球、黄奭等人都曾努力从事辑佚，清理过不少史料，但若与《文选集注》相核对，即可了解不少书中均有材料可以补入。即如《文选集注》卷八五《与嵇茂齐书》作者赵景真名下，《钞》引干宝《晋纪》叙嵇康与吕安之事甚详，而汤球之书全然阙如。今人为了发掘材料，竟从类书与《三国志》、《世说新语》、

《水经注》等书的注中发掘佚文。《文选集注》之中，尤多这类散佚的著作，相信可给学术界平添不少史料。

语言学上的价值

魏晋南北朝时音义之学甚为发达。《新唐书・艺文志》中著录唐人有关著作甚多，均为集纳中古时期语言研究方面的成果而成。但前人研究音义之学，大都只重视陆德明《经典释文》一书，这当是历代王朝首重经书之故。清代以来，也有不少学者注意佛家典籍中的音义著作，如唐释玄应与慧琳分别著述而名字相同的《一切经音义》、慧苑的《华严音义》等。但有关《文选音义》一类著作，却未引起人们重视，或许因为有关著作大都散佚，材料不易获得。其实《文选》内容丰富，各类文体中涉及的语言现象极为广泛，深加发掘，定能有所收获。《文选集注》中有公孙罗《文选音决》一书，内有包括萧该《文选音》一书在内的许多宝贵材料，人们加以研究，定会对中古时期的语言现象和文学现象增进认识。

总的来说，《文选集注》一书在文选学、史料学与语言学等方面具有十分重要的价值，亟应引起人们的注意。

馀　论

日本京都帝国大学文学部影印此书时，时值战争时期，流布不广，中国学者难以看到此书。中华人民共和国成立初期，文化交流之事不畅，《文选》资料更难顾及。直到中国步入改革开放新阶段，学界中人环顾其他地方学术研究情况，方有借鉴国外学者研究成果的要求。但《文选集注》篇幅巨大，定价昂贵，各地学者难以购买，大家这才感到有重印该书的必要。

我在 1994 年赴日本国立奈良女子大学讲学期间，得到许多朋友的帮助，复印了《文选集注》一套，以供研究。鉴于此书具有很高的价值，学术界渴望见到此书，于是我又与上海古籍出版社联系，得到他们的支持，决定重印此书，将此珍贵文献迎归故土。为此我又力所能及地征集一些新的材料，务使此书更为完整。当年罗振玉影印此书时，尚有海盐张氏所藏二卷、楚中杨氏一卷未曾印入，今得台湾“中央图书馆”的支持，得以印入《文选集注》第九十八卷，当是海盐张氏遗物。又得天津市艺术博物馆所藏周叔弢捐献的《文选集注》第四十八卷，[1]并入原京都帝国大学影印本后，此卷已近完帙。又京都帝国大学影印本第七十三卷中原缺二页，今得北京图书馆帮助，提供残页胶卷，恰好可以补足；同书第六十一卷江文通《杂体诗》内潘黄门（悼亡）中原缺二十五行，经日本国立奈良女子大学横山弘教授联系，得到日本御茶之水图书馆成篑堂文库支持，提供残页胶卷，此诗始告完整。估计此书零页尚有残存，但多保存在私人手中，一时难以求得，目下只能以此付印了。与前相比，此书已经有所增益，比之罗氏印本，非但在卷帙上有增加，而且在质量上也有很大的提高。即与京都帝国大学文学部影印本相比，也已增加不少篇幅。近于完整的卷子，即有九十八与四十八（残）二卷。因此，目下存世的《文选集注》，已有二十四卷。

从此书的复印到公开出版，都曾得到国内外许多朋友，如兴膳宏、横山弘、金子和正、大平幸代、刘显叔、卢锦堂、陈尚君、程有庆、杜泽逊、傅刚等先生，在各个阶段或某一环节上给我很大的帮助。陈尚君先生还受上海古籍出版社的委托，担任此书的具体编纂工作。内藤、狩野两位博士向原藏《文选集注》残卷的藏书家或藏书单位求得原书或底片后，即按原样印入。因此，京都大学影印本的序次前后重出或颠倒的很多，不便使用。陈尚君先生悉依《文选》原来的序次重新编

① 此卷轴之标签上题“唐写文选残卷”，下为双行小字“日本国宝金泽文库旧藏/宣统庚戌伏侯所收并记”，可知此为田潜从日本购得而流出者。

定，且拟篇名目录，以利阅读。责任编辑周小虹女士又作了细致的加工，凡此均请接受我诚挚的谢意。

1998年6月识于南京大学古典文献研究所

《唐语林校证》前言

中华书局1987年版

读过《唐语林》的人，一定会有两种深刻的印象：

一、这是一本很好的书，材料很可贵。研究唐代文史的人，一定得用作参考。

二、这是一本很糟的书，太杂乱。不经过整理，就很难阅读。

这些情况的出现，是由各种复杂的因素构成的。应该加以探讨和说明。

作者的生平和交游

《唐语林》的作者王谠，历史上缺乏系统的记载，只是经过多年来各家的探索，才能了解到他生活的一些基本情况。

王谠，字正甫，长安人。[①] 故武宁军节度使王全斌的五代孙，武胜军节度观察留后王凯的孙子，[②]曾任凤翔府都监的王彭之子。他还是吕大防的女婿。吕大防于宋哲宗元祐年间拜相，而在他任中书侍郎时，堂除王谠为京东排岸司，后改国子监丞，[③]又改少府监丞等

---

① 见《直斋书录解题》卷一一"小说家类"《唐语林》提要。

② 见《宋史》卷二五五《王全斌传》附《曾孙凯传》。王全斌，苏轼《王大年哀辞》作王全彬。

③ 吕大防于元祐三年任相，见《宋史》卷二一二《宰辅表三》。他在元祐元年拜尚书右丞进中书侍郎，见《宋史》卷三四〇《吕大防传》。堂除、改任王谠事，见《续资治通鉴长编》卷四一三哲宗元祐三年八月辛丑所记。

职。[①] 元祐之后，王诜还曾出任邠州通判。[②] 大约死于崇宁、大观年间，享年当在六七十岁。

王诜出身在一个显赫的家庭，妻党又是很有权势的人物，然而他在仕途上是并不得意的。看来他在政治上没有什么才能。元祐年间官运虽曾一度亨通，只是依靠吕大防的直接提拔，但随即也就遭到刘安世、吴安诗等谏官的反对。[③] 当时党争很激烈，与王诜有关系的一些人物，大都属于旧党，就是对他弹劾的人也是如此。这倒不像是新党人物出来进行诬陷和攻击，因此吕大防也不能不尊重事实，另作安排。王诜在仕途上的蹇碍，除此之外似乎还难以作出更具体的解释。

吕大防与程颐关系深切，因此王诜与旧党中的洛党中人有交往。[④] 但在他接触的人物中，最值得注意的一派，是苏轼与其门下学友。

《东坡全集》后集卷八有《王大年哀辞》一文，为追悼其青年时代的友人王彭而作。王诜于苏轼年辈为后，但因两代交情之故，关系是很深切的。王诜的从兄王诜也是苏轼的至交。王诜，字晋卿，尚蜀国长公主，在党争中与苏轼同进退，情分非同一般。于此也可见到王、苏之间的多层因缘了。

王诜能书善画，[⑤]和王诜作风相似，与苏轼的作风也有相近之处。

---

① 王诜改任少府监丞事，见《宋会要·职官六一》、《续资治通鉴长编》卷四三〇哲宗元祐四年秋七月壬辰所记。

② 晁无咎《鸡肋集》卷一七《次韵邠倅王正夫》诗曰："清时有味俱吾党，黄发相看更几人。"

③ 刘安世事见《续资治通鉴长编》卷四一三哲宗元祐三年八月辛丑所载。吴安诗事见《续资治通鉴长编》卷四三〇哲宗元祐四年秋七月壬辰、同书卷四三四哲宗元祐四年冬十月庚子、同书卷四四四哲宗元祐五年六月诸条所载。

④ 吕大防师事程颐，《二程遗书》卷二一载张绎《师说》，曾记程颐与王诜议礼事。

⑤ 孙星衍、邢澍《寰宇访碑录》卷七《华岳祈雪记》："卢讷撰，王诜正书，熙宁六年十一月，陕西华阴。"可证王诜善书。《东坡题跋》卷五《跋醉道士图》，附章惇《跋》与苏轼再《跋》，均叙王诜画工之妙。

苏轼喜读笔记小说，自己也留下了《仇池笔记》、《东坡志林》等作品。他又是当时公认的文坛领袖。作为这一流派的宗主，自然会对周围的文人发生影响。

在苏轼周围的一些文人中，有两个人值得提出来讨论一下。

一是赵令畤。令畤，字德麟，元祐年间和苏轼过往甚密，因而牵连入党禁。[①] 他写有《侯鲭录》一书。与《唐语林》比较，二者体例不同，因为他们虽然都采择了前代的许多笔记小说，但《侯鲭录》中材料的编次较凌乱，里面吸收了不少诗话，而且还加入了自己的创作，例如介绍元稹《传奇》时附以著名的《商调蝶恋花》，这和《唐语林》中只吸收他人的作品，而又依据《世说新语》的体例加以编排的原则截然不同。但《侯鲭录》和《唐语林》中吸收了很多同源的材料，而且二书都不注明出处。有些条目，仅见此二书。例如《唐语林》卷五 716 贺监纳苞苴、卷七 994 宗室凌迟两条，均见《侯鲭录》卷八；卷五 717“海上钓鳌客”一条，见《侯鲭录》卷六；卷六 761“李幼清知马”一条，见《侯鲭录》卷四。佚文秘籍，赖此二书而传世。后人虽然很难判断二人著书时是否通过声气，但可推知这两本性质相近的书却是同一学术环境中的产物。

另一人是孔平仲。平仲，字毅甫，一作义甫，与兄文仲、武仲都有文名，所谓“清江三孔”是也。孔平仲与苏轼关系深切，同坐党籍。[②] 他著有《续世说》一书，和《唐语林》性质相同，也是参考《世说新语》的体例编纂成书的。

按《世说新语》共分三十六门，《续世说》共分三十八门，和前者比较，不列《豪爽》一门，而多出《直谏》、《邪谄》、《奸佞》三门。《唐语林》共分五十二门，和《世说新语》比较，不列《捷悟》一门，而多出《嗜好》、

---

① 见《宋史》卷二四四《宗室列传》，令畤附《燕王德昭传》。

② 见《宋史》卷七一三本传。

《俚俗》、《记事》、《任察》、《谀佞》、《威望》、《忠义》、《慰悦》、《汲引》、《委属》、《砭谈》、《僭乱》、《动植》、《书画》、《杂物》、《残忍》、《计策》十七门。显然,《续世说》和《唐语林》的性质很近似,只是后者的规模要大一些。

《唐语林》卷五729条,叙京师王侯妃主第宅的奢靡,原出《封氏闻见记》卷五《第宅》,中有云:"安禄山初承宠遇,敕营甲第,瓌材之美,为京城第一。"下有王氏原注,引《续世说》"明皇为安禄山起第于亲仁坊"一条,此文见该书卷五《汰侈》中,足见王谠著书时参考过孔平仲的这部著作。因为这个注释,既不是封演自注,也不可能是《永乐大典》的编者所加;《永乐大典》编者于《唐语林》的条文中有时附以考订,上加"案"字,但没有引用另一种书加以注释的体例。因此,这个注释只能是王谠所加。

《续世说》也是辑录前人著作而成的。上面这条文字,原出姚汝能的《安禄山事迹》卷上。王谠熟悉唐代杂史,姚氏此书定然寓目,然而此处不引原出之文,却用同时人的著作,无非为了声气相通,看来也是呼朋引类的意思。这两位苏门学士中人写作同一类型的著作,说明这是同一学术氛围下的产物。

按《续世说》中所记者,自刘宋迄五代,是贯通几个朝代的小说集子。《唐语林》则专主一代。二者相比,类似于通史与专史的关系。看来孔氏成书在前,王氏成书在后,后者曾受前者的影响。

《唐语林》的性质

《唐语林》的资料来源

《唐语林》是综采五十种书中的材料分门别类而编成的。《直斋书录解题》卷一一"小说家类"叙《唐语林》曰:"长安王谠正甫撰。以唐小说五十家,仿《世说》分门三十五,又益十七,为五十二门。"他所依据的五十种书,由于原《序目》还保存,因而给予后人的研究工作不少方便。

按《永乐大典》所保留的《原序目》，仅存四十八种原书名字，遗佚的两种，《四库全书》馆臣以为即《虬须客传》和《封氏闻见记》，这或许符合事实。只是其中《齐集》一书，实乃《岚斋集》之误；《玉堂闲话》一书，当即王仁裕的《开元天宝遗事》。这样，通过阅读原书和研究书目，可以了解这五十种书的情况。

这五十种书的性质，也就决定了《唐语林》一书的性质。今将唐宋以及后代书目中有关这五十种书的记载，它们所属的门类和卷数，制表列后，说明当时人对这些书的看法和每一种书流传的情况。

书目 书名	新唐书·艺文志	崇文总目	郡斋读书志	直斋书录解题	宋史·艺文志	四库全书总目提要
国史补	杂史三卷	杂史三卷	杂史三卷	杂史二卷	传记三卷	小说家·杂事三卷
补国史	杂史十卷	杂史六卷			传记五卷	
因话录	小说家六卷	小说二卷	小说六卷		小说家六卷	小说家·杂事六卷
谈宾录	小说家十卷	传记十卷	小说十卷		小说家五卷	
岚斋集	小说家二十五卷				传记一卷	
幽闲鼓吹	小说家一卷	小说一卷	小说一卷	小说家一卷	小说家一卷	小说家·杂事一卷
尚书故实	杂传记一卷	传记一卷	小说一卷	小说家一卷	传记一卷 小说家一卷①	杂家·杂说一卷
松窗录	小说家一卷	传记一卷	杂史一卷		小说家一卷	小说家·杂事一卷
庐陵官下记	小说家二卷	小说二卷		小说家二卷	小说家二卷	
次柳氏旧闻	杂史一卷	传记一卷	杂史一卷	杂史一卷	故事一卷	小说家·杂事一卷

① 《张尚书故实》一卷，入“传记类”；《尚书故实》一卷，入“小说家类”。

续表

书名＼书目	新唐书·艺文志	崇文总目	郡斋读书志	直斋书录解题	宋史·艺文志	四库全书总目提要
桂苑谈丛	小说家一卷	传记一卷	杂史一卷		小说家一卷	小说家·异闻一卷
纪闻谈				小说家三卷	小说家一卷	
东观奏记	杂史三卷	杂史三卷	杂史三卷	杂史三卷	别史三卷	杂史三卷
贞陵遗事	杂史二卷	杂史二卷	杂史二卷	故事一卷		
常侍言旨	小说家一卷	传记一卷	小说一卷	小说家一卷	小说家一卷	
传载	杂史一卷	传记一卷			小说家一卷	小说家·杂事一卷
云溪友议	小说家三卷	小说三卷	小说三卷	小说家十二卷	小说家十一卷	小说家·杂事三卷
续贞陵遗事	杂史一卷	杂史一卷		杂史一卷	故事一卷	
开天传信记	杂史一卷	杂史一卷	杂史一卷	杂史一卷	小说家一卷	小说家·异闻一卷
戎幕闲谈	小说家一卷	小说一卷	小说一卷	小说家一卷	小说家一卷	
明皇杂录	杂史二卷	杂史二卷	杂史二卷	杂史一卷	故事二卷	小说家·杂事二卷
异闻集	小说家十卷	小说十卷	小说十卷	小说家十卷	小说家十卷	
大唐说纂	小说家四卷	小说四卷		小说家四卷	小说家四卷	
刊误	小说家二卷	小说二卷		杂家二卷	经解二卷 传记一卷	杂家·杂考二卷
卢氏杂说	小说家一卷	小说一卷		小说家一卷	传记一卷	
剧谈录	小说家三卷	小说二卷	小说三卷		小说家二卷	小说家·异闻二卷
玉泉笔端	小说家五卷	传记五卷		小说家三卷 又别一卷	杂家一卷 小说家五卷①	小说家·杂事一卷

① 《玉泉笔端》五卷，入“小说家类”；《玉泉子》一卷，入“杂家类”。

续表

书名＼书目	新唐书·艺文志	崇文总目	郡斋读书志	直斋书录解题	宋史·艺文志	四库全书总目提要
金华子杂编		传记三卷	小说三卷	小说家三卷	小说家三卷	小说家·杂事二卷
皮氏见闻		传记十三卷	小说五卷		小说家十三卷	
大唐新语	杂史十三一卷	杂史十三卷	杂史十三卷	杂史十三卷	别史十三卷	小说家·杂事十三卷
刘公嘉话	小说家一卷	传记一卷	小说一卷	小说家一卷	小说家一卷 小说家一卷①	小说家·杂事一卷
羯鼓录	乐一卷	乐一卷	总集②一卷	音乐一卷		艺术·杂技一卷
芝田录	小说家一卷	传记一卷	小说一卷			
资暇集	小说家三卷	小说三卷	小说三卷	杂家三卷	小说家三卷	杂家·杂考三卷
杜阳杂编	小说家三卷	传记三卷	小说三卷	小说家三卷	小说家二卷	小说家·异闻三卷
本事诗	总集一卷	总集一卷	总集一卷	总集一卷	总集一卷	诗文评一卷
玉堂闲话		传记十卷	传记四卷③	传记二卷	故事一卷	小说家·杂事四卷
中朝故事		杂史三卷	杂史二卷	传记二卷	故事二卷	小说家·杂事二卷
北梦琐言			小说三十卷	小说家三十卷	小说家十二卷	小说家·杂事二十卷
唐会要	类书八十卷		类书一百卷	典故一百卷	类事一百卷	政书一百卷
柳氏叙训	杂传记一卷	传记一卷	传记一卷		传记一卷	

① 《刘公嘉话》一卷，《宾客佳话》一卷，均入“小说家类”。

② 赵希弁藏本，《乐府集》十卷、《乐府序解》一卷、《乐府杂录》一卷、《羯鼓录》一卷合刊，故入“总集”，见《郡斋读书附志》卷五下。

③ 此指《开元天宝遗事》。下三栏亦指《开元天宝遗事》。《宋史》卷二〇六《艺文志》子部“小说家类”有王仁裕《玉堂闲话》三卷。

续表

书名 \ 书目	新唐书·艺文志	崇文总目	郡斋读书志	直斋书录解题	宋史·艺文志	四库全书总目提要
魏郑公故事	张大业故事八卷 刘祎之传记六卷	刘祎之传记三卷				
国朝传记	杂传记三卷 小说家三卷①	传记三卷		小说家三卷 小说家一卷②	传记三卷 小说家三卷 小说家一卷 小说家三卷③	
会昌解颐	小说家四卷	小说四卷			小说家五卷	
洛中记异		小说十卷	小说十卷		小说家十卷	
乾𦠆子	小说家三卷	小说三卷	小说三卷	小说家三卷		
闻奇录		小说三卷		小说家一卷	小说家三卷	
贾氏谈录			小说一卷	传记一卷	小说家一卷	小说家·杂事一卷
封氏闻见记	杂传记五卷	传记五卷	小说五卷	小说家二卷	小说家五卷	杂家·杂说十卷
虬须客传		传记一卷			小说家一卷	

通过这张表格,可以发现如下问题:

一、《唐语林》所依据的五十种原书,绝大多数是唐人的著作。不见于《新唐书·艺文志》中的书,不到十种。而这些书,有的作者是由

① 刘悚《国朝传记》三卷,入“杂传记类”。刘悚《传记》三卷,原注:“一作《国史异纂》。”入“小说家类”。

② 刘悚《小说》三卷,《隋唐嘉话》一卷,均入“小说家类”。又《郡斋读书志》(袁州本)卷三下“小说类”录刘悚《小说》十卷,实为殷芸《小说》之误记。这个问题在《郡斋读书后志》卷二下“小说类”的殷芸《小说》十卷提要中已有说明。

③ 刘悚《国史异纂》三卷,入“传记类”。刘悚《传记》三卷,又《隋唐佳话》一卷,《小说》三卷,均入“小说家类”。

晚唐入宋的；有的作者虽是宋人，但其内容实际上是汇纂唐人著作而成。因此，《唐语林》中的材料，是由当代人记当代的事。相对地说，总是比较亲切可信。这是该书的一个特点。

二、这些著作，到《四库全书总目》加以著录时，除《国朝传记》和《虬须客传》因故未收外，亡佚的已有二十种之多，占到总数的五分之二。在那五分之三加以著录的现存书中，有的原来也已散佚，如《金华子》、《贾氏谈录》，还是《四库全书》馆臣利用《永乐大典》纂辑而成的。就是顺当地流传下来的那些书，与原本也已有很多出入，这只要看各种书目上记载的卷数的差异就可明白。有些书的卷数古今虽然一致，但实质上已有不同，例如《刘公嘉话》，各种书目上的记载均作一卷，然而自宋代起，即已羼入其他书中的文字，与刘氏原书大不相同。王谠的生活年代较早，得到的书可能比较接近原书面貌。

三、有些书，就在当时也很难得。比较之下，只有《新唐书·艺文志》和《宋史·艺文志》中的记载比较全备。但《宋史·艺文志》的编者未必一一看过原书，或许只是杂钞各种材料草率编成，例如他们把《玉泉子》放在"杂家"中，把《玉泉笔端》放在"小说"中，而这两本书只是编纂上有异，性质应是一样的。又如《洛中记异》一书，"小说类"中重出两见，可见工作上的草率到了何种程度。其他一些书目，就只收下了《唐语林》中的部分书籍，即使像晁公武、陈振孙这样一些大藏书家，也没有把这五十种书搜罗全备。相比之下，可说王谠编书时掌握这一方面的材料是很丰富的。《郡斋读书志》(袁州本)卷四下"别集类"录《吕汲公文录》二十卷、《文录掇遗》一卷，提要曰："大防既拜相，常分其俸之半以录书，故所藏甚富。"陆游《跋〈西昆酬唱集〉》曰："通直郎张玠，河阳人。吕汲公家外甥，藏书甚富。"(《渭南文集》卷二六)王谠用书，或曾得亲戚支助。

四、上述几种书目中所用的名词，不出杂史、传记、故事、小说等范围。这就说明，他们对这类书的性质看法上虽还未能趋于一致，但有某些相似的见解，认为这一类著作有别于正史，只是也不能截然否定其记载的事实的可靠性。总的说来，大约处在史与文之间，可以说是一些兼有历史和文学双重特点的作品。至于说到像百卷之巨的《唐会要》等书，那也只是择取其中有故事情节的个别文字，这只要看《唐语林》中的一些条目就可明白。又如《羯鼓录》一书，专门研究一种乐器，但《四库全书总目》就曾提到，此书近于说部，故而能为王谠所录取。

当然，王谠采录这五十种书时，也不可能先为他们一一定性；他对这些书的看法，不可能像目录学家那么明确，那么具体。但他不取其他书籍，而偏挑上这五十种书，则是思想上总会有一个简单明了的标准，然后据此搜集资料。现在看来，和他先后同时的文士尤袤的观点可以注意。尤袤在《遂初堂书目》中也收进了这五十种书中的大部分典籍，他的分类情况是：

[杂史类]开天传信记　明皇杂录　开宝遗事　东观奏记　唐补史　贞陵遗事　传载　唐国史纂异

[杂传类]唐柳氏叙训　中朝故事

[杂家类]李涪刊误　资暇集

[小说类]封氏见闻志　大唐新语　纪闻谈　柳氏旧闻　杜阳杂编　尚书故实　常侍言旨　岚斋集　松窗录　卢氏杂说　庐陵官下记　因话录　剧谈录　云溪友议　谈宾录　幽闲鼓吹　玉泉笔端　戎幕闲谈　异闻集传　乾
膘子　刘公嘉话　洛中记异录　玉堂闲话

[类　书]唐会要

这里包括进了《唐语林》中最重要的三十六种书。它的分类倒也简单明了，那就是小说与杂类。杂，就是不纯的意思。杂史，就是不纯的历史；杂传，就是不纯的传记；杂家，就是不纯的学派。王谠的看法似乎与此相合。他挑取了很多典籍，近于历史、传记与学术著作，却又不纯，近于小说。这样的著作，生动有趣，才可以编成唐代的一部“新语”，即《唐语林》。

王谠对资料的考订和整理

我国古代文士的对待历史典籍，有一种奇怪的现象：只要这书已经定为“正史”，那就把它看得很神圣；如果这书未为正统王朝所认可，保留着原始记录的样子，那就把它看得很低，似乎与正史属于两种截然不同的范畴。实则任何一位史家著书之时，都要吸收一些杂史、传记、故事、小说……中的材料入内，《旧唐书》、《新唐书》、《资治通鉴》等书的情况莫不如此。

大量援用杂史、传记、故事、小说中的材料入正史，可以上推到裴松之的《三国志注》。司马迁著《史记》，也可以说有类似的情况。唐初房玄龄等人修《晋书》，李延寿父子修《南史》、《北史》，都曾大量采用杂史、小说中的材料。中、晚唐后，帝王的实录等史料不能很好地整理和保存，后人修史时，自然更是需要仰求于杂史、传记、故事、小说等材料来补充了。

有水平的史家吸收这类材料时，自然要经过一道细致的考核工作。裴启著《语林》，叙谢安事不实，受到本人的指责，此书也就声誉扫地。这是《世说新语》卷下之下《轻诋》篇中记载的一件著名轶事。后代文士著作的书，除非是以传奇语怪标榜的小说，可以子虚乌有地编造种种神奇故事，根本用不到考虑真实性的问题；除此之外，凡是记述历史人物或历史事件的书，总是要对这个问题赋予一定注意的。

运用杂史、传记、故事、小说入史的范例，大家无不推重司马光的

《资治通鉴》。据张须《通鉴学》中统计，仅李唐一代，采录杂史凡六十种，传记凡十九种，小说凡十五种。[1]《资治通鉴》篇幅巨大，头绪纷繁，然而读来不觉烦冗，反而引人入胜，这当然与司马光的文笔生动有关，但也不能说它与原始资料的故事生动无关。只是司马光在吸收这些材料时，曾经做过细致的甄别工作，他把许多原始资料加以排列，何去何从，是非得失，都写入了《考异》，于此可见司马光的眼力和功夫。而《资治通鉴考异》三十卷，也就成了后人研究杂史、传记、故事、小说的有用材料。

王谠著《唐语林》，看来也想追踪《考异》，对材料有所鉴别。他的考订成果，有的径附书中条文之后，有的则以注文表现。例如卷六 827 条引《芝田录》，叙老卒推倒《平淮西碑》事，王谠下加案语曰："愬妻入诉禁中，乃命段文昌撰文，其时碑尚未立，安得推倒？"又如同卷 848 条引《国史补》，叙何儒亮访叔事，王谠于案语中引用另一唐人之说以证其误。这是径把考订成果写入正文的例子。又如卷一 119 条叙李卫公废卫兵宿直事，原注："李卫公初入相是大和七年，居李石之前，卫兵不因李事。记之者有误。"又如卷七 975 条叙僖宗幸蜀时舁御座人李再忠经明皇时供奉，原注曰："案广明元年上距天宝将百年，此说甚妄。"这是用注文形式表示考订成果的例子。情况说明，王谠著书时也曾考虑过考订材料的问题，并且做过部分工作。

《唐语林》是一部私人的创作

王谠著《唐语林》时，对该书如何加工似乎还未形成固定的见解。如果说，这是一部集纳前人著作而成的东西，里面有些材料有待于考

---

① 后人于此有所订正。司马光采录唐代史料，高振铎《通鉴参据书考辨》以为：杂史凡六十一种，传记凡二十八种，小说凡十四种。陈光崇《张氏通鉴学所列通鉴引用书目补正》考辨所得，结论数字又不相同。均可参看。二文收入《资治通鉴丛论》一书，河南人民出版社 1985 年版。

订，那应该作一些必要的附注或说明，但王谠的工作不止于此，他常对条文任意改写，这样产生的东西，就只能说是他个人的创作了。

例如卷四594条引《因话录》卷一宫部中文，言柳婕好“生延王及一公主焉”；王谠则改写为“生延王及永穆公主焉”。又如卷三426条引《隋唐嘉话》卷中中文，言一老妇陈牒于戴至德前，《资治通鉴》卷二〇二《唐纪十八》高宗上元二年八月叙此，亦作“老妪”，王谠则改作“老父”。又如卷五633条引《国史补》卷中《妾报父冤事》，首云“贞元中，长安客有买妾者”，王谠则改作“唐贞观元年，长安客有买妾者”，这些地方可以认为王谠是故意如此改写的，好让他人看作这是一本宋人撰记的笔记小说。

在有的条文中，王谠对前人的著录加以增损，这些地方更可看出他的编纂《唐语林》，寓有创作之意。例如卷四520条引《国史补》卷下《叙著名诗公》一文，王谠不但删去了“杜工部”、“戴容州”等名字，而且增加了“张水部”、“李、杜”等名字，值得注意的是，王谠还增加了一大段文字：“元和后，不以名可称者：李太尉、韦中令、裴晋公、白太傅、贾仆射、路侍中、杜紫微；位卑名著者：贾长江、赵渭南；二人连呼者：元、白。”这是因为《国史补》的作者李肇的生活年代较早，元和之后的人物，社会上还未形成一致的看法，所以李肇不可能把这写入书中。王谠生活在宋代，上述人物，历史上的评价已经固定地形成，王谠也就径自采入，补充《国史补》中的阙失了。这些地方，应该看成纯粹是王谠的创作。

《唐语林》在每条文字之下不注原出处，或许就与上述情况有关。因为这些条文经过改写补充，面目已非，实际上已是王谠的创作，自然不能再注出处了。

《唐语林》似是一部没有正式定稿的著作

王谠著《唐语林》，书目中屡见记载，但卷数的多寡说法不一。《直斋书录解题》卷一一"小说家类"记《唐语林》八卷,又说"《中兴书目》'十一卷',而阙《记事》以下十五门;又云'一本八卷'。今本亦止八卷,而门目皆不阙"。说明当时就有好多种编次不同的本子在流传。《郡斋读书志》(袁州本)卷三下"小说类"记《唐语林》十卷,曰:"右未详撰人。效《世说》体,分门记唐世事,新增《嗜好》等十七门,馀仍旧云。"则是晁氏所见之本卷数又有不同,而且连作者之名也亡佚了。

从《唐语林》的成书到上述各家加以著录,年代相去不远,而在流传的过程中卷数会有很大的出入,想来总是由于缺乏定本的缘故。这时所流传的本子,应当是各种不同的钞本。很难想象,《唐语林》问世之后,立即会有各种不同的刻本出现。《宋史》卷二〇六《艺文志五》"小说类"载王谠《唐语林》十一卷,和《中兴馆阁书目》上记载的卷数相同,这在当时或许是流传得较广泛的一种钞本。但到后来,十一卷本已经失传,明人所记的本子,大都是八卷本或十卷本了。

大家知道,目前流传的《唐语林》虽说也是八卷本,但编次的情况很特殊。前四卷中,从《德行》到《贤媛》十八门,还保留着王谠原书的本来面貌;后面的四卷,则是《四库全书》馆臣利用《永乐大典》散入各韵部的条文,汇编而成的了。实则此书散佚的部分不止占全书篇幅的一半。根据此书最早刻本,即齐之鸾所刻残本来看,《贤媛》之前的文字,原来只占三卷或两卷,那么佚去的部分,就有可能多达九卷,至少也有五卷。又《唐语林》佚存于宋代类书或其他著作中的条文,尚有不少;而《永乐大典》中未曾辑出的佚文,也有一些,可以推知,此书遗佚而未见记载的条文,数量是不会少的。

综合上言,似乎可以这样判断:《唐语林》一书的前面部分,流传的钞本较多,所以后人能够据以刻出;后面的部分,流传的钞本较少,年代早如《中兴馆阁书目》,著录者已是后半残佚之本,可见《唐语林》这书很早就出现脱落的情况,后代更是难得看到完整的钞本,所以齐之鸾只能以残本付梓，而自明末之后，书目上也已看不到足本的记载了。

追本穷源，只能说王谠著书时本来没有整理出一种定本，又不能将一种完整的钞本及时刻出，这才出现了后来的种种混乱现象。

《唐语林》中援引《大唐新语》中的文字很多，而且很少加以删节或改写，但在这里出现了一种奇怪的现象，那就是这类保持原始完整面貌的文字，集中在前面两卷，《匡赞》、《规谏》、《极谏》、《刚正》四门之中；后面几卷，录引的文字很少，而且对此径加删节或改写。《北梦琐言》中的文字，所引用者也仅限于前六卷。这就说明，王谠著书时似乎只开了个头，后劲不继，所以在摘录材料时有这种虎头蛇尾的情况出现，而这正是全书尚未完成或未经写定的表现。

前面说到过王谠对《唐语林》中录引的文字曾有所考订，只是从全书来看，这类文字为数是很少的。可以想到，王谠著书时决不会信笔所之仅在这几条文字之后缀上几笔，看来他曾有计划，想对有疑问的条目加以考辨，然而此事只开了一个头，没有能够贯彻到底。这也说明《唐语林》当是一部尚未完成的、没有正式定稿的著作。

《唐语林》中有些条目的分类也不恰当。例如《政事上》第87“岑文本谓人曰”一条，下有案语曰：“此条宜列《言语》。原书分门未当，多有类此。”这条案语当是《四库全书》馆臣所加，意见是中肯的。所以出现这种现象，也应当是全书尚未正式完成，作者没有细细加工的缘故。

如果上述分析符合事实，那么《唐语林》中存在着的很多问题，也就可以找到解释。

《唐语林》的价值

唐代是杂史、传记、故事、小说极为发达的时期。这类作品，比之南北朝时的《世说新语》之类著作，文笔的潇洒隽永或有逊色，而情节的丰富曲折或有过之。因为唐代修史之风很盛，所以这一时期的笔记小说对历史事件的记叙也就更为重视。这类书籍提供了不少有价值的原始资料。就是那些记载有误的作品，有的也可广异闻，供参证，提供当时许多不同来源的独特见解。至于一些记载典章制度或社会风习的文字，则可提供许多解剖唐代社会组织的实际知识，认识唐代社会的许多不同侧面，扩展后人的眼界，这无疑是有很大价值的。

随着岁月的流逝，这类著作不断散佚，时至今日，要想更多地掌握这方面的材料，势必仰求于一些总集、类书等著作。

《唐语林》是一部少而精的小说总集

保存上述材料最丰富的著作，自然首推五百卷之巨的《太平广记》，其次就要算到《类说》、《绀珠集》等书了。但《类说》、《绀珠集》引书节录过甚，常是文意不全，比起《唐语林》中的文字来，可读、可信的程度要差得多。《白孔六帖》、《古今合璧事类备要》等类书，部头大、分量重，但杂钞各类典籍，小说所占的比重并不大，而且钞手们任意删节，错别字多，因此类书中引用的文字，一般说来也比不上《唐语林》中的引文完整可靠。

拿《太平广记》和《唐语林》相比，前者的篇幅要大得多，后者只能说是戋戋小册。从引书来看，《太平广记》所采纳者在五百种上下，《唐语林》则仅收五十种，二者也无法相提并论。但《太平广记》引书很杂，其中绝大多数的书侈谈神异，没有多大史料价值；就从文学角度来看，也是无甚意味的文字。《唐语林》中的五十种书，总的说来，都是很有价值的文史类著作。即使像《杜阳杂编》、《剧谈录》之类侈陈怪异的书，所采择者，也是其中较可信的部分。因为《唐语林》一书承接的是《世说新语》的传统，偏重人事，注重情致，很少涉及鬼神变幻，不以铺张杂博取胜。这是《唐语林》的一个优点。和《太平广记》相比，《唐语林》可说具有“少而精”的特点。

《唐语林》在辑佚和校勘上有突出的作用

《唐语林》援用过的五十种书，有的虽然流传了下来，但差不多每一种都有残阙，而这差不多又都可用《唐语林》来加以补正。唐兰校《刘宾客嘉话录》，引《唐语林》中的文字入补遗者达三十六条；赵贞信校《封氏闻见记》，引《唐语林》补入佚文四条。这是大段文字可以用来辑佚的例子。有的文字虽然没有这么完整，或为片断记载，或为个别句子，或为若干文字，或为自注……都可用以补正原书之不足。尤其可贵的是，《唐语林》中还保存着《补国史》、《戎幕闲谈》、《续贞陵遗事》等书中的大段文字，传奇小说《刘幽求传》的残文和《王贵妃传》的全文。这或许是其他典籍中都已残佚而仅见于《唐语林》中的材料，于此也可看到此书的可贵了。

拿《唐语林》中的文字和原书对校，二者之间时见差异，人们总是认为原书可靠，《唐语林》中又出现了改错的字或传误的字。大体说来，校勘之时应该尊重原书，但这并不是说原书定然可靠。因为笔记小说少有善本传世，而后人又常是随意改动文字，因此有些单刻传世的原书其实也并不可信。《唐语林》成书较早，王谠能够见到各种原书的初本，因此经他采入的文字，有的反而比目下流传的所谓原书更可信。这里可举《因话录》为例以说明之。《唐语林》卷三 306 条叙柳元公杖杀神策小将事，中有“不独试臣”一句，此文原出《因话录》卷二商部，此句作“不独侮臣”。乍一看来，“试”字似为误字，然而《资治通鉴》卷二三九《唐纪五五》宪宗元和十一年《考异》引《因话录》此文，正作“不独试臣”，可知《唐语林》中文字不误，而《因话录》中的文字却已经过后人改动。又如《唐语林》卷二 191 条，言代宗独孤妃薨，郭子仪欲致祭，下属反对，“子仪曰：‘此事须柳侍御裁之。’时殿中侍御史柳弁，字伯存，掌书记，奉使在郊，即急召之”。此文原出《因话录》卷一宫部，内云“时予外伯祖殿中侍御史”，注曰：“讳芳，字伯存。”读者如果不作细究，一定认为原书可靠，因为柳芳是当时的著名文士，又是赵璘本人的戚属，记载上不可能有什么问题。殊不知这里也已经过后人妄改，出现了错误。《新唐书》卷二〇二《文艺中·柳并传》曰："柳并者，字伯存。大历中，辟河东府掌书记，迁殿中侍御史。"这人才真是为郭子仪草祭文的柳伯存，而非字仲敷的柳芳。查齐之鸾本、《历代小史》本《唐语林》，此人正作"柳并"，可见聚珍本作"柳弁"，乃形近致误；原书作"柳芳"，乃后人无识而妄改。于此可见，齐之鸾本、《历代小史》本中的异文不容忽视，《唐语林》在校勘上有重要的价值，而它所依据的原书不见得都可靠，有时反而应该用王谠的引文来纠正今本之误。

《唐语林》中不知出处的文字至可宝贵

《唐语林》中的文字，经过一番整理，依照其所出的原文，参照各种文献中的记载，再加上搜辑而得的佚文，重新加以编排，共得一千零九十九条。其中可以找到出处的，或有可能出于某书的条文，共九百零七条，占全书的百分之八十二点五；一时找不到出处的条文，共一百九十二条，占全书的百分之十七点五。[①] 于此可见，后者之中保留着天壤之间仅存的许多重要史料。

这些材料可供史学家和文学家参考。例如卷七 953 条曰："宣宗崩，内官定策立懿宗，入中书商议，命宰臣署状。宰相将有不同者，夏侯孜曰：'三十年前，外大臣得与禁中事；三十年以来，外大臣固不得知。但是李氏子孙，内大臣立定，外大臣即北面事之，安有是非之说？'遂率同列署状。"就把晚唐政治上宦官操纵废立大权和大臣颟顸拥位的思想状态典型而生动地呈现于前，读之一定会受到很大的启发。又

① 《唐语林校证》正式出版后，我在辑佚与寻找原书出处等方面又有所进展，现在可确定的是：《唐语林》中的文字，共得一千两百零二条。其中可以找到出处的，或有可能出于某书的条文，共一千零十三条，占全书的百分之八十四点二八；目下找不到出处的条文，共一百八十九条，占全书的百分之十五点七二。

如卷六843条记韩愈二妾，反映了唐代这位古文大家生活上的另一个侧面。宋代文人为了维护韩愈的道学面孔，纷纷攻击这条文字，妄图否定其记载的真实性，然而近代学者据此作了深入的研究，发现这些文字如实而具体地介绍了韩文公的为人。这自然是文史方面亟堪珍视的材料。诸如此类，可供研究之需者尚多。历代文士经常援用此书，因为书中的好些条文确是具有不可替代的重要作用。

《唐语林》中存在的问题

自从《世说新语》这种情趣盎然的小说体取得很大成功之后，历代都有这一类的著作问世，例如唐代有王方庆的《续世说新书》，刘肃的《大唐新语》；宋代有孔平仲的《续世说》，王谠的《唐语林》；明代有何良俊的《何氏语林》，李绍文的《明世说新语》；清代有梁维枢的《玉剑尊闻》，吴肃公的《明语林》，王晫的《今世说》；近代有易宗夔的《新世说》，等等。但比较之下，《唐语林》一书应是其中的佼佼者。其余的书，或是纂拾旧闻，内容不新鲜；或是矫揉造作，琐碎不足观，因而有的已经亡佚，有的读者寥寥。历史自然地作出了结论，只有经得起时代考验的书才能广泛流传。

《唐语林》的地位既如此，也就证实了《前言》中开端就提到的话："这是一本很好的书，材料很可贵。研究唐代文史的人，一定得用作参考。"

但总的看来，这部著作还未发挥出它应有的作用。按理说来，《唐语林》的内容丰富多彩，应当有更多的人来阅读它，使用它，然而情况并不是如此，这又是什么原因呢？

这是因为《唐语林》本身存在着很多问题，诸如材料来源不明，文字时见脱误，条文分合缺乏定准，等等。而且里面的绝大部分文字毕竟用的是小说手法，可信与否也难判断。这些都是使人望而却步的障碍。

从形成这些问题的原因来说，情况很复杂：这里有作者本人的问题，有版本方面的问题，有流传过程中出现的各种问题……这些问题交织在一起，使《唐语林》从内容到形式都出现了杂乱的情况。为了整理此书，就得正本清源，找出各种错误和混乱现象的原因。首先得从作者本人的问题说起。

王谠学识欠佳工作草率

王谠虽有文名，泛读过唐代的笔记小说，但从《唐语林》中的一些情况来看，他对唐代的历史并不太精熟。书中常是出现这么一种情况，原书不误，王谠改写之后，也就出现了错误。例如卷三341条，言宗楚客纳厚赂启边衅事，此文原出《大唐新语》卷二《极谏第三》，中有"时西突厥阿史那忠节不和"之句，王谠改写之后，却成了"时西突厥阿史那与忠节不和"，殊不知阿史那乃西突厥姓，忠节乃此人之名，中间不能加上"与"字。像王谠那样改动，也就把同一个人误分为两个人了。此事并见《旧唐书》卷九二《宗楚客传》，内云："景龙中，西突厥娑葛与阿史那忠节不和"，可知《大唐新语》叙事不明，然无大误，王谠妄加一字，却铸成大错。又如卷三334条，言"太平公主用事。柳浑以斜封官复旧职，上疏谏……"，此文原出《大唐新语》卷二《极谏第三》，文字无大差异，然此二书中之"柳浑"实为"柳泽"之误。柳泽为睿宗、玄宗时人，《旧唐书》卷七七《柳泽传》详记此事，且录柳泽疏中文字。柳浑为代宗、德宗时人，年代远不相涉。《大唐新语》误之于前，王谠沿其误而不省，还要在下面加注说明。而他在注文中又引《太平御览》之文，言"浑性放旷，不甚检束"云云，实则此处文字原出《旧唐书》卷一二五《柳浑传》，王谠不用正史原文而用《太平御览》，也是史学疏陋的表现。两个情况完全不同的历史人物，混为一谈，一误再误，可见其史学水平确是并不太高明的了。

王谠的编写工作也嫌草率，不够严肃，例如卷五629条言"侯君集为兵部尚书，以罪流岭南。于其家得二美人，容色绝代。太宗问其状，曰:‘自小常食人乳而不饭’”。然据《旧唐书》卷六九、《新唐书》卷九四《侯君集传》,可知侯君集是因谋反而被杀的,流岭南者为其妻及子。按此文出于《隋唐嘉话》卷上,检阅原书,才知道这里共有五条文字,第一、二条叙李靖言侯君集将反,第三条言太宗诛侯君集而流其子为奴,第四、五条言录其家得二美人与二金篦。王谠大加改削,组合成文时,却将侯家父子之事颠倒了。侯君集串通太子承乾谋反而获罪,乃初唐大事,王谠于此显得隔膜,可见其史学水平不高。又如卷六 771、772、773 条,原为综合《国史补》卷上《马燧雪怀光》、《和解二勋臣》、《李马不举乐》三条文字而成的一大条文字,然而王谠不顾文义,生拼硬凑,出现了不少错误。《国史补》中说的《马燧雪怀光》,是指李怀光叛乱的后期,马燧为之说情,求免罪。这本来就不合事实。《资治通鉴》卷二三一《唐纪四七》德宗贞元元年《考异》引此文后,司马光下按语曰:“是时怀光垂亡,燧功已成八九,故自入朝争之,岂肯面雪怀光邪!”可见李肇叙事正与实情相反。到了《唐语林》中,王谠却把“雪”字改成了“斥”字,“马司徒面斥李怀光”,非但与实情不符,而且成了不可想象之事。此时李怀光与唐王朝正处在敌对的战争状态,马燧又怎能“面斥”?即使勉强把这说成是马燧在阵前面斥李怀光,那德宗又为什么要“正色”制止?王谠的这种改法,真是匪夷所思。而《国史补》中《李马不举乐》一段,乃承《马燧雪怀光》而来。马燧与李晟为李怀光事发生冲突,德宗调解,各赐以音乐,乐止则遣中使问之。王谠改写,则又成了张延赏与李晟之事。可见王谠任意改动文字,而对唐代史实却又缺乏足够的了解,这样编写而成的东西,也就不足资以取信了。

王谠对有些条文的内容,没有细细体会,结果也出了不少差错。例如卷六 782 条叙窦申事,引德宗语曰:“吾闻申欲至人家,则鹊喜。”此文原出《国史补》卷上《窦申号鹊喜》,原文是:“吾闻申欲至,人家谓之鹊喜。”此事《旧唐书》卷一三六《窦申传》、《新唐书》卷一四五《窦参传》均有记载，《资治通鉴》卷二三四《唐纪五十》德宗贞元八年也曾记叙，胡三省注："窦参每迁除朝士，先与申议，申因先报其人，以招权纳赂。时人谓之'喜鹊'者，以人家有喜事，鹊必先噪于门庭以报之也。"《大唐传载》上有同样的说明，胡氏或据《传载》而言。凡此均足说明所谓"鹊喜"也者，只是一个譬喻，王谠却把这理解为实有其事，宁非大噱。

前面已经说明，《唐语林》中出现的一些错误，有的是由未能正式定稿等原因造成的，但像这里谈的一些问题，就只能说是王谠学识欠佳、工作又不认真而产生的了。著作中出现的问题，当然与编著者的水平密切相关。

《唐语林》的版本问题

《唐语林》中出现错乱的情况，上面分析了作者主观方面的原因，而从客观方面来说，则是由缺乏好的版本，后人没有进行过认真的整理等多方面的原因产生的。

版本的问题也很复杂。从成书时来说，缺乏可靠的定本；从流传过程来说，则是经手的人大都草率从事，不尊重原著。况且这书的传世经历着曲折的过程，大分大合，绝而复生，这种离奇的经过，在每一个阶段都盖上了加工者的痕迹。

现存最早的《唐语林》刻本，是明代嘉靖二年桐城齐之鸾刻的两卷残本。此书与士礼居藏旧钞本三卷同，其内容为武英殿聚珍本的一至四卷。齐氏自言"予所得本多谬"，"有不能意晓者"，可也找不到善本互校，只能让它"阙疑承误"。稍后则有丰城李栻刻的《历代小史》本。此书乃是一种节录本，而观其起讫，也同齐书，文字亦多同，可见它所依据的祖本，与齐之鸾本同，或者就是以齐书为底本的也未可知。在此之前，陶宗仪《说郛》中也曾录引，钱熙祚在《守山阁丛书》本《唐语林》的《校勘记》中说："《说郛》录《唐语林》寥寥数条，其标题大略适与齐之鸾本合，知陶南村所见本已不完矣。"这就说明《唐语林》一书到了宋代之后就已传本不多，而流传最广者也就是这部讹误很多、残缺不全的三卷本或两卷本了。

此书自宋、元时起没有什么好的本子传世，明代之后已无全书，《四库全书》馆臣从《永乐大典》中辑出今本的后半部分，且用聚珍版印行之后，此书才有所谓足本传世。但后人所能见者，也只能是这部前后体例截然不同的拼凑本了。

后代重刻这本书的人很多，如《墨海金壶》本、《守山阁丛书》本、《惜阴轩丛书》本等，还有福建藩署、江西官书局、广雅书局复刻聚珍本等多种。实际上收入上述丛书中的《唐语林》都是从武英殿聚珍本复刻或重刻的，从版本上来说，同出一源，已经没有什么校勘价值了。

《永乐大典》编纂工作中存在的问题

《唐语林》这书之所以能够流传到现在，《永乐大典》一书起到了中间环节的作用。幸亏当年《永乐大典》的编者把它分散保存于各韵部中，《四库全书》馆臣才有可能将之重行编纂起来。

《永乐大典》规模宏大，保存了不少古代文献，当然是一项值得称道的工作。但在官僚体制的领导和安排下，人多手杂，场面大而不重实际，不可避免地也会出现很多不能令人满意的情况。况且此书在嘉靖时又重新誊录，《四库全书》馆臣依据的就是这部重钞本，在辗转的钞写过程中不可避免地又会增加一些错误。

不看内容，分类失当。《永乐大典》将《唐语林》中的材料依类相从汇聚在一起，而它的归类往往不太正确。例如该书卷之二万三百十《疾・心疾》引《唐语林》（影印本第十九函第一八三册），即《唐语林》卷六 789、卷八 1079、卷八 1078 三条文字，原为《国史补》内的《刘辟为乱阶》、《韦李皆心疾》、《御史扰同州》三条；实则“御史扰同州”事与“心疾”毫无关系。这与今本《唐语林》中的编次虽然没有直接关系，但也可以看出《永乐大典》编者检阅《唐语林》时粗枝大叶，工作上是非常草率的。

多错别字，且多脱落。从表面上看来，《永乐大典》字迹清楚，一笔不苟，后面还记上了钞手和复核者的名字，似乎非常认真负责。但只要和原书或其他有关的本子作些比较，也就可以看出工作人员态度马虎，不但错别字很多，有时还会大段脱落。例如该书卷之一万五千九百五十一《运·五运》引《唐语林》(影印本第十七函第一六七册)，原出《封氏闻见记》卷四《运次》，如拿封演原文与之比较，则《永乐大典》错字与阙漏特多。《四库全书》馆臣已将此文采入《补遗》，即今本《唐语林》卷五 672 条，因为《永乐大典》此文不足为据，《四库全书》馆臣不得不依别本另行补正的了。

张冠李戴，误记篇名。《永乐大典》的编者时而张冠李戴，把其他书籍中的文字误题上《唐语林》的名字，例如该书卷之二千八百七《枚·纸九万枚》引《唐语林》，曰："王右军为会稽，库中有笺纸九万枚"，实则此乃裴启《语林》中文，见《艺文类聚》卷九八；又如该书卷之一万二千十七《友·恤穷友》引《唐语林》，曰："孔嵩……与颍川荀彧共游太学……"，实则此亦裴启《语林》中文，见《类林杂说》卷四《仁友篇》三十；又如该书卷之一万一千六百二《藻·品藻》引《唐语林》，曰："谢碣绝重其妇……"，实则此乃《世说新语》下之上《贤媛》中文。因为这些条文记录的是魏晋南北朝时的事，而且《世说新语》等书，人所诵习，因此《四库全书》馆臣才不致上当，将之误缀入内。[①] 但也可以设想，假如《永乐大典》的编者把其他较生僻的书籍中的文字误题上《唐语林》一名，那就难于区别真伪了。现在《唐语林》中保留着好些并不属于五

---

① 《中国丛书综录》(第二册)史部"杂史类"于《唐语林》后附《语林佚文》一卷。云"(宋)王谠撰。(清)王仁俊辑。《经籍佚文》"。此稿今藏上海图书馆。实际上只有一条文字。王氏据杜文澜《古谣谚》卷五七转引《广博物志》卷一八中文录入。全文曰："魏张鲁有十子。时人语曰：'张氏十龙，儒雅温恭。'"按此文首见王应麟《小学绀珠》卷七，实为裴启《语林》中文。

十种原书的条文，如有的出于《闽川名士传》，有的出于《定命录》……很有可能，这也是《永乐大典》的编者误题书名而夹杂进去的。当然，也有可能出于另一种情况，或许有些不属于五十种原书的条文曾为《纪闻谈》、《洛中记异》等书所吸收，而《唐语林》据以引录的却是这些后起的书，只是这些书已经散佚，因而难以求得这类条文的真正出处了。这种特殊的情况可能出现，然而还不足用以解释《唐语林》中的混乱现象，例如该书卷八 1075《唐人酒令》一条，原出洪迈《容斋续笔》卷一六，洪迈生于王谠之后，所写的文字不可能为前人所吸收，而《永乐大典》编者以其内容属于唐代风俗，率尔录引，误标书名，只能说明编者工作的草率。这一类情况，在《永乐大典》中为数是不少的。

《四库全书》馆臣编纂工作中存在的问题

从今本《唐语林》的成书来说，《四库全书》馆臣完成了最后一道工序，把这部散佚了几百年的书重新编纂起来，这个功劳是不可埋没的。但令人遗憾的是，这项工作做得还不理想，其间存在着不少问题。

没有利用齐之鸾本进行校雠。上面已经说到，《唐语林》此书没有什么善本可资校勘，但齐之鸾所刻的残本既已行世，而此书原出宋本，则毕竟还是有其可资参证之处。因为这书虽然错误特多，但择善而从，还是可以从中探测王书的本来面目。《四库全书总目》的《唐语林提要》上说此书的前半部分就是以齐之鸾本为底本的，经过比较，发现此说不完全符合事实。好些条文中，齐之鸾本、《历代小史》本的文字和原书相符，但今本《唐语林》却不相同。当然，这也可能是由于《四库全书》馆臣另外找到了根据，然而这种情况为数之多，只能说明《四库全书》馆臣重编《唐语林》时没有把齐之鸾本放在重要的地位。

这里可举两个例子来看。《唐语林》卷三 404 条，原出《北梦琐言》卷三《高太尉决礼佛僧》。齐之鸾本、《历代小史》本中的文字，如“是夜黄昏”，“凌胁州将”，“得于资中处士王迢”等，都与原书相符，而聚珍本却均行脱落。又如卷三457条言苏颋事，原出《开天传信记》，“岂非足下宗庶之孽也”下，“之”字之上，有案语曰：“此下原阙六字。”然而齐之鸾本、《历代小史》本不阙，此处有“瓌备言其事，客惊讶”八字，上下承接，文从字顺，说明这确是《唐语林》中的原文。而且《唐诗纪事》卷一〇《苏颋》中亦有此文，中间也有这两句，则又可用以说明《开天传信记》中原来就有这两句，今本《开天传信记》偶佚，应当根据齐之鸾本、《历代小史》本《唐语林》中的文字补足。聚珍本中的案语看来只是沿用了《永乐大典》编者的文字，但《四库全书》馆臣没有利用齐之鸾本进行校雠，致使此书本可起到的作用也未能起到。反观齐之鸾本，中间有那么多地方与原书相符，则又足以说明王谠著录时其改写的幅度并没有今本所显示的那么大。

没有完全遵从底本《永乐大典》中的文字。照理说，《四库全书》馆臣既然是依据《永乐大典》一书而重新编纂的，那聚珍本中的文字应该与《永乐大典》中的引文一致，但按之实际，却并不如此。例如《唐语林》卷六852条言李绛议置郎官事，见《永乐大典》卷之七千三百二十八《郎・置郎》引《唐语林》（影印本第八函第七三册），此文原出《国史补》卷下《郎官判南曹》，中有“旬日出为东都留守”、“常亦速毕”二句，《永乐大典》引文全同，而聚珍本却改“旬日”为“后”，改“亦”为“得”，这些文字只能定为《四库全书》馆臣所擅改，他们没有遵从《永乐大典》这一底本。

后人可以擅自改动前人文字，甚至信笔所之径行改写，于是各种本子上文字的出入，也就很严重了。特别是像《唐语林》这样一部几经曲折而流传下来的书，在古人轻视小说这种传统观念的影响下，经过各个阶段经手者的层层改写，更会出现文字上的许多分歧和混乱。该书卷七有一个突出的例子，919条言谭简治崔慎由目疾事，原出《因话录》卷六羽部；《永乐大典》卷之一万九千六百三十七《目・医目》引《唐语林》(影印本第十八函第六七册),对此作了大幅度的改写;聚珍本引用《永乐大典》中的文字,又作了一次改写,于是原来的文字和后来的文字也就相去甚远了。这在全书中或许只能算是一个特殊的例子,但对古代文人肆意删改前人小说而言,却是具有典型意义,可以用来说明《唐语林》中很多文字上的问题。为了便于对照,今将三种文字并列于后。

《因话录》卷六羽部	《永乐大典》本《唐语林》	聚珍本《唐语林》
相国崔公慎由廉察浙西。左目眥生赘,如息肉,欲蔽瞳人,视物极碍,诸医方无验。一日,淮南判官杨员外牧自吴中越职,馔召于中堂。因话扬州有穆中善医眼,来为白府主,请遗书崔相国铉,令致之,崔公许诺。后数日,得书云:"穆生性粗疏,恐不可信。有谭简者,用心精审,胜穆甚远。"遂致以来。既见,白崔公曰:"此立可去。但能安神不挠,独断于中,则必效矣。"崔公曰:"如约,虽妻子必不使知。"谭简又曰:"须用九日晴明,亭午于静处疗之,若其日果能遂心,更无忧矣。"是时月初也。至六、七日间,忽阴雨甚,谭生极有忧色。至八、九大开霁,问崔公:"饮酒多少?"崔公曰:"户虽至小,亦可饮满。"谭生大喜。初,公将决意用谭之医,惟语大将中善医者沈师象,师象赞成其事。是日引谭生于使宅北楼,惟师象与一小竖随行,左右更无人知者。谭生请公饮酒数杯,端坐无思;俄而谭生以手微扪所患,曰:"殊小事耳!"初觉似拔之,虽痛亦忍。又闻动剪刀声。白公曰:"此地稍暗,请移往中庭。"象与小竖扶公而至于庭。坐既定,闻栉焉有声。先是谭生请好绵数两染绛,至是以绛绵拭病处,兼傅以药,遂不甚痛。谭生请公开	崔相慎由廉察浙西,左目生赘肉,欲蔽瞳人,医久无验。闻扬州有穆生善医眼,托淮南判官杨收召之。收书报云:"穆生性粗疏,恐不可信。有谭简者,用心精审,胜穆生远甚。"遂致以来。既见,白崔曰:"此立可去。但能安神不挠,独断于中,则必效矣。"崔曰:"如约,虽妻子必不使知。"间又曰:"须用久,目睛明,亭午于静室疗之。若其日事,遂无忧矣。"至日开霁。问崔饮多少,"饮虽不多,亦可引满"。谭生大喜。初,崔将谭生唯语大将中喜医者沉大师象,赞之。是日引谭生于宅北楼,惟师象与一小竖在,更无人知	崔相慎由廉察浙西,左目生赘肉,欲蔽瞳人。医久无验。闻扬州有穆生善医眼,托淮南判官杨收召之。收书报云:"穆生性粗疏,恐不可信。有谭简者,用心精审,胜穆生远甚。"遂致以来。既见,白崔曰:"此立可去。但能安神不挠,独断于中,则必效矣。"崔曰:"如约,虽妻子必不使知闻。"又曰:"须用天日晴明,亭午于静室疗之,始无忧矣。"问崔饮多少?曰:"饮虽不多,亦可引满。"谭生大喜。是日,崔引谭生于宅北楼,惟一小竖在,更无人知者。谭生请崔饮

续表

《因话录》卷六羽部	《永乐大典》本《唐语林》	聚珍本《唐语林》
眼,看所赘肉,大如小指,坚如乾筋,遂命投之江中,方遣报夫人及子弟。谭生立以状报淮南,崔相国复书云:"自发医后,忧疑颇甚。及闻痊愈,神思方安。"后数日而征诏至金陵。嗟夫!向若杨君不遇,谭生不至,公心不断,九日不晴,征诏遽来,归期是切,碍其目疾,位当废矣,安得秉钧入辅,为帝股肱?此数事足验玄助。而公作相之后,谭生已逝,又何命之大薄也!	者。谭生请崔饮酒,端无私,以刀圭去赘,以绛帛拭血,傅以药。遣报妻子知。后数日,征诏至金陵。及作相,谭生已卒。	酒,以刀圭去赘,以绛帛拭血,傅以药,遣报妻子知。后数日,征诏至金陵。及作相,谭生已卒。

不熟悉原书,妄加案语。清廷开馆编辑《四库全书》时,集中了当时一批著名的学者。史部由邵晋涵主持。这当然是一代史家,水平很高的。只是前人轻视笔记小说,可想而知,重编《唐语林》这书的任务,不会由邵晋涵等人亲自动手,看来也只是让馆中一些三、四流的学者做做具体工作就是了。这样当然会影响成书的水平。

《四库全书》馆臣明知《唐语林》是汇纂五十种书而成的,但他们没有一一复核原书,甚至连这五十种书的内容都不熟悉,这样当然不可能做好这项工作。例如卷三317韦澳征郑光庄租一条,《四库全书》馆臣下加案语曰:"此事已见《政事门》,文有异同,今并存之。"实则卷二《政事门》146条文字出于《续贞陵遗事》,《方正门》317条文字出于《东观奏记》卷中,二者来源不同,所以王谠兼收并蓄。《资治通鉴》卷二四九《唐纪六五》宣宗大中十年五月叙此,与《政事门》146条文字类同,《考异》引《东观奏记》,即《方正门》317条文字讫,下云"今从柳玭《续贞陵遗事》",可见二者之间内容上还有差别。又如卷三《方正门》329条记狄仁杰毁江南神庙七百馀所,《四库全书》馆臣下加案语曰:"此事已见本门首条,文有详略,今并存之。"实则此条原出《隋唐嘉话》卷下,而

“本门首条”即 285 条原出《封氏闻见记》卷九《刚正》，二者的来源和性质完全不同，王谠自然要把它们分列。《四库全书》馆臣不知文字的原始出处，妄加案语，可谓少见多怪。

不检核材料，妄加拼合。《唐语林》中的条文，有组合而成的情况，例如卷五 635 条叙秦鸣鹤为高宗治脑痈，就像是采取了《芝田录》和《谭宾录》中的文字组合而成的。因为二者内容一致，经过加工之后，已经浑然一体，看不出有拼凑的痕迹。

《永乐大典》中的文字，按韵部和内容分类，原是一条条单列的。或许《四库全书》馆臣嫌它太琐碎了，他们看到前四卷中的文字经常将同一性质的条文合并，于是起而效尤，也常将几条文字合并起来。只是他们于原书不熟，经常将性质不同的文字妄加拼合，则又造成了不少混乱。例如卷五 699、700 两条，前者出于《大唐传载》，言乐章以边地为名；后者出于《开天传信记》，言安禄山之狡黠，内容完全不同。《四库全书》馆臣将之捏合在一起，读者不知底细，以为这条文字中寓有什么深意，也就会上当。又如卷七 889 条言李德裕排斥举子事，原文出于《玉泉子》，本是首尾贯通的一段文字，但《四库全书》馆臣却将另一条文字，即李德裕介绍卢肇、丁稜等人中举之事插入，反而把几段文字弄得支离破碎了。实则王起知举此条应置 903 条之前，原书也是这样编排的。这样编排，三条文字各有其重点，层次井然。《四库全书》馆臣乱加编纂，不知原书者也就只能跟着他们乱读一通了。

不考虑内容，妄加割裂。与上相反，《四库全书》馆臣对有些本该合并在一起的文字却又不能发现其内容的一致，例如卷六 859、860 两条均叙文宗问许康佐《左传》中馀祭之事，说明两条文字原出一书，故而首尾贯通。查《资治通鉴》卷二四五《唐纪六一》文宗太和九年《考异》，知前者乃林恩《补国史》中的文字；可以推知，后者当是此文的后半部分。但《四库全书》馆臣不加细察，而将后者置于同卷 869 条之后，这就把本该联在一起的文字割裂开，校正时也就不得不略作调整了。又如卷五721、747两条，均出《封氏闻见记》卷八《鱼龙畏铁》，二者内容一致，文意联贯，这是不知书名、篇名的人也能体会得出来的，然而《四库全书》馆臣不加细察，把它们作为互不相关的文字处理，这就使《封氏闻见记》中的这条文字一直不能以完整的结构呈现在读者之前。

凡上种种，说明《唐语林》中问题成堆。这里有先天的缺憾，也有后天的错乱。在我国典籍中，很少有像《唐语林》这样坎坷的遭遇，形成这样奇特的体例。这就证实了《前言》中开端时就提到的话："这是一本很糟的书，太杂乱。不经过整理，就很难阅读。"

《唐语林》的整理工作

应该说，《唐语林》一书之所以可贵，是由它内在的价值所决定的，这与作者掌握的材料、继承的学术传统、产生的时代背景等各种因素有关。《唐语林》中的错乱，是由各种复杂的原因层累而成的，但对材料本身而言，却是人为的，外加的，非本质的。只要细心地加以清理，就能克服其缺点，焕发其原有的光彩。

如何清理？原书已有残佚，又无可靠的版本可资校勘，但若充分利用现有条件，还是可以开展工作。所幸原出之书大部分还可以找到，宋元时人的总集、别集、类书、笔记中还保留着很多与此有关的材料，这些都可用作校勘之助。齐之鸾本、《历代小史》本《唐语林》中毕竟保存着一些原始的材料，择善而从，还是可以解决不少问题。

关键在于整理者的态度如何。自从《四库全书》馆臣编成《唐语林》八卷本，且以聚珍版印出后，据以复刻的人很多，但很少进行认真的整理。《守山阁丛书》本后附《校勘记》，钱熙祚找出了一些条文的出处，还曾参照齐之鸾本，辗转互校，订正了一些文字上的错误。广雅书局复刻《唐语林》时，后附孙星华的《校勘记》，他所做的，只是在钱氏的基础上做了些简化的工作。可见这两种校勘记下的功夫还不够，解决的问题还不太多。

《守山阁丛书》本《唐语林》向称善本，钱熙祚在传播小说的工作中起过很好的作用，但他的态度可不能说是很认真的。就以辑录佚文而言，他用齐之鸾本对校，辑得佚文八条，但实际上有遗漏。其后陆心源又以齐之鸾本对校，辑得佚文十四条，将之刻入《潜园总集》十九《群书校补》卷四中。比起《守山阁丛书》中的《唐语林校勘记》来，又补充了六条文字。但陆心源的辑佚工作实际上还有遗漏。本书卷三中的390牛僧孺奇士一条，是齐之鸾本所原有的，但各家均未发现。于此可知，此书仅存的一部明刻本，薄薄两卷文字，大家都不愿好好地查检，可见这些学者工作时都不是很认真的了。

我花了多年的时间整理《唐语林》，成《唐语林校证》一书，除前人辑得的佚文外，又辑得了十九条，其中三条辑自《永乐大典》。由此可见，就在目前残存的七百多卷《永乐大典》中，《四库全书》馆臣还漏掉了三条文字，以全书而言，其中佚文为数是不会少的。

校订《唐语林》而能用上《永乐大典》，这毕竟是当代人的幸运。和聚珍本对校，可以发现很多问题，例如识别哪些是王谠的原注，哪些是后人的案语等。

我曾用齐之鸾本、《历代小史》本与聚珍本对校。上海图书馆藏周锡瓒校齐之鸾本《唐语林》，是用黄丕烈藏旧钞本对校的，利用此书，也就吸收了这部珍贵的旧钞本的可取之处。

我还用宋元时人的总集、别集、类书、笔记多种进行校勘。由于《唐语林》中大部分的文字已经找到了出处，积累了不少可供参考的有用材料，这就为全面的整理准备了条件。我对全书条文重新作了编排，纠正了不少误分误合的混乱情况，使眉目为之一清，还对文字中的误、脱、衍、窜之处一一进行订正，纠正了大量的错误，尽可能地让全书恢复其原貌。在整理的过程中，又考虑到《唐语林》在小说类中的重要地位，此书在研究工作中和整理其他典籍时可起重要的参考作用，因此把校勘成果作了较详细的记录，以供各界人士之需。

《唐语林》中的许多材料，已经被史学家所采用，他们还进一步作过考订辩证的工作，因此我也注意引用正史中的材料作互校之用。一般说来，凡是为《资治通鉴》等书采用的材料，史实比较可靠；而那些不符事实的文字，我也援用前人或近人的研究成果，加注说明，以免有人误信其中的记载。

在《附录》部分，除了收入各家著录、题跋和引用书目之外，还编写了《唐语林援据原书提要》、《唐语林援据原书索引》、《唐语林人名索引》三种资料。后二种是为了帮助研究工作者更方便地利用此书而拟制的，前一种则更多地考虑到了一般读者的需要。我为《唐语林》全书的每一条文字都编了号。这篇前言的文字中卷数之后所加的阿拉伯数字，即《唐语林校证》条文的序数。我在绝大部分的条文后面提示了出处，但对不熟悉古代笔记小说的人来说，因为不知道这些书的性质，对这些条文的价值仍然不可能有恰当的估量。为此我在后面附上各种书的提要，则读者在阅读有意味的文史小品之余，可对这些条文的渊源所自和是非得失有所了解。此外，为了帮助读者理解文章的内容，我对一些疑难的字句加上了注释，并且根据个人的理解，对书中人物的俏皮话和双关语也试作解释。

《唐语林》内容丰富，涉及面广，对此进行全面的整理，需要各方面的知识。限于学力，在校证工作中必然会有很多错误和不妥之处，希望各方面的人士不吝指正。我打算继续努力加工，整理出一部更便用可信的本子来。

《宋人轶事汇编》前言

上海古籍出版社 2014 年版

中国的王权政治前后历时数千年之久，中间经过了众多的朝代更迭。有的王朝历时甚久，如周朝，前后加起来达七八百年，汉朝，前后加起来也有四百年左右；而有的朝代，历时数十年甚或仅数年即告覆灭。这就不免引起后人的深思。特别是在一些强大的王朝衰亡之后，更会引起新朝人士的悚惧。他们反复思考，希望从中汲取经验教训，以免新建的王朝重蹈覆辙，历史上留下了很多有关这一方面的记叙与议论。

汉初贾谊撰《过秦论》三篇，已成史论方面的典范之作，因为秦朝覆灭时的惨烈状况太可怕了。原先作为诸侯之一的秦国，僻处西部地区，国力弱于中原地区的一些强国，然而经过几代君主的努力，终于凭借强大的兵力横扫东方各国，完成了统一大业。秦皇嬴政踌躇满志，自称始皇，以为一脉相承，可以传之无穷，然而仅传一代，即告覆灭，“一夫作难而七庙隳，身死人手，为天下笑”。刘邦建立新王朝后，虽欲改弦更张，然而找不到方向。文、景继起，采用黄老之术，休养生息，然仍沿用严刑峻法，踵袭前朝。这种局面，一直要到武帝开始采取“独尊儒术，罢黜百家”的国策之后才有大的改变；其后历经元帝、成帝，才终止了采用“霸王道杂之”的统治之术，汉代的政治格局才算是完成了转型。

汉末衰乱，三国纷争，历时数十年后，又统一于晋。历史为什么一次次地循环往复，又引起了学术界的思考，于是有陆机的《辨亡论》等文字出现。《文心雕龙·论说》篇曰：“陆机《辨亡》，效《过秦》而不及。”然而不管后起的文章是好是坏，这类议论总能得到大家的认可，总结前朝经验教训的思考始终不断萦绕在文士的心头。

宋代不然。这一问题还没有在文士的头脑中闪现，开国皇帝赵匡胤就以实际行动扭转了局面。他采取简捷有效的办法，逐一实施，开启了宋朝的一代新风。

一、宋代文治格局的形成

（一）宋太祖赵匡胤开启了一代新风

前人普遍认为，唐代之亡，出于三大祸害：宦官、朋党、藩镇。赵匡胤本为一介武夫，深知拥兵称王的军阀之祸害，于是他先从消除藩镇这一祸根下手，然后一一解决其他难题。

赵匡胤的第一妙着就是所谓“杯酒释兵权”。司马光《涑水记闻》卷一记此事曰：

> 上因晚朝，与故人石守信、王审琦等饮酒，酒酣，上屏左右谓曰：“我非尔曹之力不得至此，念尔之德无有穷已。然为天子亦大艰难，殊不若为节度使之乐，吾今终夕未尝敢安枕而卧也。”守信等皆曰：“何故？”上曰：“是不难知之，居此位者，谁不欲为之？”守信等皆惶恐起，顿首曰：“陛下何为出此言？今天命已定，谁敢复有异心？”上曰：“不然。汝曹虽无心，其如汝麾下之人欲富贵者何！一旦以黄袍加汝之身，汝虽欲不为，不可得也。”皆顿首涕泣曰：“臣等愚不及此，唯陛下哀怜，指示以可生之涂。”上曰：“人生如白驹之过隙。所谓好富贵者，不过欲多积金银，厚自娱乐，使子孙无贫乏耳。汝曹何不释去兵权，择便好田宅市之，为子孙立永久之业，多置歌儿舞女，日饮酒相欢，以终其天年？君臣之间，两无猜嫌，上下相安，不亦善乎！”皆再拜谢曰：“陛下念臣及此，所谓生死而肉骨也。”明日，皆称疾，请解军权。上许之，皆以散官就

第，所以慰抚赐赉之甚厚，与结婚姻，更置易制者，使主亲军。

唐初朝廷崇尚武力，宰臣每用武将充当，出将入相，屡见史籍。其时边境上与其他民族的冲突不断，故自玄宗时起，即以节度使拥重兵防御镇守。安史之乱后，中央政权削弱，拥兵者乃演变成独霸一方的藩镇。这一批人既拥兵割据，一些得到军士拥护的长官又起而推翻原有的首领，即使有一些首领想拥护朝廷，也无法扭转局面。如魏博节度使田布意欲归附朝廷，终因无力扭转局势而自尽；陆长源任宣武节度使行军司马，欲以峻法绳束骄兵悍将，结果自身被杀，还险些殃及前去任职的韩愈。五代残唐，每一个王朝差不多都由部下起来推翻旧主子的后裔而自立新朝。赵匡胤深知如不改变这种局面，非但政权无法稳固，国家也无从安宁，因此他利用当时众望所归的局势，既依靠掌兵的故旧夺得政权，又晓以利害，让他们不必再冒什么风险便可坐享尊荣。就这样，赵匡胤轻巧地在餐饮之间清除了威胁权位的潜在敌手，将兵权牢牢控制于中央，从而扭转了时势发展的方向。日后宋主虽仍沿袭前朝旧规，将昔日的一些同伙分封外地任节度使，但是这些将领已无可能再闹割据，于是终赵宋一代，没有再次出现藩镇之祸。

赵匡胤还一改改朝换代时铲除其他割据地区君臣的常用手段，善待各地降王，约束派去攻城掠地的将领，不再烧杀抢掠。隋文帝杨坚史称贤君，但他攻下南方陈朝之后，竟将六朝金粉肆意毁坏，以为借此可以根除地方势力的抬头。宋太祖不然，攻取城市后尽力约束人为的破坏，各地降王也常得到照顾而免除生命威胁。那些旧朝的臣子，很多仍在新朝任职，甚至那些旧朝的后裔，也可提笔记录前朝旧事。例如吴越王钱镠的孙子钱易，撰有《南部新书》十卷；荆南高季兴的部属孙光宪，撰有《北梦琐言》三十卷；南唐旧臣郑文宝，撰有《南唐近事》一卷、《江表志》二卷。这些书中都为唐宋之交的政局与文坛提供了不少珍贵的史料。

赵匡胤的目的，就在采用种种措施提倡文治，扭转唐人崇尚事功的定势。而他最为有力的措施之一，就是传下不许杀戮言事者之祖训。署称陆游所撰之《避暑漫钞》引《秘史》曰：

> 艺祖受命之三年，密镌一碑，立于太庙寝殿之夹室，谓之誓碑，用销金黄幔蔽之，门钥封闭甚严。因敕有司，自后时享及新天子即位，谒庙礼毕，奏请恭读誓词。是年秋享，礼官奏请如敕。上诣室前，再拜升阶，独小黄门不识字者一人从，馀皆远立庭中。黄门验封启钥，先入焚香明烛，揭幔，亟走出阶下，不敢仰视。上至碑前再拜，跪瞻默诵讫，复再拜而出。群臣及近侍，皆不知所誓何事。自后列圣相承，皆踵故事，岁时伏谒，恭读如仪，不敢漏泄。……靖康之变，犬戎入庙，悉取礼乐祭祀诸法物而去。门皆洞开，人得纵观。碑止高七八尺，阔四尺馀，誓词三行：一云“柴氏子孙有罪，不得加刑。纵犯谋逆，止于狱中赐尽，不得市曹刑戮，亦不得连坐支属”；一云“不得杀士大夫及上书言事人”；一云“子孙有渝此誓者，天必殛之”。后建炎中，曹勋自虏中回，太上寄语云“祖宗誓碑在太庙，恐今天子不及知”云云。[①]

纵观有宋诸帝，对于太祖的这项祖训，还是认真执行了的。宋史上，少见因议政而遭残杀的事例，这无疑会对臣下议政的勇气与热情起激励作用，于是大家常抒发己见，纵论天下大事。臣子秉持儒家仁政爱民的理论，结合现状，提出自己的看法，这就大大地减少了彼此之

---

① 参看刘浦江《祖宗之法：再论宋太祖誓约及誓碑》，载《文史》2010年第3辑。

间无谓的纷争，也避免了形成朋党而滋生的门户之见。唐代官僚集团之间因利益纠结而形成的朋党，遂不再成形。

宋代臣子的议政言行，一直受到当时和后代的重视。南宋赵汝愚编《名臣奏议》一百五十卷，明代黄淮、杨士奇编《历代名臣奏议》三百五十卷，其中大部分为宋人奏议，从中可以看到其时知识界以天下为己任的抱负，也可发现他们的关注点往往在于政体的基本建设而非一时的事功。

在宋代历史上，很少见到帝王摆出一副英明天子乾纲独断的样子。太祖为了防止庸驽的子孙接位后会影响国运，因而提高了相权，同时又设置了参知政事一职，既与冢宰协力治天下，又相互牵制，防止权力的过分集中。此外还有枢密使等一一分享部分权力，且由各部门相互牵制。因为宋代帝王能把政权移交外廷处理，从而避免了唐代的宦官之祸。历代帝王常见的那种宠信身边侍从而导致小人上下其手的情况，少见于宋代历史。

每一个朝代，都会面临千变万化的情势。如何处理，在不同人群之间，自会产生不同意见。唐人承贵族执政之馀风，又尚事功，因而时见一些领袖人物唯我独尊，甚至意气用事，排斥异己；宋代朝臣崇尚儒者作风，争执之时比较理性，更重是非之争，因而没有重蹈唐人之覆辙，再现朋党之祸。即使是争执最为激烈的变法之争，尽管内有蔡京之流的败类从中渔利，但仍有那么一点政治斗争的意味，而不能视之为朋党倾轧。这样，宋太祖的一生，虽无多少丰功伟绩，但他定下的方针大计，在后代子孙的执行过程中，未逾规矩，终于铲除了唐代政治的积弊，将一个崇尚武功的前朝，转变成了推行文治的新朝。

唐宗宋祖，国人喜相提并论，而又常是觉得宋祖无法与唐宗相比。唐太宗于魏晋南北朝长达数百年的战乱之后，又临隋代再一次的动乱，从而认真总结历史上的经验教训，推行开放政策，使五胡乱华而入居中原的异族共同承担责任，加快融合，且使境外的不同民族前来归附，或与之交往，这就形成了璀灿多姿的唐代文明。在他的努力之下，南北不同文化加速调和，游牧民族的亢爽之气与南方汉族长期积累下来的精巧技艺沟通融合，逐渐形成了后人引以为荣的唐代诗文。由太宗开创的唐代文明，国人一直引以为豪，只是大家往往偏于从国力的强弱上去评判帝王的建树，而不去全面观察他们在国运方面的其他贡献。即以宋太祖而言，由他奠定基础而形成的宋代文化，也足以照耀千秋，让国人引以为荣。

明末王夫之评宋太祖曰：

〔宋祖〕起行间，陟大位，儒术尚浅，异学不乱其心。怵于天命之不恒，感于民劳之已极，其所为厚柴氏、礼降王、行赈贷、禁淫刑、增俸禄、尚儒素者，一监于夷狄盗贼毒民侮士之习，行其心之所不安，渐损渐除，而苏其喘息。抑未尝汲汲然求利以兴，求病以去，贸愚氓之愉快于一朝，以不恤其久远。无机也，无袭也，视力之可行者，从容利导，而不尸自尧自舜之名，以矜其美，而刻责于人。故察其言，无唐太宗之喋喋于仁义也；考其事，无文、景之忍人之所不能忍，客人之所不能容也；而天下丝纷之情，优游而就绪；瓦解之势，渐次以即安。无他，其有善也，皆因心者也。①

这种意见值得重视。赵匡胤在历史上的贡献，理应予以高度评价。

（二）宋学的先驱者与奠基人

纵观中国政局，贵族执政的年代，差不多占到全部时间的一半。

① 载《宋论》卷一“太祖”，舒士彦点校本，中华书局 1964 年版。

魏晋南北朝时，北称崔、卢，南称王、谢，一直占有优越的政治地位。唐代帝王李姓也要声称出于陇西李氏，且在编写《氏族志》时明令列为天下第一著姓。因此，唐代高居相位的人，仍以所谓“皇姓”或“七姓”中的世家大族中人为多。

前此学者考察中国政治的变迁，有一种意见认为，唐代为贵族统治的结束阶段，宋代为平民参政的开始阶段。此说有其参考价值，可以由此进行分析。

赵宋王朝用心建立文官政府，吸收不同阶层的士人进入官僚队伍，因而完善科举制的考核，扩大吸收新进士人的规模，于是大批出身于中下层的士子进入了仕途，这就进一步根除了前时贵族政治的馀风，社会上的各式人等渐趋平等相处。宋代科举制度通过其考核而进入仕途之易、直接吸收士人之多，不但远超唐代，即使后起的明清两代，也未达到这样的规模。

中古时期的贵族政治，起于东汉。一些家族，凭借文化上的优势，既通经术，又据高位，他们大都聚族而居，以共通的家学门风为标识，在社会上占有优越地位。到了魏晋南北朝时，由于玄学的兴起，家族内部人员之间的学术与作风已经出现很多不同。到了隋唐，政治中心移向中原腹地，那些著姓中人由于仕宦等原因，大都向京城周边集中，他们脱离本土，宗族的纽带也就不断松懈。特别是在科举取士的制度推广之后，大批中下层家庭的子弟进入仕途，原来的贵族阶层为了顺应时势，也不能不应科举试，这就进一步加快了摧毁贵族执政的基础。像李德裕这样家族意识很强的贵族中人，自己坚持不应科举试，但也要注意进士阶层的动向，从中扶植新兴力量了。晚唐五代，盘据各地的军阀攻战不歇，贵族豪门往往夹在其中成为牺牲品，那些绵延数代的大姓也遭到致命的打击，即使显赫如赵郡李氏，到宋代之后，也消失在历史长河中了。[①]

如以唐、宋两代的最高执政者而言，情况即大异。唐代崔氏十房中，前后就有二十三人任相，占到唐代宰相总数三百六十九人中的十六分之一。其余像赵郡李氏、陇西李氏、荥阳郑氏、太原王氏、范阳卢氏等大族，也是高官辈出，一直延续到唐末。《新唐书·宰相世系表》曰："唐为国久，传世多，而诸臣亦各修家法，务以门族相高。其材子贤孙不殒其世德，或父子相继居相位，或累数世而屡显，或终唐之世不绝。呜呼，其亦盛矣！"宋代就无这种某一家族长期执政的情况出现。任相者多出身下层，更无世族豪门世代为相的情况。即使是像最为显赫的吕氏家族：吕蒙正相太宗，侄夷简相仁宗，吕夷简四子均居高位，其三子公著则相哲宗，这一家族的先世也无上述世家大族的特征，只是到了宋代之后，竟由儒学晋身，故与家世关系甚浅，固难称为豪族。而且这在宋代来说，还只能说是个别现象。[②]

宋初的一些名人，如范仲淹、欧阳修、富弼、宋庠、宋祁等人，均出身贫寒，后由科举进入仕途。这一些人，由于时代的丕变，个人成长环境的差异，比之前朝士大夫，在思想作风上也已显现出很多不同面貌。

范仲淹是宋初的一位名人。他在政治、军事、思想、文学等方面均有建树。他的著名语录"先天下之忧而忧，后天下之乐而乐"，已是中国人民耳熟能详的警句，惠溉后人至深。而他之所以有此抱负，则与其兼资文武和锐意革新的才能与志向有关。他厉行政治改革，庆历新政虽告失败，然其革新精神一直影响着宋代政治的发展；他以文士的

---

① 参看詹森著、耿立群译《世家大族的没落——唐末宋初的赵郡李氏》，载《唐史论文选集》，台湾幼狮文化事业公司 1990 年印行。

② 参看吕茂东《吕氏一门三相家世考》，载《东岳论坛》第 31 卷第 4 期，2010 年 4 月。吕氏此文多据宗谱与地方志立说，后人尚可多方求证，更求精密，然亦可知吕氏本非一系相承诗礼传家之世族。

资质，出守西北边疆两年，总结出来“近攻、坚守”等战略思想，对防御西夏入侵起到了重要作用。可以说，他的建树是多方面的，文治武功二者都有所表现，只是武功方面的成绩远逊于其文治之功。这就是宋人的新貌，也可说是宋代社会一个缩影。他在军幕中作《渔家傲》词，词曰：“塞下秋来风景异，衡阳雁去无留意。四面边声连角起。千嶂里，长烟落日孤城闭。　　浊酒一杯家万里，燕然未勒归无计。羌管悠悠霜满地。人不寐，将军白发征夫泪。”谭献《词辨》评曰：“沉雄似张巡五言。”以为范词体现出了唐诗的精神，则是可以从中觇知唐宋文脉的递嬗。

钱穆论宋学，称范仲淹为“北宋政治上的模范宰相”，与位列《宋元学案》之首的胡瑗这位“北宋公私学校里的模范教师”并列，以为二人体现了时代精神，“北宋的学术和政治，终于在此后起了绝大的波澜”，由此掀起的新思想与新精神是：

> 他们开始高唱华夷之防（这是五胡北朝以来，直到唐人，不很看重的一件事），又盛唱拥戴中央（这是唐代安史乱后两百年来急需矫正的一个态度。宋朝王室，只能在政制上稍稍集权中央，至于理论思想上正式的提倡，使人从内心感到中央统一之必需与其尊严，则有待于他们），他们重新抬出古代来矫正现实（他们极崇《春秋》，为“尊王攘夷论”之拥护与发挥。最著如孙复）。他们用明白朴质的古文（所谓文以载道，即文道一贯，以今语译之，即文学与生活或行事［即道］一致之理论也），来推翻当时的文体。（最著如柳开、石介，乃至欧阳修。）他们因此辟佛老（如石介、欧阳修），尊儒学，尊六经（他们多推崇《易经》，来演绎他们的哲理思想），他们在政制上，几乎全体有一种革新的要求。他们更进一步看不起唐代（连带而及于汉），而大呼三代上古。（汉唐是现实，三

代上古是他们的理想。)他们说唐代乱日多,治日少。他们在私生活方面,亦表现出一种严肃的制节谨度(适应于那时的社会经济,以及他们的身世,与唐代贵族气分之极度豪华者不同),而又带有一种宗教狂的意味(非此不足有以天下为己任之自觉精神),与唐代的士大夫恰恰走上相反的路径,而互相映照。(他们对于唐人,只看得起韩愈,而终于连韩愈也觉得不够,因此想到隋末唐初的文中子王通。)因此他们虽则终于要发挥到政治社会的实现问题上来,而他们的精神,要不失为含有一种哲理的或纯学术的意味。①

若与唐代文士相比,宋代文士思考问题时理论色彩常是显得更为浓郁,志趣似乎更为高远,却显得有些迂阔;行动的功效,施展的才华,不似唐人那么多姿多彩。然而宋人在文化上的贡献,自有其丰富与优胜之处。

欧阳修、司马光继起,二人的作用也应予以高度重视。他们体现了宋初帝王在稳定政局之后,意欲树立正统史观的努力。欧阳修撰《新唐书》、《五代史记》(《新五代史》),司马光修《资治通鉴》,宣扬儒家精神,强调《春秋》大义,为亟欲建立文治政府的宋王朝作思想动员。而他们在修史时广采稗官野史的做法,所呈现的新史观,又推动了宋人竞相写作笔记的风气。

苏氏父子之出现于宋代历史,有其特殊的代表意义。苏轼不但在文学艺术等诸多领域均有其建树,而且在思想作风上也呈现出新的面貌。他在朝为官时,持儒家观点,侃然论政;失意贬官放逐在外时,则

① 钱穆《国史大纲》第六编《两宋之部》,第三十二章“士大夫的自觉与政治革新运动”一“学术思想之新曙光”,商务印书馆 1947 年上海新一版。

以道家与佛家思想自我排解；而他的为人，又是那么超越尘俗，不汲汲于功利。我们如将唐人记载李德裕的许多轶闻与宋人记载苏轼的许多轶闻并读，就可看出贵族政治下培养出来的人物，与宋代涌现出来的那些杰出的士人之间差别之明显。

应该说，这是宋代统治者努力摆脱唐人遗风、努力培养新型知识分子的结果。经过几代人的努力，重文轻武方针贯彻多年，宋代文化终于成型，于是涌现出了像欧阳修这样多方面努力开拓的人物、苏轼这样全面展示文士风貌的人物。由于这些原因，宋代的笔记中，也就少见武人的身影，这就与唐代的情况大不相同了。

宋代文士不但能在唐代文史已趋极盛的情况下，开拓新的局面，在文学创作与史学著述等方面取得新的巨大成就，形成新的风貌，而且在哲学等领域中，也取得累累成果。

一般说来，唐人追求事功的结果，比较重视性情的展现，而在文化内涵方面有所欠缺，在哲学方面的建树不多，思辨能力最高的人往往见之于高僧大德，他们在宗教哲学上有很多建树，并且发展出了融合中国固有哲学而形成的禅宗。到了宋代时，终于产生了在儒家文化的基础上吸收了老庄和禅家义理而形成的理学。早期儒学关注政治社会与伦理道德，不大顾及性与天道，到了韩愈、李翱等人，才从思孟学派中寻找资源，建设心性之学。禅宗的明心见性之说体系完整，思辨性更强，宋代理学大家“出入于老释”，受此影响，也就建立起了更为精致的学术体系，从而产生了深远的影响，一直支配着后代士人的思想意识。对于宋代在文化建设上取得的巨大成就，后代的有识之士，常是大加赞赏。陈寅恪云：

> 吾国近年之学术，如考古历史文艺及思想史等，以世局激荡及外缘薰习之故，或有显著之变迁。将来所止之境，今固未敢断

论。惟可一言蔽之曰，宋代学术之复兴，或新宋学之建立是已。华夏民族之文化，历数千载之演进，造极于赵宋之世，后渐衰微，终必复振，譬诸冬季之树木，虽已凋落，而本根未死，阳春气暖，萌芽日长，及至盛夏，枝叶扶疏，亭亭如车盖，又可庇荫百十人矣。由是言之，宋代之史事，乃今日所亟应致力者。①

其他学者类似的意见很多，今不一一具引。

（三）宋代文化的发展与国运的变迁

但事情总有它的两面性。宋代重视文治的结果，必然重文轻武，国力趋于衰弱，陷于不振。宋代朝廷又严格控制将领擅自行动，以免危及中央。在宋代历史上，很少出现行伍出身的优秀将领。只有狄青、郭逵二人，起于基层，屡立战功，防卫边疆，镇压叛乱，号称名将。他们在维护中央政权的过程中作出了很大的贡献，仅因不是进士出身，虽贵至枢密使，还是受到他人的鄙薄与猜忌。

在此形势下，宋代的官场，不论文职或武职，都充斥着各种各样的文士，社会风气当然也会呈现出特有的面貌。

大批文士涌入官僚队伍之后，导致冗员繁多，行政效率低下，而朝廷为了优待官员，薪资优厚，罢职或退休后待遇良好，这就更进一步地增加了底层老百姓的负担，国力也就进一步地削弱。

为了不断补充官僚队伍中的成员，宋王朝在唐代科举制度的基础上加以改造，扩大名额，简化手续，让大批士子更易进入官员的候补行列。因此，反映在文学作品中，宋代士子的心态一般都比较平和，看不到唐代那些科场失意的士子低沉或愤激的情绪。晚唐政局动乱中，一些失意士人常投身于反叛的队伍中，据云黄巢就是由此走上造反行列的。

---

① 《邓广铭宋史职官志考证序》，载《金明馆丛稿二编》，上海古籍出版社 1980 年版。

大家或许会认为，宋代农民的负担实在太重。宋代农民生活在社会底层，生活确很困苦，但我们若是深入全面地去考察宋代社会的情况，也就可以发现，这时的社会生产力仍在迅速地发展，这又是什么原因呢？

宋代农村中，出现了很多重要的推动社会前进的因素，其中之一，则是广泛地实施了租佃制。农民按租约缴纳田租，这就进一步解脱了此前农奴制遗留下来的人身依附，个人的生产主动性也大为提升，还能不受羁绊，外流到其他地方去闯荡。由于宋代国力衰弱，疆域日蹙，后且仅存半壁江山，于是农民随之不断往南方迁移，向人口稀少的地方发展，将丘陵与山区也加以开发。他们深耕细作，在农业技术上也有了很大的提高。宋代出现了好几种有关农业技术的专著，也从另一侧面反映出其时农业生产已取得很大的发展。

自北宋起，由于党项羌在西北边疆建立起了西夏王朝，内地人民与中亚相联系的丝绸之路完全被切断，迫于形势，宋人乃向东南方向发展，开辟了海上的丝绸之路。明州、泉州、广州等商埠，外商不断前来，促进了全国各大城市的繁荣。而内地的大批农民涌入城市，商业愈益发达，又引发了娱乐业的开展，市民文化随之兴起，中国文学中出现了很多新的题材与文体，显示出与前迥然不同的面貌，《东京梦华录》、《梦粱录》等著作，对开封、杭州等地区所作的生动记录，至今仍能激发人们的遐思。

自南宋起，中国固有图籍中又出现了一种新的著作体例——地志。战国之后，历代都有介绍全国人文和物产的著作出现，正史中都有《地理志》一类的著述，但却少见局限于某一地区的记录。到了宋代，由于各个地区得到了深度的开发，一些学者出于对某一地区的关注，或是出于对家乡地区的热爱，开始写作州、县或某一地区的方志。例如人文荟萃的吴郡，先后就有朱长文《吴郡图经续记》、范成大《吴郡志》等著作问世。书中往往沿用前人材料，但也时而可见新的介绍。范氏之书有五十卷之多，内如《牧守》、《官吏》等类，可考历任地方官的治绩，《人物》八卷，内多轶事记叙。考宋代方志之存世者三十多种，元代方志之存世者十多种，内涵丰富，均可供人发掘和利用。

如上所言，宋代文明仍在不断取得迅猛的发展，在其内部，已经孕育着现代社会的好多新鲜因素。可以说，唐代残留下来的贵族政治遗风，宋代已经基本摆脱其影响。例如唐人讲求郡望与姻族等社会关系，宋人已不太予以关注；唐代还有人从事谱牒类的著作，宋代已无继作之人；唐代士子以参加军幕和依托藩镇为重要出路，宋人也不再踏着同样的脚步前进了。

历史的发展，曲折多变，人们从不同角度观察，常是可以得出不同的结论。唐代最为英明的君主，一般认为，前有太宗，后有玄宗。玄宗时的国力，比之前代又有提升，或可说是真正达到了盛唐的巅峰。但盛极则衰，安史之乱后，唐王朝即一蹶不振，逐步走向衰败，因此唐人最为痛恨的，也就是处在东北边境的这些藩镇。安禄山、史思明是导致唐王朝衰败的罪魁祸首，其后盘踞于此的魏博等藩镇，也是拖垮唐王朝的祸根。这些当然是事实。然纵观全局，史实表明，位处东北的这些藩镇却是有效地阻拦住了契丹等异族的入侵，这就为中原地区传承的华夏文明建起了一道屏障。[①] 宋代重文轻武，东北边疆显得脆弱不堪，位处中原腹地的朝廷既没有能力将燕云十六州收入赵宋版图，更没有能力抵御一波波游牧民族的入侵。其后契丹、女真、蒙古等族先后入侵，宋王朝自开封南迁临安，还是难以抵御其兵锋。先是辽人入据北方东部地区，后金人入据整个北部，继起的元人终于灭掉了赵

---

① 参看黄永年《唐代河北藩镇与奚契丹》，原载福建人民出版社《中国古代史论丛》1982 年第 2 辑，此处据其自选集《文史探微》中的文本，中华书局 2004 年版。

宋王朝，建立起了横贯欧亚的大帝国。从长远来看，契丹、女真、蒙古等族定居中原之后，与汉人相处，经过数百年的融合，使中华民族不断壮大，但在这段漫长的历史中，广大人民颠沛流离，家破人亡，长期积累下来的华夏文明几经残毁。赵宋王朝重文轻武的后果，也是极为严重的。

西北地区的情况也一样。安史之乱后，西北地区的主要兵力调入中原，边境上的实力大为削弱，丝绸之路中断。其后党项羌崛起，建立起了西夏王朝，于是终赵宋一代，无法再开通这一要道，西域文明乃至欧洲的文明，无法通过这一纽带与中原腹地连接，于是唐代那种兼容并包、多姿多彩、呈现开放胸怀的文明，终于画上了句号，再也不见于中国历史了。其后成吉思汗摧毁了西夏王朝，大肆残杀，各民族之间的仇恨与政权更迭，使当地人民为此付出了沉重的代价。唐代文明中断，宋代文明消退，西北地区也就难以滋长起与中原文明齐步的地域文化，几乎留下了一片空白，这也是历史上的一件憾事。

二、唐宋人物轶事的不同风貌

（一）唐宋笔记类著作内容之差异

我在《唐人轶事汇编》的前言中曾对编纂目的有所说明，这次编纂《宋人轶事汇编》，用意自然相同。

研究历史人物，如果仅依正史上的记载进行考察，则往往难以见到人物的个性与诸多侧面，也难以了解其复杂的社会关系。由于每一个人物的表现总是多方面的，人们从各种不同角度去观察，得到的印象往往各不相同。正史中的记录，常是举其有关政事的荦荦大者，对于这一人物的性格特征和言谈举止，则每不作具体描述。阅读正史，了解其中的人物，也就不够具体，不够丰满；而一些笔记或类似文体的著作中，所作的记叙，常是多样和生动得多。因此，研究历史上的人物，如能将正史上的记载与民间的私人撰述参互考察，那么读者对此人物的理解，也就会更全面，更具体。

民间的这种私人著述，就个人的耳闻目睹随笔记录，古已有之。尽管“笔记”之名起于宋代，实则唐代已大量涌现。每一个时代的文士，思路与情趣各不相同，因此，唐宋两代人的记叙也就各有其特色。

唐人承魏晋南北朝人之遗绪，受《世说新语》一类的著作影响甚大，因此这类著作的名字，每以“话”“语”等词加以点缀，如《大唐新语》、《刘公嘉话录》等。宋代王说综合唐人著作而成《唐语林》，明白告示此书即承刘义庆之遗绪而作，但二者风貌显然有异。《世说新语》以记言为主，晋人沐浴玄风，谈吐风雅，追求一种潇洒出尘的风貌。评点人物时，关注对方的才性、品格、仪表和怀抱；唐人重事功，即使是在《唐语林》的《品藻》一目中，虽仅列寥寥数则，也仅关注对方政治上成就之大小得失与诗文水准之高下。可见唐人的关注之点，比之前人已有很大的不同。他们的记叙，也就显示出特有的时代风貌。

如将唐宋两代人的记叙相比较，也可以发现一些相异之处。

唐人对小说与杂史的理解常持模糊的态度，甚至可以说，他们把正史之外的著述都称之为“小说”。这类著作，自魏晋南北朝时起即分从不同方向发展：记录人事者后人每称之为志人小说，有人则称之为轶事小说；记载神异故事者后人每称之为志怪小说，有人则称之为神异故事。唐人的记叙，继承前代传统而又常不作严格区分。如刘餗出生于史官世家，继承父业，也从事国史的撰述，但他写作《小说》（一名《国史异纂》，亦称《隋唐嘉话》），记录士大夫的轶事，中间还夹杂进了洛阳画工解奉先在壁像前妄誓而转生为一骑犊之事。宋人轶事中，轶事与志怪的记叙就大致分途了，志怪类的著作大为减少。宋代士人一般均奉儒家义理为主导思想，志人小说中很少羼入道听途说的志怪类奇闻。

所谓志怪小说，自魏晋南北朝时始告出现，唐代当然也有这类著作，其中时有一些关于高僧的神奇事迹的记叙，《松窗杂录》中就有一行预言玄宗行幸万里的记载。不过唐代的神异故事中要以道教神仙的事迹为多，因为李唐王朝自认为系老子李耳的后裔，所以道教的地位常是高踞于佛、儒之上，一些李氏子孙的笔下，均喜宣扬神奇的鬼神故事。例如中唐名相李德裕，不论在其自撰的《次柳氏旧闻》中，还是在他口述而由韦绚笔记的《戎幕闲谈》中，都有很多离奇曲折的神异故事。而且唐人关心政治，这类故事之中每杂历史恩怨，例如前时武曌改国号为周，几乎断送李氏一脉，故而一些有关武后的记载，每每杂有丑诋武家的故事。《太平广记》卷一四三引《戎幕闲谈》，载文水县武后父士彟之墓忽失龟头，所立碑上有“武”字者十一处皆镌去之。不经半年，武元衡遇害。按赵明诚《金石录》卷二五《跋尾十五·周武士彟碑》，则谓此碑尚存，“武”字刻划完好，无讹缺者。可知此说纯属道听途说，也不能排除此事出自李德裕本人的编造。

神仙道化的轶事，遍播朝野，即使是在那些严肃的笔记中，也常杂有这类奇闻。如赵璘撰《因话录》，因为其中的材料大都来自姻属间的亲身闻见，故大致可信，从而得到《四库全书》编者与近代史学大家岑仲勉等人的高度评价。然而内中也记载了不少有关著名道士田良逸等人的神奇事迹，遂使这类著作与后起的宋人笔记呈现出不同面貌。

总的看来，唐代笔记的内容往往真真假假，比较驳杂。皇甫枚撰《三水小牍》，内有关于晚唐著名女诗人鱼玄机虐毙侍女绿翘而为京兆尹温璋笞杀的记载，后人常根据此书介绍鱼玄机的悲惨身世，然因《三水小牍》中的大部分篇章均属神奇怪异的故事，因而也影响到了内中一些重要文字的可信程度。

唐代为传奇这一文体的繁荣时期。唐人轶事中有些历史性的记叙，往往又夹杂着传奇色彩。如《幽闲鼓吹》中记白居易赴京应举，献诗顾况，有“咸阳原上草，一岁一枯荣。野火烧不尽，春风吹又生”之句，顾况遂前后态度丕变。又如《明皇杂录》卷下记玄宗命高力士以白羽扇赐张九龄，九龄惶恐，以为将遭冷遇，遂作《白羽扇赋》献之。据后人考证，上述二说均不合事实，出于编造。因此，有关这类文人轶事的资料，应当是在传奇之风风靡一时的影响下产生的。

宋代人物的轶事中，就很少见到真真假假驳杂难明的情况，说明其时文人学士即使是在写作随笔式的文字时，也已分清不同文字的体类要求，从而善自抉择了。

欧阳修为一代文宗，他在各方面的建树，对宋代文坛产生过十分巨大的影响。他写作的《归田录》，则为笔记体的写作导夫先路，且为这种文体的写作树立起了范本的作用。欧阳修自云此书乃依李肇《国史补》而作，而李肇之撰《国史补》，则自云乃仿刘悚《传记》而作。李氏《序》云：“予自开元至长庆撰《国史补》，虑史氏或阙则补之意，续《传记》而有不为。言报应，叙鬼神，征梦卜，近帷箔，悉去之。纪事实，探物理，辨疑惑，示劝戒，采风俗，助谈笑，则书之。”明示其写作宗旨就在排除鬼神梦幻类无法证实的传闻，也不载男女猥亵的情事，这就与志怪和传奇划出了界限，宋代笔记一般就是沿着这条道路向前发展的。

由此之故，我在研究唐人轶事时，喜用“笔记小说”一名，因为其时笔记与小说确是不易区分。例如《四库全书总目》卷一四〇子部小说家类录《中朝故事》二卷，提要云：“上卷多君臣事迹及朝廷制度，下卷则杂录神异怪幻之事。”说明此书即由笔记、小说二者组合而成。到了宋代，则二者分列，少见杂乱之作。吾等今日编纂《宋人轶事汇编》，采录的绝大多数材料，出于笔记而非小说。

在此还可附带讨论一下与笔记性质相近的另一种文体。

唐宋两代，诗歌成就极为辉煌。自唐代起，产生了“诗话”这一新的体裁。宋词兴起，于是又有“词话”一端。这类文字实与笔记为近，只是内容偏于文学鉴赏与文坛掌故，内容较为单一与明确。

《四库全书总目》集部中有“诗文评”一类，内又分为五小类，且各举例以明之。中云“孟棨《本事诗》，旁采故实；刘攽《中山诗话》、欧阳修《六一诗话》，又体兼说部”。这就是说，唐代的诗文评与宋代的诗文评内容上有所区别。区别何在，似乎还可以作些说明。

孟棨一作孟启，当以作“启”为是。《本事诗》者，乃言诗之本事，介绍诗篇产生的背景。这是中国文学的特色，在儒家思想的影响下形成。《孟子·万章下》曰：“颂其诗，读其书，不知其人，可乎？是以论其世也，是尚友也。”可知知人论世也是我国史官传统的一种表现。

唐代首先出现诗话这一体裁，然数量不多，最著者也就是范摅的《云溪友议》、孟启的《本事诗》，以及已经散佚的卢瑰《抒情诗》等数种。从这些诗话的内容看，大都具有传奇的性质，故事曲折离奇，配合著名诗篇，确是引人入胜，但却未必可信。例如《云溪友议》卷下《题红怨》中记宫女题诗于一红叶上，偶为书生卢渥所得，后卢氏任职范阳，遇宣宗省却宫人，许从百官司吏，此题诗宫女适得配卢渥。此一传说，已成脍炙人口的爱情故事，而未必就是事实。又如《本事诗》中记韩翃与柳氏悲欢离合的故事，亦即著名的《章台柳》诗本事，许尧佐已写成传奇《柳氏传》，孟启重又载入书中，又云：“开成中，余罢梧州，有大梁夙将赵唯为岭外刺史，年将九十矣，耳目不衰。过梧州，言大梁往事，述之可听，云此皆目击之，故录于此也。”则是故事又似可信的了。又如《太平广记》卷二七九引《抒情诗》，叙韦检与其鬼妻唱和事，或系卢瑰自编的故事，因为唐传奇中常见这类诗人与亡妻唱和的趣闻。这类文字，大都出于作者为了表现自己的诗才而自拟，自然不能作为史料看待。

由此可知，唐人诗话内容真真假假，难以判定其可信与否。

欧阳修作《六一诗话》，也与唐人诗话面目大异，排除了鬼神梦幻与男女情爱等内容，已是纯粹的评论诗篇之作了。即使言及诗之本事，也以如实抒写为重。后出的诗话，大体都是同一类型之作。

（二）唐宋两代文士对待国史的不同态度

在唐代的史料笔记中“国史”起过很大的作用，前后许多知名与不知名的作者都曾大量引用国史中的材料。唐人笔记中呈现的这一情况，似乎很难解释：深藏宫廷的国史怎么会被位处下层的一些作者所利用呢？

这是因为唐代朝廷对国史的管理并未规定严格的保密制度。《唐会要》卷六三《史馆上·修国史》曰：

> 贞观十七年七月十六日，司空房玄龄、给事中许敬宗、著作郎敬播等上所撰高祖、太宗《实录》各二十卷。……仍遣编之秘阁，并赐皇太子及诸王各一部，京官三品以上，欲写者亦听。

这里对阅读者的品位虽有所规定，但此门一开，不难想见，与这些大官员有关系的人也就有其可能接触到国史。况且中唐之后，战乱不断，京师残破，史馆中的材料多次外泄，社会上的各式人等也就有其可能接触到国史。

李翱在《答皇甫湜书》中说：“近写得《唐书》，史官才薄，言词鄙浅。”可知他也读到过国史。《旧唐书·田弘正传》曰：“颇好儒书，尤通史氏，《左传》、《国史》，知其大略。”说明社会上的各式人等已把阅读国史不再视作难事。

这类国史，还曾远播海外。日本藤原佐世编纂的《日本国见在书目》中，“杂史家”中著录唐实录三种：“《唐实录》九十卷，司空梁国公房玄龄等撰；《唐实录》九十卷，中书令许敬宗撰；《高宗实录》六十卷，武玄之撰。”这些国史显然是日本的遣唐使通过各种关系辗转获得的。

只是这些国史在各种书目上的记载篇幅差距很大，可知唐代国史在辗转传播的过程中，历经多人抄写，面貌往往会有差异。

《旧唐书·经籍志上》中说："天宝已后，名公各著文章，儒者多有撰述，或记礼法之沿革，或裁国史之繁略，皆张部类，其徒实繁。"说明唐人撰述时，每引《国史》中的材料为佐证。后人看到唐人引用《国史》时，自不必多所惊怪。①

唐代一些笔记的作者，社会地位不高，但书中却往往大量引用《国史》中的材料，如《新唐书·艺文志》"小说家类"著录胡璩《谭宾录》十卷，注曰："字子温，文、武时人。"又"杂史类"著录刘肃《大唐新语》十三卷，注曰："元和中江都主簿。"而此书前有元和丁亥自序，署衔"登仕郎前守江州浔阳县主簿"。可知二人社会地位都不高，然而书中却录入不少出自《国史》的材料。后出之书，如《新唐书·艺文志》"小说家类"著录《芝田录》一卷，不著撰人，《说郛》各本则署丁用晦撰，宋无名氏《新编分门古今类事》卷一八《刘毅斋名》条、《古今合璧事类备要》续集卷三均引，亦作丁用晦撰，其人情况不明，其书则亦引及《国史》，可见唐人不论身处何位，均有可能接触"国史"，而径自将之纳入己作。

唐代那些勤于著述的文士，有可能会同时看上一些热门的题材，有的则径自将前人的同类著作改写后编入，因此唐人的一些笔记小说中时见有类同的文字出现。如刘肃撰《大唐新语》，很多故事与刘餗的《隋唐嘉话》类同，佚名的《大唐传载》中的文字则每与《隋唐嘉话》中的文字相混。丁用晦《芝田录》，不但屡引唐代前期产生的文字，而且征引魏晋南北朝人的文字。李濬的《松窗杂录》，也有不少条目出于前人的著作。至于像孙光宪的《北梦琐言》、王定保的《唐摭言》等书，征引

① 参看李南晖《唐人所见国史考索》，载莫砺锋编《周勋初先生八十寿辰纪念文集》，中华书局 2008 年版。

前人文字时，则常加以说明，已是比较规范的著作态度了。

相比之下，宋人笔记的体例就要纯粹得多，他们一般只录亲身闻见之事，不依辗转传抄的材料而杂纂成书。因为宋代笔记的作者均由科举晋身，社会地位普遍较高，对于笔记的性质偏于史的传述，比较自觉，因此所用的材料，比之唐人之作，也就可信得多。

宋代笔记作者的身份前后也有差异，由于国势的强盛与衰微，情况不同，涉笔者的身份随之有所不同。据张晖统计，“北宋笔记作者大都是官员，占总数的百分之七十五，其中达官显宦也较多，仅中央六部以上的官员就有九人。南北宋之间笔记作者是官员的占总数的百分之五十，南宋笔记作者是官员的约占总数的百分之五十九点七，都低于北宋的比例。而且这两个时期的笔记作者的所任官职大多数都较低微”①。这种情况的出现，或许可以认为是由南宋之时笔记体的撰述更趋普及，文士染指者益众而造成的。

作为宋人轶事来源的大宗之一，笔记的写作还受到宋初修史之风的影响，司马光写作《资治通鉴》的影响尤为深远。

司马光在主持《资治通鉴》的修撰时，先命几名助手将各种材料汇成长编，而在定稿之时，则又将材料去取过程中所思考的一些问题记录下来，另外编成《考异》三十卷。他在《进书表》中说，他曾“遍阅旧史，旁采小说”，又“参考群书，评其同异，俾归一涂，为《考异》三十卷”，这就树立起了一种操作规范。考察史实时，既要注意官方记录，也要注意民间记载，目的则在最大限度地追求事实真相。

中晚唐时，政治局面混乱，朝廷已无能力正常地纂修国史。欧阳修、宋祁编撰《新唐书》的传记，只能大量采录笔记类的史料。司马光编《资治通鉴》时情况类同，而他在考核各种史料时，发现国史的可信

---

① 张晖《宋代笔记研究》，华中师范大学出版社 1993 年版。

程度，有时反而逊于笔记类著作。《资治通鉴》卷一九〇高祖武德五年(622)十一月，帝“待世民浸疏，而建成、元吉日亲”下引《高祖实录》与《太宗实录》，历数二人恶行，而后《考异》曰：

> 按建成、元吉虽为顽愚，既为太宗所诛，史臣不能无抑扬诬讳之辞，今不尽取。

又《通鉴》卷二四七武宗会昌三年(843)四月，记“李德裕请讨泽潞”事，《考异》按曰：

> 《旧纪》、《传》及《实录》所载德裕之语，皆出于《伐叛记》，《伐叛记》系于四月刘从谏始亡之时，至此君相诛讨之意已决，百官集议及宰臣再议，皆备礼耳。德裕之言，当在事初，《实录》置此，误也。

司马光的这种著作态度，旧史与小说并重，对史料不抱成见唯求其是的见解，具有很高的史识。影响所及，宋人写作笔记时已把求真放在首要地位，也激发了文士及时记录时事的热情。

司马光还撰有《涑水记闻》等笔记多种。写作的目的，是为撰写《资治通鉴后记》积累资料。此书因故未成，但《记闻》一书却也为后人树立了典范。此书影响所及，在江少虞《宋朝事实类苑》、李焘《续资治通鉴长编》、朱熹《资治通鉴纲目》等书中明晰可见，而对后起者写作的笔记来说，也有先导作用。

宋太宗赵光义猜忌太祖长子德昭会依历代帝王继承的常规继承皇位，迫使其自尽，司马光在《涑水记闻》卷二中记曰：

时上以北征不利，久不行河东之赏，议者皆以为不可，王乘间入言之。上大怒，曰："待汝自为之，未晚也！"王皇恐还宫，谓左右曰："带刀乎？"左右辞以禁中不敢带。王因入茶果阁门，拒之，取割果刀自刭。

李焘《续资治通鉴长编》卷二〇太平兴国四年(979)八月甲戌记此事，采司马光说，而在注中介绍《国史》中的赵德昭"本传云：德昭好啖肥猪肉，因而遇疾不起"，显然，这是史官的曲意掩饰之词，宜乎李焘弃之"不取"了。由此亦可见到司马光在笔记体的创辟上贡献之大、影响之深，而宋代帝王对文士实录时事的宽容态度，也是历史上所少见的。

由上可知，宋代笔记作者的情况前后各异，其特点却没有多大变化。总的说来，作者已经摆脱前时风行的志怪与传奇的影响，史学观念普遍趋于求真，不再仰求国史之类的特殊史料，而是致力于提供亲身闻见的事实，因此显得平实可信。只是唐人那种绚烂而富有朝气的风貌也消失不少。宋代诗话与笔记的情况相同，也已成了衡文之作和记载故实的材料，唐人的那种配合诗篇而精心构拟的绚烂故事，都已趋于绝迹了。

(三) 唐宋轶闻中典型案例之分析

常言说："物以类聚，人以群分。"政治纷争中，如有一群人持同一观点，为同一图谋而合力，那在反对者的眼中也就认为是在结党营私，而在古人来说，则往往会称之"朋党"。西汉时，刘向为了反对外戚擅权，威胁刘姓皇权，乃上封事，极言"朋党"之害。东汉桓、灵之世，宦官把持朝政，一群士大夫起而抗争，反而遭到执政者的镇压，史称"党锢"之祸。可知"朋党"之说，一直是中国士人关心的话题之一。

唐代李德裕撰《朋党论》，极言汉代政治的鉴诫作用。他所攻击的对象，自然是围绕在牛僧孺周边的一群人物。对他来说，当然认为对方是“朋党”，自己则不存在“朋党”问题，所以才能如此义正词严地加以谴责。

但历史上却一直把他归为牛李党争中李党的党魁。孔平仲《续世说》卷一一《仇隙》曰：

> 牛李之党皆挟邪取权，两相倾轧，纷纭倾陷，垂四十年，文宗绳之不能去，尝谓侍臣曰：“去河北贼非难，去此朋党实难。”杨嗣复、李珏、郑覃作相，屡争论于上前。李珏曰：“比来朋党亦渐消弭。”覃曰：“近有小朋党生。”覃又曰：“近日事亦渐好，未免些些不公。”然嗣复、珏，牛党也；覃，李党也。德裕为相，指摭僧孺，欲加之深罪，但以僧孺贞方有素，无以伺其隙。德裕南迁，所著《穷愁志》引里俗“犊子”之谶，以斥僧孺。又目为“太牢公”。其相憎如此。

孔平仲是宋代人。他对牛李二党的评价，因为已经隔了一代，不再含有功利的考量，态度趋于公正，但在介绍牛僧孺与李德裕的为人时，看来还是受到晚唐时期很多笔记作者的影响。

李德裕丑诋牛僧孺的话，因其所撰的《穷愁志》一书已经残佚，难得确证，但从李德裕周围一些人的笔记中，还是可以看到不少含有恶意攻击的文字。

刘轲撰《牛羊日历》，内云：

> 太牢早孤。母周氏，冶荡无检。乡里云云，兄弟羞赧，乃令改醮。既与前夫义绝矣，及贵，请以出母追赠。《礼》云：“庶氏之母死，何为哭于孔氏之庙乎?”又曰：“不为伋也妻者，是不为白也

母。"而李清心妻配牛幼简，是夏侯铭所谓"魂而有知，前夫不纳于幽壤；殁而可作，后夫必诉于玄穹"。使其母为失行无适从之鬼，上罔圣朝，下欺先父，得曰忠孝智识者乎？作《周秦行纪》，呼德宗为"沈婆儿"，谓睿真皇太后为"沈婆"，此乃无君甚矣。

这种文字，辱及对方母亲，可谓不择手段。而他提及的《周秦行纪》一文，更是编造故事，罗织罪状，妄图置之于死地。有关此事，屡见唐宋人的记载，张洎《贾氏谭录》曰：

牛奇章初与李卫公相善，尝因饮会，僧孺戏曰："绮执子，何预斯坐？"卫公衔之。后卫公再居相位，僧孺卒遭谴逐。世传《周秦行纪》，非僧孺所作，是德裕门人韦瓘所撰。开成中，曾为宪司所核，文宗览之，笑曰："此必假名。僧孺是贞元中进士，岂敢呼德宗为沈婆儿也！"事遂寝。

有关韦瓘其人与李德裕的关系，李德裕本人是否曾作《周秦行纪论》攻击僧孺，学术界颇多争议，殊难论定。[①] 然此事屡见唐末记载，如孙光宪《北梦琐言》卷一亦曰牛氏"先是撰《周秦行纪》，李德裕切言短之"，可知牛李党争中的流言蜚语和是是非非，在中晚唐政坛上仍然风波迭起。

《周秦行纪》纯为虚构，非纪实之作，这是不难看出的，所以今人称之为传奇。有些学者认为出于唐末人之手，则尚可再议。小说借牛僧孺之口称代宗皇后为"沈婆"，呼德宗为"沈婆儿"，唐末距此已久，也就

① 参看王梦鸥《牛羊日历及其相关的作品与作家辨》，载《唐人小说研究四集》，台湾艺文印书馆1978年版。

没有多少现实意义，而且从贾黄中、孙光宪等人的年代来看，他们看到的东西，应当出于中晚唐才合适。由此推断，《周秦行纪》、《周秦行纪论》等文，一定出于李党或是拥李者之手。

李德裕是否有党，近人也有争议。牛党中人也有持平之论。《东观奏记》卷上曰：

> 武宗朝任宰相李德裕，德裕虽丞相子，文学过人，性孤峭，疾朋党如仇雠。

此书作者裴廷裕的外叔祖李珏为牛党要人，书中对牛党中人时多美言，但对李德裕之为人的理解，可称正确，用笔也有分寸。他认为李德裕没有经营过什么朋党。《玉泉子》曰："李相德裕，抑退浮薄，奖拔孤寒。于时朝贵朋党，德裕破之，由是结怨。而绝于附会，门无宾客。"所述与《北梦琐言》卷三相契，亦与裴论符合。

过去研究牛李党争的专家中有一种意见，以为李德裕代表的是贵族高门，牛僧孺代表的是新进进士，即下层文士，二者之间还有那么一点阶级矛盾的意思。实则此说没有什么文献根据。唐人笔记中大量记载着李德裕奖拔孤寒，亦即为新进进士阶层中人打开仕宦大门的事例。《唐摭言》卷七曰：

> 李太尉德裕颇为寒畯开路，及谪官南去，或有诗曰："八百孤寒齐下泪，一时南望李崖州。"

则是李德裕对下层士人甚为关心，颇得进士阶层的拥护，这些在《云溪友议》等书中均有详细记叙。范摅又云：

或问赞皇公之秉钧衡也，毁誉如之何？削祸乱之堦，开孤寒之路；好奇而不奢，好学而不倦；勋业素高，瑕疵乃顾。是以结怨豪门，取尤群彦。

这种评价，可谓中肯。李德裕功勋卓著，但锋芒毕露，这就威胁到了宣宗的皇权，再加上宣宗与武宗有宿怨，至是迁怒于前朝宠臣，于是采取不正常的手段，将之远谪海南，牛党中人乃纷纷落井下石，发泄私愤。《南部新书》卷丁曰：

大中中，李太尉三贬至朱崖，时在两制者皆为拟制，用者乃令狐绹之词。李虞仲集中此制尤高，未知孰是。往往有俗传之制，云："蛇用两头，狐摇九尾；鼻不正而身岂正，眼既斜而心亦斜。"此仇家谤也。

阅读唐宋两代人物的笔记，有一个明显的不同，唐人笔记中，多是这种造谣污蔑的文字，尤其到了中晚唐时，更是层见迭出。例如牛党要人卢言在《卢氏杂说》中引时人所作的二诗，对李德裕大加贬斥，对他的失败持幸灾乐祸的态度，其中则又显示出作者对李德裕的遭遇所知甚浅，所叙南迁的路线都不符事实。

《贾氏谭录》曰：

李赞皇平上党，破回鹘，自矜其功，平泉庄置构思亭、伐叛亭。

李德裕的为人，体现出唐人重事功的特点，而在他这样一位贵族文人身上，表现得尤为突出。然因功高不赏，责罚过当，当时就有人为他鸣冤叫屈，后世也一直有人为他抱不平。只因李德裕的为人太丰富多彩了，功业、文章，全面发展，而又个性鲜明，嗜好多端，思想丰富而复杂，发扬蹈厉，颇有一往无前之势。这样的人物，宋代很难再睹。

《类说》卷一一引《芝田录》曰："李太尉性简俭，在中书，不饮京城水，悉用惠山泉，时有水递之号。有僧曰：'水递有损盛德。'公曰：'末俗安有不嗜不欲者？某不求货殖，不迩声色，若止以水诛，其聚敛、广蓄声乐如何？'"《独异志》卷下则说："武宗朝宰相李德裕奢侈极，每食一杯羹，费钱约三万，杂宝贝、珠玉、雄黄、朱砂，煎汁为之。至三煎，即弃其滓于沟中。"二说似乎各趋极端，未必是事实。但如韦绚在《戎幕闲谈序》中所言"赞皇公博物好奇，尤善语古今异事"，则征之《酉阳杂俎》等书的记载，可证并非虚构。《北梦琐言》卷四曰："唐朱崖李太尉与同列款曲，或有征其所好者，掌武曰：'喜见未闻言、新书策。'"凡此均可援引唐宋文献加以证实。

宋代士人，面目迥异，但"朋党"之说，仍然沿续。仁宗之时，范仲淹因不满宰相吕夷简的许多政治措施，对他的为人也有看法；和范仲淹一起进谏的，先后有其多位友人，内有余靖、尹洙等人，吕夷简对这些指责一一辩驳，反而控告范仲淹"荐引朋党，离间君臣"，于是范仲淹被撤职，为之抱不平的余靖、尹洙等人一起遭贬。

朝廷中出现这么一件大事，担任谏官的高若讷却不主持公道，反而附和上级，于是欧阳修便上书高若讷，骂他"不复知人间有羞耻事尔"，于是欧阳修也一起遭贬。

蔡襄作《四贤一不肖》诗，称赞范仲淹、余靖、尹洙、欧阳修的忠贞不屈；一不肖即高若讷，以为他不能坚持正道。其后苏舜钦又一次上书为范仲淹辩白，梅尧臣、石介等人则作诗对欧阳修表示声援，可见宋代那些身为士大夫的士人，确是表现出了与前不同的面貌，前仆后继，风骨凛然。知识分子参与政治活动，宋代可谓盛况空前，后来也难再睹。

欧阳修还作有《朋党论》一文，提出了一种新的观点，认为“朋党”是一个褒义词，因而一反过去的成说，以为小人没有朋党，只有君子有朋党。他以儒家的义利之辨为根据，认为小人见利忘义，利尽则交疏，故不能形成群体活动；君子“所守者道义，所行者忠信，所惜者名节。以之修身，则同道而相益；以之事国，则同心而共济。终始如一，此君子之朋也”。于是欧阳修要理直气壮地组织朋党，参与政治斗争。这是贵族政治下不可能出现的现象，只有在大批下层文士踏上政治舞台后才能出现。

欧阳修对吕夷简始终持鄙薄的态度，庆历三年(1043)吕氏罢相致仕，欧阳修上《论吕夷简札子》，认为“十四年间，坏了天下”。但阅读《宋史·吕夷简传》以及宋人笔记中大量有关吕氏的记载，可以看到，时人与后人对他还颇多美言，本书搜集的资料亦有反映。王应麟在《困学纪闻》卷一五中说：“吕文靖为相，非无一疵可议。”然平心而论，长期担任政要的人要想做到“无一疵可议”，怕也很难。吕氏为人，可能比较圆滑，但还说不上狡猾；比较深沉，但还说不上阴毒。因此，《宋史》等传记中对他均有好评，后世亦然。赵翼《廿二史札记》卷二六《宋史·继世为相》中评曰：“吕氏奕世勋猷，辉映史册，可谓极盛矣。”

哲宗之时，士人中又出现了很多“朋党”，如以程颐为首的洛党，以苏轼为首的蜀党，以刘安世为首的朔党。这些宋代著名人物，按照后世的评价，都应称为君子，很难称之为小人，因而不能纯用义利之辨来作区分。即以苏轼而言，若从政治家的标准来看，难称卓越，亦难充当党魁，但从他在文化建设上的成就看，却是可以作为宋代文士中涌现出来的一颗明星。

苏轼在诗文方面的成就，人所共知，毋庸介绍；他在书画方面的成就，也有划时代的意义，沾溉后人至深。考索其思想，观察其为人，复杂多样，与前人迥异。如上所言，唐代的李德裕如可作贵族社会文士中的代表人物来看待的话，苏轼则可作平民社会中士人阶层的杰出代表。苏轼身上，已经看不出旧贵族的那套功架。为人处世，潇洒随意，不汲汲于功利。贾似道《悦生随钞》曰：

> 苏子瞻泛爱天下士，无贤不肖，欢如也。尝言："自上可以陪玉皇大帝，下可以陪卑田院乞儿。"

洛蜀二党中人的冲突，起因可能就在作风差异太大，彼此看不惯。司马光死后，如何安葬，在礼制的处理上就发生了矛盾。刘延世《孙公谈圃》卷上曰：

> 司马温公之薨，当明堂大享，朝臣以致斋不及奠。肆赦毕，苏子瞻率同辈以往，而程颐固争，引《论语》"子于是日哭则不歌"。子瞻曰："明堂乃吉礼，不可谓歌则不哭也。"颐又谕司马诸孤不得受吊，子瞻戏曰："颐可谓燠糟鄙俚叔孙通。"闻者笑之。

张端义《贵耳集》卷上曰：

> 元祐初，司马公薨，东坡欲主丧，遂为伊川所先，东坡不满意。伊川以古礼敛，用锦囊囊其尸，东坡见而指之曰："欠一件物事，当写作信物一角，送上阎罗大王。"东坡由此与伊川失欢。

神宗之时这种新出现的党争，并非不可调和的利害冲突，相互之间的攻讦，没有什么造谣诽谤等卑劣手段。政见虽有不同，但时而还能说些公道话，例如乌台诗案中，朔党中人也对苏轼的身陷文字狱表示同情。

宋代还兴起了一种新兴的可以归入笔记类中的文体，即名儒的语录。世称刘安世为元城先生，马永卿《元城语录解》卷下曰：

先生尝言："子弟固欲其佳，然不佳者，未必无用处也。元丰二年秋冬之交，东坡下御史狱，天下之士痛之，环视而不敢救。时张安道致仕在南京，乃愤然上书，欲附南京递，府官不敢受，乃令其子恕持至登闻鼓院投进。恕素愚懦，徘徊不敢投。久之，东坡出狱。其后东坡见其副本，因吐舌色动久之。人问其故，东坡不答。其后子由亦见之，云：'宜吾兄之吐舌也，此时正得张恕力。'或问其故，子由曰：'独不见郑崇之救盖宽饶乎？其疏有云："上无许、史之属，下无金、张之托。"此语正是激宣帝之怒尔。且宽饶正以犯许、史辈有此祸，今乃再讦之，是益其怒也。且东坡何罪？独以名太高，与朝廷争胜耳。今安道之疏乃云："其实天下之奇材也。"独不激人主之怒？时急救之，故为此言矣。仆曰："然则是时救东坡者，宜为何说？"先生曰："但言本朝未尝杀士大夫，今乃开端，则是杀士大夫自陛下始，而后世子孙因而杀贤士大夫，必援陛下以为例。神宗好名而畏义，疑可以此止之。"

刘安世以为拯救苏轼的人如果提出"本朝未尝杀士大夫"的祖训，就可以保住他的生命，可见宋太祖的这条祖训确为士人的议政提供了良好的保障作用。由此可知，吕夷简和范仲淹的冲突，洛、蜀、朔的党争，虽然闹得沸沸扬扬，却并不造成严重灾难。因为他们议政之时，不再与宦官、藩镇等因素纠结在一起，也不会遭到意想不到的生命威胁，士大夫可以畅所欲言，从容论道，这就为后世平民政治中的民主作风开启了一条新路，可惜在后来的一些世代中，这种新风没有得到正常的继承和发展。

参与政争的人物在品德上可以说是都没有什么根本的缺点，因此彼此还能保持一定的尊重，例如吕夷简与范仲淹、王安石与苏轼，争执时虽很激烈，然事过境迁之后，双方先后均释放善意，甚至情意绵绵，表示不涉及私憾。这在其他朝代的政治环境中是很难看到的。

综观有宋一代，北宋时有元祐党禁，南宋时有庆元党禁，也曾牵涉到许多著名人物的宦海沉浮。不同人物之间往往针对某一现象发生争议，大家对此看法分歧或趋激烈，但还不至于凭空捏造，其后果也不至于造成灾难，影响到宋王朝的命运。

苏轼的为人和成就丰富多彩，以是笔记中大量出现他的身影，他自己也留下了不少笔记性质的文字。

今传苏轼写作的笔记，有《仇池笔记》与《东坡志林》二种。据后人研究，这些著作并非作者生前手定，原先只是一些随笔，还未正式成书。因此，这些书籍应当出自后人的编纂，只是其中大部分的材料还是可信的。

由于苏轼名望特别大，几乎家喻户晓，后代的书商都想利用他的名声编成各种类型的书籍牟利。例如宛委山堂本《说郛》卷三四中有托名苏轼的《调谑编》一种，内有一些文字杂出宋人笔记，其真实性很成问题。明代赵开美刊《东坡杂著五种》，内如《渔樵闲话录》等，虽然书名早就见之于宋元人的著述，但其内容的可靠程度却大成问题。后人如欲依此研究苏轼其人，还得广求异说，辗转互证方是。

苏轼轶事的内容五花八门，数量庞大，在宋代人物中占很大比重，这里可以将搜集苏轼轶事的著作作一些比较。丁传靖《宋人轶事汇编》中，三苏的轶事共二百五十三则，居全书人物之首。颜中其所编的《苏东坡轶事汇编》，则共收一千零七十五则。[①] 虽然各家采录时标准

① 颜中其编注《苏东坡轶事汇编》，岳麓书社 1984 年版。

不一，上述统计数字难称确切，然仍可见苏氏轶闻之丰富。吾等今日重辑苏轼轶事，比之丁氏，容量要大得多；比之颜氏，则尽可能遴选其中可信而价值高者，容量介于二者之间。读者如能适量阅读苏轼轶事，对于深切了解这位旷世文豪，可以起到很大的参考作用。

这里仍应进一步说明，吾等今日编纂《宋人轶事汇编》，明示乃以人物事迹为主，有些名人生平中的大事，常是见于多种记载，宋人笔记又极为纷繁，势难一一征引。如"杯酒释兵权"事，尚见于丁谓《丁晋公谈录》、王曾《王文正公笔录》、王辟之《渑水燕谈录》（卷一）、邵伯温《邵氏闻见录》（卷一）等书，本书无法遍引。司马光《涑水记闻》中的记录，首尾周详，本书即列此文为首要材料，其他文献则有待于专家自行多方征引。

三、宋人轶事的保存和编纂（略）

（一）宋人轶事有关文献的保存情况（略）

（二）《宋人轶事汇编》丁传靖本评述（略）

（三）《宋人轶事汇编》新编的筹划（略）

《当代学术研究思辨》增订本后记

北京大学出版社 2013 年版

《当代学术研究思辨》一书，于 1993 年 5 月出版，受到学术界的重视，曾被许多指导研究生的导师指定为参考书，有的教师则按照其中分析王国维、陈寅恪的几篇文章中的体例，另挑一些范文进行讲授。到了 1998 年 5 月，南京大学出版社重印了一次。2000 年 10 月，江苏古籍出版社为我出《周勋初文集》，列入第六卷，又重印了一次。顷蒙北京大学出版社垂顾，又要给我印行新版，我就筹划出一种增订本，把后来陆续写成的一些同类文章也印进去。

对我来说，进入当代学术研究领域，可说很偶然，不能说是早就立志于此云云。改革开放之前，党叫干啥就干啥；改革开放之后，情况有所改变，工作上需要，这才进入这一新领域。形势使然，其间仍有不由自主之处。

其时各个学校出现了竞争态势。一些老大学，忙着翻家当，把过去一些名教授重新抬出来壮声势，争地位。南京大学当然也不例外。外面的一些报章杂志也纷纷来约稿。只是过去的教授往往涉及的面很广，而建国之后培养出来的教师大都属于某一方面的专家，很难为其师辈作全面的陈述，于是系领导又让我挑起这副担子。我因喜欢泛读；东奔西走，干过不少突击工作，适应性较强，因此前前后后也就承担了不少介绍中央大学至南京大学时期一些老教授的文字。

人的生存状态很复杂。我写这些文章的时候，当然是在表达对师辈的一份情感，但身处上世纪 80 年代，还得以考虑完成任务为重，因此收在这里的一些文章，我得说清，并非全部出于尊师或兴趣等目的。

我为罗根泽师写评传，在 1983 年的上半年。教育部通知我去参加全国高考出题，还要隔离两个月，系里就不能安排课程，我就利用之前之后两三个月的间隙完成了初稿。罗先生曾在很多高校任教，为时都很短，又身历抗日战争与解放战争，兵荒马乱，辗转流徙，没有长期追随的学生，因此很少有人能理清头绪，承担写作任务。我为写好这篇文章，下学期时还赴上海向郭绍虞先生请教，后又广发书信，请他当年的好多老友提供意见，还曾得到过杨向奎先生等人的回音。到了第二年时，又与编写《罗根泽先生著作年表》的聂士美先生交换意见，还让罗先生的子女提供意见，再改写定稿。因此，我为完成此文，也可说是尽到了最大努力。而我前后只教过三年中国文学批评史，其后一直不再教这门课，也无必要再进入其他教师主管的领域，但是为了写好此文，我还是阅读了很多有关资料。随后研究中国近代学术史的热潮越来越高涨，好多单位，好多朋友，都来邀约撰写有关罗先生的文章，要求提供面目一新的新稿，可我已无法再写出另外一篇不同样式的文字，只能以这篇稿子到处充数，最多随情况不同作些小的改动。后来收在《光明日报》1985年6月8日《文学遗产》副刊、《中国当代社会科学家》第八辑（书目文献出版社1986年版）、《中国现代社会科学家传略》第九辑（山西人民出版社1987年版）、张世林编《学林往事》中册（朝华出版社2000年版）、陈平原主编《中国文学研究现代化进程二编》（北京大学出版社2002年版）、夏晓虹编《清华同学与学术薪传》（三联书店2009年版）中有关罗先生的传记，都用的是这一篇文章。对此我内心一直很矛盾，一方面觉得为师门学术的发扬光大做了一些工作，得到学术界的认可，总算是尽到了一份责任，一方面又感到不能处处有新稿寄去而感到遗憾。这篇文章反复使用，实出无奈，只能祈求他人谅解。

我写胡小石师研究方面的文章，情况相似。小石师在中央大学时期，就是与黄季刚齐名的知名学者与名士。据詹锳先生面告，重庆时期，国民政府教育部第一次评部聘教授，他与黎锦熙是中国语言文学领域内首批评出的两位，可见其学术地位之高。但他很少写东西，与政界与学界都很疏离，因此建国之后就很沉寂，据云上面有人就说他不写东西而不能评科学院学部委员。改革开放之后，情况大变，南京大学的地位也有所改善与提升，于是校领导敢于宣扬当年中央大学的光荣历史了，何况小石师生长在南京，毕业于两江师范学堂，学校更要重点宣扬了。南京市与江苏省基于同样考虑，也要积极宣传他的业绩。小石师建树多端，一些同门难以适应，于是动笔的任务又常落到我的身上。为了写好有关文章，我尽了最大努力，然因各方面的工作头绪纷繁，这方面的任务又连绵不断，尽管我已竭尽所知，觉得该说的话都已说尽，但新的任务仍不断下来，于情于理还得完成，有时不得不将部分旧稿移入。例如2008年时校方为了筹办百年校庆，要编一套《学术大家经典》，希望我负责编写有关小石师的一部著作，其时我已年届八十，为了抓住最后一次发扬师门学术的机会，还是努力完成了任务，只是体力衰惫，有的地方只能偷巧，如介绍他在文学史方面的贡献时，就用了不少旧稿。作为一本单行的书或单篇论文来看，自成体系，问题还不大，如今都编在一起，可就有些不合适了。但我已经无法可想，只能将情况说明，请求大家谅解。

平心而论，我本不喜欢在人前多介绍师辈的业绩，这样做，总会惹上吹嘘自己的嫌疑。只是任务当前，可也不容迟疑。不过我还是一直在努力注意掌握分寸，不能为私人感情所支配，应该把老师的贡献放在学术史的洪流中考察，确定一个适当的位置。

近百年来，时代潮流汹涌澎湃，到处是惊涛骇浪。作为一名小知识分子，随波逐浪，备历艰难。二十岁前后，经历改朝换代；五十岁前后，又身历两个不同世代。改革开放之前，作为一名学生，一位年轻教师，努力学习，勤奋工作，自然会接触到许多著名学者的优秀成果，但不可能做什么学术史方面的研究。“文化大革命”中，“横扫一切牛鬼蛇神”，已是玉石俱焚；前十七年，“批”字当头，也已动多拘碍。如果介绍师辈的业绩，弄得不好，就会招来“替资产阶级学者（或封建学者）招魂”的横祸。我思想水平低，平时只能退避三舍，少说为妙。到了80年代，政治上逐渐松绑，域外各种新思潮纷纷传入，又产生了很多新的困扰。为了探讨方法论方面的问题，我开了一门近代学者治学方法研究的新课，这才正式投入这一课题的研究中去。在本书的前言中也提到，当时本想对更多学者进行研究，如胡适、顾颉刚、闻一多以及傅斯年、钱穆等人，我都有些兴趣，只是限于当时条件，材料无法征集，只能对王国维、陈寅恪二人作些分析。迨至90年代，资料问题大体已可解决，而我早就举步维艰，只能望洋兴叹。教学、科研、社会活动、对外交流，纷至沓来，都得一一做好，实是分身乏术，原先打算好的一些学者的专题研究计划只能束之高阁。然而《当代学术研究思辨》出版后，学术界却又把我视作专门人才，于是又不得不应邀写一些文章或是出去作一些讲话，一直忙到世纪之交，才能慢慢放慢节奏。

20 世纪即将结束时，有些单位纷纷组稿，请人写一些总结百年成就的文字。北京三联书店来函，让我总结古代文学研究方面的成就，编入《中国人文百年》一书，我可抽不出一段完整的时间来写作，只能利用 1997 年时赴美国几所大学讲学的间隙，住在女儿家里，写了五万多字。这一种书的出版计划后来撤销了，可是这段插曲却帮我认清了形势，激发起了另一想法。多少年的事实证明，我不可能享有什么完整的时间读上一阵子书，可以埋头写作，完成一本几十万字的胡适、顾颉刚、陈寅恪、岑仲勉、郭绍虞、朱东润等人的研究专著。以前我就只是见缝插针，零敲碎打地作些笔记，酝酿较为成熟时，就写成一种系统的读书笔记。《当代治学方法的进步》、《古今文史观念的演变》等文，都是这么积累下来的。其后正式发表的《文学“一代有一代之所胜”说的重要历史意义》等文，也是同样性质的文字。这时我就想到，可以在之前那些专家研究和专题研究的基础上，总结提高，连缀成篇，完成学术史方面的写作心愿。只是体力日衰，其后又有脑供血不足等毛病，弱弩之末，势难达标了。

今日重印《当代学术研究思辨》，想到我在各种会议上的一些讲话，一些报告，也多同一性质的文字。其中两篇总结建国后及改革开放十年来古代文学研究的报告，是否有过时的问题？考虑之后，却又认为，上世纪之末正值该学科的飞跃发展阶段，这些总结应该符合实际，还是有其固有价值，可以帮助读者认识这一时期的文学思潮，因而仍然可以收在这里，供大家参考。上述所有的文字可以编在一起，列为《思辨》的第二部分，作为学术史专题研究方面的一组。于是不再像初版中那样，细分为四部分了。

那篇原为《中国人文百年》准备的稿子，后来改称《西学东渐和中国古代文学研究》，编入《周勋初文集》的第六卷中，此处不再收入。应该说明，由于同样的原因，该文之内也有与其他地方重合之处。

屈指算来，我之从事近代学术史研究，似乎已有三四十年，只是精力极度分散，实际投入的时间并不多。况且我在改革开放之后已经年过五十，精力日渐衰殆，也是无可奈何之事。大家常说人有时代的局限，对我来说，问题更多，情况更为复杂。尽管我一直在夹缝中奋斗，也不知道这些劳动到底有多少价值？是耶非耶，尚祈各方不吝赐教。

2012 年 12 月

第六篇　教学讲演

新材料的利用和旧学风的扬弃

——读王国维《殷卜辞中所见先公先王考》

原载《当代学术研究思辨》，南京大学出版社 1993 年版。

清末民初，传统的所谓国学至为兴旺发达，大师林立，其时王国维还并不太知名，为什么他能后来居上？他的家世，他的经历，他早年治学的条件，似乎不像一些书香仕宦之家的学者那么优厚，那他又为什么能够大器晚成？他到底有什么过人之处，为新史学的建立又准备了哪些条件，才能作出其他人无法作出的贡献？这项学术史上的奇迹，值得探讨，以便从中汲取经验教训，引为借鉴。

一

王国维在《最近二三十年中中国新发现之学问》这份讲稿中说："古来新学问起，大都由于新发现，有孔子壁中书出，而后有汉以来古文家之学；有赵宋古器出，而后有宋以来古器物、古文字之学。惟晋时汲冢竹简出土后，即继以永嘉之乱，故其结果不甚著。然同时杜元凯注《左传》，稍后郭璞注《山海经》，已用其说，而《纪年》所记禹、益、伊尹事，至今成为历史上之问题，然则中国纸上之学问赖于地下之学问者，固不自今日始矣。"[①]随后他就列举了"此二三十年发见之材料并学者研究之结果"，分五项说明，计为（一）殷虚甲骨文字，（二）敦煌塞上及

① 此文收入《静庵文集续编》，《王国维遗书》第五册，上海古籍书店 1983 年据商务印书馆 1940 年版影印。

西域各地之简牍，（三）敦煌千佛洞之六朝唐人所书卷轴，（四）内阁大库之书籍档案，（五）中国境内之古外族遗文。他之所以作此报告，不用说，就是为了强调发现新材料和钻研新学问的重要。在这五种新学问中，他对前面三种都曾进行过深入的钻研和作出过巨大的贡献，特别是在殷墟甲骨文字的研究上。

郭沫若在《古代研究的自我批判》中说："卜辞的研究要感谢王国维，是他首先由卜辞中把殷代的先公先王剔发了出来，使《史记·殷本纪》和《帝王世纪》等书所传的殷代王统得到了物证，并且改正了它们的讹传。如上甲之次为匚乙、匚丙、匚丁，而非报丁、报乙、报丙，主壬、主癸本作示壬、示癸，中宗乃祖乙而非大戊，庚丁乃康丁之讹，大丁以文丁为是，均抉发了三千年来所久被埋没的秘密。我们要说殷墟的发现是新史学的开端，王国维的业绩是新史学的开山，那是丝毫也不算过分的。"①这里提到的一系列重要发现，都发表在《殷卜辞中所见先公先王考》一文中，由此可见这篇文章的水平之高和价值之大。

陈寅恪在《陈垣敦煌劫馀录序》中说："一时代之学术，必有其新材料与新问题。取用此材料，以研求问题，则为此时代学术之新潮流。治学之士，得预于此潮流者，谓之预流（借用佛教初果之名）。其未得预者，谓之未入流。此古今学术史之通义，非彼闭门造车之徒，所能同喻者也。"②如用这种观点分析清末民初的学术界，也就可以明白，王国维之所以能够作出独特的贡献，首先在于他能热情地投入新潮流；而当时的其他许多学者，尽管也有不少可称一时翘楚的杰出人物，在其他学术领域中作出过卓越的贡献，但因未能参预新潮流，所以不能成为新学术的奠基人。此中成败得失，值得深入探讨。

① 此文为《十批判书》中的第一篇，此据科学出版社1956年版。

② 此文收入《金明馆丛稿初编》，上海古籍出版社1980年版。

二

《殷卜辞中所见先公先王考》一文中讨论的问题，属于上古史的范畴。内如祭祀制度、王位继承、帝王世系等项，都与传统的经学有关。王国维有经学的修养，而能不受其牢笼，才能取得这种成就。

清末的学风和后来的情况大不相同。作为封建社会中的正宗学问，是传统的经学。一个知识分子，如果在经学上缺乏知识，也就无法厕身于学者之林。

可以说，中国封建社会中绵延几千年而积累起来的各种学术，到了清代出现了回光返照的现象，经学上的今古文之争，又出现了新的高潮。清末民初，在时代的哺育下，又出现了几位卓越的经学大师，其中今文经学可以康有为为代表，古文经学可以章太炎为代表。

今文经学依据《公羊传》这部经典，强调“张三世”的学说，为变法而斗争。他们的目的并不在探讨古代社会的真相，因此对新出土的材料并不付予多大注意。

章太炎学问博大，在许多方面都作出过贡献，但经学上的那套所谓“师说”、“家数”等因袭的传统观念，对他有严重的影响，他已不可能破坏原有的思想体系而去采掇新说。

从汉代起，经学就与小学结下了不解之缘。识字然后通经，成了古人的共同见解。今文家阅读的典籍，由隶书写成。这种社会上通行的文字，大家把它作为交际工具使用，没有想到此中还要建立什么学问，因此他们提出的什么“马头人为长”、“人持十为斗”、“屈中为虫”等说，只是就隶书的形体随意敷衍。这一学派的后人，也就缺乏研究文字学的传统，例如与王国维同时的梁启超，就未见有什么关于文字学的专门著述。显然，这一派经学家中不可能由考释卜辞而建立新史学。

古文经学家情况不同,他们所读的经典大都用战国时的文字写成,通经之前,先要掌握文字,因此他们对文字的形、音、义很重视,一些著名的经学家,大都在小学上有深厚的修养。王国维曾作《两汉古文学家多小学家说》一文,阐述此理。[①] 而古文经学中的大师许慎作《说文解字》,更对汉字的构造作了系统的归纳和阐释。因为他研究的对象是秦代通用的篆文和部分战国时代的古文,还保留着象形文字原来的形体结构的遗迹,这就为后人的研究古文字提供了阶梯,可以由此进窥金文、甲骨的奥秘。

王国维出身于一个亦吏亦商的家庭。其父王乃誉,虽然也著有《诗娱庐诗集》二卷、《游月录》十卷,但并不说明他有多高的学识,只是为充任县吏幕僚而积储的资本,便于宦游的一种风雅的手段而已。王国维在十八岁之前,广泛地读过经书,也读过《说文解字》,但对此并无热情,只是一般性的学习而已。十九岁至三十五岁时,接受了新学,钻研哲学与文学,与传统的所谓国学关系疏远。民国成立后,他于1912年随罗振玉东渡,兴趣转到古史上去,这才认真地钻研经学和小学。他继承的是乾嘉学派的传统,对于许慎、段玉裁等人在小学上的贡献,极为钦佩。但他不像正宗的古文经学大师章太炎那样,并不拘守什么"师法"或"家数",因为他走的不是这种传统的路子。尽管他在经学的许多问题上也有不少建树,但从正统派的眼中看来,已经不符规范,所以遭到过他人的讥弹。黄季刚在1928年6月18日的日记中写道:"昨伯弢先生言:王国维说《顾命》,庙非殡宫路寝而为大庙,曾面纠其失,国维曰:'虽失而不欲改。'其专己遂非有如此者。今阅刘盼遂所记国维说《尚书》语,果如伯弢言。国维少不好读注疏,中年乃治经,仓皇立说,挟其辩给以炫耀后生,非独一事之误而已。始西域出汉晋间纸,

---

① 此文收入《观堂集林》卷七,《王国维遗书》第一册。

鸣沙石室发得藏书，洹上掊获龟甲有文字，清亡而内阁档案散落于外，诸言小学校勘地理近世史事者以为忽得异境，可陵傲前人，辐辏于斯，而国维幸得先见。罗振玉且著书，且行贾，兼收浮誉利实，国维之助为多焉。要之，经史正文忽略不讲，而希冀发见新知以掩前古儒先。自矜曰：我不为古人奴，六经注我，此近日风气所趋，世或以整理国故之名予之。悬牛头，卖马脯，举秀才，不知书；信在于今矣。”①这种指责自然是过分的，和王国维总的治学态度也不合，但这种意见在当时有其代表性。

陈伯弢和黄季刚也是近代杰出的学者。陈氏博闻强识，这是时辈一致钦佩的。黄季刚是章太炎门下公认的高足弟子，他的学问，比起老师来，也有发展。章太炎墨守《说文》的传统，废弃金文不谈，力斥甲骨文字为虚妄，这和陈伯弢在东南大学历史系任教时，把甲骨丢进字纸篓去的态度，是一样的。黄季刚承认甲骨、金文中有可取之处，在所读《说文》一书的书眉上，曾经记下不少甲骨、金文中的文字，但从他对经学和小学的基本态度来说，致力于保持原有的学术体系，而不能像王国维那样无所拘忌地闯入这新开辟的学术阵地中去。

章太炎和黄季刚直接继承了乾嘉学派的传统，在晚近的学术史上也曾作出过多方面的贡献，他们的道路，和罗振玉、王国维等人不同。罗振玉的为人固然有很多不尽如人意的地方，晚节太不光彩，但他对我国学术文化的保存和传播却作出过很大的贡献。他和国外学者，如日本的内藤虎次郎、铃木虎雄、狩野直喜……法国的伯希和等人，交流学术、交换资料，过往甚密。在此基础上，他有系统地出版丛刻，介绍资料，不但自己钻研新学问，而且资助他人进行学术上的开创性研究。这种做法，毋宁说是带有资本主义社会中的学术带头人的作风。王国

① 载《黄季刚先生手写日记》内《阅严辑全文日记》卷二，台湾学生书局 1977 年版。

维就是在他的帮助下成长起来的一位重要人物。但从正统派的章、黄等人的眼中看来，这一批人却是具有市侩色彩，因而颇有耻与为伍的表示。尽管王国维一直以晚清遗老自居，效忠清室，后且自沉于昆明湖；章、黄二人都曾参加过辛亥革命，为建立中华民国作出过贡献，但从学术思想等方面来看，前者却是带有更多的资本主义性质，后者带有更多的封建主义性质，所以郭沫若称王国维为近代新史学的开山祖师，梁启超称章太炎为清代朴学的最后一人。黄季刚在小学和经学上也作出了贡献，在文学上也有成就，但他和章太炎的情况类似，所以人们称之为章黄学派，给予同一评价。

清代末年，本来还有一位大师也可以出来承担这项历史重任，这就是孙诒让。他在经学上的成就，压倒群伦；他还研究子学，可见他并不墨守经学的固有阵地。他研究金文的成绩也很可观，但他生活的年代过早，见到的甲骨文字仅限于《铁云藏龟》一种；材料有限制，条件未成熟；所以不能取得突破性的成就。

三

由于学派的不同，各人对古史的看法也就不一样。章太炎、陈伯弢等人还相信古来的三皇五帝之说；康有为倡孔子改制之说，以为尧、舜等人都是孔子为改制而假托的圣人；他又倡新学伪经之说，以为古文经传出于刘歆伪造，这就兴起了一股疑古之风。五四运动前夕，胡适自美国回来，在北京大学讲授中国哲学，就把古代略去而直接从周宣王时讲起，曾经震动一时，[①]好多人认为他有见解。王国维的情况不同，他既不墨守，也不疑古。因此他在当时，甚至还可以说是偏于“保

① 参看胡适《中国哲学史大纲》中的“中国哲学结胎的时代”一章，此据商务印书馆1921年10月第7版。

守”的人物。

即如《殷卜辞中所见先公先王考》一文中提到的古代史中事件；如契父帝喾，为商人所自出；奚仲作车，相土乘马，王亥服牛……深信古来传统之说，没有表示任何怀疑。从中可以看到，他的研究古史，首先是信其有，然后参照地下发掘材料，进行补充和纠正，他是在相信司马迁著《史记·殷本纪》确有根据的前提下然后进行比较的研究。

《殷本纪》中对商汤之前许多先公的记载，极为简略。除此之外，只有《世本》等若干典籍上有所记叙，但也极为简略，因此对于这段记叙的可靠性，确是很难断言的。罗振玉等人首先从卜辞中识别出了若干先公先王的名字，王国维继起深入钻研，与《殷本纪》比较并读，终于证明了司马迁的记叙确有根据，但也有错误和遗漏。

在他的考证工作中，对王亥、王恒、上甲微三人的训释尤具卓识。这里就应用上了他在小学上的广博知识。

《史记·殷本纪》曰：“……冥卒，子振立。”司马贞《索隐》：“《系本》作‘核’。”卜辞中常见王亥一名，如《殷虚书契前编》卷四第八叶有云“贞之于王亥卌牛，辛亥用”，《后编》卷上第二十八叶有云“贞之于王亥□三百牛”，《龟甲兽骨文字》卷一第九叶有云“贞，㞢于王亥五牛”……祭典特别隆重，明为商之先公先王，王国维随即和《系本》中的“核”联系了起来。《汉书·古今人表》中又有作“垓”之人，由此他就判断：“《史记》之‘振’，当为‘核’，或为‘垓’字之讹也。”

王国维博征载籍，引用了《山海经·大荒东经》中有关王亥的带有神话色彩的记载，又引用了郭璞注引《竹书》中的记载，以及今本《竹书纪年》中类似的记载，这就进一步证明了殷之先王中确有王亥其人。《山海经》一书，其文不雅驯；《竹书纪年》一书，正统的史学家也不予重视，而他都能用作考史之助，随之也就促使世人逐步认识到了这类书籍的史料价值。

王国维治学极为谨慎，为了证明一种论点，总是将有关材料搜罗净尽，然后排比材料辗转互证。由于《山海经》上有“王亥托于有易河伯仆牛”的记载，他就引用了《吕氏春秋·勿躬》篇“王冰作服牛”和《世本·作篇》“胲作服牛”的记载。篆文冰作，和亥字相似，“王”亦“王亥”之讹。古“服”“仆”同音，“服牛”同“仆牛”，亦即驯牛，“然则王亥祀典之隆，亦以其为制作之圣人，非徒以其为先祖。周秦间王亥之传说，胥由是起也”。王国维的这一说明，实际上运用了宗教传说方面的知识。

王国维凭借音韵方面的深厚基础，在训诂上作出了贡献，写过《肃霜涤场说》、《与友人论诗书中成语书》、《尔雅草木虫鱼鸟兽名释例》等许多著名论文。他在训诂成语或专名时，特别注重声音，这符合古代的实际。亥，或作“核”，或作“垓”，或作“胲”，或作“该”……现在这些字的读音已有不同，但在古代来说，声旁相同，原出一源，那些带偏旁的字，大都是后起的通假字。

《史记·殷本纪》上没有“王恒”之名，卜辞中却有此人。王恒，卜辞作王，或作，王国维释此字，则依据传统的小学和经注。《说文解字》二部：“恆，常也，从心从舟，在二之间。上下心以舟施，恒也。，古文恆，从月。《诗》曰：‘如月之恒。’”这种解释不太好懂。“上下心以舟施”一句，前人作过多种解释，但总嫌迂曲。宋本“心”字之前有“一”字，王筠《说文句读》以为“施”字不可解，当是“旋”字之误，然而“上下一心以舟旋”云云，仍然无法确解。这是因为“恒”字本来不从“舟”。王国维根据许慎对古文恒字的训释，知其中作“外”者有误，字当作，篆文作“舟”，则又为“月”之形讹。这种分析符合事实，《说文解字系传》中的古文恒字作，确是从“月”。《诗·小雅·天保》“如月之恒”，毛传：“恒，弦也。”于是王国维据之作出判断说：“然则、字确为恒字。”

王国维的业绩，并不停留在识字上，他的难能可贵之处，在于贯通群籍，用以考史。王恒在卜辞中出现，具有先王的身份，是不成问题的，但他在世系中的地位和生前事迹仍然一无所知。这里王国维又引用了《楚辞·天问》中的记载为旁证，于是那些扑朔难明的材料也就一一得到了印证。王国维说："王恒之为殷先祖，惟见于《楚辞·天问》，《天问》自'简狄在台，喾何宜'以下二十韵，皆述商事，其问王亥以下数世事曰：'该秉季德，厥父是臧，胡终弊于有扈，牧夫牛羊？干协时舞，何以怀之，平胁曼肤，何以肥之？有扈牧竖，云何而逢，击床先出，其命何从？恒秉季德，焉得夫朴牛，何往营班禄，不但还来？昏微遵迹，有狄不宁，何繁鸟萃棘，负子肆情？眩弟并淫，危害厥兄，何变化以作诈，后嗣而逢长？'此十二韵，以《大荒东经》及郭注所引《竹书》参证之，实纪王亥、王恒及上甲微三世之事。""以《世本》、《史记》所未载，《山经》、《竹书》所不详，而今于卜辞得之。《天问》之辞，千古不能通其说者，而今由卜辞通之。此治史学与文学者所当同声称快者也。"这确实是古史上的一大发现，后人续起推衍其说，顾颉刚见《易》中的大壮卦有"丧羊于易"之句，旅卦有"丧牛于易"之句，也就明白此亦商代王亥之事，于是写作《周易卦爻辞中的故事》一文，证明"卦爻辞与《易传》完全是两件东西"①。这样许多片断零乱的记载都像散珠一样串起来了，对许多沉湮已久的问题确切地作出了解释。

王国维对上甲微其人的考释，则是应用了金文上的知识。

《史记·殷本纪》上说："……振卒，子微立。"司马贞《索隐》："皇甫谧曰：'微字上甲，其母以甲日生故也。'商家生子，以日为名，盖自微始。谯周以为死称庙主曰'甲'也。"根据后人的研究，谯周之说可信。"微"即"上甲微"，由于汉晋间人的记载而得到了证明。

---

① 载《燕京学报》第6期，1929年12月。

《国语·鲁语》上说："上甲微能帅契者也，商人报焉。"《孔丛子》引逸《书》曰："惟高宗报上甲微。"上甲微乃商人先祖，先秦古籍上也是记载得很明确的。

这位先王，要从卜辞中把他的名字认出来，关键在于识字。

按卜辞中常见有祭于⊞者，此字与田字极为类似，只是畋狩之田横直两笔都和四旁相接，而此人名之"⊞"则横直两笔或其直笔必与四旁不接，细察之，可以区别。识读此字，应该从中间的这个"十"字着手。

《殷本纪》中的报乙、报丙、报丁三人，甲骨文作[匚乙]、[匚丙]、[匚丁]，乙、丙、丁三字皆在［或］中，王国维也就悟出了甲在□中的道理。□与［或］形似有不同，但从字形的构造来说，体例却是一致的。

王国维熟习金文，知道传世铜器铭文中的甲字也有作⊞的，他又从[匚乙]、[匚丙]、[匚丁]等人名字的构造上得到启发，懂得⊞乃先公中之某"甲"。卜辞中的文字与金文字形多同，如今又在卜辞中识出了报乙、报丙、报丁等人，这样也就可以确定此"⊞"即"上甲"。

⊞有作[上甲]者，上甲之义尤为明显。其后罗振玉又找到了几个字，径作[上甲]形，上甲之义更是无可怀疑的了。

这个"甲"字，字形上变化很大，但有演变的轨迹可循。

甲，小篆作[甲]，《说文解字》释之曰："东方之孟，阳气萌动，从木戴孚甲之象。一曰人头宜为甲，甲象人头。……[甲]，古文甲，始于十，见于千，成于木之象。""宜"为误字，段玉裁依《集韵》改作"空"。空者，腔也。这就是说：甲为象形字，象什么形，可分二说：一以为象草木发芽之形，T象草木发芽生长，冂象外面的壳子；一以为象人的骷髅，即人的头部，头俗称脑壳，故可谓甲象人头。

在《说文解字》中，甲字均作此形，早字小篆作[早]，许慎释之曰："晨也，从日在甲上。"卓字小篆作[卓]，许慎释之曰："高也，早匕，为卓。"戎字小篆作□，许慎释之曰：“兵也，从戈从甲。”可以想见，那些墨守《说文》体系的人，见到“田”字时，也就不会摆脱其似乎言之成理的原有体系而去把它作为字源对待的。

但在金文中，这些甲字均作十形，敌敦早字作□，史伯硕父鼎绰字作□，虢季子白盘戎字作□，与《说文》中的形体不同，与隶书以及目下流行的字体则相同。

在金文中，甲字有演化为丅形的。㝬彝上有“□胄”一词，孙诒让说：□即甲字，外从衣，内从甲。[①] 这就向小篆的甲字形体又靠近了一步。

秦国的兵符，传世者有阳陵虎符和新郪虎符，文中均有甲字，作□形，已与小篆形体相当近似。

由上可知，甲字字形的演变可能如此：

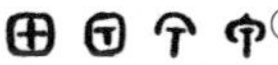[②]

对于那些信其流而不考源的人来说，自然很难想到田即上甲微；对于精通文字的源流演变而又熟悉史料的王国维来说，自然有发现与识别的可能。

在当时来说，如何对待《说文解字》这部重要典籍，不同意见的冲突很尖锐，是维护其原来的体系，还是依据金文甲骨中的材料加以修正，形成了截然对立的不同派别。孙诒让乃素负盛名的前辈学者，章太炎视之若师长，但当孙氏起而批评《说文》时，章氏也就作出了激烈的反应。他在为黄季刚的遗著作序时说：“若夫文字之学，以十口相授，非依据前闻不可得；清儒妄为彝器释文，自用其私，以与字书相竞，其谬与‘马头长’、‘人持十’无异。宿学如瑞安孙氏，犹云‘李斯作小

① 载《古籀拾遗》卷中。

② 关于“甲”字字形的演变，曾参考胡小石师《说文部首讲义》（未刊稿）。

篆，废古籀，为文字大厄。伏生、毛公、张苍已不能精究古文；《说文》以秦篆为正，所录古文，盖摭拾漆书及款识为之；籀文则出于史篇，仓沮旧文虽杂厕其间，而叵复识别。'观其意，直谓自知黄帝时书者！一言不智，索隐行怪乃如是。季刚为四难破之，学者亦殆于悟矣。"这里是指黄季刚在《说文略说》一文中对孙说的驳斥，有云"今自宋以来，彝器踊盛，近日甲骨诸文，出自泉壤，虽其物未必皆赝，而说者纷纭，无师以正，汉世说经者于《古文尚书》十六篇，《逸礼》三十九篇，以无师说，称之曰'逸'。挽近古器，虑亦同兹。即偶有一二明白可信者，尚当在慎取之列。孙氏遽取此等后出之文，欲以陵驾许书之上，此其不考，三也"[1]。黄氏还以为："《说文》于篆书外，所载古籀、鼎籀，无一臆说。"不信近代大量出土的可靠资料，把汉末一位经师的记载和解说视若神圣，这些地方，未免信古过甚。

当然，甲骨金文中的一些字形体上为什么这样结构，因为缺乏传统的解说可作依据，各人纷纷自创新说，确有混乱的现象发生。例如甲字，俞樾《儿笘录》谓甲之本义为鳞甲，郭沫若《释干支》谓"十为鱼鳞之象形"。又如王国维释⊞之口形，以存疑的口吻说："意坛墠或郊宗石室之制，殷人已有行之者欤?"吴其昌极力赞同师说，并在《卜辞所见殷先公先王三续考》中作了多方面的论证，以为口、[、] 乃祊之象形。[2] 于省吾则另有不同的解释，他赞同朱骏声在《说文通训定声》中的训释："甲，铠也，象戴甲于首之形。"并且举商器比作伯妇簋中的形为证，正象"武士右手执戈，左手执盾，首戴盔甲形"[3]。这些说法都能言之成理，只是释者去古太远，殷周之时造字的人是否一定如此设

① 此文原发表于1936年中央大学《文艺丛刊》编印的《黄季刚先生遗著专号》，今引自上海古籍出版社于1980年刊印的《黄侃论学杂著》。

② 载《燕京学报》第14期，1933年12月。

③ 《甲骨文字释林》，中华书局1979年版。

想，则又无法断言。但不管其字形到底说明了什么，⊞为殷之先公，则佐之以文献记载，已可成为定论。

王国维的情况就不同了，按他的学术道路而言，也是重视继承乾嘉以来朴学的传统，《段懋堂手迹跋》中说："平生于小学最服膺懋堂先生，以为许洨长后一人也。"[①]但他并不故步自封，所以在《浙江考》中说："许叔重之说自不能无误，乾嘉诸儒过信其说，不复质之古书，是末师而非往古，重传说而轻目验，吾不能从之矣。"[②]说明他虽极为尊重许慎的成就，但并不墨守《说文》的体系。研究古史时，也遵循着这样的原则，信古而重目验，既充分运用《说文》这部重要的典籍，又能不受其牢笼而别出新解。这种科学的态度，较好地解决了继承和发展的关系。

王国维对其他一些先公先王的考释，也有不少精粹之见，但对王亥、王恒、上甲微三人的考证，尤为精辟。地下的材料和书面文字互证，援引各种材料而能触类旁通，运用语言文字这项工具作为破门而入的钥匙，确有拨开古史迷雾，豁然开朗，使人耳目一新之感。这样的成就，非浅学者所能侥幸，非墨守者所能想见，只有那些"好古敏以求之"而又不拘成说的人才能取得。

四

比起梁启超来，王国维得名较晚，只是在四十六岁到北京讲学之后，才名震天下。

王国维死后，除黄季刚等个别学者因学派不同而有贬词外，绝大多数的人都推崇他的成就，称赞他学识的博大和精审。他是我国学术

---

① 载《观堂别集》卷三，《王国维遗书》第四册。

② 载《观堂集林》卷一二，《王国维遗书》第二册。

史上为数很少的能够做到既博又专的杰出人物之一。

博和专，是一对对立统一的范畴。有些人只是追求知识面的广，信守“一物不知，儒者之耻”的老教条，只知务博而不讲求专精，他们的知识往往流为通论一类的常识。有些人一味追求专精，而不注意培植深厚的基础，走这样的路，往往欲速不达，即使有所成就，常常是一些片断零星的见解，不足登大雅之堂。胡适说过：“学问要如金字塔，又要博大又要高。”不失为有得之见。在学术上要想取得突出的成就，而又缺乏深厚的基础，那是难于做到的。

王国维之所以能够写出《殷卜辞中所见先公先王考》等文，就因为他在撰文之前早已积累下了深厚的基础。

当时已经出版的几部甲骨文的著作，如《铁云藏龟》、《殷虚书契前编》、《殷虚书契后编》、《戬寿堂所藏殷虚文字》，他都一一作过研究，并对后者作过释文，因而牢固地掌握了原始资料。

他在小学上下过很大的功夫，寓居日本时，认真学习过段玉裁的《说文解字注》，晚年在清华大学研究院讲学时，即以此书为教本，讲授《说文》。在上海“广仓学窘”任职时，从沈子培游，讨论声韵上的问题。传统的音韵学注意研究字的韵尾，沈、王等人则注意研究字的声纽，于此多所发明。在训诂方面，除了熟读清人著作以外，对秦汉时期的一些原始著作也下了功夫，撰有《重辑苍颉篇》二卷，《校松江本急就篇》、《史籀篇疏证》各一卷，文字、声韵、训诂之学，是研究先秦史时必备的基础知识，因为先秦典籍文字古奥，必须掌握小学这项武器，才能叩学问的大门。

清朝政府被推翻时，罗振玉携所藏典籍文物东迁，在日本建大云书库，所藏的铜器和拓片居全国收藏家之首。王国维帮他整理材料，成《宋代金文著录表》一卷，《国朝金文著录表》六卷，截止那时，有文字记载的铜器铭文，大都作过研究，可见他在金文上的学识何等深厚。

在日本时，为了考史，他认真地读经。这就是黄季刚说他中年以后才读注疏的一段经历。据罗振玉介绍，这时他读书极为勤奋，一天要读完注疏数卷。而在十三经中，他用心最多的是三礼，因为他性喜考史，特别喜欢探讨古代礼制的缘故。他对《尚书》一书也下了功夫，所以后来他在清华研究院讲学时；就以《仪礼》、《尚书》授徒。

他对记载古史最为完整的《史记》一书，自然加以重视。他的另一名著《太史公行年考》，就是对《史记》全书作了系统的研究后写成的。

对于那些别出于经典之外的史书，他也予以重视。如《世本》，不时从中征引材料，只是此书在清代已有许多学者进行过整理，因此没有专门的著述；《竹书纪年》一书，他在文章中多次引用，其后作《古本竹书纪年辑校》一卷，《今本竹书纪年疏证》二卷，这些都是整理史料的工作，可见他对先秦时期各种来源、各种不同性质的史料都曾作过系统的整理和研究。

他在十九岁至三十五岁一段时间内，喜欢新学，专攻哲学和文学，似乎和他后来的研究史学关系不大。实际看来，这对他后来的成就也有帮助。研究人文科学的人，假如能花一段时间系统地学习哲学，则对见解的开拓、思绪的细密、方法的科学，将会起到很好的作用。当然，这种作用往往是无形的，在后来的活动中也难于找出明显的踪迹，但细察其活动的开展，则还是可以觉察得出来。例如刘勰之作《文心雕龙》，体大思精，条理密察，论者都以为得力于佛经的学习；这虽然找不到明显的证据，但从二者之间的相通之处考察，有其可信之处。王国维在考史工作中，继承的是乾嘉以来朴学的传统，但其论证的严密，归纳、演绎、类推等方法的运用，已与前此学者有别。这些都应该说是熟悉资产阶级哲学的结果。目前有人常是为某一阶段脱离本行而惋惜，以为研究一种学问，必须自小到老锲而不舍，不能稍有间断，这种见解，也有片面之处，如果他在脱离本行的这段时间内不忘学习，注意提高自己的思想方法和工作能力，则对日后的工作和学习还是会起到良好的作用。

由此可见，王国维少不读注疏，或许还正是他日后有大成的一种优点。假如他像那些世家子弟那样，从小就陷入某种传统的经学的牢笼，思想受到束缚，或许日后就不能在乾嘉学者的基础上开拓新的天地。假如他不在哲学和文学上下功夫，那他对《楚辞》和《山海经》等材料可能就会忽视，不能熔文史于一炉而陶铸。因此，王国维的学术道路有似崎岖，实则正是培植这样一位学术巨人的有利条件，事在人为，问题就在处于各种不利条件之下的人如何好自为之，化不利为有利就是了。

在王国维的研究工作中，"分类法"的运用，曾经取得非常好的效果，值得后人注意。他学问数变，但在研究某一问题时则集中精力，寝馈于是，从中不断发现问题。他先是集中精力搜集材料，研究前人的成就，然后排比整理，发掘原始资料的内蕴，提出前人未曾触及的新说。罗振玉在《集蓼编》中说："本朝经史考证之学，冠于列代。大抵国初以来，多治全经，博大而精密稍逊；乾嘉以来，多分类考究，故较密于前人。予在海东，与忠悫论今日修学，宜用分类法。故忠悫撰《释币》、《胡服考》、《简牍检署考》，皆用此法。"就是《殷卜辞中所见先公先王考》、《殷周制度论》等文，也是专题分类研究的成果，比之"乾嘉以来"的学者，其精密的程度又已不同。

王国维自三十六岁之后，读书条件就很有利了，他先后与罗振玉、沈子培、柯绍忞、缪荃孙、傅增湘等人交游，并与日本和法国的学者互通声气，这对他学识的开拓大有好处。但每一个学者都有他时代的局限。王国维所结交的人，大都是清廷遗老，他自己也以继承清代绝学自居，因此他注意的史学，虽然能做到不囿于前人之说，但他兴趣所在，还是在于帝王的世系和朝廷礼制等方面，对于商代的社会生产、阶级结构等重大的课题，他都没有兴趣，因而始终没有列入过研究的项目之中。这样，他虽然能在学术上“预流”而作出新贡献，但终因政治上未能“预流”而受到严重的影响。这些方面的新课题，只能留待日后那些具有新观点的学者来完成。

五

自今文学派开始的疑古之风，愈演愈烈，对古史体系的破坏，似乎有摧枯拉朽之势。古史中的记载本来纷纭杂乱，经不起疑古派的洗垢索瘢，渺茫的古史也就破绽百出，确乎显得荒诞而不可置信。人们为“科学”起见，不大敢去谈论中国的古史了。

王国维埋头进行甲骨文字的研究，且与商代的历史对照，取得了很大的成就。他为人淳朴笃实，不大批评同时的其他学者，也不去指责时行的学术流派，但罗振玉于1923年为《观堂集林》作序时，曾转述王氏的话，说：“君尝谓今之学者于古人之制度文物学说无不疑，独不肯自疑其立说之根据。”这里显然流露出了对疑古学者的不满。但当时一些激进的人，对于这位拖着辫子的遗老，恐怕不会去重视这种“落后”的言论吧。

1926年，王国维进清华研究院讲学，根据《殷卜辞中所见先公先王考》等文编成《古史新证》讲义一种。[①] 古史而曰“新”证，不仅限于提供了地下发掘的新史料，而且表明了自己研究古史时坚持的新观点。他申述道：“研究中国古史，为最纠纷之问题，上古之事，传说与史实混而不分，史实之中固不免有所缘饰，与传说无异，而传说之中亦往往有史实为之素地，二者不易区别，此世界各国之所同也。至于近世，乃知孔安国本《尚书》之伪，《纪年》之不可信，而疑古之过，乃并尧、舜、禹之人

① 1935年1月北京来薰阁曾影印行世。

物而亦疑之，其于怀疑之态度及批评之精神不无可取，惜于古史材料未尝为充分处理也。吾辈生于今日，幸于纸上之材料外，更得地下之新材料，由此种材料，我辈因得据以补正纸上之材料，亦得证明古书之某部分全为实录，即百家不雅驯之言，亦不无表示一面之事实。此二重证据法惟在今日始得为之，虽古书之未得证明者，不能加以否定，而其已得证明者，不能不加以肯定，可断言也。”

这里王氏提出了“二重证据法”的研究方法，要求古史记载与地下考古结合，这样得出的结论，自然要比疑古派可信得多。疑古派的研究方法，只是停留在古史材料的考核辨析上，缺乏可信的实物作旁证，其结论当然带有更多的随意性。

王国维不轻于疑古，而是在深信古人记载的基础上进行考订。但经过他的努力，终于证明了《史记·殷本纪》中关于商代先公先王的记载，基本上是可信的，这就为司马迁的著作树立了信誉。《古史新证》说：“商之先公先王及先正见于卜辞者大率如此，而名字之不见于古书者不与焉。由此观之，则《史记》所述商一代世系，以卜辞证之，虽不免小有舛驳，而大致不误。可知《史记》所据之《世本》，全是实录。而由殷周世系之确实，推想夏后氏世系之确实，此又当然之事也。又虽谬悠缘饰之书，如《山海经》、《楚辞·天问》；成于后世之书，如《晏子春秋》、《墨子》、《吕氏春秋》；晚出之书，如《竹书纪年》；其所言古事，亦有一部分之确实性。然则经典所记，上古之事，今日虽有未得二重证明者，固未可以完全抹杀也。”这种审慎的观点，当然是很有说服力的。

甲骨刻辞用的是体系相当完整的文字，离开初期阶段的象形文字体系，已有一段很长的过程。可以推知，中国的历史还可以向上推去。《史记》中还有《夏本纪》这一代，以前因疑古的影响，对于其中的记载，大家都不敢轻易相信，但由于商代历史的得到印证，司马迁的记载得以证实，大家也就相信《夏本纪》中的记载应当也大体可信。目前我国正在多方面寻找和发掘夏代遗址，可以肯定，随着地下考古工作的开展，司马迁的记载将可得到证实。

《竹书纪年》一书，自此之后，其可靠性得到了证验。研究先秦史的学者转而重视此书，从近年来出版的古本《竹书纪年》辑校本之多，就可知道学术界对此的关注。学者编写战国年表时，大都改为以《竹书纪年》为主而以《史记·六国年表》为辅的了。

《山海经》一书，过去的学者不加重视，以为荒谬之言，不足以证经考史。自从王国维用来证明商王世系后，看法有了改变，大家逐渐认识到这是一个容纳古代神话传说的宝库，应该好好发掘，充分利用。于是用以考史者有之，用以考地理者有之，用以考先民文化习俗者有之……这是学术观念上的重大进步。王国维的研究工作，对利用此书来说，起了滥觞的作用。

《天问》一文，光怪陆离，内容似难置信。有人见到某些文字难于读通，就用错简等说来解释。自从王国维把王亥至上甲微一段文字读通之后，大家对屈原呵壁而问所提问题的可靠性增加了信任，一般不敢再轻易加以否定了。遇到难解的文字，只能抱存疑的态度，这就自然地培植起了"多闻阙疑"的良好学风，对推动科学研究是大有好处的。

总而言之，王国维的《殷卜辞中所见先公先王考》一文，成就卓著，阅读此文，可以得到多方面的启发。学习这样的名篇，不但在具体的学识上，而且在治学方法等方面，都可得到教益。

六

杨向奎在《论"古史辨派"》一文中评判这一学派的功过得失时说："'五四'运动以后，在中国史学界出现了一种疑古的学风。这种学风发展成为以顾颉刚先生为代表的'古史辨派'。也就是在这个时候，和

'古史辨派'的学风相反，不是怀疑中国古代史，而是利用出土的甲骨金文证明中国古代典籍中的古史记载而说明其可信者是王国维先生。王国维是利用甲骨、金文解释中国古代史的创始人。……如果说'古史辨派'在扫荡不科学、不合实际的古史传说上作出了贡献，那么王国维则在建设可信的古史系统上作出了成绩。他们是一破一立，同时存在。"①杨氏作为当事人而提出这样的看法，自然是具有说服力的。

有趣的是，"古史辨派"的创始人顾颉刚就极为尊重王国维。他在《我是怎样编写〈古史辨〉的？（下）》一文中自述道："在当代的学者中，我最敬佩的是王国维先生。1924 年 3 月 31 日的日记中，有这样一段记载：'予近年之梦，以祖母死及与静安先生游为最多。祖母死为我生平最悲痛的事情，静安先生则为我学问上最佩服之人。今夜又梦与他同座吃饭，因识于此。……数十年来，大家都知道我和胡适来往甚密，受胡适的影响很大，而不知我内心对王国维的钦敬和治学上所受的影响之深。可见任何事情都不可能只看表面现象的。当然，我对他也有不满意的地方，就是他不能大胆辨伪，以致真史中杂有伪史。"②这些地方正可发现学术发展史上的一些来龙去脉。

王国维以为传说中有真史，顾颉刚以为真史中杂有伪史，他们都在不同的历史阶段作出了卓越的贡献。现在看来，他们的不足之处，恐怕首先是由于缺乏科学的社会发展史的观点而产生的。

---

① 载《中华学术论文集》，中华书局 1981 年版。

② 载《中国哲学》第二辑，三联书店 1981 年版。

选龙二学　百年沉浮

——从教学工作之一角看世运变迁

原载《古典文学知识》2013年第4期

2011年8月，南京大学文学院与古典文献研究所承办“《文选》与中国文学传统国际学术研讨会”，我作为南京大学的一名老教师，理应对与会者表示欢迎，还应对古代文学中的这一重要典籍在我校的讲授情况作些介绍。

我在准备过程中，发现《文选》一书很有代表意义，可以说明古代文学研究领域中的起起落落，而且与我这样一名承担这一课程的教师也息息相关。我就想到，可把这段经历记录下来，由此可觇南京大学的兴衰荣辱，还可透视古代文学发展过程中的很多微妙变化。

我国古代典籍中，梁代昭明太子萧统主编的这一文学总集具有重要地位。因为古代典籍保存不易，前时精粹的作品很多收录在内，学习古典文学，绕不开这一部大书，历代文士成长中都有一段学习《文选》的经历。自唐代起，就有“《文选》烂，秀才半”之说。一些大儒，如曹宪、李善等人均以精治《文选》而为后代所推崇。

民国时期，先后有两位《选》学大师在南京讲学。东南大学时期，扬州李详（审言）负天下重望，通儒沈子培称其精于《选》学；中央大学时期，蕲春黄侃（季刚）享有大名，章太炎许为“知《选》学者”。照理说，李、黄二人应该为南京大学增添光彩，实则不然，因为其时中国历史正经历着千年巨变，时移势转，《选》学已经由盛转衰，步入逆境。因此，李、黄二人所开创的学统，反而给东南学术带来种种磨难。

民国初期，北方兴起了一阵震古烁今的新文学运动。胡适等人提倡新文学，要求用白话代替文言。主古文的桐城派，主骈文的《文选》

派，都遭到了讨伐。钱玄同在《新青年》上先后撰文，赐予恶名，曰“桐城谬种，《选》学妖孽”。东南大学早期，桐城派的巨子姚永朴已来此任教，于是“谬种”、“妖孽”都在南京集中，形成了与北方遥遥相对的一种奇异景象。

不过黄季刚此时仍意气豪迈，没有感到什么压力。由于学问好，仍有一大批崇拜他的学生围在身边。他的怪脾气是出了名的，讲课时喜欢骂人，骂得最多的人之一也就是这位钱玄同。两位章门弟子势不两立，却互不相妨，各有自己的地盘。

然从总的形势看来，南京方面还是处在不利地位。因为自清末起，中国思想界受进化论的影响特别大。其时列强环伺，国步维艰，人们无不觉得中国即将沦为列强殖民地，因而救亡图存的运动此起彼伏。五四新文化运动就是在这种背景下产生的。以白话文取代文言，文学要求革命，大势所趋，符合历史潮流，不管《文选》派中人物如何饱学，也难阻挡时代的发展，北方学界的声势，显然不知要大上多少倍。

这时正处北洋军阀执政时期，各个系统的军阀忙于争战，无暇顾及其他。若从好的方面看，当时的一些执政者也有其开放的一面，他们对学术问题不加干预，因此各家各派可以自由发展。总的来看，这一阶段可以称为近代中国学术的黄金时期。犹如魏晋南北朝时期一样，国力虽弱，思想界却很活跃，创获也多，成为百家争鸣的又一高峰。例如胡适、鲁迅、冯友兰、郭沫若、顾颉刚、陈寅恪、赵元任等，各路大师都是在此时段中先后涌现的。这些学界要人，一直影响后代学术的走向，惠溉后人至深。桐城派和《文选》派中人物，没有遭到过什么政治上的打压，只是大势所趋，不能像过去那样风光罢了。

国民政府时期，情况大体仍然如此。中华人民共和国成立之后却是情况大变，因为政治上的主导思想，除进化论之外，又增加了阶级论。当时认为，像胡适、钱玄同等人物属于资产阶级学者；李详、黄侃等人属于封建学者。从社会发展史的角度来看，封建学者自然低了一等。何况与鲁迅叫阵的《学衡》派中人物也集中在此地，因此南京大学的前身，成了保守派的集中之地。这样，南京大学的地位势必会随之下降。

李详、黄侃等人殁于抗日战争之前，他们的一些老同事，胡小石、汪辟疆两位先生则仍在此任教。他们年岁相仿，经历亦相似，自然也被列入封建学者的行列。

汪辟疆先生学问好，成果多，和国民党中要人多有来往。因为他们那一辈人大都出身世家，国民党中的一些要人也多通文墨。汪先生和于右任等人诗酒往还，还参加过北极阁雅集等活动，于右任就利用职权送他一个监察委员的头衔。想起此事，我就觉得好笑，像他这样一个人，能监察谁呢？方光焘先生说，汪先生实际上是个文人，喝喝酒，做做诗，只是身在高校工作，因此在学术上也得有发展，但在政治上可没有什么心计。大约是在 1948 年吧，汪先生在国民政府的电台还作过一次演讲，提倡读经，凡此种种，新中国成立之后自然会被视作落后的表现。

一些历史悠久的大学里，大都集中有一大批本校毕业的教授。中央大学的情况当然如此，这在阶级观点鲜明的人看来，也就是封建势力集中地了。到了 60 年代，一些观点鲜明的人已将南京大学中文系视为封建堡垒。

胡小石先生的情况有些与众不同。他一生清白，性格孤傲，无论在北洋政府还是国民政府时期，都与政要没有任何瓜葛。他在护校运动中立过大功。国民党溃退前夕，政府严令中央大学迁至台湾，为此教职工组织了护校委员会，拒绝迁校。委员会由梁希、潘菽、胡小石三人负责。其时风声鹤唳。梁希因与共产党有直接联系，随后到解放区去了。潘菽因两个堂弟潘梓年、潘汉年都是共产党的高干，也不便耽在校内，因此后期只有胡先生一人在此主持护校委员会。他积极支持学生运动，与民主党派中人有些来往，因此新中国成立之后一直受到党和政府的尊重，初期仍然出任文学院院长。到了 1952 年秋，转任南京大学图书馆馆长，这大约也是为了削弱中文系内封建势力的需要吧。

南京大学在教育界的地位，在 1952 年院系调整中遭到了严重削弱，文科尤甚。哲学系合并到了北京大学中去，中文系中并过来的教师，只有任职于金陵女子大学的陈中凡先生一人，而在此之前，却调出去了不少名教授。吕叔湘去了北京，唐圭璋去了东北，段熙仲回安徽老家去了，张世禄在华东革命大学学习后分配到复旦大学去了。这些先生何以一一离开服务多年的母校，我也说不清楚，事后看来，当与铲除封建堡垒有关。老师既不便动，那就把他麾下的学生一一调走，来个釜底抽薪吧。

中央大学位于国民政府的首都，蒋介石曾经兼任过中央大学校长，校内一些教授与国民党政要有关系的很多，或在各种衙门内任职过，不管是实职还是闲职，是实名还是虚衔，情况确很复杂。改朝换代之后，势必要有一番清理，这也是历史上的常态。只是当今情况又有不同。因为中华人民共和国初建时，社会主义国家中只有一个苏联在教育上有一些完整的经验，因此大学院系调整时，分为文理科的综合性大学和各种专业的工业大学两种，这些都是从苏联引进的做法。首都北京，重点建设北京大学；中国最大的城市上海，重点打造一个复旦大学，也就相当于苏联的莫斯科大学和列宁格勒大学。位于二者地理位置中段的南京大学，政治上情况复杂，势必要有降格的处理。当然，各级领导都没有明白地宣布过这一点，作为一名底层的学生，仅凭个人观察，也无法具体地说明内情，只是从大势来看，实际情况应当就是如此。

时至20世纪60年代之初，罗根泽、胡小石、方光焘等几位先生先后去世，南京大学已无知名人物。30年代声华藉甚的南雍重镇，已经虚有其名，无怪乎处在南京本地区的兄弟院系也对我中文系古代文学专业的学术水平表示轻视。

新中国成立初期，全国高校之间很少来往，因此中文系的窘态还不会明显地暴露，教师不会感到有什么压力。只是到了50年代末，社会主义阵营发生分裂，中国为了摆脱苏联的影响，提出了反修(苏联修正主义)的口号。中共宣传部副部长周扬主持编写一系列的大学教材，取代前此仿照苏联模式或直接从彼处引进的各种教科书。为了强调中国的独立自主，突出悠久的文学传统，中国文学批评史开始得到重视。周扬安排复旦大学与南京大学各编一套中国文学批评史和中国古代文论选，大约是看到复旦有郭绍虞与朱东润两位专家，南大有陈中凡与罗根泽两位专家，因而让两家各搞一套的吧。只是陈先生此时已年过七十，罗先生患高血压与肝硬化，已不能任事，因此两校的实力已无法相比。

这项工作初起时，还在"大跃进"的高潮中，学生为主大编教材，轰轰烈烈，关起门来搞，仍然可以自我陶醉。但要两校相拼，拿出真货色来，可就显出高低来了。到了60年代，上级指定两种批评史方面的教材都要由中华书局上海编辑所出版，南京大学可是窘态毕露了。

60年代之初，罗根泽先生去世，这里最后的一张王牌已告失效。

两处编书，情况大异。上海方面把前阶段的重点放在《中国历代文论选》的编写上。参加者中不但有实力很强的青年教师，而且在中共华东局的支持下，从杭州大学调来了夏承焘，从江苏师范学院调来了钱仲联，从上海师范学院调来了马茂元。他们在郭绍虞的统率下，住进了国际饭店，所需资料均由位于对面的上海图书馆负责供应。就在这样优越的条件下，自1964年起，陆续出版了《中国历代文论选》三卷本,取得了很大的成绩。

反观南京大学,因无高级专业人员,只能由一位研究散文的老教师负责,集中了三名年轻教师编写《中国历代文论选》。其时我已改为助教,匆匆赶去担任中国文学批评史的教学,算是一名专业人员。大家心里有数,要想编出一本足以与上海方面抗衡的著作,根本无此可能,只是任务在前,也要交差吧,于是大家分析了一番形势,觉得应走一条切实可行的道路,我们应该编写一本简明扼要的《中国历代文论选》,显示自己的特色。这书字数不能太多,控制在二三十万字即可。每篇选文之前,要写一段精粹的提要,总领全局。学生读古文时,不易厘清思路,因此遇到较长的文章,就要分段介绍,从章法上分析。词句方面,则应努力说清文论术语的内涵,深入浅出,好让学生容易理解,容易掌握。应该说,这种设想还是符合实际的,但在工作一年多稿子交老教师审阅后,却不知什么原因,如同石沉大海,连废纸都不见一张了。

《中国文学批评史》的稿子原是由四年级的学生编写的,后由下一届学生接手,完成了初稿。等到大家奔赴上海交稿时,情况已经大变,大编教材的高潮已经过去,上级不再强调小将的革命精神,而是注意起用老专家,发挥他们的作用了。我们由一位系副主任带队,一两位教师,再加两位学生,住进了中华书局上海编辑所的招待所。我们也有自知之明,觉得稿子没有什么水平,也不乏东抄西袭的地方,但当对方一一指出时,却也感到难堪。特别是那位姓刘的主任语带讽刺,大家更是感到难受。回到房间,系副主任就表示要想法子反击,因为这是对待小将的态度问题,但当时大气候已经改变,无力回天,只能灰溜溜地回校。

我作为一名正在教这课程的教师,当然感到丧气,觉得自己像是一个没落家族中的飘零子弟。后来想想,这种想法也有些自作多情,因为上级本来也没有指望你挑什么大梁。两种教材的编写中，也只是做一些具体工作，没有资格担任什么领导性质的职务，因此无论从行政看，从道义上看，没有什么地方要我承担责任。只是我对南京大学的传统有些了解，知道师辈在此作出过贡献，因而才有那些悲凉之感。当然，这在当时来说，也会成为一条罪状，你想为封建学者招魂么？

到了“文化大革命”前夕，南京大学中文系古典文学的力量已经跌到谷底，其后又遭不断摧残，成了革命小将和革命教师大显身手的一块阵地。经过反复清理，封建堡垒已荡然无存。像我这样一名不成材的学生，仅因跟老师学得认真一些，也被加上封建学者俘虏的恶谥，成了一名革命师生群起而攻之的不合格教师。

“文革”结束，天日重光，社会观念起了根本变化，南京大学的教师不必再为历史蒙羞。因为大家的态度趋于客观，学界不再用进化论与阶级论的观点来衡量一切，甚至《学衡》派的价值也有人来重新加以评估。学者只要在某些方面作出过贡献，就会得到肯定。大家不再在封建主义、资本主义的鉴别上来分高下，那些自命为社会主义精英的人也不能仅凭几句语录打遍天下了。

到了 80 年代，学术界成立起了各种不同系列的学会，中国古代文学理论学会成立后，我也被吸收入内。1981 年时，《中国文学批评小史》在长江文艺出版社出版。我把三年教学中积累起来的讲义改写了一下，沿用前此形成的思路，向少而精的方向努力，考虑读者需要，行文深入浅出，追求体系的完整与明晰。全书仅二十万字，出版不久就售完了。其后在国内与境外多次翻印，还有两种不同语种的译本，传播也就更广，影响不断扩大。

1984 年 11 月时，复旦大学主办中日学者《文心雕龙》学术研讨会，与会学者多为其时名流。程千帆先生与我得到了邀请，但他心脏不好，无法参加，这样我就必须前往。心想南大毕竟是个老大学，我又教过几年批评史，所以才会破格让我去一下的吧。之前中国关起门来搞政治运动，从来没有开过什么学术会议，这时要请日本顶级的学者来开会，又安排在条件优越的龙柏饭店，这可是一个难得的机会，应该前去开开眼界。但我心中很虚，自知没有写过一篇《文心雕龙》的专题文章，很有可能去丢人现眼，因此接到邀请函后，尽可能挤出时间来读《文心》与《文选》，慢慢地磨出了一篇文章——《刘勰的主要研究方法——“折衷”说述评》。

开幕式前，我忐忑不安地走进会场。李庆甲任这次会议的秘书长，带着一批年轻教师候在门口。那时他已致力于《文心雕龙》的研究，且已取得初步成绩。见我到来，突然将手一摆，向青年教师介绍说：“这就是大名鼎鼎的周勋初。”我一无思想准备，感到突然，心想是不是在开玩笑？再看看倒也不像。开会期间，我一直很纳闷，他为什么这么说？后来我才慢慢体悟出来。与人交谈时，常有人提到《梁代文论三派述要》。原来好多人看过这篇文章，所以才能跻身这次会议。

“文革”之前，全国没有多少纯学术的刊物。到了60年代，北京的中华书局办了一本《文史》，上海的中华书局上海编辑所办了一本《中华文史论丛》，这是当时规格很高的学术期刊。在上面发表文章的人，都是一流学者。与我同在《中华文史论丛》第五辑上发表文章的人，如杨宽、平心、高亨、谭其骧、夏承焘、徐复、唐圭璋、唐长孺、俞平伯等人，都要比我大上二十岁至四十岁左右，他们当时正处巅峰时期，像我这样的年龄，很少有人在上面露脸，或许就是这样让人记住的吧。

时至70年代，任教于台湾大学的杨家骆主编了一种《中国学术类编》，由鼎文书局出版，内有“中古文学史等七书”，计收刘师培、王瑶、夏承焘、詹锳、郭绍虞等人的文字和我的那篇《梁代文论三派述要》。其他五人年辈较高，杨氏均有了解，故介绍颇详，介绍我时则只能泛泛地说该文“探骊得珠，久称佳制”。实则截至70年代，我只发表过这一篇学术论文。当时正处极“左”思潮之中，一些人视此为烦琐考证，这也可以看到其时两岸文学观念的差异。到了80年代，台湾大学的罗联添又将此文编入《中国文学史论文精选》和《中国文学史论文选集续编》，影响进一步扩大。其后我到台湾讲学或开会，好多学界朋友对我早有了解，就缘于这篇文章。

就是这篇文章，其命运也与时代同步，一波三折。南京大学改换门庭之后，校内教师致力于摆脱封建势力的影响，竞相学习新理论。我很清楚，大家对我的评价是读书还算用功，但观点落后，因此《梁代文论三派述要》一直是墙内开花墙外香，境外的影响超过境内，校外的影响超过校内。这时看到自己的《文心雕龙》研究能够得到好评，摘掉了“学风陈旧”的帽子，心中自是高兴。

1987年时，暨南大学在广州珠岛宾馆举办《文心雕龙》国际研讨会，我写了一篇《〈易〉学中的两大流派对〈文心雕龙〉的不同影响》；1995年，北京大学在皇苑大酒店举办国际研讨会，我又写了一篇《“登高能赋”说的演变和刘勰创作论的形成》。这两篇文章都曾得到过好评。牟世金本想把《刘勰的主要研究方法——“折衷”说述评》放在《文心雕龙学刊》上，徐中玉要去后，放在《古代文学理论研究丛刊》上，列在前端，张少康等《文心雕龙研究史》、李平等《〈文心雕龙〉研究史论》等著作都曾给予好评。张少康总结《龙》学百年成就时，则把《〈易〉学中的两大流派对〈文心雕龙〉的不同影响》选入了《文心雕龙研究》一书，董焱、马勤《20世纪“龙学”研究的回溯》则把此文作为将《易》学思想引入“龙学”研究的代表作。罗宗强在评论《周勋初文集》中有关《文心雕龙》的文章时，重点介绍《“登高能赋”说的演变和刘勰创作论的形成》一文，以为辨析清楚了一个向为大家忽略的问题，即误读经说引起的文学观念变化；依经立说者构拟的体系其实并非经典真意，实已经过后人的演绎。以为此见带有原创性质。

我一直认为，自己并非《文心雕龙》专家，因为我治学的范围较广，写的东西很杂，在《文心雕龙》的研究上花的精力不多。90年代之后，事务日繁，已无余力再来从事魏晋南北朝文学方面的研究，因此好多《文心雕龙》的会议，我都无法参加；上述三次会议，因系规模宏大的国际会议，勉力前往，为了不当场出丑，努力写出三篇文章，却能得到好评，实属意想不到的事。原因何在？却是值得寻味。

我想，这应当与我出身于封建堡垒有关。因为我的《文心雕龙》研究有一个特点，即将此书放在中国学术史的背景下考察。试看我在这一领域中的专著《文心雕龙解析》中文体论方面的一些"解题"，就可明白。我把各种文体的很多要素放在历史发展的长河中考察。这种研究方式所呈现的特点，也就是突破当下所谓"文学"的界限，而是把政治制度、时代思潮、文坛风气、历史演变等因素综合起来考察。这样做，涉及面广，历史感强，学术史的意味也就浓厚。因我不断奔波在各个学术阵地，也就培育出了一种多角度考察问题的本领，谈天说地，纵论古今，自然会向学术史的方向发展。

我干的活很多，有人称我为"多面手"，我则自嘲为勤杂工。反正一有突击任务，要开什么新课，接手人家丢下的课，总会首先考虑到我。自做研究生起，就碰到鸣放、反右派、大批判、交心、拔白旗、大搞卫生、除四害、"大跃进"、大炼钢铁、"四清"、"文化大革命"，真所谓大的运动三、六、九，小的运动年年有。从教学工作来说吧，除了讲授批评史、文学史与作品选以外，还参与大编教材，先编中国文学史，后编中国文学批评史。"文化大革命"后期，又参加注释《马克思、恩格斯、列宁、斯大林文艺论著选读》，编《辞海》，注释法家著作《韩非子》。改革开放之后，改教越南留学生，开大一语文课，前后三次参加高考出题……如此奔波劳碌，非勤杂工而何？我的这种经历，说明身份特殊，不可能担任什么领导职务，做的都是实际工作，这倒也培养出了我苦干实干的精神，或许也可以说是“有心种花花不发，无心栽柳柳成荫”吧。

进入新世纪后，我已步入老年，各种科研任务都得一一结项，还要把若干著作增订完善后重印，只有《文心雕龙解析》一书未能完稿。想起当年讲课与交流学术时也曾投入不少心血，出版《周勋初文集》时编入十三篇讲义，只能算是一种半成品，未能尽抒所怀。但要想把五十篇文章全部加工出来，已无可能。之后我又完成了《诠赋》、《丽辞》两篇的注释，已感力不从心，只能顺乎自然，看来只能以十五篇《解析》充数。

20 世纪 80 年代，当我讲授“近代学者治学方法”时，王华宝尚在南京师范大学古典文献专业攻读本科，也时来旁听。其后他任江苏古籍出版社（后称凤凰出版社）编辑，一直承担我在该社出版的各种书的责任编辑，来往甚多，一直以师礼事我。他就力劝我完成全书，以为这也是我研究成果中的一个方面，有我自己的特色。其他学生也都表示可以参加进来，帮助我完成剩下的三十五篇的“注释”与“分析”。过去我一直不愿让学生帮着干活。当今学界竞争激烈，他们有自己的前程，理当集中精力高歌奋进，如今我却陷入了进退两难的境地，看来只能依仗众力，通力合作才能完成此书。心想《文心雕龙》毕竟也是一本学人必读之书，他们细读一下也有必要，这样还可留下一种凝聚师生情谊的著作，也有纪念意义。于是我下定决心，邀约了九位在魏晋南北朝文学上已有成果的学生，分别承担三十五篇文章的未了事务。自 2012 年年底起，王华宝已转至东南大学任教，机动时间较多，可以发挥他的所长，参与到注释工作中来。只是此事还是费去了他们的不少心力，总觉有些过意不去。

我在《选》学方面一无成绩可言。聊可自慰的是，讲学日本期间引进了一部《文选集注》，后来编成了《唐钞文选集注汇存》一书，受到学界好评。2013 年 8 月，国家新闻出版广电总局、全国古籍整理出版规划领导小组公布了“首届向全国推荐优秀古籍整理图书”九十一种，此书名列其中。我之所以能够有此眼光，认识到它的价值，也与我的特殊身份有关。做的事多了，涉及的方面多，才能注意到他人看不到的地方。

当年任教东南大学、中央大学的一些教师，曾在《选》学与《文心雕龙》的研究上作出过很大的成绩，而我作为短期教过《文心雕龙》的一名教师，只是滥竽充数，势难有大的开拓，只能留下一些具有个人特色的著作。于此我只能说，限于条件，限于能力，只能做到这个地步。我只能自我安慰，我尽力了。

“选龙二学，百年沉浮”，当年的残渣余孽如今还能圆满收场，留下一些具有个人特色的成品，而且能够得到学界的欢迎，可以说是晚年交上了好运，实属意想不到的事。俗话说“六十年风水轮流转”，信然！信然！

学术年表

1950年9月1日（21岁） 进入南京大学中文系学习。

从胡小石先生学习工具书使用法、中国韵文选、中国文学史，从罗根泽先生学习中国文学史，从陈中凡先生学习中国散文选，从汪辟疆先生学习中国韵文选，从方光焘先生学习文艺学、现代文学名著选、现代汉语，从陈瘦竹先生学习戏剧、诗歌、小说，从孙席珍先生学习中国新文学史、小说，从于在春先生学习散文，从张世禄先生学习中国语文概论。

1956年3月24日 《谈谈汉字简化的历史》一文在《中国青年报》上发表。

1954年大学毕业。分配到国务院中国文字改革委员会，从事编制《汉字简化方案》的具体工作。《中国青年报》为配合《方案》的公布，准备发表一组文章，论述汉字简化乃历史之必然，领导把写作任务交给了我，但该报在发表上文后即撤销了计划，因而只发表了这一篇文章。

1957年3月 《评汉字笔顺排检法》一文在《中国语文》本年度第一期上发表。

自《汉字简化方案》发布后，原来的部首排检法体系破坏，文改会乃命陈越与我研究新的排检法，企图解决这一难题。当时分工，我作部首和笔顺排检法的研究，陈越作音序、四角号码等排检法的研究，将来合成一书，由文字改革出版社出版。后因陈越被错划成右派，计划撤销，《中国语文》仅发表了我这一篇文章。

1958年5月 报告文学作品《携手并进》在《雨花》本年度五月号上发表。

这是在读副博士研究生阶段，中文系组织学生采访下放干部代表而写成的一篇纪实小说。

1959 年 6 月 《禹鼎考释》一文在《南京大学学报》本年度第 2 期上发表。此文与学长谭优学合写。实为学习金文的读书报告，在胡小石师的指导下完成。

1961 年 12 月 1 日至 12 月 2 日 至上海锦江饭店参加上海市高教局召开的中国文学批评史座谈会。

该会主要讨论复旦大学和南京大学在“大跃进”中所编的《中国文学批评史》中陆机、严羽、王国维三节，企图从分析疑难问题着手，纠正前此研究工作中的简单化倾向。会议主要听取刘大杰、朱东润、郭绍虞等人的分析与介绍，夏征农、俞铭璜、曹未风等人的指示。参加者尚有陆侃如、钱仲联、马茂元、吴调公、胡云翼等先生。

1964 年 6 月 《梁代文论三派述要》一文在《中华文史论丛》第五辑上发表。

1962 年讲授《文心雕龙》时，考虑到可写一篇文章，取名《新变与通变》，认为这两个概念正代表了六朝文学中的两种主要倾向。这一思路不断发展，后又增加保守一系，遂成三派。《中华文史论丛》审稿时认为文章名称嫌晦涩，故改用今名。

1978 年 5 月至 7 月 至青岛参加教育部组织的全国高等学校统一招生考试语文命题工作。

朱德熙、萧璋二教授任组长。事后至江西庐山隔离与休养。

1979 年 9 月 《辞海》由上海辞书出版社出版，我被列入“参加本书编订工作的主要编写人”。

“文化大革命”中，《辞海》内部发行的未定稿被定性为“大毒草”，必须在毛泽东思想指导下改写。其中分量最大的语词共分四部分，南京大学中文系负责语词的最后部分。洪诚先生对所拟的词条不放心，让我复看，遂投入此工作。1971、1972 年两次在上海集中，工作达数月之久。前后工作数年，浪费精力甚多。1976 年“四人帮”垮台后，由我至上海辞书出版社定稿，将那些“文革”时期的“革命用语”全部删掉。《辞海》于 1987 年 12 月出《语词分册》，后出新一版、新二版，均列为主要编写和修订人。

1980 年 3 月 《叙〈全唐诗〉成书经过》一文在《文史》第八辑上发表。

“四人帮”搞评法批儒时，南京大学革命委员会接受了编写《韩非子》新注的任务。我在上海修订《辞海》，中途召回，负责统稿。自 1974 年起，至 1976 年止，历时两年多，完成了《韩非子校注》的草稿。“四人帮”垮台后，我又受命将《校注》稿改写成一本学术著作。为此曾在 1978 年 9 月至 1979 年 2 月到北京图书馆看书，寻求各种善本进行校勘。其时得知故宫博物院图书馆中藏有季振宜《全唐诗》和胡震亨《唐音统签》，遂前往请求阅读。1979 年年底，集中精力读了十五六天书，写成了这一文章。

1980 年 5 月至 7 月 至北京参加教育部组织的全国高等学校统一招生考试语文命题工作。

张清常教授与我出任组长。事后至浙江莫干山隔离休养。

1980 年 9 月 《高適年谱》一书在上海古籍出版社出版。

“文化大革命”中，不准接触古代文学，后因郭沫若《李白与杜甫》出版，工宣队才允许教师读有关的书。我于 1972 年时以无书可读，集中精力研究高適，写成初稿。“文化大革命”结束后，李俊民先生复职，出任上海古籍出版社社长，表示接受此稿，遂请孙望先生审读一过，并于《文学评论》1979 年第 2 期上先行发表了《高適生平若干问题的探讨》一文。

1980 年 11 月 6 日至 13 日 至武汉东湖宾馆参加武汉大学主办

的中国古代文学理论学术讨论会。

我所提交的论文为《〈文心雕龙·风骨〉篇辨析》，实为“文化大革命”前讲授此书时所编讲义中的一篇。

1980年11月 《韩非子札记》一书在江苏人民出版社出版。

自1975年起，利用空隙时间写成了这一《札记》。其中《陈奇猷〈韩非子刻本源流考〉商兑》一文曾在《群众论丛》1980年第一辑上发表。

1981年1月 《中国文学批评小史》一书在长江文艺出版社出版。

1965年时，中华书局上海编辑所约我编写《中国文学批评简史》一书，列入《中国古典文学基本知识丛书》。1966年上半年完成，“文化大革命”陡起，无法交出。1978年交上海古籍出版社，以内容不合，遂重行改写，以《小史》为名，交长江文艺出版社出版。此书韩国许多大学如汉城大学、外国语大学等，都曾用作教材，香港大学亦用作教材。香港、韩国均曾出现盗版。80年代，台湾崧高书社出了一种新版。1994年7月，台湾丽文文化公司又出新版；1995年6月，辽宁古籍出版社出新版；2007年9月复旦大学出版社出新版。2008年5月，香港三联书店另出新版。韩国学者全弘哲等译为韩文，于1993年由韩国理论与实践出版社出版。日本学者高津孝译为日文，2007年7月由日本勉诚社出版。

1981年7月 江苏省高教局批准升任副教授。

1981年9月 日本大阪府立女子大学横山弘副教授来南京大学作高级进修生，由程千帆教授和我负责指导。

1982年2月 《〈文赋〉写作年代新探》一文在《文学遗产》增刊第十四辑上发表。

1965年和1966年，我曾先后寄出《王充与两汉文风》与《〈文赋〉写作年代新探》二文交《新建设》杂志。1979年，我为修改《韩非子校注》，到北京进行校雠，利用北京图书馆休息时间，前往中国社会科学院查问，得知《新建设》杂志社已裁撤，但有部分稿子转存中华书局。后得当时负责《文史》杂志编辑事务的傅璇琮先生的帮助，找到了这两篇稿子。《王充与两汉文风》后刊登于《古代文学理论研究丛刊》第二辑，1980 年 7 月出版。《〈文赋〉写作年代新探》交《文学遗产》，该社编辑以为陆机四十作《文赋》之理由说得还不充分，遂重读《三国志》，从陆机抛弃家传经学转治玄学这一新的角度进行论证，始觉论点圆满。

1982 年 11 月　《韩非子校注》在江苏人民出版社出版。

我自奉命投入此事，从拟订体例，到修改各组提交的草稿，一直承担主要任务。负责定稿后，自 1980 年 10 月至 1981 年 2 月，全面进行修改。书影介绍和编制人名索引等，均由我选定、拟撰和编制。《韩非子校注·后记》中说："全书的文字统一和校勘工作是由周勋初同志负责的。"2009 年 8 月，由我再次修订后，由凤凰出版社出新版，2012 年荣获江苏省首届新闻出版政府图书奖。[附录]内收入了我的一篇纪实文字《疯狂的年代，理性的思考——〈韩非子校注〉编写始末》，识者以为具有史料价值。

1983 年 3 月　《阮籍〈咏怀〉诗其二十新解》一文在《文史知识》本年度第 1 期上发表。

《咏怀诗》极要眇之思，然不易确解。我通过典故的考索而求得此诗正解。此文后收入《古典诗词名篇鉴赏集》，中华书局 1984 年版。其他书籍转载者颇多。

1983 年 5 月 4 日至 5 月 9 日　至安徽亳县参加建安文学讨论会。

我提交的论文为《魏氏"三世立贱"的分析》。这种文章，亦文亦史，在目前学科分工很细的情况下，不知该在哪一种杂志上发表。但因该文视角颇有其特点，受到与会者的好评。后在《南京大学学报》1985 年第 1 期上发表。

1983年5月18日至6月22日 在北京昌平县北京大学分校集中,参加教育部组织的全国高等学校统一招生考试语文命题工作。

我与潘兆明教授出任组长,事后在西安丈八沟宾馆隔离并休养。

1983年6月 《马恩列斯文艺论著选读》在江西人民出版社出新版。

我在"文化大革命"前曾教过两年又两个学期中国文学批评史。"文革"后期,江苏五所高校的文艺理论教师联合起来,集体编写马恩列斯有关文艺理论的名著选读,我负责注释马克思、恩格斯《德意志意识形态》中论统治阶级的思想在每一时代都是占统治地位的思想部分和斯大林《答高尔基的信》。自1971年起,前后有两年多。此书《后记》中说我"曾在一段时间内参加编写"。

1983年8月8日至13日 至青岛参加《文心雕龙》学会成立大会。

1983年9月 开始为硕士研究生讲授"近代学者治学方法研究"。

我以王国维、陈寅恪的几篇学术论文为例,说明他们何以能取得成功。此课前后讲过几次,写成的五篇讲义后均编入《当代学术研究思辨》。本来还有计划作顾颉刚等人的研究,以精力不敷而无法实现。

1983年11月11日至15日 至北京大学参加全国高等院校古籍整理研究工作委员会成立会议。

1984年2月至7月 为中文系本科生上《文心雕龙》选修课。

60年代初期,我曾教过两个学期《文心雕龙》课。80年代初期,重开此课。其后又连续开过多次。《〈文心雕龙〉解析》(十三篇)即为讲课用的讲义。本想增加另外篇章并作注释,终因过于忙碌而未能如愿。晚年在众多学生的帮助下注完全书,我写作了长篇的《前言》和《解题》,于2015年由凤凰出版社出版。

1984年3月30日 南京大学古典文献研究所成立。

程千帆教授任所长，我任副所长。1986年9月即接任所长。

1984年8月 国家教育委员会特批为教授。

1984年8月20日至26日 至兰州参加西北师范学院主办的唐代文学学会第二次会议。

我当选为常务理事兼副秘书长。后于1988年辞去副秘书长之职。

1984年11月19日至24日 至上海参加复旦大学主办的中日学者《文心雕龙》研讨会。

我提交的论文为《刘勰的主要研究方法——“折衷”说述评》。1983年6月30日，读《文选》与《文心雕龙》时，有所感悟，遂草拟提纲，其后不断加工而成文。原拟发表在《文心雕龙学刊》第四辑，后中国文学理论学会取出，发表于《古代文学理论研究丛刊》第十一辑上。

1984年12月1日 南京大学研究生院成立，我出任副院长，分管文科。

后以社会活动负担过重，于1986年底辞去此职。

1985年2月5日 《高適年谱》获江苏省哲学社会科学优秀成果二等奖。

1985年5月 《柳珵〈刘幽求传〉钩沉》一文在《中华文史论丛》第四十七辑上发表。

自1981年起，我接受了中华书局的邀约，开始整理《唐语林》。在校读过程中，不断发现问题。1982年12月22日，读《类说》时，发现《明皇十七事》中羼入《戎幕闲谈》中文字，遂对唐人笔记小说中的混乱现象增加了认识。此文亦为校读过程中发现的问题之一。

1985年6月 《程千帆教授的学诗历程》一文在《唐代文学研究年鉴》1984年号“专家研究”栏内发表。

千帆先生其后又出版了许多著作与论文，为此我将此文改写，增加了新的内容，以《程千帆先生的诗学历程》为题，收录在《当代学术研究思辨》一书中。

1985 年 7 月 15 日至 18 日 全国高校古籍整理研究委员会在北京开会，决定编写一种《古代文史名著选译丛书》。

章培恒、董治安二教授与我负责选目。其后古委会开过多次会议，我参与定稿，并组织南京大学古籍所内成员从事选译工作。自 1986 年始，至 1992 年止，我先后审阅了《列子选译》《世说新语选译》《谢灵运鲍照诗选译》《魏书选译》《南齐书选译》《梁书选译》《陈书选译》《隋书选译》《史通选译》《新五代史选译》《陈子昂诗文选译》《柳宗元诗文选译》《唐文粹选译》《唐五代笔记小说选译》《宋代传奇选译》《清代文言小说选译》《龚自珍诗文选译》，计十七种。台湾锦绣出版社于 1993 年曾重印这一丛书。其后凤凰出版社于 2011 年 5 月又重出了新版。

1985 年 8 月 完成傅璇琮主编《唐才子传》中高適传记之笺证工作。

1985 年 10 月 《韩非》一书由江苏古籍出版社出版。

这是一本通俗读物，但融入了我在《韩非子校注》和《韩非子札记》中的研究成果。2009 年 3 月，南京大学出版社出了新版，列入“孔子学院”推介读物，我在其中增加了很多精美的插图。

1985 年 10 月 26 日 至邵武参加福建师范大学主办的严羽学术讨论会。

我所提交的论文为《从“唐人七律第一”之争看文学观念的演变》，提前发表于《文学评论》1985 年第 5 期，故未收入会议论文集中。

1986 年 8 月 《九歌新考》一书由上海古籍出版社出版。

我在大学四年级时，曾在胡小石先生指导下，认真学习过楚辞。回校当副博士研究生时，又听胡先生讲过一次，产生了很多想法。

1959 年，系里将我改为助教，讲授中国文学批评史，想到此后不可能再搞楚辞了，遂抓紧时间写出了此书初稿，寄交中华书局上海编辑所。其时“极左”思潮日趋严重，1964 年 6 月 29 日被退回。1981 年 8 月，抽空加以修改，1982 年时重交上海古籍出版社。此书原取名《九歌研究》，已请胡小石师题签，出版社不慎将题签遗失，遂集先师遗墨而改名《九歌新考》。

1986 年 11 月 《罗根泽先生传》一文在书目文献出版社出版的《中国当代社会科学家》第八辑上发表。

1982 年起，我开始写作罗根泽先生传记，曾于年初赴上海访问郭绍虞先生，搜集材料。1983 年 12 月 8 日将初稿分送本系有关人员，作修改后，又于 1984 年 2 月 23 日分送全国各地与罗先生相识的人，征求意见，得到杨向奎等先生的指点，然后定稿。此文后改名《罗根泽传略》，编入《当代社会科学家》第八辑，书目文献出版社 1985 年版；《中国现代社会科学家传略》第九辑，山西人民出版社 1987 年版。前此曾以缩写的稿子《开拓型的学者罗根泽》为题，发表在《光明日报》1985 年 6 月 18 日《文学遗产》栏目第 683 期。其后又经改写，以《罗根泽先生在三大学术领域中的开拓》为题，收录在拙著《当代学术研究思辨》中。再后，张世林编《学林往事》、陈平原编《中国文学研究现代化进程二编》和夏晓虹编《清华同学与学术传承》三书中均曾刊出。

1987 年 3 月 《论黄侃〈文心雕龙札记〉的学术渊源》一文在《文学遗产》1987 年第 1 期上发表。

1985 年 10 月，我系主办“纪念黄侃先生诞生一百周年逝世五十周年学术讨论会”，代表递交的论文集中在小学方面，程千帆先生乃让我作一个有关《文心雕龙札记》的报告。是年 3 月 26 日读王乘六、诸祖耿记录的《章太炎国学讲演录》，内中提到民国初年黄氏任教北京大学时与桐城派相争一段，受到启发，遂草成此文。其后对近代学术的兴趣日益提高。

1987 年 7 月 《唐语林校证》一书于中华书局出版。

1981 年时，我应中华书局邀约，整理《唐语林》。自 9 月起，每天到南京图书馆找原出的笔记小说互校。1983 年 2 月，开始写作《唐语林校证·前言》。1984 年至 1985 年，编写附录与各种索引，1985 年 3 月 15 日交稿。中华书局列入《唐宋史料笔记丛书》。此书于 1993 年获第一届国家古籍图书二等奖，2013 年荣列国家推荐优秀整理图书。

1987 年 12 月 《文史探微》一书在上海古籍出版社出版。

1984 年时，我与上海古籍出版社联系此书的出版，得到支持。此书共收论文十六篇，其中发生过很大影响的文章颇多。

1988 年 2 月 11 日 南京大学中文系古代文学教研组与南京大学古典文献研究所联合申报全国古代文学重点学科点取得成功，得到国家教育委员会的正式批准。

我列为第二主要学术带头人。

1988 年 9 月 20 日至 24 日 至太原参加由山西大学主办的唐代文学第四次学术讨论会。

江苏五所高校的代表经过商议，决定由江苏接办下次会议，并由我向大会提出申请，得到批准。

1989 年 2 月 20 日 出任《中国思想家评传丛书》副主编。

1989 年 6 月 2 日至 4 日 至安徽九华山参加中国李白学会主办的第二次年会。

我提交的论文为《李白家人及其名字寓意之推断》。是年 4 月 2 日，我在构思有关李白的文章时，觉得其子女的名字颇为怪异，本人亦颇有异端作风，遂列出几点，待日后慢慢写成一书：(1) 子女命名，(2) 籍贯与指树为姓，(3) 剔骨葬法，(4) 不尊王攘夷，(5) 不崇儒，有战国馀风，纵横游侠，(6) 从永王璘乃必然，(7) 商人家庭，散千金，

(8) 弃女人。后在商人家庭一点上一直不敢下结论，最后否定了此说。

1989 年 10 月 16 日至 18 日　参加古委会人才培养工作会议。

我结合南京大学古典文献研究所的特点，向全会作了培养人才的专题报告。

1989 年 12 月　是年被评为南京大学优秀研究生导师、江苏省优秀研究生导师。

1990 年 4 月 26 日　拟订中国文学批评史的几个题目，打算写一批“断想”。

我在阅读几种《中国文学批评史》后，感到这类著作的写作已经形成一种套数，必须打开思路，才能出现面目有异的新著。晚上想此问题时，随手拟了几个题目：(1) 杂文学与纯文学问题；(2) 中国古代文论之特点——与哲学密切相关(文论术语、气论、有无之辨)；(3) 中国文学批评史之建设与成就；(4) 古代文论研究中之缺憾(① 不联系作品，② 不能进行综合的研究，③ 研究者缺乏创作经验)；(5) 古为今用的问题——艺术性的分析，艺术经验的总结。其后我将这些“断想”再行扩大，准备为硕士研究生开一新课，第一堂课讲“古代学人对文学批评的认识”。后因事忙，研究方向转移，只写了一篇《目录学家对文学批评的认识与著录》，发表在南京大学中文系主办的《文学研究》第一辑上。

1990 年 6 月 28 日至 29 日　主持胡小石、陈中凡、汪辟疆三教授百年诞辰学术纪念会。

此会本应于 1989 年举办，后因故而延后。为配合这次会议，还筹办了三人学术著作与诗文、书法展览会。事后又将纪念文字汇编出版。

1990 年 6 月下旬　《全唐五代诗》之准备工作就绪，我被推举为第一主编。

傅璇琮、郁贤皓、吴企明、陶敏、许逸民等先生在北京议定,《全唐五代诗》的编纂采取主编负责制,周勋初、傅璇琮、郁贤皓、吴企明、陈尚君任主编。我还负责向古委会申报立项,取得国家的认可和经济上的支持。办公室设在苏州大学。

1990 年 11 月 《唐诗大辞典》于江苏古籍出版社出版。

自 1988 年 10 月 30 日起,我即着手编写《唐诗大辞典》,准备作为江苏举办下一届唐代学会时之礼物。我任此书主编,莫砺锋、严杰任副主编。为此召开座谈会,拟定体例,提供样稿,请各地唐代文学专家分别写稿,由主编统一体例与文字。我写作的《唐诗文献综述》利用空隙时间完成。最后还请朋友帮助,与故宫博物院、辽宁博物院、中国科学院考古研究所、敦煌研究所等地联系,采入珍贵图片多幅。

1990 年 11 月 21 日至 25 日 主持中国唐代文学学会第五届年会暨唐代文学国际学术讨论会。

这次会议,国内的著名唐代文学专家大都与会。日本方面的学者,有兴膳宏、松浦友久、笕文生、笕久美子、西村富美子、横山弘、内山知也、森濑寿三、斋藤茂、市川桃子等;美国方面的学者,有倪豪士、李珍华、车淑珊等;韩国方面的学者,有车柱环;香港地区的学者,有邝健行、陈志诚。当时此间对台湾学术界的情况还不清楚。由于拙作《梁代文论三派述要》一文曾由罗联添教授选入他主编的《中国文学史论文精选》,我遂与他联系,希望台湾学者能来参加会议。台湾方面乃获准组成该地区第一个正式得到批准的学术团队前来与会,领队为杨承祖,顾问为王梦鸥,团员有罗联添、汪中、罗宗涛、吴宏一,秘书为李丰楙、王国良;此外前来的台湾学者还有李殿魁、郑向恒、沈谦等人。各地代表济济一堂,极一时之盛。会后还组织部分代表赴浙东旅游,彼此加深了了解。这次会议由莫砺锋任秘书长。

1991年1月7日 找万业馨商量，请她整理与抄写《胡小石文集》第三册。

《胡小石文集》第三册中收集的是甲骨、金文与《声统表》等小学方面的著作，无法排版，只能请人抄写。再传弟子万业馨工作五年，始告完成。此书于1995年10月出版。我在全书《后叙》中介绍了先师遗集整理出版的经过。

1991年6月18日至21日 参加新加坡国立大学主办的“汉学研究之回顾与前瞻”会议。

会议规模很大，内容偏于介绍世界各地汉学研究与教学之情况。我过去因历史的原因，对此缺乏了解，通过会议，得到了不少新的信息。

1991年11月23日至30日 至香港中文大学中文系访问。

28日，作关于李白之讲演。

1991年12月6日至11日 至天津参加新闻出版署召开的首届古籍整理图书评审会议，任评审委员。

《唐语林校证》获二等奖。

1991年12月 获南京大学首届研究生导师教书育人奖，同年评为江苏省优秀研究生教师。

1992年4月12日至23日 受古委会委托，举办审稿会议。

住东郊宾馆。集中十多人，修改《古代文史名著选译丛书》中的最后几部稿子。

1992年5月25日至30日 至北京出席国务院古籍整理出版规划会议。

本年4月20日，受聘为国务院古籍整理出版规划小组成员。其后又获续聘，直至今日。

1992年9月21日 主持程千帆先生八十华诞庆典。

1992 年 9 月 23 日　《全唐五代诗》主编会议决定，与河南大学唐诗研究室联合，增列佟培基为此书主编。

1992 年 11 月 12 日至 16 日　至厦门参加厦门大学主办的唐代文学第六届年会暨国际学术讨论会。

我当选为唐代文学学会副会长。

1992 年 12 月　《陈寅恪先生的"中国文化本位论"》一文发表。

此文收在北京大学中国中古史研究中心编《纪念陈寅恪先生诞辰百年学术论文集》中，北京大学出版社 1989 年 12 月出版。之前曾在《南京大学学报》1989 年第 5 期上发表，文字略有不同。

1993 年 5 月　《当代学术研究思辨》在南京大学出版社出版。

此书内容，有的是 80 年代教学的讲义，有的是国外会议或至香港讲学的论文，有的是纪念师长与前辈学者的文字，1992 年 3 月写成的《当代治学方法的进步》等文亦一起附入。《古今文史观念的演变》一文原是为《唐人轶事汇编》所写的前言，二者之间的例证有一些不同。

1993 年 6 月 8 日至 12 日　参加香港中文大学主办的魏晋南北朝文学国际研讨会。

我提交的论文为《郭璞诗为晋"中兴第一"说辨析》，后作过大的修改。香港中文大学中文系主任邓仕樑教授建议，下次会议由我校主办；我随后与之商定，再下次可请台湾某大学主办，如此在两岸三地轮流举行，推动学界的交流与认同。

1993 年 7 月 11 日至 14 日　我校文学院主办海峡两岸文学研究新趋势研讨会。

台湾"中央大学"与台湾其他高校前来参加的学者很多，实际上是"中央大学"校友间促进交流的一次会议。会上决定明年由台湾"中央大学"主办，请此间人士前去访问。后因千岛湖事件而未果，改于后年前往。

1993年11月21日至24日 至北京参加全国高校古籍整理研究工作委员会成立十周年纪念大会。

古委会主办了十年古籍整理成果展览，我让徐兴无参加筹办。《全唐五代诗》在会后举行的评审会议上获得通过，正式立项。

1994年3月9日 接受河北教育出版社邀约，整理《册府元龟》，出一个新的点校本。

我接受姚松、武秀成的建议，接受这一任务，目的有三：(1) 让参加者认真地读一些史书；(2) 通过整理，熟练地掌握电脑操作技术；(3) 年轻教师生活条件很差，可以藉此有所补益。

1994年5月23日 接人民文学出版社陈建根先生电话，嘱为该社的《世界文学名著文库》编写《白居易选集》。

我言明，此书由严杰编写。但该社坚持要我在前面具名。类似的情况，在1994年3月上海古籍出版社出版的《中国古典文学基本知识丛书》中的《高適与岑参》一书中同样出现过，该书实为姚松写作。2008年10月南京大学出版社出版的《中国思想家评传》简明读本中的《李白》一书情况同样如此，该书实为童强写作。英文本、日文本情况相同。

1994年8月1日至11月3日 应日本国立奈良女子大学之邀，前往讲学三个月。

这次讲学的身份为日本国文部省外国人特聘教授，享受最高待遇，故得以从容至各地参观与购买文献图籍。10月1日，至京都大学文学部作有关《全唐诗》之讲演。6日，至东京参加日本中国学会的年会。7日，访问庆应大学斯道文库。8日，至大东急纪念文库观看一种《高常侍集》的善本。9日，在东京大学法律系教授长尾龙一的陪同下，参观东京大学。11日，至东洋文库看书。15日，至大阪市立大学作关于唐人笔记小说的讲演。26日，参观正仓院展览。10月27日，在京都大学兴膳宏教授陪同下，观看该校所藏善本。10月28日，接受《读卖新闻》记者访问，有关报导发表在10月30日该报。我在日本的学术活动，大都由该校横山弘教授陪同。

1994年12月 《〈酉阳杂俎〉成书考》发表。

香港饶宗颐先生荣任复旦大学名誉教授，乃邀大陆各界友人写稿，在上海古籍出版社出版《选堂文史论苑》一书。其时我正在研究唐人笔记小说，乃撰此文以应命。

1995年4月11日至16日 至台湾"中央大学"出席海峡两岸文学研究新趋势研讨会。

去台前夕，我受古委会委托，前去寻找一个单位，共同举办两岸古籍整理方面的学术会议，故在会议结束后延留三日。经与"中央研究院"及很多大学内的朋友研究后，决定与汉学研究中心联合举办这一会议。其时还接受了很多单位的邀请，前往讲演，17日至东海大学作高适研究的讲演，18日至东吴大学作大陆古籍整理情况之介绍，19日上午在"中央研究院"文哲研究所讲《全唐诗》编纂中的问题，下午在台湾"中央图书馆"为该地唐代学会作唐代笔记小说的讲演，20日在成功大学作李白研究的讲演。

1995年6月29日 至南开大学参加服部千春的博士论文答辩会。

日本服部建设株式会社董事长服部千春于经营企业之馀潜心研究孙子兵法，著有《孙子兵法校解》一书。他经中国国家教育委员会批准，向南开大学中文系申请博士学位，我应该校之邀前往参加答辩。

1995年7月21日 日本福冈大学甲斐胜二副教授寄来《魏氏"三世立贱"之分析》的日译本。

该文发表在日本福冈大学《人文论丛》第二十七卷第一号。

1995年7月28日至31日 参加北京大学主办的《文心雕龙》国

际学术研讨会。

我提交的论文为《“登高能赋”说的演变和刘勰创作论的形成》。1985年，我曾为硕士研究生开设《诗经》讲座，并在4月28日写成《“登高能赋”辨》一文，至是乃扩展为参加《文心雕龙》会议而递交的学术论文。

1995年8月1日 至北京图书馆观看季振宜《唐诗》钞本，即编纂御定《全唐诗》时所用之底本。

我曾利用各种机会多次观看此书。1979年时看过故宫图书馆所藏的进呈钞本，在台湾“中央图书馆”看过该书原稿。这次经反复查对，断定此稿确是原藏邓邦述家的一种。但我对此书何以在运往台湾后又为北京图书馆所收藏，一直搞不清楚。1996年4月和北京图书馆善本部主任李致忠先生一起赴台湾参加会议，得到他的帮助，才能将此事彻底搞清。原来此书运抵香港大学后暂存冯平山图书馆，后由该馆退还南京图书馆，其后文化部决定将此书交北京图书馆收藏。

1995年8月3日至7日 至郑州参加郑州大学主办的“文选学”国际学术讨论会。

我提交的论文为《〈文选〉所载〈奏弹刘整〉一文诸注本之分析》，并向代表介绍了《文选集注》等几种珍贵的文献。大家慨叹无法见到这类书籍，要求我设法公开印出。复旦大学陈尚君先生也劝我将所藏的《文选集注》复印件付印，并与上海古籍出版社联系，该社与我商洽，决定将此书影印出版。

1995年10月11日至12日 《文学遗产》创刊四十周年暨复刊十五周年纪念学术报告会召开。

《文学遗产》编辑部让我在会议上作一发言。我以将去韩国开会，乃让曹虹代为宣读。此文后已收入《〈文学遗产〉纪念文集》，题名《文献学与综合研究》。这既是我治学的特点，也是我指导研究生的方针。

1995 年 10 月 13 日至 14 日　至韩国参加成均馆大学举办的“第五回东洋学国际学术会议”。

我在该校教师陪同下，参观了成均馆与李朝时代的皇宫，对韩国汉学的情况有了一些实际的认识。

1995 年 11 月 14 日至 17 日　主持南京大学中文系与南京大学古典文献研究所联合主办的魏晋南北朝文学国际学术研讨会。

与会者有香港中文大学系主任邓仕樑，浸会大学系主任陈永明，香港大学教授何沛雄；台湾资深教授杨承祖、洪顺隆、胡楚生及李立信、王国良；澳门大学邓国光；日本学者清水凯夫、佐藤正光等人；内地学者如袁行霈、罗宗强、张少康、穆克宏等，均为一时之选。我提交的论文为《魏晋南北朝时科技发展对文学的影响》，企图为研究这一时期的文学寻找一些新的视角。这次会议由张伯伟任秘书长。

1995 年 12 月　《唐人轶事汇编》一书由上海古籍出版社出版。

1986 年 2 月，我开始考虑编写《唐人轶事汇编》，其后参加编纂者有严杰、武秀成、姚松三人。1987 年 2 月，上海古籍出版社表示接受，1992 年时已大体完成。此书于 1999 年获国家第二届古籍整理图书一等奖。

1995 年 12 月　被评为江苏省普通高等院校优秀学科带头人，江苏省教育委员会颁发奖状。

1995 年 12 月 16 日至 17 日　至马来西亚参加马来西亚大学主办的“中华文化发展与变迁”国际学术研讨会。

我在参观吉隆坡与马六甲等地后，对马来西亚的华人文化有了一些感性的认识。

1996 年 3 月 14 日至 18 日　至苏州大学参加《全唐五代诗》定稿会议。

决定下一阶段《全唐五代诗》办公室的日常工作，移交河南大学唐诗研究室承担。

1996年4月18日 古委会与香港中文大学中国文化研究所举行有关传统文化与现代化之座谈会。

古委会与台湾汉学研究中心联合主办两岸古籍整理学术研讨会，古委会成员路过香港时，由我与香港中文大学中文系主任邓仕樑教授联系，住宿于该校曙光楼，遂与该校中国文化研究所饶宗颐、刘殿爵等教授举行这一座谈会。

1996年4月21日至23日 至台湾参加两岸古籍整理学术研讨会。

我提交的论文为《御定〈全唐诗〉的疏误和〈全唐五代诗〉的编纂》。

1996年6月 《唐人笔记小说考索》在江苏古籍出版社出版。

本只打算写成一本光讲文献的著作，但在发表了《就〈唐语林校证〉事答客问》一文受到各界关注之后，决定续写唐人笔记小说的“内涵和外延”“崛兴与传播”“校雠问题”等通论性文字，列为上编；下编为作家作品研究，内如《赵璘考》《〈酉阳杂俎〉考》等，还经过多次改写。

1996年9月12日至13日 参加中国社会科学院文学研究所、新疆师范大学联合举办的“世纪之交中国古典文学及丝绸之路文明”国际学术研究研讨会。

我提交的论文为《陈寅恪研究方法之吾见》。会后参观了交河古城、高昌古城、北庭遗址等古迹，自觉对理解唐人边塞诗有所帮助。

1996年11月 《诗仙李白之谜》由台湾商务印书馆出版。

此书共收十篇论文，大都在国内杂志上发表过，如《李白剔骨葬友的文化背景之考察》一文，1993年6月发表于《中国文化》第八辑；《李白两次就婚相府所铸成的家庭悲剧》一文，发表于《文学遗产》1994年第6期。

1996年11月24日至26日 参加台湾政治大学主办的台湾第三

届唐代文化学术研讨会。

我提交的论文为《季振宜〈唐诗〉的编纂与传流》。会议的前一天，即 23 日，应邀至台湾师范大学中文系作李白研究之讲演。

1996 年 12 月 25 日至 28 日　至北京参加全国高校古籍整理研究委员会换届会议，即四届一次会议。

我当选为副主任。

1997 年 7 月 22 日　主持日本国会议员、东北福祉大学校长萩野浩基的博士论文答辩。

萩野浩基提交的论文为《佛与儒的融合与冲突》，副标题为《东方文化信念体系的再考察》。他本可在欧美获取博士学位，但为了表示崇敬东方文化，决定在其兄弟院校南京师范大学申请博士学位。

1997 年 9 月 20 日至 25 日　至苏州大学参加《全唐五代诗》审稿会议。

大家对陈尚君提交的稿子再行讨论，决定由河南大学唐诗研究室中人员带回作技术上之处理后，移交陕西人民出版社出版。

1997 年 10 月 14 日至 1998 年 1 月 18 日　至美国作学术访问。

10 月 22 日，在密歇根州立大学作关于李白问题之讲演，乃纪念古委会兼职教授李珍华逝世四周年而作。11 月 14 日赴西雅图华盛顿大学作讲演，12 月 4 日赴休斯敦莱斯大学作讲演，均以李白为题。中间还曾在 11 月 26 日应邀赴佛罗里达州的萨拉索塔市访问美国唐代学会会长艾龙教授。

同年，接受了三联书店的约稿，为《中国人文百年》内古代文学学科作总结性的文章。这时住女婿杨剑宇、女儿周月家，开始写作有关《中国古代文学研究现代化进程的思考》的系列文章。

1998 年 3 月 5 日　南京博物院研究人员郑旗、庄天民与胡小石师再传弟子谢建华来访，商谈编《胡小石研究》专刊事。

胡小石师曾任南京博物院顾问，今年为他110岁冥寿。南京博物院准备举办胡小石书法展览会，并编《胡小石研究》一册，作为《东南文化》专刊之一，用以纪念。我写了《我所了解的胡小石先生》一文，并向同门及先生亲属一一征稿，并帮助筹款，提交书法、相片等实物充实展览内容。

1998年5月6日至8日 应邀参加北京大学为纪念建校百年而举办的汉学研究国际会议。

与日本京都大学名誉教授清水茂共同主持了二组首场讨论会。

1998年5月11日至13日 参加古委会与台湾汉学研究中心联合主办的两岸古籍整理学术研讨会。

按原先约定，这次会议在北京举行。我提交的论文为《"全"字号古籍整理项目的重大意义》。自古委会为《全宋诗》《全宋文》等大型整理古籍项目立项后，资助的经费很多，各界持不同意见者批评之声不断。我在文章中从学理与事实上说明了这类项目的重大作用。

1998年8月21日至22日 举行《宋人轶事汇编》编写工作的第一次会议。

丁传靖的《宋人轶事汇编》一书，存在着不少缺点。程千帆先生一直劝我重编一种。《唐人轶事汇编》问世后，颇得好评，学界希望我们编写一本内容相当的《宋人轶事汇编》，而古籍所内人员都有研究项目在进行，我乃约请葛渭君、周子来、王华宝三位宋代文学方面的专家一起工作，商讨体例与样稿，研究如何分工协作。此书仍由我任主编，并负责与上海古籍出版社商谈出版事宜。

1998年8月31日至1999年1月30日 至台湾清华大学中文系任教，为本科生开设李白研究选修课，为博士班与硕士班开设唐诗文献学选修课。

这次讲学，由清华大学中文系向台湾国科会申报，享受讲座教授待遇，故能从容至各地参观与搜集资料。10 月 22 日至 25 日，曾回南京主持南京大学中文系与南京大学古典文献研究所联合主办的第四届辞赋学国际学术研讨会。与会者有日本学者清水茂，美国学者康达维，中国台湾地区学者简宗悟，国内学者马积高、龚克昌、万光治等，均为最负人望的知名学者。这次会议由许结任秘书长。清华大学讲课之馀，也曾应邀到各校开会与讲演：11 月 7 日至 8 日，参加成功大学主办的台湾唐代第四届文化学术研讨会，12 月 28 日至 30 日，参加中国文化大学主办的魏晋南北朝文学研讨会，提交的论文为《左思〈三都赋〉成功经验之研讨》。又 7 月 10 日，赴玄奘大学作阮籍研究的讲演，11 月 23 日、24 日至东海大学与中兴大学作阮籍《咏怀诗》的讲演；12 月 22 日上、下午，在逢甲大学中文系、中兴大学历史系作唐人笔记小说的讲演；1999 年 1 月 5 日，在台湾交通大学作大陆中文系教学情况的报告。

1999 年 2 月 8 日 出任江苏省文史研究馆馆长。

此事我在美国时即已酝酿。去年自台湾回南京开会时，省统战部即已准备宣布，因时间紧迫而未果。本日江苏省委统战部举行新春茶话会，俞兴德常务副省长宣布，江苏省人民政府省长季允石聘任我为江苏省文史研究馆馆长。

1999 年 4 月 26 日 开始将前此写作的《中国古代文学研究现代化进程的思考》一文改写为《西学东渐与中国古代文学研究》，并重订章节。

1999 年 5 月 25 日 至香港参加《中国思想家评传丛书》百部首发式。

5 月 26 日，参加南京大学与香港大学联合召开的中国传统文化与现代社会论坛会议。5 月 27 日，至香港教育学院、香港中文大学、浸会大学讲演，均以李白研究为题。

1999年9月 新闻出版署在保定举行第二届全国古籍整理评审会议,《唐人轶事汇编》获一等奖。

1999年9月8日 江苏古籍出版社建议出版个人文集。

我在台湾教书时,得知该地学者对我研究魏晋南北朝文学的一些论文评价颇高,而又苦于不能遍览,回南京后即与江苏古籍出版社商洽,出版《魏晋南北朝文学论丛》。本日上午在系读《金楼子》时发现内有萧遥光"眉目如画"之说,可以补入《魏晋南北朝人对文学形象特点的探索》一文。因此书出版在即,遂驱车至社内要求补入。社长薛正兴先生等留坐聚谈,建议编纂《周勋初文集》,专收研究性著作,不收古籍整理及主编的几种书。回家后略事统计,可收著作十多种,共两百几十万字。

1999年9月10日 任北京大学中国古文献研究中心兼职教授。

北京大学获教委批准,成立中国古文献研究中心,聘请我任兼职教授,是日在传真发来的合同书上签字。

1999年9月17日 《文学遗产》约稿,拟于明年第1期刊用。

《文学遗产》拟于明年改版,来信让我写一篇论文。我自1994年起即任该刊通讯编辑,且明年第1期上将发表我系古代文学博士点之介绍,自不容推辞,遂撰写《文学"一代有一代之所胜"说的重要历史意义》一文。搜集材料时困难不少,如苏雪林的《中国文学史》,大陆各处均无此书,遂请台湾成功大学张高评教授将其中的重要文字传真示知。

1999年12月27日至29日 至开封河南大学,研究《全唐五代诗》的发稿。

与陈尚君教授同往。经检查,认为此书的初盛唐部分已可发稿,遂通知陕西人民出版社前来取稿。

1999年12月30日 中文系评选出四位优秀学科带头人,我忝列其中。

授奖大会上，蒋树声校长授予奖状并讲话。

2000 年 2 月 《文学"一代有一代之所胜"说的重要历史意义》在《文学遗产》本年度第 1 期上发表。

此文酝酿已久，因牵涉之事甚多，故迟迟不想动笔。程千帆先生劝我赶快写出，以为胡小石老师早期讲授文学史的情况，一般人已不太了解，如果不写出来，后人也许就弄不清楚这段历史了。

2000 年 2 月 24 日 日本福山大学文学部久保卓哉教授前来进修魏晋南北朝文学，实地考察南京遗迹。

2000 年 3 月 9 日 开始写作《唐代笔记小说叙录》。

《唐语林校证》后附《唐语林援据原书提要》，内有我的一些研究心得，本想径以此稿编入《文集》，后发现此稿原为配合阅读《唐语林》而编写，不能单独行世，遂决定以此为基础，扩大而成《叙录》。时间紧促，我写好初稿后，即由妻子祁杰抄清，或输入电脑，仅花两个月左右的时间即完成。首先写作的是《〈朝野佥载〉叙录》，最后完成五十七篇，于 6 月 30 日结束工作，编入《文集》第五册。2005 年时再次修订，由凤凰出版社于 3 月出了一种新版。

2000 年 5 月 16 日至 19 日 参加南京大学明清文学研究所与南京大学古典文献研究所联合主办的明清文学与性别国际学术研讨会。

其时正治痔疮，故仅作一闭幕词。这次会议与会者有日本学者金文京，美国学者钱南秀、罗溥洛，加拿大学者方秀洁，香港地区学者吴宏一，国内学者黄霖、黄仕忠、谭帆；由张宏生任秘书长。

2000 年 5 月 24 日 李南晖通过博士论文答辩。

我自 1982 年起任博士研究生副导师，帮助程千帆教授指导博士生，先后毕业的有莫砺锋、蒋寅、张宏生、曹虹。1986 年评为博士生导师后，和程千帆教授联合培养的博士生，先后有张伯伟、程章灿、巩本栋、陈书录、姚继舜、曾广开。1989年程千帆教授准备退休，我请莫砺锋任副导师，培养的学生，先后毕业的有王青、徐兴无、胡传志、张天来、陈学举、梁承根（韩国）。1994年莫砺锋评为博士研究生导师，联合培养而先后毕业的有殷祝胜、俞士玲、郑杰文、徐国荣、张智华、郝润华、闵庚三（韩国）、郑玉顺（韩国）、洪董植（韩国）、吴正岚、党银平、赵益、李商千（韩国）、张俊宁（韩国）、李南晖。2001年后又招收余历雄（马来西亚），2003年毕业。我指导的博士后有吴光兴、曹晋。我参加培养的硕士研究生不下数十人，因为南京大学中文系的古代文学专业培养硕士生时采取集体指导的方式，故不能一一细列。

2000年7月 《唐钞文选集注汇存》于上海古籍出版社出版。

我于1994年在日本教书时，得到横山弘教授的帮助，从天理图书馆借出《文选集注》数十册，由大平幸代同学复印一份，带回国内。后得日本、台湾及国内各界朋友的帮助，又征得残卷、残片数种。我又请横山弘教授、隽雪艳和吴正岚女士等人做了几个附件，以利阅读。2011年8月又出了一种增补本。凡是目下已知的《文选集注》零卷，均已收集在内。此书于2013年荣列国家推荐优秀整理图书，对《选》学的发展起了重大作用。

2000年7月29日至31日 参加南开大学主办的魏晋南北朝文学与文化国际学术研讨会。

我提交的论文为《魏晋南北朝时文坛上的模拟之风》。此文又交华东师范大学中文系胡晓明教授，编入《庆祝王元化先生八十岁论文集》，华东师范大学出版社2001年版。

2000年8月8日 《深切怀念程千帆先生》一文赶写完成。

此文在北京大学勺园中写成。江苏省文史研究馆所编的《江苏文史研究》将出程千帆先生逝世纪念专号，此文用于此刊时题作《纪念程千帆先生》。

2000 年 9 月　《周勋初文集》七卷本在江苏古籍出版社出版。

全书共七册，共收入学术著作十六种。

2000 年 10 月 16 日至 18 日　至武汉大学参加唐代文学学会第十届年会。

我以年过七十，辞去了副会长职务，大会遂选我为顾问。与此类同，我辞去了中国古代文学理论学会常务理事职务，改为顾问。中国《文选》学会、李白学会，则在一开始就担任顾问一职。

2001 年 4 月 18 日至 19 日　赴台湾参加汉学研究中心举办的第三届两岸古籍整理会议。

会后至台北故宫博物院等处参观，与各界朋友欢聚。

返回香港时，住浸会大学。这次古委会组团赴台湾开会，前后路过香港，我请浸会大学系主任邝建行教授帮助，住该校吴多泰宾馆。

2001 年 10 月 3 日　出席中央文史馆成立 50 周年大会。代表地方文史馆在大会祝贺词。

2002 年 2 月 5 日　赴台湾东海大学任教半年。

其间参加辅仁大学、彰化师范学院举办的学术会议，并至逢甲大学、暨南大学等多处高校作学术演讲。至成功大学讲演时，由唐亦男教授陪同，参观佛光山，星云大师接见，另设素席接待。

2002 年 12 月 3 日至 15 日　至澳门大学参加“大雅正声与时代精神”国际会议。

作主题演讲——“雅颂精神与民族文化心理”。

2003 年 8 月 2 日至 28 日　应比利时皇家科学院院士魏查理教授之邀，商谈古委会与比利时学界交流学术与讲学事。

9 月 5 日至 13 日，应法国科学院陈庆浩研究员之邀，参观法国诸多名胜与博物馆。在此期间，又至意大利与荷兰、德国等处城市观光。二地均与妻子祁杰同行，古委会顾歆艺副教授全程陪同。

2003 年 12 月 4 日至 6 日　赴香港浸会大学参加第五次文学与宗教国际学术研讨会。

应邀作“研究宗教与六朝文学的一点思考”主题演讲。

2004 年 11 月 8 日至 12 月 3 日　应武汉大学国学院之请，讲学一个月，主讲李白研究与中国文献学。

其间至武汉大学中文系、华中师范大学文学院、湖北大学文学院等处讲演。

2006 年 5 月 26 日　参加中国思想家研究中心《中国思想家评传》的最后一次终审会议。

我自 1989 年起开始担任《中国思想家评传丛书》的副主编，匡亚明主编去世后，我与茅家琦、林德宏二教授组成三人终审小组，决定发稿等大事。前后承担任务甚多，历时一二十年之久。

2006 年 12 月　《册府元龟校订本》由凤凰出版社出版。

全书共计十二大册，凡一千五百八十馀万字。原由河北教育出版社约稿，后该社撤掉了出版计划，遂改由凤凰出版社出版。

2007 年 12 月 27 日　赴江苏省政协参加最后一次常务会议。

我因出任江苏省文史研究馆馆长之故，例任政协常委，历任七、八、九三届政协委员。

2008 年 3 月　《唐代笔记小说叙录》由凤凰出版社出版。

此书写作历时甚久。《唐语林校证》后附《唐语林援据原书提要》一种，内有我对各种笔记小说的研究心得，随后慢慢扩展成专题论文，至北京图书馆读书时也不忘这方面的研究，如 1983 年 11 月 16 日就曾查阅了原藏海日楼的《贾氏谈录》钞本。2008 年经过调整修订，改出单行本。

2008 年 4 月 20 日　南京大学文学院为我举办八十寿辰庆典。

洪银兴书记致辞祝贺。郁贤皓教授、赵昌平编审致贺词。我在介绍本人成长过程时感恩父母、家人的养育之恩，胡小石、方光焘、罗根泽等老师的培植与保护，个别党政领导的善待，数度哽咽。大会由莫砺锋教授主持。会上分发由其主编的《周勋初先生八十寿辰纪念文集》，中华书局 2000 年 4 月版。内收学生撰写的论文 38 篇，最后一篇即莫砺锋应《文学评论》之约于 2005 年第 4 期“学人研究”中发表的《贯通历代，弥纶群言——周勋初先生学术研究述评》。

2009 年 7 月 1 日　决定从学术史的角度著撰《文心雕龙解析》一书。

此事酝酿已久。前时因第二次痔疮开刀，健康迟迟不能恢复，此时有所好转。其他科研项目已先后结束，乃思晚年重理《文心雕龙》一书，庶不致将年轻时起投入之精力虚掷。此书于 2015 年下半年由凤凰出版社出版。

2010 年 6 月 24 日　其时正值北京大学中文系百年纪念，筹措重大活动，系主任陈平原教授邀我作学术讲演。

本拟以“泛读与精读”为题。他们把这改为《我的治学体验》。古典组老师与古委会成员全体参加听讲。

2010 年 7 月 1 日　向古委会汇报工作。

《全唐五代诗》因参与单位多，主编六人，看法有所分歧，致进展缓慢。自 1992 年正式立项始，两次被古籍整理规划领导小组在项目名单上撤销。我乃详细介绍了此中曲折，请求指导与谅解。古委会建议由南京大学古籍所接手，完成初盛唐部分的未了事宜与中晚唐部分的出版工作，我以事情重大，牵涉广泛，不敢当即答应。迨至下月现任所长程章灿至古委会汇报工作，古委会重提此议，程章灿以责无旁贷，当即表示接受任务。

2010 年 10 月 11 日　广陵书社将御定《全唐诗》按初版原样影印后推出珍藏版。

该社以我撰写的《叙〈全唐诗〉成书经过》代替《前言》，送我一套，我乃将此书转送文学院。是日举行赠书仪式。

2010 年 12 月　决定写作一组治学经验谈。

凤凰出版社的《古典文学知识》杂志屡来邀约，希望为青年学者与学生介绍治学经验。我乃以《周勋初治学经验谈》为题，开始拟题撰写初稿。后于 2011 年 9 月始，至 2014 年 11 月止，连载了二十篇。随后配上照片，于 2016 年出单行本。

2011 年 5 月 1 日　在南京晶丽宾馆举行《全唐五代诗》主编会议，决定重启编务工作。

我传达了古委会的意见、建议由南京大学古籍所接手完成初盛唐部分的未了事宜与中晚唐部分的出版工作。这一项目不能私自授受转移至其他单位或个人，陈尚君因认识上有差异，辞去了主编职务。其他五位主编一致表示接受古委会的建议，将项目转至南大古籍所。我校文学院乃举行系列会议，决定成立南京大学《全唐五代诗》工作委员会，由莫砺锋、徐兴无、程章灿负主要责任，古代文学重点学科内的成员全部参加，向学校汇报后，得到批准，并被列入 985 三期工程重大项目。

2011 年 10 月　徐兴无与陕西人民出版社联系，启动《全唐五代诗》后续工作。

徐兴无、程章灿应邀赴西安与陕西人民出版社商谈，取得一致认识，其后将由两单位合作出版全书。12 月 9 日，我处从陕西人民出版社取回初盛唐部分全部原稿复印件与清样。

2012 年 3 月 11 日　在南京国际会议中心举行《全唐五代诗》会议，启动下一阶段工作。

我介绍了全书编写中的成功与失败之处，依据事实，说明此书迟迟不能完成的原因，以及目下取得的进展。其他四位主编一致表示支持南京大学工作委员会的工作，古委会副主任杨忠，与南大副校长杨忠，陕西人民出版社宋亚萍总编均表示全力完成这一项目的坚定决心与意愿。与会作者坚决支持古委会的建议，与我们采取同一立场，立即与我们签署了出版合同。《中华读书报》记者吴菲于 3 月 21 日撰写专题《三百年等一回：从〈全唐诗〉到〈全唐五代诗〉》的报导，向外界介绍这一重大文化工程即将面世的消息。

2013 年 5 月 22 日　江苏省委、省政府在西康宾馆举行"江苏省社科名家"授奖会议。

我忝列其中，由省长李学勇授予奖章、奖状。

2013 年 8 月 18 日　国家新闻出版总局、全国古籍整理出版规划领导小组公布首届向全国推荐优秀古籍整理图书，共 91 种。

我个人列入整理与主编的《唐语林校证》《唐钞文选集注汇存》《册府元龟校订本》三种，有人介绍称：入选数量之多，独一无二。

2013 年 10 月 12 日上午　至仙林校区参加"程千帆先生百年诞辰纪念会"。

我以老教师的身份向代表介绍了千帆先生振兴我校古代学科的巨大贡献。下午在晶丽宾馆与傅璇琮、郁贤皓两位《全唐五代诗》主编讨论《编纂说明》的修改稿。决定以此列于《御定〈全唐诗〉的疏误与〈全唐五代诗〉的编纂》一文之后，全面介绍此书问世的全过程。

2014 年 5 月 20 日　在南京大学鼓楼校区礼堂接受陈骏校长授予的证书，荣膺"南京大学人文社会科学荣誉资深教授"称号。

2014 年 9 月　《宋人轶事汇编》由上海古籍出版社出版。

此书由我主编，具体工作由葛谓君、周子来、王华宝三人负责，前后工作了十六年始完成。

2014 年 10 月 《全唐五代诗》初盛唐部分由陕西人民出版社出版。

我与傅璇琮、郁贤皓、吴企明、佟培基任主编。全书首列我的《御定〈全唐诗〉的疏误与〈全唐五代诗〉的编纂》一文，从学术史的角度介绍产生此书的学术背景。工作经历了很多困难，我做了许多协调与谋划的工作。

2014 年 12 月 18 日 《宋人轶事汇编》出版新闻发布会在南京晶丽宾馆举行。

参加者有上海古籍出版社社长高克勤、副总编奚彤云，复旦大学古籍所所长陈广宏，华东师范大学古籍所所长顾宏义，上海师范大学古籍所所长戴建国，南京大学文学院的学者多人，古籍所全体人员与南京地区的部分专家共四五十人。大家对此书的成就予以高度评价，以为此书将对宋代文史研究起很大的推动作用。

2015 年 1 月 28 日 《全唐五代诗》初盛唐部分新闻发布会在南京大学曾宪梓楼举行。

参加者有主编、作者代表与各地专家四五十人。主编周勋初、郁贤皓、吴企明先后发言，傅璇琮书面发言（代读）。大家对前此工作作了回顾，对此书历时二十二年之后终于陆续完成表示庆贺。常务编委吴河清介绍了河南大学早期所做的工作。陕西人民出版社总编宋亚萍表示将与众多专家亲密合作，出好全书。南京大学《全唐五代诗》工作委员会汇报了承担最后审订加工的大量工作，对初盛唐部分的稿件与校样进行全面的校理、补订、增删、统稿并重新撰写部分稿件。修正原稿中的正文、诗人小传、校勘记的错误一千多处，剔除误收伪作三十多首，增补脱漏的诗人十馀家、诗数十首，遂使此书的质量又提高了一步。大家认为此书的出版将全面取代清编《全唐诗》，将唐诗研究推向新的高峰。民国时期为改编《全唐诗》而做了大量工作的李嘉言之女李之汤也参加了会议，对南京大学最后完成此书表示祝贺，对其父亲获得中肯评价表示感谢。大家还对为此书投入大量劳动且有重大贡献的学者陶敏等人表示缅怀。

2015年6月 “江苏社科名家文库”《周勋初卷》由江苏人民出版社出版。

全书共收文史研究论文、序、叙录、访谈录、前言后记、教学讲演共二十五篇，前有《学术小传——我与传统的文史之学》，后有《学术年谱》。

2015年11月 《文心雕龙解析》由凤凰出版社出版。

我在九位学生的帮助下，注完了全书。此书从学术史的角度研究《文心雕龙》，首列阐明宗旨的《前言》，每篇文章内有《解题》与分析等不同层次的解读，中间附入了十八篇研究文字，后加《后记》。

2015年12月 《唐诗纵横谈》由北京出版社出版。

该社从我的唐诗研究文字中选出了数篇文字，编成此书，列入“大家小书”丛书。横向研究，列《唐诗文献综述》一种。该文原是《唐诗大辞典》的附录。凤凰出版社于2008年以《唐诗研究入门》为题重印过一次。纵向研究，内有《李白奇特的文化背景》等七篇论文。